TEORIA GERAL DO PROCESSO

Grupo
Editorial
Nacional

O GEN | Grupo Editorial Nacional – maior plataforma editorial brasileira no segmento científico, técnico e profissional – publica conteúdos nas áreas de concursos, ciências jurídicas, humanas, exatas, da saúde e sociais aplicadas, além de prover serviços direcionados à educação continuada.

As editoras que integram o GEN, das mais respeitadas no mercado editorial, construíram catálogos inigualáveis, com obras decisivas para a formação acadêmica e o aperfeiçoamento de várias gerações de profissionais e estudantes, tendo se tornado sinônimo de qualidade e seriedade.

A missão do GEN e dos núcleos de conteúdo que o compõem é prover a melhor informação científica e distribuí-la de maneira flexível e conveniente, a preços justos, gerando benefícios e servindo a autores, docentes, livreiros, funcionários, colaboradores e acionistas.

Nosso comportamento ético incondicional e nossa responsabilidade social e ambiental são reforçados pela natureza educacional de nossa atividade e dão sustentabilidade ao crescimento contínuo e à rentabilidade do grupo.

Horácio Wanderlei Rodrigues | **Eduardo de Avelar Lamy**

TEORIA GERAL DO PROCESSO

7ª EDIÇÃO | revista, atualizada e ampliada

gen | atlas

■ Fechamento desta edição: *28.12.2022*

■ **Atendimento ao cliente: (11) 5080-0751 | faleconosco@grupogen.com.br**

■ Direitos exclusivos para a língua portuguesa
Copyright © 2023 *by*
Editora Atlas Ltda.
Uma editora integrante do GEN | Grupo Editorial Nacional
Travessa do Ouvidor, 11 – Térreo e 6º andar
Rio de Janeiro – RJ – 20040-040
www.grupogen.com.br

■ Capa: Aurélio Corrêa

■ **CIP – BRASIL. CATALOGAÇÃO NA FONTE.
SINDICATO NACIONAL DOS EDITORES DE LIVROS, RJ.**

R613t
Rodrigues, Horácio Wanderlei

Teoria geral do processo / Horácio Wanderlei Rodrigues, Eduardo de Avelar Lamy. – 7. ed. – Barueri [SP]: Atlas, 2023.

Inclui bibliografia
ISBN 978-65-597-7454-8

1. Processo civil – Brasil. 2. Direito processual civil – Brasil. I. Lamy, Eduardo de Avelar. II. Título.

22-81429   CDU: 347.91/.95(81)

Meri Gleice Rodrigues de Souza – Bibliotecária – CRB-7/6439

Para meu pai, Adão Charão Rodrigues, que me legou a capacidade de sentir (*in memoriam*).
Para minha mãe, Diva de Freitas Rodrigues, que me legou a capacidade de agir (*in memoriam*).
Para meu mano, Hugo Thamir Rodrigues (*in memoriam*), cujas críticas sagazes sempre me fizeram refletir sobre a vida, a educação e o direito.
Para minha companheira, Sandra Regina Scharmann, pelo carinho e pelo amor que me são dedicados.
Para minha filha, Camila Gabriela Vieira Rodrigues, presença que me mantém vivo mesmo quando a vida parece não ter nenhum sentido.
Obrigado por ter vindo me fazer companhia nesta existência.

Horácio Wanderlei Rodrigues

Para meu pai, Joseph Arthur Lionel Lamy, exemplo de alegria e bom humor, que está sempre comigo.
Para minha paciente e lutadora mãe, Gersolina Lamy, que me ensinou a escrever.
Para minha mulher, Anna Carolina, cuja paixão pelas ideias inspirou este livro.

Eduardo de Avelar Lamy

AGRADECIMENTOS

À UFSC, pelo apoio ao projeto de pesquisa que culmina com a publicação deste livro.

A todos os colegas e alunos que nos incentivaram nessa empreitada, principalmente aqueles que leram seus originais e contribuíram com suas críticas.

Aos nossos familiares, pelo apoio e pela compreensão do tempo de convivência que lhes foi tirado durante a construção deste texto.

Os Autores

NOTA À 7ª EDIÇÃO

Esta 7ª edição inclui uma nova Unidade, destinada a tratar de *processo e novas tecnologias*. Nele são abordados os seguintes temas: processo estrutural, *compliance*, processo eletrônico, cognição digital, LGPD e inteligência artificial.

De outro lado, foram introduzidos pequenos ajustes e correções, em especial quando a obra trata dos Métodos Consensuais de Solução de Conflitos, bem como foi realizada a atualização legislativa em todos os capítulos da obra.

Esperamos que com essas atualizações, ajustes e correções tenhamos atingido nossos objetivos e facilitado a utilização do livro, em especial pelos estudantes, tornando-o mais didático.

Queremos também destacar que agora a publicação já está em sua 4ª edição em nossa nova Casa, a Editora Atlas, do GEN | Grupo Editorial Nacional, que nos acolheu e que oferece, além da versão impressa, a versão em *e-book*.

Florianópolis, verão de 2022/2023.

Os Autores

SIGLAS UTILIZADAS

ADC – Ação Direta de Constitucionalidade
ADI – Ação Direta de Inconstitucionalidade
CC – Código Civil
CES – Câmara de Ensino Superior (do CNE)
CF – Constituição Federal
CFE – Conselho Federal de Educação
CLT – Consolidação das Leis do Trabalho
CNE – Conselho Nacional de Educação
CNJ – Conselho Nacional de Justiça
CP – Código Penal
CPC – Código de Processo Civil
CPP – Código de Processo Penal
DCA – Debate Crítico Apreciativo
EC – Emenda Constitucional
IA – Inteligência Artificial
IBGE – Instituto Brasileiro de Geografia e Estatística
LINDB – Lei de Introdução às Normas do Direito Brasileiro
LOMAN – Lei Orgânica da Magistratura Nacional
LGPD – Lei Geral de Proteção de Dados
MEC – Ministério da Educação
NPJ – Núcleo de Prática Jurídica
OAB – Ordem dos Advogados do Brasil

PLS – Projeto de Lei do Senado Federal
STF – Supremo Tribunal Federal
STJ – Superior Tribunal de Justiça
STM – Superior Tribunal Militar
TJ – Tribunal de Justiça
TRF – Tribunal Regional Federal
TRT – Tribunal Regional do Trabalho
TST – Tribunal Superior do Trabalho
TRE – Tribunal Regional Eleitoral
TSE – Tribunal Superior Eleitoral

SUMÁRIO

UNIDADE II

DIREITO PROCESSUAL E CONTEMPORANEIDADE

UNIDADE III

INSTITUTOS FUNDAMENTAIS DO DIREITO PROCESSUAL

UNIDADE V
INTERPRETAÇÃO E APLICAÇÃO DO DIREITO PROCESSUAL

Capítulo 1

PROCESSO, DIREITO PROCESSUAL E TEORIA DO PROCESSO: UMA INTRODUÇÃO CONCEITUAL

1.1 SOCIEDADE, ESTADO E DIREITO

Na história da humanidade, vemos que o ser humano viveu e vive em grupos sociais. Esses grupamentos são diferenciados entre si dependendo do povo, da época, do local e da cultura que os compõem.

No entanto, algo eles possuem em comum: a existência de regras sociais. Sem a existência de normas mínimas de convivência, seria impossível a manutenção de qualquer sociedade. A liberdade, em seu estado puro, é incompatível com a convivência harmoniosa entre pessoas necessariamente diferentes.

À medida que as sociedades evoluíram e se tornaram complexas, houve também a necessidade de regrar a forma de exercício do poder em seu interior. Foi necessário institucionalizar o poder e as formas de acesso a ele. Com o surgimento do Estado, as regras sociais passaram a ser institucionalizadas, dando origem ao Direito. Deixaram de ser apenas normas de convivência para se tornarem normas de controle: controle do Estado pelos indivíduos e pela sociedade e controle dos indivíduos e grupos sociais pelo próprio Estado.

Entretanto, seja na sociedade primitiva, seja no Estado Contemporâneo, seja em qualquer forma de organização política intermediária que tenha existido no longo período histórico que os separa, a existência de normas, sejam sociais ou estatais, foi insuficiente para evitar a existência de conflitos. Nem sempre essas normas foram ou são respeitadas. Houve então a necessidade de se criarem, ao lado delas, normas que definam as formas pelas quais serão resolvidos os conflitos. É dessa questão que se tratará nas páginas seguintes.

1.2 FORMAS HISTÓRICAS DE RESOLUÇÃO DE CONFLITOS

Há basicamente quatro formas históricas de resolução de conflitos: autodefesa, autocomposição (na qual também estão incluídas a mediação e a conciliação), arbitragem e processo. Essas formas são, regra geral, apresentadas nessa ordem. É, no entanto, prudente salientar que essa é uma sequência lógica, e não necessariamente cronológica.

Algumas das formas de resolução coexistiram historicamente e todas coexistem hoje, embora não mais, necessariamente, em suas formas puras. Cada povo e cada época possuem suas peculiaridades, não existindo, consequentemente, a possibilidade de traçar, de forma linear, a história de como todos eles solucionavam seus conflitos.

Denominam-se *autocompositivas* as formas de resolução de conflitos em que os interessados resolvem os problemas por decisão das próprias partes, sem que um terceiro necessite decidir em qual medida cada uma das partes pode ter razão.

São formas autocompositivas: a *renúncia* ou *desistência*; a *submissão* ou *reconhecimento* e a *transação* ou *autocomposição em sentido estrito*. Também a mediação e a conciliação, embora nelas exista a participação de um terceiro, são formas autocompositivas; na mediação e na conciliação a decisão é tomada pelas partes, auxiliadas pelo mediador ou pelo conciliador, ou seja, há um terceiro participando do processo, mas não é ele quem decide.[1]

Por sua vez, as formas de resolução de conflitos que necessitam da participação de terceiros para a sua respectiva solução são denominadas *heterocompositivas*. Ou seja, nas formas heterocompositivas, há a intervenção de um terceiro estranho às partes envolvidas no litígio, com a função de decidir sobre o conflito. É o caso da *arbitragem* e do processo.

---

[1] Há autores que situam a autodefesa ou autotutela nas formas autocompositivas. Efetivamente, também nessa forma de resolução de conflitos a resolução é das próprias partes, e não de um terceiro. Mas nela não ocorre composição e, sim, a imposição de uma parte em relação à outra.

1.2.1 Autodefesa ou autotutela

Autodefesa ou *autotutela* significa, resumidamente, a defesa por si mesmo; defesa pelo esforço próprio, ainda que à força. É apontada como a mais primitiva das formas de resolução de conflitos, estando presente na história do Direito desde os seus primórdios. São características essenciais a ausência de um árbitro (um terceiro distinto das partes litigantes) e a imposição da vontade de uma das partes à outra.

Os estados contemporâneos geralmente proíbem-na, permitindo-a somente em casos excepcionais.[2] Nessas situações, como regra geral, é necessário um processo jurisdicional posterior, visando declarar a legalidade ou ilegalidade da autodefesa praticada.

1.2.2 Autocomposição

Na *autocomposição,* tem-se a eliminação do conflito por obra dos próprios litigantes, sem que haja a imposição da vontade de um terceiro ou de uma das partes à outra, mas desde que tais partes possam dispor dos direitos envolvidos no litígio.

A atitude compositiva pode ser unilateral, sob duas formas: originar-se de quem deduz a pretensão ou de quem se opõe a ela. Denomina-se renúncia ou desistência a que procede do autor,[3] *submissão* ou *reconhecimento*, a que emana do réu.[4] Pode também ser bilateral, mediante concessões recíprocas e denomina-se, nesse caso, *transação* ou *autocomposição (em sentido estrito).*[5]

A autocomposição, como forma de resolução de conflitos, não desapareceu dos ordenamentos jurídicos contemporâneos, sendo, em muitos casos, consentida e até estimulada. O CPC de 2015 prevê inclusive a possibilidade de acordo entre as partes a respeito da forma pela qual os procedimentos

---

[2] Exemplos contemporâneos de autodefesa são: (a) na área criminal, a legítima defesa e o estado de necessidade (CP, arts. 24 e 25); (b) na área trabalhista, a greve (CF, art. 9º); e (c) na área cível, o desforço incontinente para recuperação ou manutenção da posse que acaba de ser esbulhada ou turbada (CC, art. 1.210, § 1º).

[3] No CPC de 2015, a renúncia ao direito em que se funda a pretensão do autor está prevista no art. 487, III, *c*, e a desistência da ação pelo autor está prevista no art. 485, VIII.

[4] No CPC de 2015, a submissão ou reconhecimento da procedência do pedido pelo réu está prevista no art. 487, III, *a*.

[5] No CPC de 2015, a transação ou autocomposição propriamente dita, em que as partes fazem concessões recíprocas a fim de chegarem a um acordo a respeito do mérito, está prevista no art. 487, III, *b*.

deverão ocorrer em juízo (arts. 190 e seguintes). Enquanto a autodefesa contemporânea acontece antes da instauração do processo, a autocomposição pode ocorrer antes, durante ou depois dele.

A autocomposição é considerada, hoje, um meio alternativo ao processo jurisdicional, pois resolve conflitos assim como a jurisdição. Saliente-se, no entanto, que, exceto no tocante à forma de seu respeito e exercício, ela só incide em relação a direitos disponíveis. Quando se tratar de direitos indisponíveis, só pode haver autocomposição no que tange a como poderão ser exercidos e respeitados tais direitos, pois as partes não podem simplesmente abrir mão de direitos como a tutela do meio ambiente, a receita pública, a identidade, a saúde e a vida, entre outros.

1.2.2.1 *Mediação e conciliação*

Mediação e conciliação integram os denominados *métodos consensuais de solução de conflitos*,[6] instrumentos que buscam resolver problemas intersubjetivos por meio do diálogo entre as partes, consubstanciando o que se passou a denominar cultura do *diálogo, cultura do consenso* ou *cultura da paz.*

A *mediação* e a *conciliação* podem ser vistas como formas bastante diferenciadas de resolução de conflitos, caracterizando-se por constituírem instâncias intermediárias entre a negociação e a arbitragem. Na realidade a mediação e a conciliação são formas autocompositivas de solução de conflitos; são os próprios interessados que decidem, mas auxiliados por terceiro.[7]

Na *mediação,* há a presença de um terceiro, o mediador, a quem não compete, no entanto, decidir o conflito, mas sim intermediar o diálogo entre as partes envolvidas na busca de uma solução para o conflito.

---

[6] Sobre essa denominação, cabe fazer um breve histórico. No passado, mediação, conciliação e arbitragem costumavam ser tratadas conjuntamente, como *meios extrajudiciais de solução de conflitos* ou como *equivalentes jurisdicionais.* Além dessas denominações, foi utilizada por muito tempo a expressão *meios alternativos de solução de conflitos.* Atualmente, a terminologia indicativa dos instrumentos ligados à cultura do consenso, em especial a mediação e a conciliação – excluída a arbitragem que não se caracteriza como meio consensual –, é *métodos consensuais de solução de conflitos* (a expressão métodos é muitas vezes substituída por *formas* ou por *meios*). A expressão *meios extrajudiciais* é hoje inadequada, visto que a conciliação pode ser, como acontece no Brasil, endoprocessual, constituindo mesmo uma fase do processo judicial.

[7] Importante destacar, nessa matéria, a existência da Resolução nº 125/2010 do CNJ, que trata, entre outras matérias, dos *Núcleos Permanentes de Métodos Consensuais de Solução de Conflitos.* Da mesma forma é necessário destacar a Lei nº 13.140/2015, que tem por objeto a mediação entre particulares como meio de solução de controvérsias e a autocomposição de conflitos no âmbito da Administração Pública.

Esse terceiro, o mediador, explicita a situação de cada uma das partes, fazendo com que elas compreendam a situação umas das outras; auxilia as partes em conflito a identificarem, por si mesmas, alternativas em benefício mútuo.[8] Utiliza, para tanto, as virtudes da comunicação, da paciência e da criatividade.

A mediação é por vezes confundida com a conciliação, em razão da intervenção do terceiro, fazendo com que não ocorra a devida distinção entre os institutos. Mas essa não parece ser a melhor opção conceitual.

Na *conciliação*, o grau de participação do conciliador é maior, podendo inclusive sugerir soluções, pois o mediador participa com menor intensidade da construção do acordo, enquanto o conciliador poderá sugerir soluções para o conflito,[9] participando mais ativamente da obtenção do consenso junto às partes do que na mediação.

Na mediação, como na conciliação, o poder de decidir o conflito (por meio do acordo) pertence exclusivamente às partes e não ao terceiro. Tanto a mediação como a conciliação poderão ser extraprocessuais[10] ou endoprocessuais.[11]

Como se vê, há diferenças entre mediação e conciliação, especialmente no que tange ao grau de intervenção do terceiro, que será então denominado, dependendo do caso, mediador ou conciliador.[12]

Desse modo, o objeto do mediador é fazer com que cada uma das partes compreenda a situação e as razões da outra, facilitando a comunicação e

---

[8]   Nesse sentido o art. 165, § 3º, do CPC de 2015.

[9]   Nesse sentido o art. 165, § 2º, do CPC de 2015.

[10] Pode ser prejudicial ou incidental. Na conciliação ou na mediação extraprocessual incidental as partes buscam a conciliação ou a mediação fora do processo judicial (por exemplo, por meio de alguma comissão de conciliação ou de mediação) apesar de já estar tramitando um processo judicial sobre a matéria. Caso haja acordo entre as partes, estas poderão noticiar o acordo nos autos, buscando a homologação e extinção com resolução do mérito (e a constituição do título executivo judicial) ou simplesmente (caso desejem preservar a confidencialidade do acordo) solicitar a desistência da ação (já que o litígio foi resolvido pelo acordo) com a extinção sem resolução do mérito (sem resolução do mérito pelo Poder Judiciário, mas com a resolução do mérito pelas próprias partes, com a formação do título executivo extrajudicial se preencher os requisitos estabelecidos na lei).

[11] Existe a conciliação ou a mediação como uma etapa obrigatória do processo judicial (endoprocessual), como, por exemplo, a audiência preliminar ou a tentativa de conciliação antes da coleta da prova, na audiência de instrução e julgamento.

[12] Nesse sentido, destaque-se que o CPC de 2015, em seus arts. 165 a 175, trata dos mediadores e conciliadores, diferenciando as duas funções, na forma adotada neste manual.

facilitando o diálogo, para que as próprias partes possam propor as soluções. Por sua vez, o conciliador busca o acordo das partes com participação mais intensa, inclusive propondo formas para a solução do conflito.

Independentemente de estabelecer-se ou não a diferenciação entre mediação e conciliação, que é apenas de grau, esse instituto é, contemporaneamente, o mais incentivado dentre os métodos consensuais de solução de conflitos. É rápido, inteligente e eficiente, pois por meio dele as próprias partes acabam por acordar.

Pode-se afirmar que com a mediação e a conciliação há um ganho na pacificação social, tendo em vista que esta passa a ser material, e não apenas formal, como nos processos jurisdicionais. Há também, em regra, uma redução no custo, tanto financeiro como emocional, e maior efetividade. Pode-se também afirmar que há um considerável ganho de tempo.

1.2.3 Arbitragem

Na *arbitragem*, a solução dos conflitos é entregue a uma terceira pessoa, desinteressada do bem em disputa. A arbitragem foi, inicialmente, facultativa. Posteriormente, transformou-se em forma compulsória de solução de litígios por intermédio do Estado, dando, com isso, origem ao Processo.

Trata-se de uma das formas de resolução de conflitos mais incentivada no direito contemporâneo, dependendo, no entanto, da vontade das partes, nas situações em que lhes é permitida a opção pela arbitragem, abrindo mão do processo judicial. É, nesse sentido, um equivalente jurisdicional, no Brasil regulado pela Lei nº 9.307/1996, posteriormente alterada pela Lei nº 13.129/2015.

Para que haja arbitragem os direitos envolvidos necessitam ser disponíveis. A convenção pela qual as partes escolhem ir ao juízo arbitral exclui a competência do Poder Judiciário para decidir o caso. Nela, portanto, as partes escolhem tanto o árbitro quanto a norma a ser utilizada (que não necessita ser o ordenamento legal).

Embora também sofra com a prática de táticas de litigância de má-fé e de verdadeira *guerrilha* processual, A arbitragem tem sido bastante festejada no mundo corporativo por ser uma forma eficiente e sigilosa e mais ágil de decidir conflitos do que o processo jurisdicional. É ainda pouco menos difundida no Brasil e seus custos podem ainda ser um pouco altos para a nossa realidade.

Alguns apontam como sua desvantagem a necessidade de um processo de execução jurisdicional para que suas decisões sejam cumpridas, caso as partes não o façam espontaneamente. Entretanto, segundo Ricardo Santos, essa desvantagem não existe: as sentenças judiciais também precisam ser executadas caso não sejam cumpridas voluntariamente.[13]

Para esse autor, a principal desvantagem atual da arbitragem seria a prática de certos comportamentos de obstrução ao andamento do processo arbitral e a difusão de procedimentos arbitrais excessivamente formais, principalmente nas arbitragens institucionais.

Na arbitragem, o árbitro (que poderá ser único ou um colegiado composto por número ímpar de pessoas) é escolhido pelas partes por meio de compromisso ou de cláusula arbitral. O terceiro que participa da solução do processo é eleito pelas partes, e não necessariamente aplicará o ordenamento jurídico, o direito estatal positivado nas normas jurídicas vigentes. Não se trata obrigatoriamente de um advogado ou de um técnico, pois as partes escolherão também o critério de julgamento. Diferentemente do mediador e do conciliador, o árbitro decide quem tem razão, devendo fazê-lo de forma rápida.

A *convenção arbitral*, pela qual as partes estabelecem a escolha pelo juízo arbitral em vez do Poder Judiciário, excluindo-o, pode ser tanto uma *cláusula arbitral* quanto um *compromisso arbitral*.

A *cláusula arbitral* encontra-se disposta nos contratos que as partes firmam antes mesmo de os problemas surgirem. Possui caráter *a priori*. Antes mesmo de os litígios se estabelecerem, as partes já concordam, pela via contratual, em acertar uma cláusula segundo a qual as eventuais disputas decorrentes daquela relação contratual serão resolvidas pelo juízo arbitral.

Por esse motivo, a cláusula arbitral é matéria de ordem pública, que pode ser reconhecida pelo magistrado em qualquer grau de jurisdição e momento do processo, extinguindo o feito processual caso este tenha sido proposto por parte que esteja a desrespeitar a cláusula de exclusão da jurisdição e a competência do juízo arbitral.

Já o *compromisso arbitral* é a espécie de convenção de arbitragem que possui caráter *a posteriori*. O compromisso arbitral só é firmado após o surgimento dos litígios, mediante termo escrito específico. Tal compromisso é firmado por partes que queiram fugir da demora e ineficiência do processo jurisdicional.

O compromisso arbitral também pode ser reconhecido pelo juiz, extinguindo o feito processual proposto. Nesse caso, o juízo jurisdicional só poderá saber da existência do compromisso arbitral caso uma das partes a alegue e comprove nos autos do processo.

---

[13] SANTOS, Ricardo Soares Stersi dos. *Noções gerais da arbitragem*. Florianópolis: Fundação Boiteux, 2004.

Desse modo, enquanto a cláusula arbitral, por já constar do contrato objeto do litígio, pode ser reconhecida pelo juízo jurisdicional, bastando que uma das partes o alegue, o compromisso arbitral necessita que uma das partes o junte aos autos do feito jurisdicional, a fim de que possa ser conhecido e o processo extinto pelo magistrado ao reconhecer a competência do juízo arbitral, excluindo a jurisdição.

1.2.4 Processo

O *processo* é o instrumento de que se serve o Estado[14] para, tanto no exercício da sua função jurisdicional quanto fora dela, com a participação das partes e obedecendo ao procedimento estabelecido na legislação específica, eliminar os conflitos de interesses, buscando solucioná-los.[15]

Trata-se de um ato jurídico complexo resultante da operação de um núcleo de direitos fundamentais (os princípios constitucionais do processo), sobre uma base procedimental, tanto dentro quanto fora de jurisdição,[16] não apenas com o objetivo de declarar os direitos, mas principalmente com o objetivo de satisfazê-los no mundo dos fatos, na vida dos litigantes.

Especialmente a partir do Código de Processo Civil – CPC de 2015 –, cujo primeiro livro da parte geral trata das normas fundamentais ao Direito Processual (arts. 1º a 15), fica claro que o processo está preocupado principalmente com os valores constitucionais de efetiva e substancial participação.

O processo teve seu germe na arbitragem, a partir do momento em que esta se tornou compulsória. No momento em que o Estado, paulatinamente, passou a entender que competia a ele, e não às partes, indicar o árbitro para a resolução dos conflitos e atuação do direito, começa a história do processo jurisdicional, a qual necessita hoje equilibrar os papéis dos atores processuais, garantindo que as partes sejam efetivamente compreendidas e que as decisões sejam qualitativamente fundamentadas (CPC de 2015, art. 489).

---

[14] Há também situações em que o Estado não atua de forma direta, como no processo arbitral. Mas nessa situação a fase processual que ocorre no âmbito privado é apenas aquela destinada a *dizer o direito*; sendo necessária a execução da sentença, esta ocorrerá mediante atuação direta do Estado, por meio do Poder Judiciário.

[15] Relativamente ao processo, será destinado especificamente o Capítulo 3 da Unidade III, neste mesmo volume.

[16] Exemplo dessa situação são o processo administrativo e o processo arbitral; o primeiro de caráter público estatal e o segundo de caráter privado, seguindo, entretanto, os princípios e regras estabelecidos pelo Estado.

1.3   PROCESSO: PRIMEIRAS CONSIDERAÇÕES

É necessário introduzir desde logo alguns conceitos básicos do Direito Processual a fim de possibilitar uma melhor compreensão dos capítulos seguintes, relativos a seu desenvolvimento histórico. Posteriormente, serão eles novamente retomados[17] para um maior aprofundamento.

1.3.1   Distinção entre processo e procedimento

A distinção entre processo e procedimento é de grande importância para a compreensão do objeto de estudo do Direito Processual; é ela que incentiva a criatividade por parte dos operadores do direito, valorizando sua iniciativa.

É por meio da distinção entre processo e procedimento que o operador do Direito diferencia a Teoria do Processo da prática forense. Estar ciente de que o objeto de estudo é o processo, e não o procedimento, significa pensar criativamente a disciplina, em vez de simplesmente reproduzir a realidade prática a que se acostumou ou que já se experimentou na profissão, já que o procedimento diz respeito à realidade corpórea da disciplina, correspondendo a um dos elementos que compõem o Direito Processual.

Nessa perspectiva, o processo pode ser conceituado de modo amplo, como *um ato jurídico complexo constituído pela operação de um núcleo de direitos fundamentais sobre uma base procedimental, não somente no âmbito da jurisdição e não apenas para declarar os direitos, mas principalmente para satisfazê-los no mundo dos fatos, na vida dos litigantes.*

Por sua vez, o procedimento é o elemento que materializa o processo. É o conjunto de atos consecutivos e dialéticos que permitem a materialização do processo.[18] Inclui atos tais como a petição inicial, a citação do réu, a contestação desse réu, as audiências públicas preliminares e de conciliação, instrução e julgamento, bem como a sentença e as sessões de julgamento nos tribunais, entre outros atos processuais. As normas procedimentais também disciplinam os prazos e os ritos desses atos.

Assim, o procedimento é um dos conteúdos estudados na disciplina *Direito Processual*. Aprender o procedimento equivale a aprender processo, mas a recíproca não é verdadeira, de modo que aprender processo não necessariamente significa aprender procedimento.

---

[17]   Ver Capítulo 3 da Unidade III, neste mesmo volume.

[18]   No processo civil, divide-se em procedimento comum, ou especial, que se subdivide em procedimentos de jurisdição contenciosa ou voluntária. Há também o procedimento sumaríssimo, dos juizados especiais.

Estudar temas como os princípios processuais, a coisa julgada e a competência antes da existência de qualquer procedimento é uma atividade que não está obrigatoriamente vinculada ao conhecimento dos procedimentos comuns e especiais.

Veja-se, aliás, que a respeito do procedimento, os próprios Estados da Federação podem legislar autonomamente, muito embora não possuam liberdade para fazê-lo a respeito de matéria eminentemente processual que não se restrinja aos procedimentos, aos meros atos materiais pelos quais o processo acontece.[19]

A importância da distinção entre processo e procedimento, enfim, está no fato de que o processo não corresponde somente aos ritos praticados no cotidiano forense e administrativo, mas também a todos os demais conteúdos tanto convenientes quanto necessários à solução dos litígios, à efetivação dos direitos e à evolução do próprio Direito Processual e à sua crítica teórica e empírica.

1.3.2 Autos do processo

Confusão também existente na utilização diária da terminologia é atribuição da denominação processo ao volume de papel (ou equivalente eletrônico) no qual estão as peças processuais e os documentos trazidos pelas partes, pelo juízo e pelo Ministério Público, bem como por outros interessados.

Esse volume, denominado autos, é onde o procedimento encontra-se comprovado. É a materialidade dos documentos que corporifica os atos do procedimento. Os autos daquilo que normalmente se denomina como o processo, na realidade, nada mais são do que a prova da realização dos atos procedimentais.

1.3.3 Processo e Direito Processual

O processo é um fenômeno não restrito à atividade jurisdicional, ocorrendo também nas esferas legislativa e administrativa. Mais do que isso, considerando-se o Direito em seu sentido maior, é ele um fenômeno que se dá mesmo fora do âmbito das atividades estatais.

Há, nesse sentido, processos estatais e não estatais, conforme sirvam ao exercício do poder pelo Estado ou por outras entidades. Os processos, quando se referem ao exercício da jurisdição, denominam-se jurisdicionais.

---

[19] CF, art. 24, inc. XI.

Os processos jurisdicionais podem ser classificados levando-se em consideração critérios diversos, tais como o fundamento jurídico-substancial da pretensão deduzida em juízo ou a natureza processual da tutela postulada, gerando diferenças, maiores ou menores, entre suas diversas espécies. Mais significativas ainda são as diferenças entre o processo jurisdicional e os não jurisdicionais (administrativo e legislativo), no âmbito dos processos estatais.

Fora do âmbito das atividades estatais também se tem processo. A mediação e a arbitragem, como conjuntos ordenados de atos visando a produção de uma decisão jurídica final, constituem formas de processo não estatal.

Como, no entanto, este é um curso de processo jurisdicional, é necessário que se entenda que o *processo jurisdicional* é o instrumento de que se serve o Estado para, no exercício da sua função jurisdicional, com a participação das partes e obedecendo ao procedimento estabelecido na legislação respectiva, eliminar os conflitos de interesses, solucionando-os.

É a partir do estabelecimento do conceito e do fenômeno processual jurisdicional que se pode também definir a conceituação do Direito Processual, tendo em vista serem realidades distintas, mas vinculadas.

De fato, a caracterização do Direito Processual como conjunto de normas jurídicas disciplinadoras da atividade jurisdicional do Estado é uma conquista do estado de direito (Estado Moderno, surgido com as revoluções burguesas dos séculos XVII e XVIII), já que o estado absolutista não se curvava ao Direito.

1.3.3.1   Escopo do processo jurisdicional

O processo jurisdicional visa ser um meio para o fim de tutelar os direitos materiais das partes de modo a solucionar conflitos por meio da jurisdição.

Em virtude de sua vinculação instrumental com o direito material, as normas processuais apresentam, em grande parte, caráter preponderantemente técnico. É importante salientar, no entanto, que a neutralidade axiológica, supostamente atribuída à técnica, não pode ser atribuída ao Direito Processual.

Como instrumento estatal de resolução de conflitos, o processo possui compromissos éticos fundamentais, decorrentes da função social que se atribui ao Estado Contemporâneo. Deve ser instrumento de garantia e realização concreta dos princípios básicos que orientam o ordenamento jurídico. Só assim constituirá instrumento efetivo para que a jurisdição possa atingir seu escopo de pacificar com justiça.

O aspecto técnico do Direito Processual deve, portanto, subordinar-se à sua finalidade maior, que se confunde com os escopos da jurisdição e do próprio Estado em que está integrado. Necessita ser, acima de tudo, um instrumento de realização da justiça.[20]

A tutela jurisdicional corresponde, assim, ao fim jurídico e fático de proteção aos direitos materiais das partes envolvidas nos litígios. Tutelar significa proteger tais direitos. A tutela jurisdicional não é meio processual, mas uma das principais finalidades do processo. Trata-se de uma finalidade que é, inclusive, externa ao próprio processo, pois só há efetiva tutela nos casos em que esta é experimentada na realidade vivida pelos litigantes.

1.3.4 Direito Processual e direito material

Uma sociedade, para existir e continuar existindo no tempo e no espaço, precisa adotar uma ordem, seja ela qual for. Essa ordem não surge por acaso; decorre da adoção de um determinado sistema de valores. Ao Estado, como poder organizado, é dada a tarefa de manter essa ordem, resolvendo os conflitos de interesses.

O direito estatal, nesse sentido, é decorrência de uma escolha efetuada dentre as condutas possíveis, segundo os valores adotados pela sociedade.[21] As condutas autorizadas pelo ordenamento jurídico são aquelas vistas como as mais convenientes à manutenção da própria sociedade. Passam elas, então, a ter a sua observância garantida pelo Estado, utilizando-se ele, inclusive, da força física, quando necessário, tendo em vista que há o risco de condutas desviantes.

O Direito é justamente o principal instrumento de que se serve o Estado para tutelar e manter uma determinada ordem social. Ele cumpre essa função protetora mediante a formulação de normas, que servem como medidas de valor das condutas sociais, objetivando a adequação dessas ao padrão considerado de normalidade; seu objeto são as várias espécies de relações

---

[20] Justiça em sentido objetivo, como materialização dos valores consagrados na ordem constitucional, em especial os direitos fundamentais.

[21] Nessa perspectiva, o intérprete consciente não pode pensar o direito estatal e o próprio processo estando alheio aos valores que interagem e se digladiam na realidade social. O fato é que o direito se transforma na imposição dos valores albergados pela norma; dos valores considerados pelo legislador; dos valores que as comunidades sociais mais influentes lograram o êxito de inserir no ordenamento jurídico; e também no reconhecimento de direitos das denominadas *minorias* e de grupos sociais menos influentes.

existentes no universo material e imaterial construído pelos seres humanos. É nesse sentido que elas são normas de controle. É o conjunto dessas normas que se denomina, comumente, de *direito material*.[22]

O nascimento dos conflitos, mesmo existindo uma ordem jurídica positivada, e a necessidade de eliminá-los impõem ao Estado a determinação e estruturação dos órgãos encarregados de solucioná-los, bem como suas competências específicas, a definição dos poderes e ônus das partes e o procedimento que será utilizado nessa tarefa. E ele o faz por meio do *Direito Processual*, que tem no seu cerne a ideia de busca de solução dos conflitos, quando a existência do direito material não foi suficiente para evitar seu surgimento.

Para que o Estado possa fazer valer o direito, quando ele não é cumprido espontaneamente, é necessária a existência de um segundo nível de normas gerais estatais: o Direito Processual. É por meio dele que o Estado faz valer o direito material em situações concretas, quando solicitada sua participação.

Tem-se então que o Direito Processual é a "disciplina da jurisdição e seu exercício pelas formas do processo legalmente instituídas e mediante a participação dos interessados".[23] Dinamarco anota que "o processo que se instaura perante o juiz constitui-se, com isso, no conjunto de meios mediante os quais é exercida a *jurisdição* pelo Estado, a *ação* pelo demandante, e a *defesa* pelo demandado".[24]

Nesse sentido, pode-se registrar que os três pilares constitutivos do Direito Processual assim se caracterizam:[25]

a) a *jurisdição* é atividade pela qual o Estado se manifesta, mantendo a integridade do ordenamento jurídico;

b) a *ação*[26] constitui a manifestação dos destinatários da norma, o instrumento de provocação da atividade jurisdicional estatal; e

---

[22] No período em que se denominava o Direito Processual de *adjetivo* era o direito material denominado de *substantivo*. Essas terminologias não são mais adequadas ao momento histórico atual.

[23] DINAMARCO, Cândido Rangel. *A instrumentalidade do processo*. São Paulo: RT, 1987. p. 442-443.

[24] *Idem, ibidem*. Grifo do autor.

[25] Sobre esses institutos fundamentais do Direito Processual, ver a Unidade III deste mesmo volume.

[26] A ação engloba a ação do demandante e a ação do demandado (a defesa), pois a defesa nada mais é do que a ação do réu.

c) o *processo* é o instrumento que possibilitará a formulação da regra jurídica para o caso concreto, como consequência da dialética desenvolvida pelas partes e coordenada pelo juiz.

As normas que constituem o Direito Processual são chamadas de *normas jurídicas processuais*. Elas apenas indiretamente contribuem para a solução dos conflitos de interesses, tendo em vista instrumentalizarem a atuação do direito material, estabelecendo os critérios e meios de proceder. É em razão dessa característica que são denominadas por parte da teoria do processo de normas instrumentais.

O Direito Processual é composto por normas procedimentais, normas de organização e competência, bem como normas processuais em sentido estrito:

a) são *normas procedimentais* aquelas que disciplinam a cadeia de atos em que consiste o processo, sua regulamentação formal. Aquelas que estabelecem o padrão de conduta;

b) são *normas de organização* aquelas que definem a organização do Poder Judiciário; pode-se em certa medida, tendo em vista sua previsão constitucional, nelas incluir as normas que estabelecem a organização das denominadas funções essenciais à Justiça.

c) são *normas de competência* aquelas que distribuem, entre as diferentes justiças e órgãos do Poder Judiciário, os limites de exercício de sua função jurisdicional; comumente as normas de competência são classificadas como normas de organização; e

d) são *normas processuais em sentido* estrito as relativas aos poderes de ação e defesa e aos grandes institutos processuais.

Como já destacado, para que o Estado possa efetivar a norma desrespeitada, é necessária a existência de um segundo nível de normas gerais estatais: é ele denominado Direito Processual. É por meio dele que o Estado atua seu direito material perante casos concretos. Quando esse Direito Processual é criado para ser utilizado no exercício da sua função jurisdicional, denomina-se ele Direito Processual jurisdicional.

No entanto, a divisão do ordenamento jurídico estatal em direito material e Direito Processual nem sempre foi aceita pacificamente. As duas posições centrais sobre ela denominam-se teorias unitária e dualista do ordenamento jurídico.

1.3.4.1 Teoria unitária do ordenamento jurídico

Para os adeptos da teoria unitária do ordenamento jurídico, o direito objetivo não tem condições de disciplinar todas as possibilidades de conflitos de interesses nem de evitar, em situações concretas, seu descumprimento. Em razão disso, são necessários, em muitos momentos, o exercício do poder de ação e o consequente processo como forma de complementar os comandos da lei ou preencher suas lacunas.

O comando da lei, mesmo quando existente, é incompleto. Já a ação identifica-se com o direito subjetivo material, ou é o único direito que realmente existe. Em outras palavras, o direito subjetivo nasce pelo exercício da jurisdição. Para os autores que pensam assim, como fica claro, não é tão evidente a divisão entre direito material e processual. Para eles, o processo participa da criação dos direitos subjetivos, tendo como objetivo compor o conflito de interesses trazido a juízo, ditando a regra que o soluciona.

1.3.4.2 Teoria dualista do ordenamento jurídico

Para a teoria dualista, o ordenamento jurídico divide-se, nitidamente, em dois: direito material e Direito Processual. O primeiro estabelece normas abstratas, que só se tornam concretas no momento em que se realiza um fato que se enquadra dentro de suas predições. E isso ocorre automaticamente, independentemente de qualquer atividade jurisdicional do Estado.

O processo busca somente a atuação do direito em casos concretos, quando não foi ele espontaneamente seguido. Não contribui, no entanto, segundo os defensores dessa posição, para a formação de normas concretas. Os direitos objetivo e subjetivo preexistem ao processo.

1.3.5 Posição enciclopédica e ramos do Direito Processual jurisdicional

Em face da divisão clássica do direito, em público e privado, situa-se o Direito Processual dentro do primeiro, tendo em vista que define a atividade jurisdicional do Estado, tratando, portanto, de atividades que possuem interesse público. Seus fundamentos básicos encontram-se no Direito Constitucional.

Possui uma relação instrumental com todos os demais ramos do Direito, tendo em vista ser ele o instrumento pelo qual se busca a atuação destes todas as vezes que não forem espontaneamente obedecidos. É essa instrumentalidade que gera a divisão do Direito Processual em dois grandes ramos: civil e penal.

Denomina-se *Direito Processual Penal* o conjunto de normas que rege o exercício da atividade jurisdicional do Estado e as atividades das partes no *processo penal*, entendido como aquele que apresenta, em seu polo ativo, uma pretensão punitiva do Estado. Já o *Direito Processual Civil* é o conjunto de normas que controla o exercício da atividade jurisdicional do Estado e as atividades das partes no *processo civil*, que é o que não é penal e por meio do qual se resolvem conflitos regulados não só pelo direito privado, como também, em diversas situações, pelo direito público. Podem ser destacados, dentro do Direito Processual Civil, como ramos que em grande parte conquistaram sua autonomia, o *Direito Processual do Trabalho* e o *Direito Processual Constitucional*.

1.4 TEORIA DO PROCESSO

Compreendidos esses primeiros conceitos, é agora o momento de esclarecer o significado da Teoria do Processo e, portanto, da disciplina objeto deste livro.

1.4.1 O conceito de teoria

A teoria é um conjunto de conceitos coerentemente sistematizados a respeito de uma determinada realidade. Nesse sentido, a teoria não fornece o conhecimento direto e imediato da realidade; proporciona os instrumentos que possibilitam a sua apreensão.

Enquanto as sensações e as percepções são o resultado das informações fornecidas pelos sentidos, o conhecimento é o resultado de uma operação do pensamento ou raciocínio, mediatizada pelos conceitos.

São os conceitos que permitem a classificação dos objetos, a partir do que estabelecem ser importante para o intuito de enquadrá-los em uma determinada categoria. Por constituírem a generalização das características essenciais de um conjunto de objetos, por meio deles é possível construir teorias.

Só se tem uma teoria quando um determinado conjunto de conceitos está ordenado, ou seja, arranjado de forma a constituir um todo unitário e coerente. E essa coerência decorre de os conceitos e ideias que compõem o sistema estarem logicamente estruturados a partir de fundamentos comuns.

As teorias são o resultado do desenvolvimento de um conceito central. Uma teoria funciona como uma teia pensada a partir de um conceito central, um cerne. Ao formular um conceito, explicitam-se as principais características de determinado objeto.

Nesse momento, portanto, destrincham-se as principais características desse objeto, encontrando e formulando outros conceitos secundários e acessórios, formando-se a teia, a teoria. Uma teoria equivale, portanto, a um corpo de conceitos integrados que servem para melhor descrever e compreender determinado objeto de estudo.

1.4.2   Objeto da Teoria do Processo

A Teoria do Processo é uma disciplina fundamentalmente teórica, voltada à compreensão dos princípios, garantias e institutos fundamentais do sistema processual. Não busca unificar soluções. O que deve ser comum são os grandes princípios e garantias, os principais conceitos e esquemas lógicos.

Como o conceito de processo, em sentido amplo, não é privativo do processo jurisdicional, na Teoria do Processo seria possível a inclusão do processo administrativo e do processo legislativo (processos estatais não jurisdicionais). Como fora do âmbito estatal algumas atividades das entidades intermediárias constituem processo, poderiam elas também, a princípio, ser incluídas nessa teoria; é o caso da arbitragem.

A diversidade de ramos do Direito Processual e de espécies de processo contribui para a dificuldade de construção de uma Teoria do Processo que abarque e permita compreender esse todo com clareza e utilidade. De outro lado, sem ela continuaria prevalecendo a tendência, ainda majoritariamente vigente, de observar cada ramo processual de forma isolada, como se necessariamente fosse uma realidade conceitual e metodologicamente apartada das demais. Essa diversidade é oriunda das diferentes origens que os diversos ramos do Direito Processual e espécies de processo tiveram historicamente e de seu caráter instrumental, a conferir permeabilidade às influências do direito material que busca atuar em juízo.

São esses fatores, em especial, que levam a se ter, de cada Direito Processual em separado, uma visão individualizada. Na construção de uma Teoria do Processo não podem passar despercebidas essas diferenças, sob pena de não construir um sistema teórico realmente útil.

Diante dessas observações, muito embora o conceito de processo possa abarcar os processos não jurisdicionais, e mesmo processos não estatais, é necessário deixar claro o que se entende por *Teoria do Processo* (*TGP*)[27] quando essa expressão é utilizada pelos processualistas em geral: é ela a *Teoria do Direito Processual jurisdicional.* Não é ela uma teoria do instituto

---

[27]   Mantém-se a sigla TGP, oriunda da clássica expressão Teoria Geral do Processo, embora no texto do livro se tenha optado pela expressão sintética, Teoria do Processo, considerando as grandes críticas existentes no campo da Epistemologia à possibilidade da construção de teorias gerais.

processo (concepção extremamente estreita). Tampouco uma teoria do Direito Processual geral ou mesmo estatal em sentido amplo (concepção que incluiria, entre outros, além do processo jurisdicional, os processos legislativo, administrativo e eleitoral).

É a teoria do Direito Processual jurisdicional, incluindo o estudo de sua história e, nesse contexto, de seus institutos fundamentais (jurisdição, ação, e processo), seus princípios e garantias fundamentais (numa perspectiva prioritariamente constitucional), os princípios e a estrutura do Poder Judiciário e das funções essenciais à Justiça (também com base principalmente na Constituição Federal), e a busca de produção de um arsenal hermenêutico-conceitual que propicie, efetivamente, o alcance dos objetivos do sistema processual, em todos os seus níveis.

1.4.3 Limites e possibilidades de uma Teoria do Processo

Os limites e possibilidades da construção de uma Teoria do Processo estão diretamente ligados à questão do seu objeto. De um lado, é necessário definir a abrangência do conceito de Direito Processual, para que se possa chegar a uma conclusão metodologicamente útil. Isso já foi feito anteriormente, tendo-se fixado como objeto dessa teoria o Direito Processual estatal jurisdicional.

Em segundo lugar, é necessário tomar posição no que se refere à unidade ou dualidade do próprio Direito Processual, levantada por alguns processualistas. De um lado, os *unitaristas* defendem a posição de que os Direitos Processuais Civil e Penal são dois ramos distintos de um mesmo sistema, que é o sistema processual, não havendo distinção fundamental entre eles. De outro lado, os defensores do *dualismo* sustentam que os direitos processuais civil e penal são substancialmente distintos, constituindo, consequentemente, dois sistemas processuais.

Entre os argumentos apresentados pela *corrente unitarista*, destaca-se aquele que salienta serem os institutos *jurisdição*, *ação* e *processo* fundamentalmente os mesmos nas duas espécies de Direito Processual. A esse argumento pode-se agregar a base constitucional comum, relativamente à estrutura e aos princípios do Poder Judiciário e das funções essenciais à Justiça e às garantias constitucional-processuais das partes.

Entre os argumentos apresentados pelas correntes dualistas destacam-se:

a) o objeto essencial do Direito Processual Penal é, necessariamente, uma relação de direito público – a pretensão punitiva do Estado; no processo civil, o objeto é, regra geral, uma relação de direito privado;

b) no processo civil, há *partes*, no verdadeiro sentido do termo; no processo penal o conceito de *parte* adquire um significado impróprio, principalmente no que se refere ao representante do Ministério Público;

c) o processo penal é instrumento indispensável para a aplicação da lei penal; o processo civil, em contrapartida, nem sempre é necessário para a atuação das demais legislações;

d) o poder dispositivo das partes é bastante reduzido no processo penal; em contrapartida é elevado no processo civil;

e) de outro lado, no processo civil é reduzido o princípio inquisitivo, princípio esse largamente presente no processo penal. Isso significa que o juiz penal tem, no processo, mais poderes que o juiz cível, mormente no que se refere às atividades instrutórias;

f) no processo civil, a atividade jurisdicional se encontra limitada, de uma forma mais marcada, por critérios jurídicos (legalidade); no processo penal, o juiz, no exercício da atividade jurisdicional, está também vinculado a critérios de equidade e éticos. Em outras palavras, o juiz penal teria, no processo, maior liberdade de convencimento que o juiz cível;

g) no que se refere à ação, ninguém está obrigado a exercê-la na área cível; já na área penal existe a obrigatoriedade do Ministério Público em exercê-la nos casos de ação penal pública incondicionada;

h) no tocante à técnica processual, os atos procedimentais, no processo penal, são marcados pela oralidade; no processo civil ocorre o oposto, com preponderância da prática de atos processuais escritos; e

i) no processo civil vigora, preponderantemente, o princípio da verdade formal; no processo penal, ainda se discute a verdade real.

Em resumo, os argumentos colocados por aqueles que defendem a impossibilidade da construção de uma Teoria do Processo jurisdicional, a partir das diferenças entre Direito Processual Civil e Direito Processual Penal, são de duas ordens:

a) as diferenças existentes entre o Direito Processual Penal e o Direito Processual Civil, decorrentes fundamentalmente dos direitos por eles instrumentalizados em juízo: de um lado o Direito Penal e de outro os demais ramos do direito; e

b) as diferenças procedimentais existentes entre os dois ramos.

Com relação às críticas que compõem o primeiro grupo, não são, a princípio, pertinentes à questão da construção da Teoria do Processo, tendo em vista que são diferenças vinculadas de forma direta ao direito material e apenas indiretamente ao Direito Processual, em função de sua instrumentalidade. De outro lado, se for considerada a ideia de instrumentalidade do processo, essa questão ganha relevância, dadas as diferenças existentes entre os direitos instrumentalizados.

No que se refere àquelas que compõem o segundo, carecem de uma fundamentação adequada, pois as diferenças criticadas decorrem de opções de técnica legislativa, não sendo diferenças inerentes aos diferentes ramos do Direito Processual; as opções poderiam até mesmo ter sido inversas.

A posição dos autores deste livro é de que a base constitucional comum aos diversos direitos processuais possibilita o reconhecimento da existência de uma teoria constitucional do processo. Já no tocante à existência de uma teoria comum aos direitos processuais infraconstitucionais, a questão é mais complexa, sendo que atualmente não se pode afirmar a existência de uma teoria geral do direito processual.

1.4.4   A Teoria do Processo nos cursos de Direito

A Teoria do Processo, nos cursos jurídicos, tem objetivos distintos, dependendo do projeto pedagógico de cada instituição. Em algumas é uma disciplina conceitual e introdutória ao estudo dos diversos ramos do Direito Processual jurisdicional. Nela são estudados a história do processo, os seus grandes institutos, os princípios e garantias atinentes ao sistema processual como um todo, bem como o Poder Judiciário e as funções essenciais à Justiça; também são estudados os princípios e regras gerais atinentes à interpretação, à integração, à resolução de antinomias e à aplicação do Direito Processual.

No entanto, na maioria dos cursos jurídicos brasileiros, essa disciplina serve muito mais como uma introdução ao Direito Processual Civil. Aliás, a maioria dos manuais brasileiros destinados à TGP são marcadamente introduções ao processo civil. Isso se deve, em parte, à Resolução CFE nº 3/1972, que fixou o currículo mínimo dos cursos jurídicos por mais de 20 anos, de 1972 a 1994. Nela, a Teoria do Processo era incluída como conteúdo mínimo da matéria Direito Processual Civil.[28] O outro motivo é a origem dos seus autores: a grande maioria é de processualistas da área cível.

---

[28]   A Portaria MEC nº 1.886/1994, que revogou a Resolução CFE nº 3/1972, não incluiu expressamente a Teoria do Processo entre as matérias obrigatórias, nem como conteúdo obrigatório da matéria Direito Processual Civil; da mesma forma a Resolução CES/CNE nº 9/2004, que atualmente define as Diretrizes Curriculares Nacionais

Este livro inclui as questões gerais, atinentes aos diversos processos jurisdicionais, e também, sempre que pertinente, questões específicas de determinados ramos do Direito Processual jurisdicional. Em alguns momentos, inclusive, trata de aspectos relativos a processos não jurisdicionais, como o administrativo, ou jurisdicionais não estatais, como a arbitragem. Seu conteúdo contém, portanto, questões que são propriamente de Teoria do Processo e outras que compõem, mais precisamente, uma introdução ao estudo do Direito Processual.

(DCNs) para os Cursos de Direito. Na realidade, a atual regulamentação sequer se refere a processos específicos, indicando como obrigatório apenas o conteúdo *Direito Processual* como integrante do eixo de formação profissional (art. 5º, inc. III). No mesmo sentido, o Parecer CES/CNE nº 635/2018 que contém a proposta de novas DCNs para os Cursos de Direito. De outro lado, a proposta de novas DCNs inova ao incluir entre os conteúdos obrigatórios dos Cursos de Direito os *Métodos Consensuais de Solução de Conflitos*.

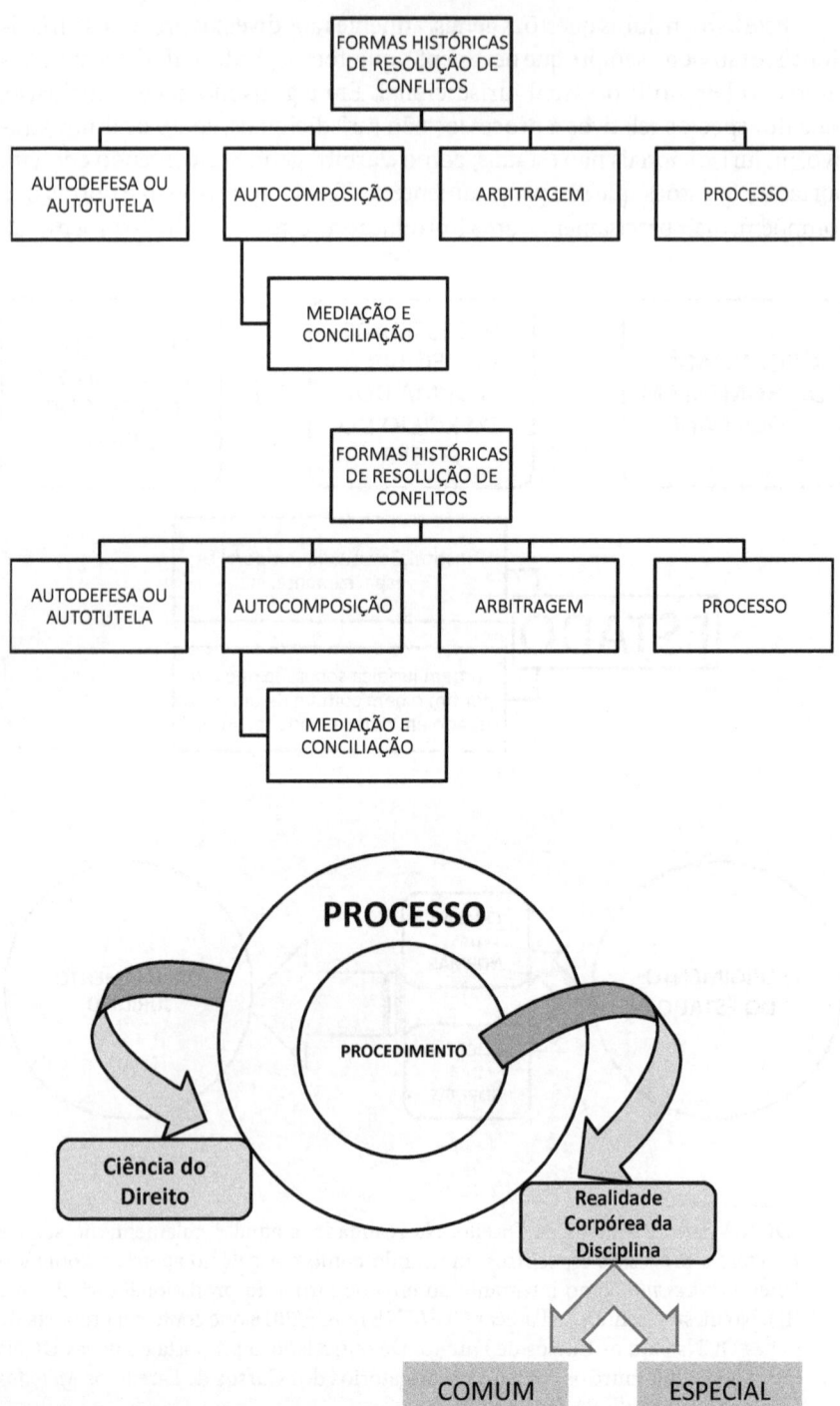

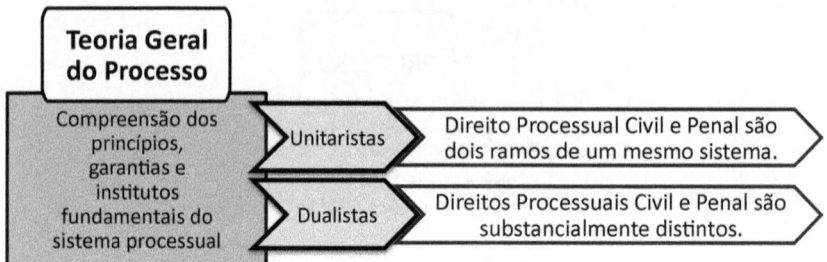

Capítulo 2
AFIRMAÇÃO HISTÓRICA DO DIREITO PROCESSUAL

2.1   AS ETAPAS EVOLUTIVAS DO PROCESSO

A fim de atingir o estágio em que se encontra atualmente, o Direito Processual passou por diversas fases que merecem ser historicamente delineadas e compreendidas. Trata-se do objetivo deste segundo capítulo, tanto no que concerne ao processo no estrangeiro quanto no que concerne aos estudos sobre a disciplina no Brasil, até para que se possam compreender melhor os motivos que levaram às mais recentes modificações legislativas.

Justifica-se, indiscutivelmente, nesta obra, que tem por objeto os fundamentos do Direito Processual contemporâneo, uma análise mais apurada da evolução histórica da Teoria Processual. Tal análise permite compreender por um ângulo *sui generis* a dogmática processual e sua relação com o direito material.

Desta feita, a evolução de que aqui se tratará inicialmente é a que ocorreu no sistema continental europeu, partindo do Direito romano germânico – tendo em vista nele encontrarem-se as raízes do Direito Processual brasileiro – e passando pelas Idades Média e Moderna.

Pode-se afirmar que a história do Direito Processual inclui três fases metodológicas fundamentais: sincretista, autonomista e instrumentalista.[1]

---

[1]   DINAMARCO, Cândido Rangel. *A instrumentalidade do processo*. São Paulo: RT, 1987.

Para Niceto Alcalá-Zamora y Castillo,[2] no entanto, a evolução da teoria processual possui cinco etapas: período primitivo, escola judicialista, praxismo, procedimentalismo e processualismo científico.

Essas duas formas distintas de analisar a evolução da teoria processual não são contraditórias, mas, sim, complementares. Além disso, as classificações são estabelecidas com objetivos didáticos, porque em realidade não é possível demarcar os períodos históricos exatos de vigência de cada concepção. Por isso mesmo, tais concepções não aparecem em todas as obras e países exatamente com as mesmas características.

No entanto, nenhuma delas atinge, integralmente, os objetivos pedagógicos deste texto. Em razão disso se adotará aqui outra divisão, vinculada à evolução histórico-política da ideia de Estado, dentro da qual se buscará situar as duas divisões anteriormente referidas. Trabalhar-se-á a evolução dentro do espaço de tempo que vai do mundo antigo ao Estado Moderno. As especificidades do Estado Contemporâneo serão estudadas em capítulo específico voltado à análise da questão do acesso à Justiça.

2.2 O PROCESSO NA IDADE ANTIGA E NA IDADE MÉDIA

Em Roma, a *actio* não se identificava com o direito material a que visava proteger. Roma nasce como uma Monarquia fortemente militarizada (753 a 509 a.C.) e depois, influenciada pelos Gregos, se transforma em uma República.

Durante a República (509 a 27 a. C.), os juízes eram denominados jurisconsultos e não tinham poder para determinar a execução direta de uma ordem. Eles apenas decidiam: julgavam o que era certo e o que era errado.

Nesse período, apenas a execução das decisões era feita pelos *pretores*, escolhidos pelo senado. Enquanto os jurisconsultos tinham ofício eminentemente declaratório, os pretores detinham tarefas de império. Os jurisconsultos apenas julgavam a razão das partes, ao passo que os pretores garantiam o cumprimento de suas decisões, executando-as.

No entanto, mais tarde, quando Roma se tornou um Império (27 a.C. a 476 d.C.), houve evidente concentração de poder. Após a morte de Júlio Cesar, Otávio Augusto obteve apoio popular, tendo se revelado ainda mais autoritário que o primeiro. Sob seu governo, os *pretores* puderam exercer todas as funções dos *jurisconsultos*, passando a decidir e executar ininterruptamente.

---

2   CASTILLO, Niceto Alcalá-Zamora y. *Estudios de teoría general e historia del proceso*. México: Unam, 1974.

Antes de Otávio Augusto, os *jurisconsultos* decidiam ações de natureza declaratória, constitutiva e condenatória, enquanto os pretores versavam sobre as ações mandamentais e as executivas *lato sensu*, mas apenas como consequência de decisões condenatórias proferidas por jurisconsultos.

Após Otávio Augusto, a função de decidir também passa a ser do Estado. Nasce o processo do império estatal, não cabendo mais às partes a escolha dos jurisconsultos.

Assim, os pretores tornaram-se juízes mais poderosos, capazes de proferir todas as espécies de decisão de modo consideravelmente dinâmico, e sem a necessidade da participação dos jurisconsultos, exatamente como os juízes de hoje julgam, conforme prevê a atual classificação quinária[3] das ações ou da eficácia das sentenças,[4] quais sejam: declaratórias, constitutivas, condenatórias, mandamentais e executivas *lato sensu*.

Embora a queda do Império Romano do Ocidente só tenha ocorrido no ano de 453, o período de maior concentração de poder naquela cidade-estado se deu apenas algumas décadas depois do ano zero, exatamente durante o governo de Otávio Augusto.[5]

Hoje, o juiz brasileiro, após toda a reconstrução e evolução científica do Direito Processual, profere decisões com as mesmas eficácias que os pretores o faziam na época de Otávio Augusto. A eficácia que as sentenças dos juízes nos dão hoje voltou a ser exatamente a mesma daquela época.[6]

Durante a Idade Média, no entanto, parte da evolução processual romana se perdeu, especialmente aquela havida nos últimos séculos, em que se explicitou a eficácia das sentenças proferidas pelos pretores, dado que:

a) o período sofreu a influência da figura paterna e essencialmente declaratória da divindade; e

b) a obra dos glosadores não interpretava o conteúdo daquilo que estava a reproduzir.

---

[3]   PONTES DE MIRANDA, Francisco Cavalcanti. *Tratado das ações*. Campinas: Bookseller, 2008.

[4]   Ver Capítulo 2 da Unidade III, neste mesmo volume.

[5]   Foi nessa época que o ano passou a ter 12 (doze) meses e não mais 10 (dez) – julho (em homenagem a Júlio Cesar) e agosto (em homenagem a Otávio Augusto), o que influenciou a estrutura e a futura adoção do calendário Juliano e, mormente a partir de 1582, do praticamente idêntico calendário Gregoriano, até hoje utilizado pela maioria dos países.

[6]   Exemplo: numa ação declaratória de inexigibilidade de crédito fiscal, pretende-se a declaração de que não se deve; eficácia meramente declaratória.

Nessa fase seguinte, portanto, que foi da Idade Média até o nascimento do Estado Moderno, no século XVIII, tinha-se uma visão linear do ordenamento jurídico, caracterizada pela confusão entre os planos material e processual dos sistemas normativos.

A *jurisdição* era vista como um sistema de tutela aos direitos, exercida com reduzida participação do juiz. A *ação* integrava o sistema de exercício dos direitos, sendo compreendida como o próprio direito subjetivo material que, uma vez lesado, armava-se para buscar, em juízo, a reparação da lesão sofrida. Já o *processo* era visto como mero procedimento, ou como conjunto de formas e atos para o exercício de direitos.

Tinha-se, então, a prevalência do princípio dispositivo, com a plena disponibilidade das situações jurídico-processuais. Em outras palavras, até meados do século passado, o processo era tido como mera parcela inerente ao exercício dos próprios direitos materiais. É desse fato, aliás, que decorre a terminologia *direito adjetivo*, expressão incompatível com a autonomia contemporânea do Direito Processual. Não havia ainda – ou havia se perdido – a consciência da autonomia das relações jurídicas processuais perante a relação jurídica material. Consequentemente, também não havia noção da autonomia do Direito Processual em relação ao direito material.

Dentro dessa fase inicial sincrética, incluem-se três das cinco etapas da evolução da teoria processual indicadas por Castillo: o período primitivo, a escola judicialista e o praxismo.[7] A expressão sincretismo, que significa a reunião artificial de ideias ou teses de origens diferenciadas, é utilizada, por Dinamarco, para referir-se ao conjunto dos movimentos processuais anteriores ao nascimento do processualismo científico, e que incluem esses três movimentos e mais o procedimentalismo.[8] O sincretismo é, nesse sentido, a reunião de um conjunto de doutrinas e concepções heterogêneas. Nessa descrição, em razão da forma de classificação adotada, o procedimentalismo ficará deslocado para a fase seguinte, tendo em vista ser ele, fundamentalmente, um movimento do Estado Moderno.

2.2.1 Período primitivo

O denominado período primitivo inicia-se com a própria história da humanidade e atinge o século XI. Nesse período não havia propriamente obras de Direito Processual: apenas análises esparsas acerca da Justiça e seu funcionamento.

---

7   CASTILLO. *Op. cit.*, v. II, p. 295.
8   DINAMARCO. *Op. cit.*

Alguns autores, como Edson Prata,[9] preferem destacar dessa época o denominado Período Romano (Direito romano e Direito romano-barbárico), dando-lhe tratamento em separado.

Sob o aspecto do desenvolvimento da técnica processual romana, parece ser adequada essa concepção. No entanto, tratando-se de história da teoria processual, tal destaque não se justifica, tendo em vista que a evolução ocorrida em Roma refere-se às instituições dogmáticas e à sua prática, não ao estudo sistemático e reflexivo dessas instituições.

2.2.2 Escola Judicialista

A Escola Judicialista nasceu com a criação da Universidade de Bolonha, em 1088, tendo assim se denominado por ser o *juízo* (*judicio, iudicium*) um termo bastante enraizado na linguagem processual da época, que o mesmo se destaca a ponto de se aparecer repetidamente nos trabalhos aí produzidos. Esse termo significava então:

a) sentença ou julgamento; e

b) processo.

É nesse segundo sentido utilizado pelos judicialistas, que trabalharam sobre o direito comum,[10] de fundo romano-canônico, e também medieval italiano e ítalo-canônico.

É nesse período que ocorreu o fenômeno histórico denominado de *recepção*, caracterizado pela acolhida que obteve o direito comum nas principais nações da Europa, principalmente entre os séculos XIII e XV.

---

[9] PRATA, Edson. *História do processo civil e sua projeção no direito moderno*. Rio de Janeiro: Forense, 1987.

[10] Segundo José Frederico Marques (*Manual de Direito Processual civil*. São Paulo: Saraiva, 1990. v. 1, p. 46), a expressão direito comum é utilizada para se referir ao Direito romano então utilizado na Europa: "Reconhecida validez universal ao Direito Romano (e ao canônico para as questões espirituais), torna-se ele o *direito comum* que deveria encontrar aplicação sempre que o direito particular do lugar [...] não dispusesse de modo expresso sobre determinado assunto. Coube aos glosadores e aos seus continuadores a regulamentação teórica do *processo comum*." Segundo esse mesmo autor (*op. cit.*, p. 103), o *processo comum* ou *processo romano-canônico* surgiu com a criação das universidades e de outros fatores que influenciaram o direito medieval e substituiu o *processo romano-barbárico*, oriundo esse da influência do processo germânico sobre o Direito romano, em decorrência da invasão dos bárbaros (destaques do autor).

Segundo Alcalá-Zamora y Castillo, pelo menos três fatores explicam o êxito que teve a recepção: científico, religioso e político. De um lado, os estudantes de toda a Europa, atraídos pelo prestígio das universidades italianas, acorriam a suas aulas; ao regressarem a seus países, substituíam, de maneira paulatina e incessante, em suas atuações como operadores jurídicos, o direito nacional pelo direito comum. De outro lado, os tribunais eclesiásticos aplicavam o direito comum nos casos mistos nos quais possuíam competência para julgar. Por último, os monarcas viram, na ressurreição do Direito romano, o instrumento ideal para afirmar seu poder sobre as bandeiras nobiliárias e particularismos locais, enxergando no seu ressurgimento um bom instrumento para fortalecer seu poder e reduzir, consequentemente, o dos nobres, que legislavam e impunham um direito, quase todo local, dentro dos limites de suas propriedades. Floresciam, na época, em razão disso, uma infinidade de direitos particulares. A adoção do Direito romano, unificador, representava um acréscimo de força ao poder do rei e, consequentemente, uma redução dos poderes exagerados dos nobres.[11]

A escola judicialista inclui, segundo Edson Prata, períodos diferenciados, entre os quais cumpre destacar:

a) dos glosadores;

b) dos pós-glosadores; e

c) humanista ou da culta jurisprudência.[12]

São características fundamentais das obras dos glosadores o respeito ao texto original do *Corpus Juris Civile*, o apego sistemático ao texto romano e a interpretação literal da lei. Coube-lhes o mérito de terem iniciado os estudos sobre Direito Processual. Já os pós-glosadores, que eram principalmente práticos do direito, da administração e da política, preferiram comentar as obras, sem apego aos originais. Seu objetivo assentava-se no propósito de adaptar o Direito romano às condições da época, em busca de soluções para os casos concretos, ou argumentos em favor das soluções que a prática lhes sugeria. Os pós-glosadores geralmente estudavam conjuntamente os processos civil e penal, algo pouco factível na atual realidade e estrutura das duas disciplinas. O período humanista buscou o ressurgimento do estudo dos clássicos e o culto pelos originais, desprezando as novas interpretações do Direito romano. Seu sistema de trabalho era substancialmente histórico.

---

[11] CASTILLO. *Op. cit.*, v. II, p. 298.
[12] PRATA. *Op. cit.*, p. 99.

2.2.3   Praxismo

Também denominado de Tendência dos Práticos, teve início na Espanha, no começo do século XVI, espalhando-se posteriormente por toda a Europa e suas colônias, tendo sido mais forte na Península Ibérica. Sua influência foi marcante, estendendo-se até o começo do século XIX, sendo que algumas de suas marcas ainda estão presentes contemporaneamente na teoria e na técnica processual de diversos países.

A denominação praxismo vem de *praxe*, que significa rotina, uso, aquilo que se pratica habitualmente. Nesse período, o Direito Processual era considerado pelos juristas como um conjunto de regras práticas sobre a forma de proceder em juízo. A preocupação central era com a forma de realizar o processo. Não havia preocupação com seu estudo teórico. Os estudos desse período estavam repletos de marcante preocupação forense. Segundo Prata, diversos fatores levaram os juristas a enveredarem pelo praxismo. São eles:

a)   o cansaço originário do estudo sistemático de obras antigas, especialmente do Direito romano, todas escritas em latim e dificultando, consequentemente, o acesso às mesmas por parte considerável daqueles que desejavam estudar o direito;

b)   o interesse dos povos voltado para o nacionalismo, pelas coisas da própria terra, em abandono – embora não sistemático – do passado remoto de outros povos;

c)   a invenção da imprensa, gerando oportunidade para a impressão de maior quantidade de livros. Em se aumentando a quantidade, necessário se faria também o aumento do número de leitores;

d)   abandono da língua latina em favor da língua nacional, do vernáculo; com isto, os escritores poderiam ser lidos por um número bem maior de pessoas;

e)   a necessidade de se dotar os estudiosos do direito de obras práticas, em lugar das até então eminentemente técnicas e científicas.[13]

Houve, nesse período, uma proliferação de livros jurídicos, mas a contribuição teórica dos juristas, apesar da quantidade, foi mínima. Na maioria absoluta das obras não havia nenhuma preocupação com a Teoria do Direito Processual, apenas com sua prática. Os praxistas consideravam tão importantes seus próprios pontos de vista que se copiavam mutuamente. Escreviam

---

[13]   PRATA. *Op. cit.*, p. 124.

livros com diversos volumes, buscando explicar tudo sobre a prática forense. Em muitos momentos, até abandonavam os próprios textos legais, considerados por alguns como secundários. Nesse sentido, em determinadas situações buscavam sobrepor suas opiniões ao ordenamento jurídico vigente, muitas vezes distorcendo e alterando a norma legal.

Os praxistas confundiam o direito material com o Direito Processual e esse com a prática forense. O Direito Processual era o adjetivo e o direito material o substantivo.[14] A natureza jurídica do processo era, para os praxistas, a de um quase contrato.[15]

Foi esse, de todos os períodos, talvez o menos produtivo para o desenvolvimento da teoria processual. No entanto, é bom lembrar que esses juristas produziram suas obras durante a Inquisição, provavelmente o período mais negro da história da humanidade. Sabe-se que nesse período histórico, em especial nos países da Península Ibérica, onde a Inquisição foi mais forte, ter ideias e defender teorias que não se ajustassem ao *status quo* era arriscar-se a ser condenado à fogueira, ou a penas bárbaras.

De outro lado, sua grande contribuição foi a de seus autores passarem a escrever nas línguas locais, abandonando o latim. O povo passou a ter acesso ao conteúdo das normas jurídicas, porque os praxistas resolveram retirá-las de seu pedestal inatingível e colocá-las em nível da compreensão de todos. Ao lado disso, foram os autores desse período essencialmente nacionalistas, o que exaltou, junto às comunidades, o sentido da norma processual.

2.3   O NASCIMENTO DO ESTADO MODERNO E A AUTONOMIA DO DIREITO PROCESSUAL

A conquista da autonomia teórica do Direito Processual decorreu da afirmação histórica de ideais, classes e instituições. O surgimento do Estado Moderno; o aparecimento e o fortalecimento da burguesia; a difusão dos valores da Revolução Francesa – mormente da ideologia liberal – assim como o desenvolvimento da cultura procedimentalista, lançaram as bases para a criação desse novo ramo da Teoria do Direito.

---

[14]   Como destaca Edson Prata (*op. cit.*, p 15), "até em nossos dias há ainda aqueles mal informados que não conseguem distinguir bem as normas de direito civil e as de Direito Processual civil, chamando estas de direito adjetivo e aquelas de direito substantivo".

[15]   No quase contrato, as obrigações são determinadas pela lei com base na presumível vontade das partes. Já no contrato as obrigações são determinadas diretamente pela própria vontade das partes.

2.3.1 Procedimentalismo: a transição para a fase autonomista

Precursores do procedimentalismo já existiam em meados do século XVII, em especial no que se refere ao processo penal. As transformações que se operavam então no mundo das ideias geraram um espírito de reforma que procurou harmonizar a legislação criminal com os princípios de justiça e humanismo. Passou-se a observar o processo penal inglês, no qual o procedimento romano-canônico, de tipo inquisitorial, não havia penetrado. Era a preparação para a renovação estrutural dos princípios políticos informadores da justiça penal.

Nasce o procedimentalismo, no entanto, apenas no início do século XIX, na França, espalhando-se rapidamente por toda a Europa. Segundo Castillo, a causa política do seu surgimento foi a Revolução Francesa, em razão de seus ideais de liberdade, igualdade e fraternidade; e a sua causa jurídica, a codificação napoleônica, ao separar, com êxito e ressonância histórica, as legislações processuais dos respectivos corpos legais de direito material.[16] O procedimentalismo pode ser considerado, de certa forma, como a fase de transição do período de sincretismo metodológico para o período autonomista, estando caracterizada por estudos descritivos e fragmentários de institutos processuais particulares.

O forte interesse dos juristas franceses desse período pelo processo penal, inclusive importando normas do direito anglo-saxão, fez desenvolverem-se bastante os estudos processuais penais, especialmente aqueles ligados ao direito probatório, cujas bases se assentavam nos princípios humanísticos e liberais da época e nas garantias trazidas aos réus pelo procedimento acusatório. Nesse sentido, o processo penal acabou influenciando o processo civil, provocando novos estudos e criando novas concepções, mais de acordo com a cultura jurídica desse período histórico. É nesse período que surgiu o processo penal misto, por influência do sistema acusatório inglês, já que o continente adotava então o sistema inquisitivo.

O procedimentalismo foi o reflexo, na área processual, das concepções jurídicas do período, vinculadas ao liberalismo, em especial às ideias do estado de direito, da separação dos poderes, da legalidade e da exegese como forma de aplicação concreta do Direito. Nesse sentido, o procedimentalismo é a aplicação do discurso da legalidade e da separação dos poderes ao Direito Processual. O processo deve acontecer de acordo com procedimentos – ritos, formas e prazos – preestabelecidos em lei. De outro lado, compete ao juiz a

---

[16]   CASTILLO. *Op. cit.*, v. II, p. 303.

mera atuação do direito estatal vigente, não lhe competindo a interpretação da norma, mas sua mera aplicação.[17]

Até o surgimento do procedimentalismo, os estudos processuais estavam dominados pelos trabalhos de prática forense. Com a separação das legislações material e processual, o Direito Processual começa a ser estudado com mais autonomia, começando a esboçar-se a construção de suas próprias bases teóricas.

O procedimento em especial, e ao lado dele a organização judiciária e a competência, foram o objeto privilegiado das obras dessa época. Também o direito probatório foi uma de suas preocupações, principalmente como forma de humanização dos direitos material e processual na área penal.

Embora suas exposições superem as dos praxistas, não conseguem ainda os procedimentalistas alcançar, no estudo do Direito Processual, o mesmo nível de desenvolvimento dos outros ramos do Direito.

Constituiu-se o procedimentalismo num passo importante para a evolução do Direito Processual. Com ele o processo deixou de ser visto segundo a praxe, passando a encontrar na lei a sua fundamentação. No entanto, seu método de estudo era puramente descritivo dos fenômenos processuais, faltando-lhe análises teóricas sobre as questões e conceitos essenciais, inclusive o de procedimento, objeto por ele privilegiado. O ponto de partida para a descrição dos fenômenos processuais era a sua regulamentação legal. Sobre ela os autores procediam fundamentalmente uma análise exegética.

Sua grande carência foi a ausência de um embasamento teórico, capaz de situar a Teoria do Direito Processual no mesmo nível que já haviam alcançado à época as teorias dos demais ramos do Direito. Sua excessiva preocupação com o procedimento (com as formas e seu regramento legal) fez com que deixassem de lado o processo. A grande crítica dirigida ao procedimentalismo é, como parece ficar demonstrado, o fato de suas obras acompanharem as instituições legais existentes, limitando-se a descrevê-las, furtando-se de colaborações criativas e críticas.

2.3.2 Processualismo científico: o nascimento da fase autonomista

Nessa fase, iniciada no século XIX, passa-se a ter a plena consciência da autonomia da ação e dos demais institutos processuais, sendo ela marcada

---

[17] Nesse sentido é importante lembrar a posição de Montesquieu (*Do espírito das leis.* São Paulo: Abril Cultural, 1979. p. 152), para quem "os juízes de uma nação não são [...] mais do que a boca que pronuncia as sentenças da lei, seres inanimados que não podem moderar nem sua força nem seu rigor".

pelas grandes construções científicas do Direito Processual. Foi nesse período que houve a construção das grandes teorias processuais, em especial as que se referem à natureza jurídica da ação e do processo, suas condições e pressupostos. A afirmação da autonomia do Direito Processual foi uma das grandes preocupações desse período. Nele foram traçadas as grandes estruturas do sistema e discutidos e elaborados muitos dos seus conceitos atuais.

2.3.2.1 A polêmica Windscheid x Muther: um pressuposto necessário

A polêmica entre os romanistas Benhard Windscheid e Theodor Muther,[18] ocorrida em meados do século XIX, exerceu enorme influência no sucessivo desenvolvimento dos estudos na área do Direito interessados em destacar os trabalhos pertinentes ao Direito Processual. Foi ela que estimulou a construção da Teoria do Direito subjetivo como poder de exigir uma prestação alheia, sedimentou o terreno para o grande progresso da teoria da ação e possibilitou as especulações metodológicas referentes às relações entre direito material e processual.

A primeira das obras que compõem a famosa polêmica foi escrita por Windscheid, que publicou em 1856 o livro intitulado *A actio do direito romano do ponto de vista do direito hodierno*. Nesse trabalho, preocupou-se principalmente o autor em demonstrar como os sistemas jurídicos romano e moderno eram fundamentalmente diversos. Para ele, o sistema jurídico romano, em vez de ser um sistema de direitos, era um sistema de *actiones*. Nele não se chegava ao Direito senão por meio da *actio*.

Windscheid procurou traduzir na terminologia de sua época os conceitos romanos. O primeiro passo foi contestar a equiparação entre a *actio* romana e a ação moderna. Nesse sentido, concluiu que a expressão latina representava um fenômeno que no Direito Moderno é denominado *pretensão*. E essa é, segundo ele, uma situação jurídica material, distinta do direito subjetivo e da ação. Nesse livro de Windscheid, três propósitos fundamentais devem ser destacados:

a) demonstrar como os sistemas jurídicos romano e moderno eram diferentes, no sentido de que em Roma havia um sistema de *actiones*, não se chegando ao *jus* senão por meio da *actio*;

b) traduzir em linguagem de sua época a terminologia utilizada no Direito romano;

---

[18] WINDSCHEID, Bernhard e MUTHER, Theodor. *Polemica sobre la "actio"*. Buenos Aires: Europa-América, 1974.

c)   contestar o paralelismo entre a *actio* romana e a ação do Direito de sua época.[19]

Um ano depois, Muther publicou resposta a Windscheid, em obra intitulada *Sobre a doutrina da "actio" romana, do hodierno direito de ação, da "litiscontestatio" e da sucessão singular nas obrigações*, cuja linha de raciocínio possui três pontos fundamentais:

a)   reaproximação dos conceitos romano de *actio* e moderno de ação;
b)   afirmação de que em Roma também havia prioridade do direito material sobre a ação; e
c)   definição da *actio* e da ação moderna como direito à tutela jurídica, tendo por titular passivo o magistrado e não o adversário.

A resposta de Muther foi essencialmente no sentido da reaproximação dos conceitos romano de *actio* e moderno de ação. Para ele, em Roma também havia prioridade do Direito sobre a ação, sendo essa última o direito à prestação da tutela jurídica. O sujeito passivo da ação era, segundo ele, o magistrado, não o adversário.

Ainda em 1857 veio a réplica de Windscheid, em livro denominado *A actio – réplica a Th. Muther*, reafirmando os pontos de vista sustentados, trazendo novos argumentos e explicações. Nele, o autor concorda com Muther no tocante à prioridade do direito material sobre a ação e no que se refere ao fato de o Estado ser o sujeito passivo da ação moderna, discordando, no entanto, que essas considerações se apliquem à *actio* romana.

Dois são os temas fundamentais cuja discussão, referentemente ao Direito Moderno, foi provocada pela polêmica entre esses romanistas: a existência do direito autônomo de ação e a existência de uma relação jurídica de natureza processual.

Assim, da polêmica dos dois romanistas, o que de mais precioso surgiu para a Teoria do Processo foi a concepção, por eles partilhada, de que no Direito Moderno a ação é um direito à tutela jurídica, que tem como titular passivo o Estado. O Estado é o vértice do triângulo formado pela relação jurídica processual.

---

[19]   Concluiu Windscheid que a *actio*, no Direito de sua época, era representa pelo nome de *Anspruch* (*pretensão*), que, diferentemente do direito de ação, era a faculdade de impor a própria vontade pela via judiciária, ou seja, de submeter o interesse alheio ao interesse próprio por meio do processo.

Windscheid implicitamente sugeriu a concepção da ação como poder de provocar um provimento de mérito, existente independentemente da existência ou não do direito subjetivo material. No que se refere a Muther, definiu ele tanto a *actio* romana quanto a ação moderna como um direito à obtenção da tutela judiciária, direito esse existente perante o Estado e não perante o adversário.

Como se vê, Windscheid e Muther discutiram o problema da prioridade da *actio* sobre o direito subjetivo, no universo do Direito romano. Para o Direito de sua época, ambos aceitavam que a ação era um novo direito, nascido da violação de outro direito anterior. Foi em razão dessa polêmica que se tornou possível levantar dúvidas sobre a forma como eram vistas as relações existentes entre Direito Processual e direito material, aceitas pacificamente até esse momento histórico.

A discussão despertou os juristas da época para a existência de dois planos a serem observados: o material e o processual. Essa distinção veio exposta de forma sistemática, 11 anos depois de encerrada a polêmica, na obra de Oskar von Büllow, e propiciou a abertura de caminhos para a construção sistemática da moderna Teoria do Direito Processual. É a partir de então que se passa a uma discussão aprofundada sobre a concepção do ordenamento jurídico, se unitário ou dualista.

Esse foi um dos reflexos mais significativos da polêmica: a abertura por ela propiciada para que Büllow fizesse suas especulações acerca da existência de dois planos diferenciados em que se colocam as relações entre as partes.

As ideias presentes nessa polêmica, referentes à ação, influenciaram decisivamente o pensamento de Adolf Wach, que veio a desenvolver, na segunda metade do século XIX, a teoria da ação como direito concreto de agir. A ação dirigida ao órgão estatal e a concepção dos pressupostos processuais diferenciados dos pressupostos da relação material controvertida são ideias cuja projeção se sente marcante, ainda contemporaneamente, nas lições e discussões de Direito Processual.

2.3.2.2 *Processualismo científico: a construção da autonomia*

A partir do denominado *Processualismo Científico* não se buscou mais conhecer o processo segundo a praxe, como no praxismo, nem abordá-lo a partir do modo como a lei o regula, como no procedimentalismo.

O que os membros desse movimento processual buscaram foi tomar como ponto de partida para o estudo do processo e demais institutos básicos do Direito Processual sua própria natureza jurídica. Em outras palavras, os autores do processualismo científico procuraram fazer Teoria do Direito

Processual, deixando para um plano secundário as práticas forenses e sua regulamentação procedimental. Nasce, portanto, da conceituação publicística do processo e da ideia de autonomia da ação.

O marco histórico do processualismo científico foi o ano de 1868, com a publicação da *Teoria das exceções processuais e dos pressupostos processuais*, de Oskar von Büllow, em Giessen, Alemanha. Nessa obra, Büllow demonstrou que a Teoria do Direito Processual[20] tinha, ainda, um longo caminho a percorrer para alcançar o mesmo estágio a que haviam chegado os demais campos do Direito.[21]

Segundo Büllow, continuavam na penumbra os principais fundamentos do Direito Processual, encobertos por construções teóricas e terminológicas inadequadas e equivocadas, herdadas do Direito medieval e das concepções praxistas e procedimentalistas.

Em sua obra, o jurista alemão buscou demonstrar que o processo é uma relação jurídica entre as partes e o juiz, uma relação jurídica processual e, como tal, diferenciada das relações jurídicas privadas (e também públicas[22]) que constituem a matéria do debate judicial. Também foi ele que separou a noção de processo da noção de procedimento. Entendia o processo como uma relação jurídica pública, pois vincula necessariamente o Estado. Relação essa que avança gradualmente, desenvolvendo-se passo a passo.

Büllow realçou que, por três aspectos fundamentais, a relação jurídica processual se distingue da relação substancial litigiosa trazida ao processo:

a)   seus *sujeitos*, pois ali comparece o juiz;

b)   seu *objeto*, que não é o direito material buscado pelo autor, mas a atuação do juiz no processo; e

c)   seus *pressupostos*, que ele pela primeira vez na história do processo denominou de *pressupostos processuais*.

Büllow não foi o primeiro a defender a existência de uma relação jurídica processual distinta da relação jurídica de direito material. Seu mérito foi o de dar real importância à tríade dos sujeitos do processo, passando a vê-los envolvidos em um vínculo jurídico especial. A partir dessa constatação

---

[20]   Nessa obra, Büllow referia-se especificamente à Teoria do Direito Processual Civil.

[21]   BÜLLOW, Oskar von. *La teoría de las excepciones procesales y los presupuestos procesales*. Buenos Aires: Europa-América, 1964.

[22]   A observação incluída dentro dos parênteses é dos autores deste texto e não de Büllow. Foi ela inserida tendo em vista que relações jurídicas públicas também são objeto de processos judiciais como, por exemplo, as que ocorrem no âmbito do processo tributário.

apresentou, de forma sistematizada, a teoria da relação jurídica processual. As eventuais referências a ela anteriormente realizadas por outros autores não trouxeram o avanço que a sua obra propiciou, em especial ao expor sua teoria dos pressupostos processuais.

Segundo Castillo, aceitando-se ou não a teoria de Büllow, não se pode negar o impacto que seu livro causou em pelo menos dois níveis:

a)   oferecer uma explicação publicista para a natureza jurídica do processo, superando as visões privatistas que o viam como um contrato ou um quase contrato; e

b)   ter provocado um movimento teórico no campo do processo que, depois de revolucionar a Alemanha, influenciou primeiro a Itália, estendendo-se posteriormente para diversos outros países, dando origem a uma completa renovação dessa área do Direito, demonstrando principalmente a independência do Direito Processual diante do direito material.[23]

Além de Büllow, a obra de Adolph Wach foi fundamental nas origens do processualismo científico. Ele publicou em Leipzig, em 1885, seu *Manual de Direito Processual civil alemão* e, em 1888, a monografia *Ação declaratória*. Nela pôs em relevo a autonomia do direito de ação perante o direito subjetivo material. Segundo ele, o interesse e a pretensão de tutela jurídica não existem apenas onde há direito.[24]

Wach afirmou, historicamente, sua teoria, salientando que a ação declaratória negativa não tem como objetivo conservar ou proteger um direito subjetivo, mas sim manter a integridade da posição jurídica do demandante, constituindo um direito puramente instrumental. Nesse caso, ainda que não se tenha direito material, tem-se direito instrumental – processual – a declarar tal inexistência. É possível, segundo o autor, haver direito de ação sem direito material a ser tutelado. Trata-se, atualmente, entretanto, de posição bastante questionável, pois o direito de saber se se possui ou não um determinado direito é também, em si, um direito material: o direito à informação a respeito dos direitos subjetivos. Daí a ideia de que o interesse processual (utilidade ou necessidade da ação) nas ações declaratórias está exatamente na solução de uma dúvida plausível devidamente demonstrada em juízo a respeito dos direitos de determinados sujeitos em determinada circunstância.

---

[23]   CASTILLO. *Op. cit.*, v. II, p. 308.
[24]   WACH, Adolf. *La pretención de declaración*. Buenos Aires: Europa-América, 1962.

Sob o prisma histórico, entretanto, à época, a tese de Wach constituiu um golpe de morte para as teorias civilistas da ação. Se anteriormente Büllow havia demonstrado a natureza jurídica do processo, como relação jurídica pública autônoma, desvinculando dessa forma, de maneira definitiva, o processo das concepções privatistas, Wach trouxe para a Teoria Processual uma reflexão aprofundada sobre a natureza jurídica da ação. Concebia-a ele como um direito subjetivo autônomo, de natureza pública.

Com o processualismo científico o processo passa a ser compreendido em uma perspectiva publicista, de forma autônoma, desvinculado das relações de direito privado que objetiva resolver. Com esse movimento, o direito de ação passa a ser visto como um direito subjetivo público de exigir a prestação jurisdicional por parte do Estado.

A revolução conceitual, gerada pelo processualismo científico no âmbito do Direito Processual, gerou uma dogmática e uma legislação processuais até então inexistentes. Como consequência, pôs-se com clareza a autonomia do Direito Processual em face do direito material, tanto na área cível como na penal.

Em uma segunda fase do processualismo científico alemão merece destaque especial James Goldschmidt, autor da Teoria do Processo como situação jurídica. Essa teoria, embora refutada pela grande maioria dos processualistas, pôs em relevo os defeitos da Teoria do Processo como relação jurídica.[25-26]

Na Itália, foi Giuseppe Chiovenda que, ao proferir, em 1903, na Universidade de Bolonha, uma conferência sob o título A ação no sistema dos direitos, introduziu o processualismo científico entre os povos de língua latina. Dizia-se ele discípulo de Wach, mas dele discordando em alguns

---

[25] GOLDSCHMIDT, James. *Principios generales del proceso*. Buenos Aires: Europa-América, 1961. 2. v.

[26] Entre os autores do processualismo científico, discípulos de Büllow e Wach, pertencentes à denominada idade de ouro do processualismo germânico, pode-se destacar ainda os nomes dos alemães Conrad Hellwig (trabalhou em especial a questão da intervenção das partes no processo), Friedrich Stein (destacou-se por seus estudos sobre a prova), Joseph Köhler (assumiu e desenvolveu a teoria da relação processual) e Wilhelm Kisch (desenvolveu estudos sobre a sentença) e do húngaro Plòsz, autor da teoria da ação como direito abstrato. Também o processualista legislador Klein, na Áustria, autor da codificação processual desse país. Na área do Direito Processual penal coube aos alemães John e Augusto von Kries o relevante papel de terem sido os primeiros processualistas a adotarem a nova orientação trazida pelo processualismo científico. Podem também serem incluídos os nomes de Bennecke, Ernest Beling e Karl Binding.

aspectos. Para ele, a ação não é um direito à tutela jurídica do Estado, mas o poder jurídico de criar as condições para a atuação da vontade da lei.[27]

Segundo Castillo, na esfera processual nenhuma escola, nem mesmo a alemã, foi tão fecunda em sua influência como a italiana, liderada por Chiovenda, tendo também influenciado os processualistas penais. Seu pensamento se propagou fora da Itália, em especial por Portugal, Espanha e América Latina.[28]

Entre os italianos é fundamental lembrar, de um lado, a importância de alguns discípulos de Chiovenda, entre os quais se destacam Piero Calamandrei (ressaltou a ligação do processo com as diretrizes políticas presentes na Constituição) e Enrico Tulio Liebman (morou no Brasil e influenciou decisivamente o Direito Processual pátrio), e, de outro, a obra de Francesco Carnelutti, que lutou por uma teoria processual unitária e buscou fixar as linhas funcionais do processo, mostrar sua finalidade compositiva e dar estruturação jurídica ao processo de execução. É importante destacar ainda que Francesco Carnelutti, além de sua vasta obra sobre processo civil, também escreveu sobre processo penal.[29]

Especificamente no que se refere ao processualismo científico na América Latina, é fundamental lembrar os nomes do uruguaio Eduardo Couture, cuja obra teve como ponto central de preocupação a relação do processo com as diretrizes políticas contidas no Direito Constitucional, e do mexicano Hector Fix Zamudio, autor de estudos sobre a proteção dos direitos do homem, as garantias constitucionais do processo e a jurisdição constitucional. Também a importância das obras de processualistas europeus que viveram exilados no novo continente: Alcalá-Zamora y Castillo, Rafael de Pina e Sentís Melendo, além de Liebman, já referido anteriormente. Segundo Castillo, do processualismo sul-americano parece ser mais bem equilibrado o brasileiro, que aqui será analisado em separado.[30]

---

[27] CHIOVENDA, Giuseppe. *La acción en el sistema de los derechos*. Valparaíso: Edeval, 1992.

[28] CASTILLO. *Op. cit.*, v. II, p. 314.

[29] Ao lado dos já citados, podem ser destacados, na área do processo civil, os nomes de Alfredo Rocco, Emilio Betti, Hugo Rocco e Redenti. Entre os processualistas penais italianos é necessário destacar Arturo Rocco, que foi o primeiro a levar, na teoria italiana, a ideia da relação processual para os estudos de processo penal, e Vincenzo Manzini, que teve a primazia de tê-la aplicado de forma sistemática. Além deles cumpre destacar, entre outros, Eduardo Massari e Eugenio Florian.

[30] CASTILLO. *Op. cit.*, v. II, p. 322.

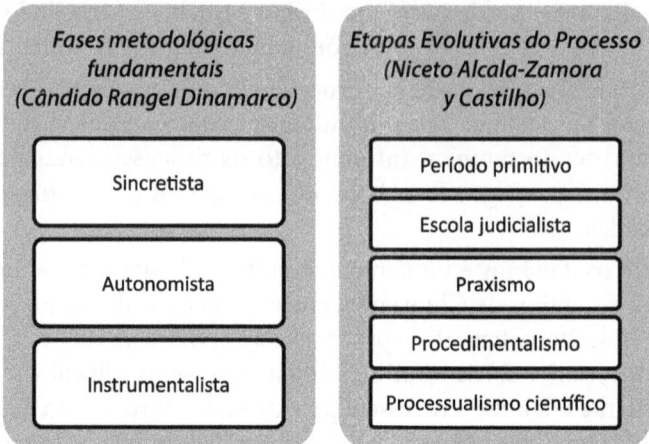

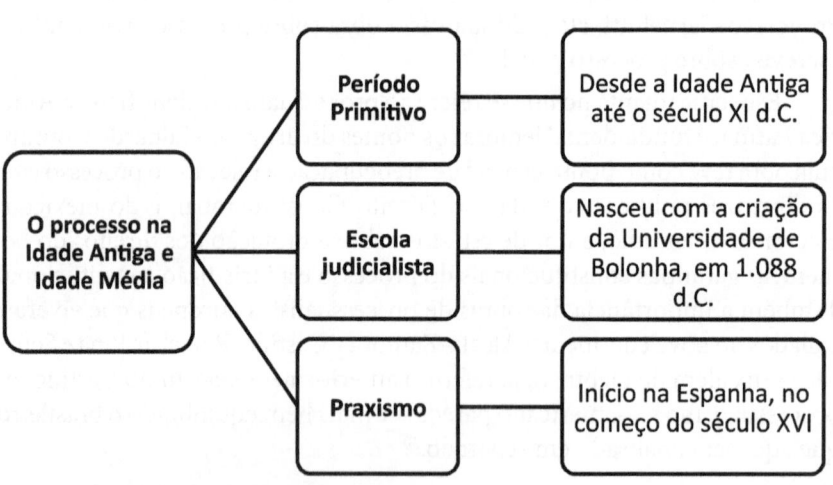

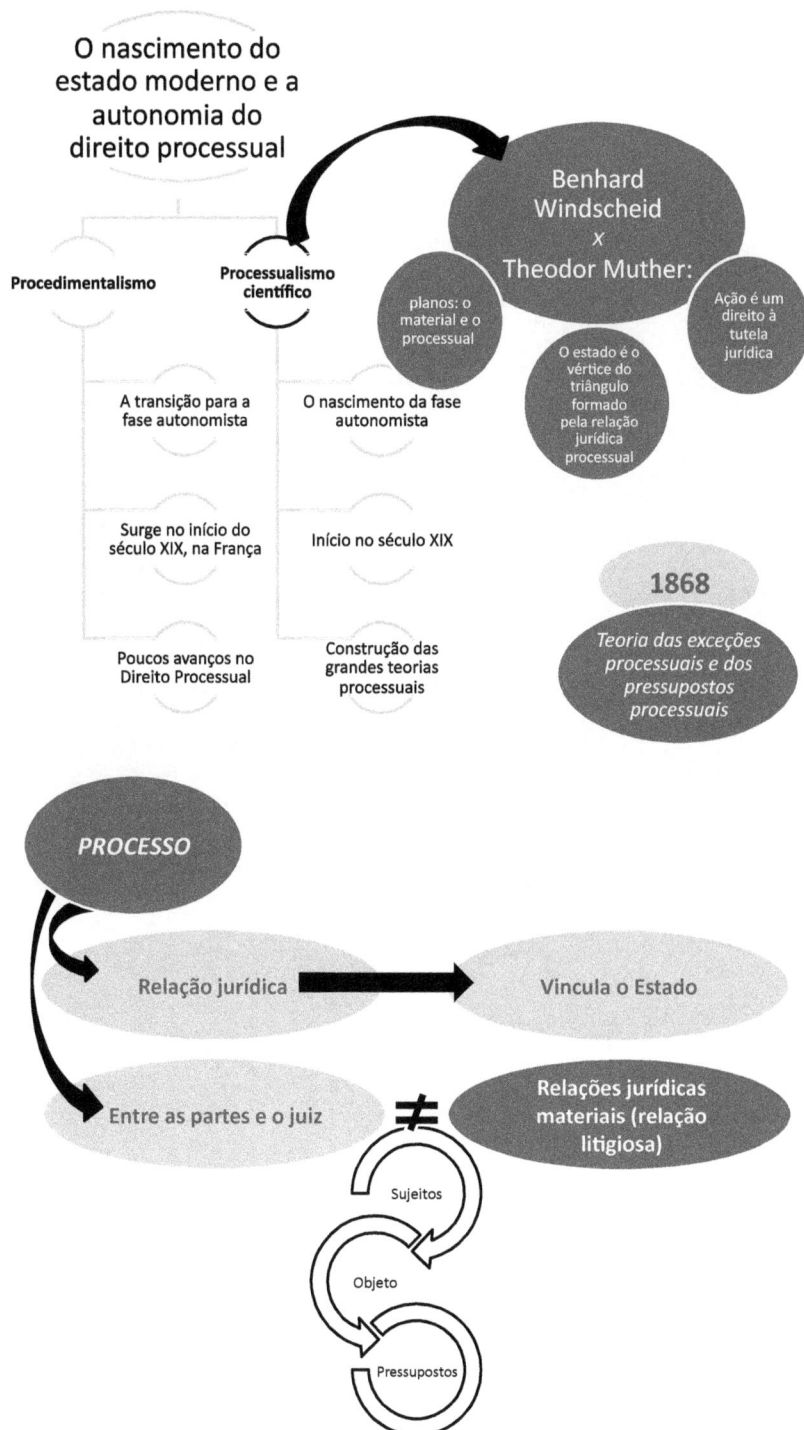

O nascimento do estado moderno e a autonomia do direito processual

Procedimentalismo

Processualismo científico

A transição para a fase autonomista

O nascimento da fase autonomista

Surge no início do século XIX, na França

Início no século XIX

Poucos avanços no Direito Processual

Construção das grandes teorias processuais

Benhard Windscheid x Theodor Muther:

planos: o material e o processual

O estado é o vértice do triângulo formado pela relação jurídica processual

Ação é um direito à tutela jurídica

1868

Teoria das exceções processuais e dos pressupostos processuais

PROCESSO

Relação jurídica → Vincula o Estado

Entre as partes e o juiz ≠ Relações jurídicas materiais (relação litigiosa)

Sujeitos

Objeto

Pressupostos

Capítulo 3
BREVE HISTÓRICO DO DIREITO PROCESSUAL NO BRASIL

3.1 A EVOLUÇÃO DA LEGISLAÇÃO PROCESSUAL BRASILEIRA

A título de introdução ao tema é necessário destacar que a independência do Brasil, proclamada em 1822, não significou, de pronto, seu rompimento com a cultura e com o Direito português. Pelo contrário, a legislação lusitana foi adotada pelo País em tudo o que não ferisse sua soberania. Isso significou a adoção das Ordenações Filipinas e de outras leis extravagantes portuguesas.[1]

3.1.1 A legislação processual do Império

Com relação às normas de Direito Processual Penal contidas nas Ordenações, eram elas extremamente desumanas. Foi esse fato que fez com que as

---

[1] Segundo Frederico Marques (*Manual de direito processual civil*. São Paulo: Saraiva, 1990. v. 1, p. 53, destaque do autor): "No campo das instituições processuais civis, a sujeição às formas do *direito comum* perdurou íntegra até a promulgação do Código de Processo Civil de 1939, pois as leis e códigos, que até então haviam existido, continuavam fiéis, em suas linhas básicas, ao procedimento romano-canônico do direito medieval". Os códigos havidos até a edição CPC de 1939 eram de caráter estadual, versando essencialmente a respeito de procedimentos. Interessa notar que iniciativas legislativas voltadas apenas para os procedimentos em matéria processual também são possibilitadas pela Constituição Federal vigente (CF, art. 24, XI).

primeiras iniciativas legislativas do País se voltassem exatamente aos direitos penal e processual penal. Essa preocupação, oriunda das concepções liberais então dominantes, já aparece estampada na primeira Constituição brasileira, de 1824, que estabeleceu preceitos e princípios garantidores de um processo criminal bem diverso daquele que vigorava sob a égide das ordenações.

Em 1832, dois anos após a edição do Código Criminal do Império, foi promulgado o Código de Processo Criminal do Império. Foi ele inspirado pelos modelos inglês, de tipo acusatório, e francês, de tipo inquisitório, adotando, diante desses, um sistema misto. Deu um tratamento liberal ao processo penal, significando uma reação às leis opressoras e monstruosas da monarquia portuguesa.

Em 1841, foi ele alterado, buscando-se com a reforma aumentar os poderes da polícia, impondo um retrocesso aos avanços liberais introduzidos em matéria processual, quando de sua edição. Isso ocorreu em razão de agitações políticas e movimentos revolucionários que assolavam o País nesse período. Buscava também restaurar a ordem, criando instrumentos e meios para o governo impor sua autoridade.

As alterações introduzidas criaram o policialismo judiciário, confiando às autoridades policiais funções judiciárias. O retrocesso ocorreu em relação à estruturação e organização do Poder Judiciário, não em matéria procedimental. A orientação liberal, no entanto, foi restabelecida em 1871, quando se separou a Justiça da polícia e se criou o inquérito policial.

O processo civil, na forma como era tratado na legislação portuguesa assumida pelo Império, possuía fases rigidamente distintas, e seu procedimento adotava a forma escrita, sendo movimentado pelo impulso das partes e dominado pelo princípio dispositivo.

O Código de Processo Penal do Império, de 1832, além do tratamento específico dado a essa matéria, trouxe, ainda, em seu bojo, um conjunto de normas denominado Disposição provisória acerca da administração da justiça civil, que simplificou o procedimento, extinguiu formalidades e eliminou recursos desnecessários na área do processo civil. A alteração do Código de Processo Penal do Império, efetuada em 1841, modificou, nesse contexto, essa disposição provisória, impondo retrocessos inclusive nessa matéria.

Em 1850, tendo em vista a edição do Código Comercial, foi editado o Regulamento nº 737, destinado a determinar a ordem do juízo no processo comercial.

Por determinação da mesma legislação que restabeleceu a orientação liberal do processo penal, foi elaborada a Consolidação das Leis de Processo

Civil, que passou a ter força de lei em 1876. O responsável pelo seu texto foi o Conselheiro Antonio Joaquim Ribas.

3.1.2 A legislação processual da República

No ano de 1889, houve a Proclamação da República. Com ela veio uma série de alterações em matéria de Direito Processual. A primeira delas, em 1890, foi estender às causas cíveis, como regra geral, a aplicação do Regulamento nº 737/1850. Segundo Frederico Marques,[2] foi por meio dele que o direito comum se infiltrou na legislação processual da República.[3] Também no mesmo ano foi instituída e organizada a Justiça Federal.

A primeira constituição republicana, de 1891, deu grande destaque ao Poder Judiciário dentro da estrutura estatal, adotando o controle jurisdicional da constitucionalidade das leis. Em matéria processual penal, além de revigorar as garantias processuais já existentes, guindou o *habeas corpus* à garantia constitucional, conferindo-lhe amplitude até então desconhecida, e manteve a instituição do júri. Também consagrou a dualidade de justiças e de processos. Em razão disso, passou-se a ter uma legislação processual nacional, aplicável na Justiça Federal, e legislações processuais estaduais, aplicáveis nas respectivas justiças dos Estados-Membros.

A principal legislação federal desse período, em matéria de Direito Processual, foi a Consolidação das Leis referentes à Justiça Federal, de 1898, preparada por José Higino Duarte Pereira. No que se refere aos Estados-Membros, a grande maioria deles elaborou suas leis processuais tendo por base o Regulamento nº 737/1850. Continuou-se, dessa forma, sob a égide do antigo Direito Processual.

A Revolução de 1930 foi o marco inicial das grandes reformas no Direito Processual brasileiro, embora tenha inicialmente mantido o regime pluralista em matéria de legislação processual. Com a Constituição Federal de 1934, estabeleceu-se novamente ser da União a competência para legislar em matéria de Direito Processual, mantendo, no entanto, a dualidade de justiças ordinárias e a competência dos Estados-Membros para legislar sobre as suas divisões e

---

[2] MARQUES. *Op. cit.*
[3] Frederico Marques (*op. cit.*, p. 116) refere-se ao Regulamento nº 737/1850 nos seguintes termos: "É o tão louvado *regulamento* um diploma legal que bem retrata a incultura processual em que nos mantinha o *praxismo* então vigente. O pior é que ele ainda nos mantivemos presos durante toda a fase legislativa da República, pois os códigos estaduais e as leis da União se mostraram incapazes de se libertarem do jugo secular do ronceiro processo comum que Portugal nos legou".

organizações judiciárias. Em 1936 foi promulgada a primeira lei processual de âmbito federal, regulando os recursos das decisões finais das Cortes de Apelação e de suas câmaras, a qual levou o número 319. Em matéria de processo penal, foi o Decreto-lei nº 167/1938, que instituiu o júri, o primeiro diploma elaborado para todo o Brasil após a extinção do pluralismo processual.

Com o Estado Novo foi eliminada a dualidade de justiças ordinárias, com a extinção da justiça federal. A Constituição Federal de 1937, de índole extremamente centralizadora, não trouxe outras grandes novidades em matéria processual. Nesse período foram elaborados os códigos nacionais de Direito Processual Civil e Penal. O Código de Processo Civil, editado em 1939, teve como base o projeto elaborado por Pedro Batista Martins. Em 1941 foi editado o Código de Processo Penal, que teve por base projeto idealizado por Vieira Braga, Nélson Hungria, Narcélio de Queirós, Roberto Lyra e Cândido Mendes.

Com a edição desses códigos o Brasil abandona, embora não ainda totalmente, o sistema processual herdado da colonização portuguesa e das arcaicas formas procedimentais do processo comum. Consolidaram eles também a unificação federativa dos direitos processuais, pondo fim ao pluralismo legislativo implantado pela Primeira República.

Lembrança negra desse período, em matéria processual, ficou por conta da legislação especial para a repressão dos crimes políticos, editada entre 1937 e 1938, que criou e organizou o Tribunal de Segurança e um processo inquisitivo e sem garantias. Segundo Frederico Marques, "esse processo era o que havia de mais iníquo e inquisitorial, policialesco e reacionário, em matéria de procedimento penal".[4]

A Constituição de 1946 preservou o unitarismo legislativo em matéria processual e adotou os princípios da acusatoriedade, do contraditório, do devido processo legal e do juiz natural. Também manteve o *habeas corpus* e restaurou a soberania do júri.

Com o Movimento Militar de 1964 diversas alterações foram trazidas na área processual, em especial como decorrência dos atos institucionais (AIs). O AI 1 suspendeu, por seis meses, a garantia de vitaliciedade da magistratura, ferindo a garantia do acusado de ter direito de ser julgado por tribunal independente. O AI 2 manteve tal suspensão por tempo ilimitado, alterou a estrutura do Poder Judiciário e restaurou a Justiça Federal de primeira instância, colocando-a como órgão especial da Justiça comum.

---

4   MARQUES. *Op. cit.,* p. 125.

A Constituição de 1967 e a Emenda Constitucional (EC) nº 1, de 1969, não alteraram as garantias processuais contidas na Constituição de 1946. No entanto, o AI 5, além de deixar em suspenso as garantias do Poder Judiciário, permitiu o confisco de bens e limitou a garantia do *habeas corpus*, suspendendo-a para os crimes políticos, contra a segurança nacional, a ordem econômica e social e a economia popular. A EC nº 16 ampliou e deu novas formas ao controle jurisdicional da constitucionalidade das leis.

Com relação aos códigos processuais, a necessidade de sua atualização levou à nomeação dos professores José Frederico Marques e Alfredo Buzaid para elaborarem, respectivamente, anteprojetos de novos Códigos de Processo Penal e de Processo Civil.

O projeto de CPP foi encaminhado ao Congresso Nacional, tendo sido aprovado na Câmara dos Deputados em 1977 e, em seguida, enviado ao Senado. Foi então retirado pelo Poder Executivo. Posteriormente, uma comissão formada pelos professores Francisco de Assis Toledo, Rogério Lauria Tucci e Hélio Fonseca foi encarregada de elaborar novo anteprojeto sobre essa matéria. Foi ele remetido ao Congresso Nacional em 1983, tendo sido aprovado na Câmara, não tendo obtido a necessária aprovação no Senado Federal.

Em virtude disso, o Código de Processo Penal (CPP)[5] continua ainda em vigor no País desde 1941. Sobre ele, assim se manifesta Frederico Marques: "a comissão que elaborou o projeto que se transformou no atual Código de Processo Penal, não soube dotar o país de um estatuto moderno, à altura das reais necessidades de nossa Justiça Criminal".[6] Esse Código estabelece a instrução plenamente contraditória e separa as funções acusatória e julgadora, determinando todas as formas procedimentais sob a égide do sistema acusatório. É ele composto de seis livros que tratam respectivamente: do processo em geral, dos processos em espécie, das nulidades e dos recursos em geral, da execução, das relações jurisdicionais com as autoridades estrangeiras e das disposições gerais. Foi esse estatuto legal modificado, direta ou indiretamente, por várias leis posteriores.

Em 1992, foi nomeada uma comissão de juristas encarregada de promover estudos e propor soluções com vistas à simplificação do Código de Processo Penal em vigor, coordenada pelo então Ministro do Superior Tribunal de Justiça, Luiz Vicente Cernicchiaro, que apresentou diversos projetos de lei alterando o CPP.

---

5   Decreto-lei nº 3.689, de 3 de outubro de 1941.
6   MARQUES. *Op. cit.*, p. 124.

As modificações do CPP se deram por meio da Lei n° 11.690/2008, a respeito das provas; da Lei n° 11.689/2008, a respeito do Tribunal do Júri, e da Lei n° 11.719/2008, a respeito da suspensão do processo, da mutatio libelli, da emendatio libelli e dos procedimentos em matéria penal. Alterações significativas também decorreram das Leis n°s 12.403/2011, no tocante às prisões processuais e às medidas cautelares de caráter penal, e 12.736/2012, a respeito da detração da pena na sentença penal condenatória. Atualmente, encontra-se em tramitação no Congresso Nacional o Projeto de Lei do Senado n° 156/2009, que propõe um novo CPP. Convém mencionar, ainda, a Lei 13.964/19 (Pacote anticrime), que aperfeiçoa a legislação penal e processual penal.

Por sua vez, o Código de Processo Civil (CPC) de 1973 estava dividido em cinco livros, a saber: do processo de conhecimento, do processo de execução, do processo cautelar, dos procedimentos especiais e das disposições finais e transitórias. Reconhece, na sua estrutura, a existência de três modalidades de processo jurisdicional: de conhecimento, de execução e cautelar.[7] No entanto, desde a sua aprovação, sofreu diversas alterações.

Em dezembro de 1994, houve a primeira fase da reforma do CPC de 1973, com a aprovação de quatro projetos apresentados por uma comissão de juristas nomeada pelo Ministério da Justiça, em 1992, com o encargo de promover estudos e propor soluções com vistas à simplificação do Código de Processo Civil, coordenada pelo então Ministro do Superior Tribunal de Justiça, Sálvio de Figueiredo Teixeira.

Já no século XXI, o Congresso Nacional efetuou outras alterações ao CPC de 1973, bem como aprovou um novo CPC, Lei n° 13.105/2015, após seis anos de tramitação. O CPC de 2015 entrou em vigor no dia 18 de março de 2016, e já teve seu sistema recursal aprimorado pela Lei n° 13.256/2016. Suas premissas basilares são as seguintes:

a)   respeito ao contraditório substancial;

b)   respeito à lógica de cooperação entre os atores processuais;

c)   fundamentação qualitativa das decisões judiciais;

d)   simplificação do sistema procedimental;

e)   simplificação do sistema recursal;

f)   delineamento de regras gerais para um sistema de precedentes.

---

[7]   Conforme o pensamento de Enrico Tulio Liebman (*Manuale di diritto processuale civile*. 3. ed. Pádua: Cedam, 1970) julgava existir.

No que se refere à legislação extravagante, convém destacar as leis que seguem como pontos mais importantes na evolução da legislação processual brasileira:

1) a Lei de Execuções Penais (Lei nº 7.210/1984);

2) a que criou os juizados de pequenas causas (Lei nº 7.244/1984), posteriormente revogada pela Lei nº 9.099/1995, que dispôs sobre os Juizados Especiais Cíveis e Criminais;

3) a que criou a ação civil pública (Lei nº 7.347/1985);

4) o Estatuto da Criança e do Adolescente (Lei nº 8.069/1990);

5) o Código de Defesa do Consumidor (Lei nº 8.078/1990);

6) a que criou o procedimento especial para o processo de desapropriação de imóvel rural, por interesse social, para fins de reforma agrária (Lei Complementar nº 76/1993);

7) a que criou os juizados especiais cíveis e criminais no âmbito estadual, revogando a lei de 1984, que regulamentava os juizados especiais de pequenas causas (Lei nº 9.099/1995);

8) a que regulamenta a gratuidade dos atos necessários ao exercício da cidadania (Lei nº 9.265/1996);

9) a que regulamenta como entidade familiar a união estável (Lei nº 9.278/1996);

10) a lei de arbitragem (Lei nº 9.307/1996);

11) a que disciplina a aplicação da tutela antecipada contra a Fazenda Pública (Lei nº 9.494/1997);

12) a que regula o direito de acesso à informação e disciplina o rito processual do *habeas data* (Lei nº 9.507/1997);

13) a que permite às partes a utilização de sistema de tramitação de dados para a prática de atos processuais (Lei nº 9.800/1999), alterada pela Lei 14.318/2022;

14) a que dispõe sobre os julgamentos das Ações Diretas de Inconstitucionalidade (ADIs) e Ações Diretas de Constitucionalidade (ADCs) perante o STF (Lei nº 9.868/1999);

15) a que dispõe sobre o processo e julgamento da Arguição de Descumprimento de Preceito Fundamental – ADPF, também perante o STF (Lei nº 9.882/1999);

16) a que dispõe sobre a instituição dos Juizados Especiais Cíveis e Criminais no âmbito da Justiça Federal (Lei nº 10.259/2001);

17) a que dispõe sobre o Estatuto da Pessoa Idosa (Lei nº 10.741/2003);

18) a lei Maria da Penha, que dispõe a respeito da sanção e da prevenção a atos de violência doméstica tanto na órbita penal quanto na esfera cautelar civil no tocante à separação de corpos (Lei nº 11.340/2006);

19) a nova lei de drogas, que dispõe sobre o processo referente aos crimes de tráfico de entorpecentes (Lei nº 11.343/2006);

20) a nova lei do Mandado de Segurança (Lei nº 12.016/2009);

21) as alterações no Código de Processo Penal a respeito da prisão processual (Lei nº 12.403/2011);

22) a Lei que trata da mediação entre particulares como meio de solução de controvérsias e sobre a autocomposição de conflitos no âmbito da Administração Pública (Lei nº 13.140/2015);

23) a Lei que alterou a lei de arbitragem para ampliar o seu âmbito de aplicação, disciplinar a interrupção da prescrição pela instituição da arbitragem e possibilitar a concessão de medidas cautelares pelos árbitros (Lei nº 13.129/2015);

24) Competência dos Juizados de Violência Doméstica e Familiar contra a mulher para a ação de divórcio, separação, anulação de casamento ou dissolução de união estável nos casos de violência (Lei nº 13.894/2019);

25) Lei da liberdade econômica (Lei nº 13.874/2019);

26) Lei do Abuso de Autoridade (Lei nº 13.869/2019);

27) Emenda Constitucional nº 125/2022 (Criação do requisito da Arguição de Relevância para admissibilidade do Recurso Especial junto ao STJ).

Há também, de interesse para o Direito Processual, as legislações relativas às atividades essenciais à Justiça:

a) a Lei Orgânica do Ministério Público Nacional (Lei nº 8.625/1993) e o Estatuto do Ministério Público da União (Lei Complementar nº 75/1993);

b) o Estatuto da Advocacia e da OAB (Lei nº 8.906/1994);

c) a lei que organizou a Defensoria Pública da União (Lei Complementar nº 80/1994); e

d) a Lei Orgânica da Advocacia Geral da União (Lei Complementar nº 73/1993). Encontra-se, ainda, no Congresso Nacional o projeto do novo Estatuto da Magistratura, que virá substituir a LOMAN (Lei Complementar nº 35/1979).

Em matéria de textos constitucionais, inegavelmente foi o atual, promulgado em 5 de outubro de 1988, o que mais se preocupou com as questões processuais. Podem-se dividi-las em três diferentes níveis:

a) tutela constitucional das garantias das partes e princípios fundamentais do Direito Processual;

b) Poder Judiciário e funções essenciais à Justiça; e

c) jurisdição constitucional.

Devem-se destacar, em especial, sensíveis alterações introduzidas no campo do Direito Processual Penal, entre as quais a extinção definitiva dos últimos resquícios de procedimentos *ex officio* mantidos pelo Código de 1939. Já em 2004 foi aprovada a Emenda Constitucional nº 45, pela qual se efetivou a reforma do Poder Judiciário e foi criado o Conselho Nacional de Justiça (CNJ).[8]

O que se percebe, com relação à legislação brasileira contemporânea, bem como a alguns projetos existentes para modificá-la, é a consciência da necessidade de transformar o Direito Processual num instrumento efetivo de acesso à Justiça, na linha defendida pela fase instrumentalista. A teoria e a legislação nacionais têm enfrentado, decisivamente, as denominadas três ondas renovatórias do movimento por acesso à Justiça:

a) aperfeiçoamento da assistência judiciária àqueles que não podem pagar as despesas do processo;

b) aperfeiçoamento da tutela dos direitos transindividuais (coletivos e difusos), especialmente quanto aos direitos ambiental e do consumidor; e

c) simplificação e racionalização dos procedimentos em juízo.

Relativamente ao primeiro, buscou equacioná-lo por meio dos instrumentos da assistência judiciária gratuita, já prevista na Lei nº 1.060/1950 e suas sucessivas alterações, bem como na Lei nº 4.215/1963.[9] Posteriormente, criaram-se os juizados de pequenas causas, a Defensoria Pública e os juizados

---

8   O CNJ é órgão de controle externo ao Poder Judiciário, criado em 31 de dezembro de 2004 e instalado em 14 de junho de 2005. Ver Capítulo 2 da Unidade IV, deste mesmo volume.

9   Antigo Estatuto da OAB, agora revogado e substituído pelo Estatuto da Advocacia e da OAB (Lei nº 8.906/1994).

especiais, além de se ter ampliado a abrangência da assistência gratuita, que passa a ser assistência jurídica integral e não mais apenas judiciária.

Com relação ao segundo momento, é de se destacar a Lei nº 7.347/1985, que criou a ação civil pública para proteção dos interesses difusos, bem como a criação do mandado de segurança coletivo e as ampliações da legitimidade *ad causam* trazidas pela Constituição Federal de 1988, pelo Estatuto da Criança e do Adolescente e pelo Código de Defesa do Consumidor para a defesa de interesses e direitos metaindividuais.

Já na busca de soluções para o que os autores citados chamam de terceira onda, há as várias alterações já introduzidas e os projetos existentes de reforma ou substituição dos códigos de processo, bem como os diversos avanços constantes, nesses aspectos, da legislação extravagante. Ao lado disso, a preocupação em encontrar soluções efetivas para as crises do Poder Judiciário. Nessa última onda incluem-se, igualmente, a criação de mecanismos de incentivo à conciliação, presentes nas legislações pertinentes aos juizados especiais, à Justiça de Paz e à Defensoria Pública. Também a atual lei de arbitragem.

O Direito Processual brasileiro é de boa qualidade; em alguns casos, destaca-se entre os mais profundamente arquitetados. No entanto, nota-se que, na prática, seus avanços não têm conseguido muitas vezes atingir os objetivos propostos. Esse aspecto deixa claro o fato de que não bastam instrumentos processuais adequados se não forem resolvidos outros problemas existentes, principalmente nos níveis político, econômico, social e educacional, bem como no nível do direito material e da estrutura, organização e administração do Poder Judiciário.

Em síntese, o que parece ficar efetivamente demonstrado é que o legislador brasileiro, mediante sucessivas legislações elaboradas nos últimos anos, entre as quais se destaca a Constituição Federal de 1988, buscou instrumentalizar de forma extremamente atualizada o Direito Processual. Se muitos desses avanços não conseguem se materializar, em termos de efetividade, é porque há outros problemas, de índole extraprocessual, a servir-lhes de barreira.

Entre eles, é necessário destacar a própria mentalidade formalista e burocrática dos operadores jurídicos brasileiros, oriunda de um ensino basicamente positivista e que não propicia o desenvolvimento do raciocínio jurídico e do senso crítico necessários neste limiar do século XXI,[10] uma questão fundamentalmente política, não jurídica.

---

[10] Serve como referência para o aprofundamento da questão do ensino jurídico: RODRIGUES, Horácio Wanderlei. *Pensando o ensino do direito no século XXI*: diretrizes curriculares, projeto pedagógico e outras questões pertinentes. Florianópolis: Fundação Boiteux, 2005.

3.2   A EVOLUÇÃO DA TEORIA PROCESSUAL BRASILEIRA

A evolução da teoria processual brasileira ganha impulso na década de 1940, já no século XX, em virtude da vinda de Enrico Tulio Liebman ao Brasil. Antes disso caminhava ela em descompasso com os grandes avanços já presentes na teoria europeia. É por isso que se vai utilizar esse autor como o marco divisório dos estudos processuais neste País, embora haja outras formas de classificá-los, como a adotada por José Frederico Marques, para quem a evolução teórica brasileira possui três períodos: a fase do praxismo, a fase do procedimento tradicionalista e a fase da renovação científica.[11]

3.2.1   A teoria processual brasileira pré-Liebman

Como se sabe, o Direito Processual nacional originou-se diretamente do Direito português. Isso foi visto nas páginas que antecedem essa observação. Também em matéria teórica, mesmo depois da Independência, foram os portugueses que continuaram influenciando, por muito tempo, a formação da cultura jurídica brasileira. E essa teoria, em matéria processual, era marcadamente praxista.

Segundo Frederico Marques, na fase que vai da Independência à República, a teoria processual brasileira foi marcada pelo praxismo: primeiro o pré-praxismo brasileiro, oriundo da adequação das obras portuguesas ao foro nacional; depois o autêntico praxismo nacional, com o surgimento de obras de juristas brasileiros, e caracterizada pela preocupação de se produzirem trabalhos de prática forense, mostrando o caminho a seguir na Justiça para a solução dos processos. Entre os autores de praxe nacional propriamente dita destacam-se: Francisco Paula Batista, Joaquim Inácio de Ramalho (Barão de Ramalho) e José Antonio Pimenta Bueno.[12]

Segue-se o período procedimentalista, com influência da teoria italiana pré-chiovendiana. João Monteiro foi o introdutor do procedimentalismo no Brasil e, por que não reconhecer, o criador da dogmática jurídico-processual nacional.[13] Segue-se a ele, em destaque, João Mendes Júnior.

Essas influências serão marcantes na teoria processual brasileira até que, com a edição do CPC de 1939 e a vinda de Liebman ao Brasil, dá a teoria processual brasileira um grande passo, assimilando os avanços do processualismo científico, principalmente de origem italiana.

---

[11]   MARQUES. *Op. cit.*
[12]   MARQUES. *Op. cit.*, p. 54.
[13]   MONTEIRO, João. *Teoria do processo civil.* Rio de Janeiro: Borsoi, 1956. 2. v.

Segundo Dinamarco, nesse período faltava aos estudiosos brasileiros a necessária atualização metodológica. Embora houvesse diversos trabalhos sobre o tema e muitas ideias interessantes fossem por eles trazidas, a ausência de uma correta base teórica não permitia aos processualistas de então chegar ao entendimento que hoje se tem do sistema processual.[14] Não significa isso que a obra dos modernos processualistas europeus fosse totalmente desconhecida no Brasil, mas é inegável, nesse período, a preponderância da aceitação das concepções dos antigos processualistas portugueses e dos autores italianos anteriores a Chiovenda nas pesquisas efetuadas pelos processualistas nacionais.

Evidência da situação da teoria da época é a adoção, pelo então Código Civil brasileiro, editado em 1916 e revogado em 2002, da teoria civilista da ação, demonstrada expressamente pelo texto do seu art. 75: "A todo o direito corresponde uma ação, que o assegura". Esse código também tratava da ação, pelo menos parcialmente, em uma série de outros dispositivos. Isso demonstra não ser clara na época a concepção dualista de que a ação é instituto de Direito Processual e não de direito material.

3.2.2 A teoria processual brasileira contemporânea: origem e situação

As modernas teorias processuais, oriundas do processualismo científico nascido na Alemanha na segunda metade do século XIX, só passaram a influenciar decisivamente a teoria processual brasileira a partir do início da década de 1940, já quase na metade do século XX.

No Brasil, segundo Dinamarco, a evolução maior ocorrida de 1939 para cá, com exceção da edição de algumas leis especiais, deve ser creditada à teoria – em especial dos processual-constitucionalistas – e ao bom senso dos juízes.[15]

O desenvolvimento da teoria processual brasileira contemporânea aconteceu, fundamentalmente, após a vinda de Enrico Tulio Liebman ao Brasil.[16] Liebman foi discípulo de Chiovenda e professor titular de Direito Processual Civil na Universidade de Parma, Itália. Além dele, também influenciaram a teoria processual brasileira, por meio de suas obras, entre outros, Giuseppe Chiovenda, Piero Calamandrei e Francesco Carnelutti.

---

[14] DINAMARCO, Cândido Rangel. *A instrumentalidade do processo*. São Paulo: RT, 1987.

[15] DINAMARCO. *Op. cit.*, p. 44.

[16] O reconhecimento ao trabalho desenvolvido por Liebman no Brasil, e posteriormente na Itália, onde recebeu e orientou diversos estudiosos brasileiros da área do Direito Processual, foi demonstrado pelo governo brasileiro, que o agraciou, em 1977, com a Comenda da Ordem do Cruzeiro do Sul. Essa é a condecoração máxima que se concede a personalidades estrangeiras beneméritas a este país.

A obra de Chiovenda já havia influenciado a elaboração do CPC de 1939, o que também proporcionou o reconhecimento de estudiosos do processualismo científico, tais como Pontes de Miranda. Adotava esse código, no que refere ao princípio da oralidade, posições defendidas pelo eminente mestre italiano. Também nele percebia-se o repúdio às concepções privatistas do processo, notando-se a preocupação do legislador da época com a sua publicização, vendo-o como instrumento estatal destinado à administração da Justiça. Em razão dessas concepções, procurou ele prestigiar a figura do juiz, visto como verdadeiro diretor das atividades processuais. No entanto, a teoria processual brasileira, de forma majoritária, ainda não havia, à época, superado a visão procedimentalista.

Segundo Frederico Marques,[17] coube a Pontes de Miranda, com o livro Ação rescisória, o mérito de ter escrito a primeira obra de literatura processual brasileira, nos moldes do processualismo científico, datada de 1936. Também salienta que foi Estevão de Almeida o primeiro processualista brasileiro a ensinar as modernas teorias processuais, não tendo, no entanto, deixado nenhum escrito sobre o tema, bem como que foi Rui Barbosa o primeiro a citar, no Brasil, a obra de Chiovenda. Especificamente na área do processo penal, a renovação teórica teve início com a tese de Hélio Tornaghi, A relação processual penal, publicada em 1945.[18] Foi ele o artífice da renovação teórica na processualística criminal.

Como já se destacou anteriormente, com a vinda de Liebman ao Brasil, em 1940, fugindo do fascismo italiano, ganharam impulso os estudos processuais no País. Foram seus discípulos alguns dos mais destacados processualistas brasileiros desse período, entre os quais cabe destacar: Alfredo Buzaid, José Frederico Marques e Luís Eulálio Vidigal. Sob a influência das novas ideias muitos processualistas produziram suas obras, devendo-se destacar: Alcides de Mendonça Lima, Celso Agrícola Barbi, Egas Dirceu Moniz de Aragão, Galeno Velhinho de Lacerda, José Carlos Barbosa Moreira e Moacyr Amaral dos Santos, na área do processo civil; Hélio Tornaghi, José Frederico Marques e Tourinho Filho, na área do processo penal; Amauri Mascaro Nascimento, Coqueijo Costa, Wagner Giglio e Wilson de Souza Campos Batalha, na área do processo do trabalho.

Com relação aos processualistas brasileiros desse período, que produziram suas obras sob a influência do processualismo científico, é necessário citar ainda outros nomes como: Amilcar de Castro, Arruda Alvim, Gabriel

---

[17] MARQUES. *Op. cit.*

[18] TORNAGHI, Hélio. *A relação processual penal.* São Paulo: Saraiva, 1987.

de Rezende Filho, João Bonumá, J. J. Calmon de Passos, Lopes da Costa e Machado Guimarães.

Relativamente a Liebman, é importante destacar seu gosto pela pesquisa histórica e comparativa. Liebman seguia o método e os princípios estabelecidos pelo processualismo científico. Ao lado disso, buscava dar novas respostas aos velhos problemas, não resolvidos de forma satisfatória ou convincente pela teoria precedente. A aceitação da autonomia do Direito Processual perante o direito material não o levou a esquecer que o processo é, fundamentalmente, um instrumento a serviço dos direitos.

Foi consequência do trabalho por ele desenvolvido no Brasil, onde permaneceu por seis anos e lecionou na USP, a fundação da Revista de Direito Processual Civil,[19] e o surgimento da denominada Escola Processual de São Paulo.[20] Posteriormente, a partir de 1968, uma segunda geração de processualistas brasileiros retomou o contato direto com o mestre italiano, agora já na Itália, na Universidade de Milão.

Contemporaneamente, é crescente o número de processualistas brasileiros que vêm trabalhando na linha do movimento internacional por acesso à Justiça e interessados no tema da efetividade do processo.

Destacar quais os principais nomes contemporâneos do Direito Processual brasileiro é uma tarefa extremamente perigosa, pois o número de processualistas é significativo, correndo-se o risco de esquecer nomes. De qualquer forma, não há como não o fazer.

Nesse sentido, sobressaem-se aqui diversos nomes, daqueles processualistas que acabaram formando escolas ou grupos de discípulos. São eles: Arruda Alvim, Ada Pellegrini Grinover e Cândido Rangel Dinamarco, todos de São Paulo; José Carlos Barbosa Moreira, no Rio de Janeiro; Francisco Cavalcanti Pontes de Miranda, de Alagoas, embora radicado no Rio de Janeiro; J. J. Calmon de Passos, na Bahia; Ovídio Baptista da Silva e Galeno Velhinho de Lacerda, no Rio Grande do Sul; Humberto Teodoro Júnior, em Minas Gerais; Egas Moniz de Aragão, no Paraná; e José Albuquerque Rocha, no Ceará.

Essa ampliação de nomes de grandes processualistas induz, contemporaneamente, a existência de uma Escola Brasileira de Direito Processual. A

---

[19] Essa revista teve apenas seis números editados, mas serviu como importante instrumento de divulgação da moderna teoria processual, na ótica do processualismo científico.

[20] Essa denominação é atribuída a Alcalá-Zamora y Castillo (*op. cit.*), para quem ela era composta por Alfredo Buzaid, Luis Eulálio de Bueno Vidigal e José Frederico Marques.

discordância que se pode ter prende-se à afirmativa de que a teoria de todos remonta necessariamente ao pensamento de Liebman, o que não procede. Há, no Brasil, significativo número de processualistas, no campo específico do processo civil, que possui como base teórica preponderante para a sua produção a obra de Pontes de Miranda.[21-22]

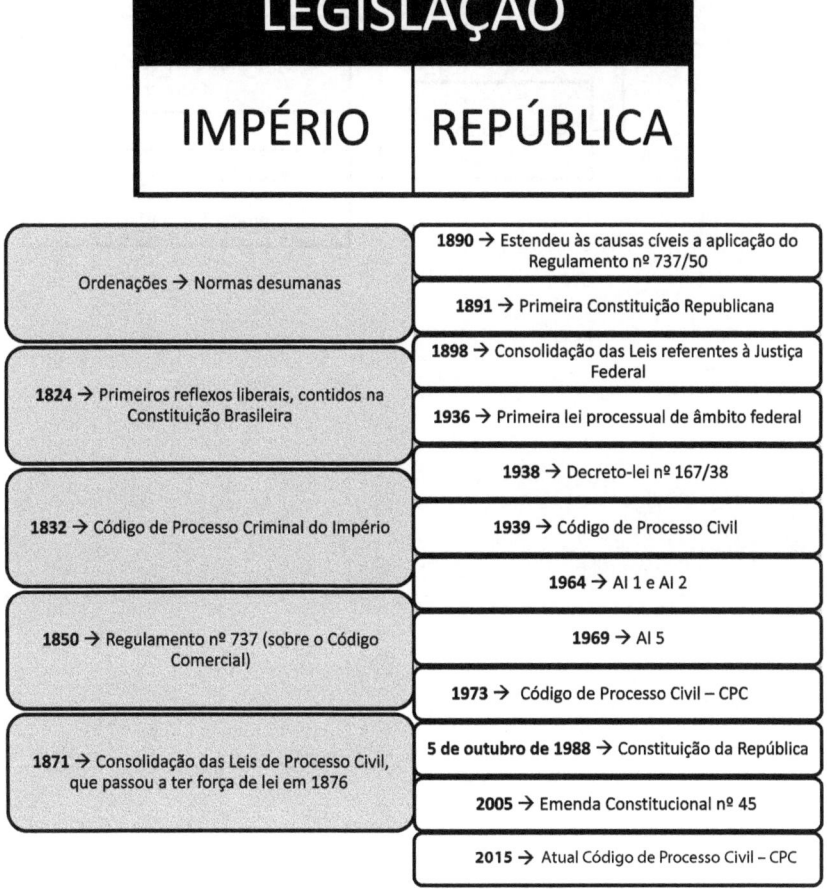

LEGISLAÇÃO

IMPÉRIO	REPÚBLICA

	1890 → Estendeu às causas cíveis a aplicação do Regulamento nº 737/50
Ordenações → Normas desumanas	
	1891 → Primeira Constituição Republicana
	1898 → Consolidação das Leis referentes à Justiça Federal
1824 → Primeiros reflexos liberais, contidos na Constituição Brasileira	
	1936 → Primeira lei processual de âmbito federal
	1938 → Decreto-lei nº 167/38
1832 → Código de Processo Criminal do Império	
	1939 → Código de Processo Civil
	1964 → AI 1 e AI 2
1850 → Regulamento nº 737 (sobre o Código Comercial)	1969 → AI 5
	1973 → Código de Processo Civil – CPC
	5 de outubro de 1988 → Constituição da República
1871 → Consolidação das Leis de Processo Civil, que passou a ter força de lei em 1876	2005 → Emenda Constitucional nº 45
	2015 → Atual Código de Processo Civil – CPC

---

[21] São os casos, entre outros, de Ovídio Baptista da Silva, Calmon de Passos e Galeno Lacerda.

[22] Nesse sentido, em se tratando especificamente do processo civil brasileiro, as obras de Liebman e Pontes de Miranda constituem os dois principais marcos teóricos, sem que se possa atribuir a apenas um deles o protagonismo central.

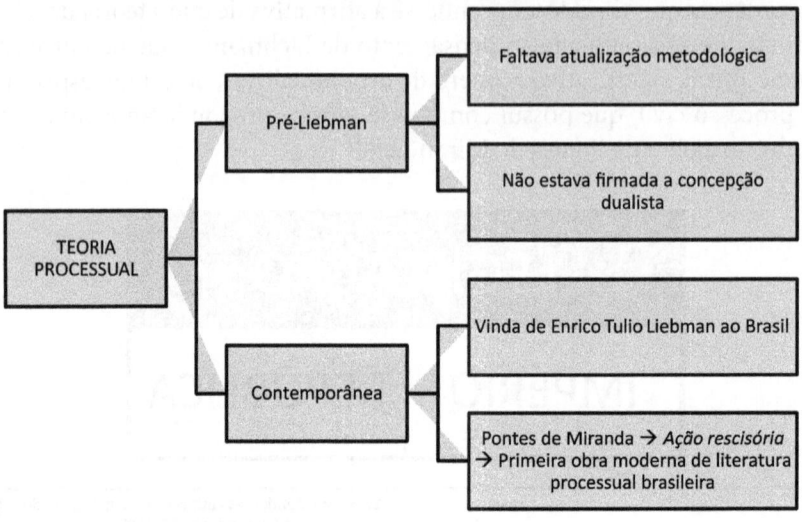

Capítulo 1

DIREITOS FUNDAMENTAIS E SUA IMPORTÂNCIA CONTEMPORÂNEA

1.1 DIREITOS FUNDAMENTAIS E DIREITOS HUMANOS

Muito embora os direitos fundamentais constituam assunto de significativa importância para a sistematização do conhecimento jurídico, são comumente tratados por terminologia inexata, sendo frequentemente denominados direitos humanos, liberdades públicas, liberdades fundamentais, entre outros termos semanticamente diversificados, inclusive pela Constituição Federal.

A Constituição Federal refere-se aos direitos fundamentais sem maior didatismo e atenção ao rigor terminológico das expressões, denominando-os, por exemplo:

a) direitos humanos no art. 4º, inc. II;

b) direitos e garantias fundamentais no art. 5º, § 1º;

c) direitos e liberdades constitucionais no art. 5º, inc. LXXI; e

d) direitos e garantias individuais no art. 60, § 4º, inc. IV.

Independentemente de como sejam denominados, os direitos fundamentais são, pela junção das concepções de Pérez Luño[1] e Ingo Wolfgang

---

[1] Diz Antonio Enrique Pérez Luño (*Derechos humanos, estado de derecho y constitucion.* 5. ed. Sevilha: Tecnos, 2004. p. 48. Tradução nossa) que, enquanto os direitos huma-

Sarlet,[2] aqueles direitos essenciais à vida e à dignidade humanas, desde que assim sejam reconhecidos pelo ordenamento jurídico positivo constitucional interno dos estados, bem como pelos tratados internacionais por estes ratificados e internamente eficazes.

Trata-se de postulados, considerados como direitos e garantias de maior importância para a vida e a dignidade humanas, assim especificados tanto nas constituições quanto nos tratados internacionais que versam sobre direitos humanos, sendo de tal forma destacados que não puderam ser deixados à disposição absoluta do legislador ordinário.[3]

Por sua vez, os direitos humanos são aqueles oriundos do processo histórico, dialético e paulatino de valorização do ser humano e limitação do poder político, havido desde a Idade Antiga, e cujos ideais influenciaram sobremaneira o reconhecimento e o estabelecimento dos direitos fundamentais na atualidade.

Sob o ponto de vista histórico os direitos fundamentais são, originalmente, direitos humanos. Contudo, os conceitos diferenciam-se pelo fato de que os direitos fundamentais, na terminologia utilizada por autores como Robert

---

nos são "um conjunto de faculdades e instituições que, em cada momento histórico, concretizam as exigências da dignidade, liberdade e igualdade humanas que devem ser reconhecidas positivamente pelos ordenamentos jurídicos em nível nacional e internacional", os direitos fundamentais equivalem exatamente ao resultado oriundo do processo de positivação desses direitos.

[2] Conforme explicita Ingo Wolfgang Sarlet (*A eficácia dos direitos fundamentais*. Porto Alegre: Livraria do Advogado, 2003. p. 33-34), "o termo direitos fundamentais se aplica para aqueles direitos do ser humano reconhecidos e positivados na esfera do direito constitucional positivo de determinado Estado, ao passo que a expressão *direitos humanos* guardaria relação com os documentos de direito internacional, por referir-se àquelas posições jurídicas que se reconhecem ao ser humano como tal, independentemente de sua vinculação com determinada ordem constitucional, e que, portanto, aspiram à validade universal, para todos os povos e tempos, de sorte que revelam um inequívoco caráter supranacional (internacional)" (destaque do autor).

[3] Segundo Paulo Bonavides (*Curso de direito constitucional*. São Paulo: Malheiros, 1996. p. 514), "a primeira questão que se levanta a respeito dos direitos fundamentais é a seguinte: podem as expressões *direitos humanos, direitos do homem* e *direitos fundamentais* serem usadas indiferentemente? Temos visto nesse tocante o uso promíscuo de tais denominações na literatura jurídica, ocorrendo, porém, o emprego mais frequente de direitos humanos e direitos do homem entre autores anglo-americanos e latinos, em coerência aliás com a tradição e a história, enquanto a expressão direitos fundamentais parece ficar circunscrita à preferência dos publicistas alemães" (destaque do autor).

Alexy,[4] versam sobre manifestações positivadas nos ordenamentos internos enquanto os direitos humanos se situam numa dimensão suprapositiva de natureza ético-política, deonticamente diversa daquela em que se situam as normas jurídicas.

É verdade, entretanto, que o direito internacional dos direitos humanos encontra-se positivado em cartas internacionais como a Declaração Universal dos Direitos do Homem e a Convenção Interamericana de Direitos Humanos, sendo discutível, portanto, sua dimensão suprapositiva.

De qualquer maneira, a partir dos valores afirmados pelos direitos humanos é que os direitos fundamentais foram oficialmente reconhecidos pelas autoridades às quais se atribuiu o poder político de editar e ratificar normas, tanto no interior dos estados quanto no plano internacional, sendo nesta acepção que os direitos fundamentais merecem ser considerados: normas jurídicas positivadas embebidas dos valores humanos, essenciais à vida e à dignidade do homem.

1.2   A ORIGEM DOS DIREITOS FUNDAMENTAIS

A conquista da positivação dos direitos fundamentais foi condição essencial ao estabelecimento da atual configuração do estado constitucional, cuja razão de ser reside, atualmente, e em especial, na proteção e no reconhecimento do valor contido na norma principal da dignidade da pessoa humana.

Contudo, o paulatino processo de reconhecimento dos direitos fundamentais remonta à Idade Antiga, pois a preocupação valorativa coletiva acerca dos direitos humanos hoje positivados em direitos fundamentais junto aos tratados internacionais e às constituições da maioria dos países foi se construindo ao longo da história da limitação do poder político.[5]

A afirmação dos direitos humanos e o seu reconhecimento junto às primeiras constituições escritas, dando origem aos direitos fundamentais, ocorreram em três momentos distintos. Uma pré-história, que foi das ci-

---

4   Tanto que Robert Alexy (*Teoría de los derechos fundamentales*. Madrid: Fareso, 2003. p. 29) afirma de antemão tratar-se, a sua teoria, de um estudo de direito positivo.

5   Para Sarlet (*op. cit.*, p. 40), "a eclosão da consciência histórica dos direitos humanos só se deu após um longo trabalho preparatório, centrado em torno da limitação do poder político. O reconhecimento de que as instituições do governo devem ser utilizadas para o serviço dos governados e não para o benefício pessoal dos governantes foi o primeiro passo decisivo na admissão da existência de direitos que, inerentes à própria condição humana, devem ser reconhecidos a todos e não podem ser havidos como mera concessão dos que exercem o poder".

vilizações antigas até a Idade Média; um período intermediário, no qual se consolidou a elaboração da teoria jusnaturalista; e, por fim, uma fase de constitucionalização iniciada em 1776, por meio da declaração da independência dos Estados Unidos da América.[6]

No século VI a.C., conhecem-se as primeiras instituições de cunho democrático havidas em Atenas, tendo se estendido no século seguinte, quando da fundação da República Romana.

Na democracia ateniense, o poder dos governantes foi bastante limitado em razão do respeito conferido à soberania popular, por meio da qual se atribuiu ao povo, em primeiro lugar, o poder de eleger os governantes e de tomar diretamente, em assembleias, as decisões políticas consideradas mais importantes.

Já na república romana, a limitação do poder derivou da moderação efetuada na concessão de poderes aos governantes, também regulada pela submissão do processo legislativo ordinário à votação do povo reunido em comícios, após a aprovação dos respectivos projetos pelo senado.

Assim, enquanto a democracia ateniense fundava-se nas normas principais da preeminência da lei sobre os demais poderes e na participação ativa do cidadão nas funções de governo, a república romana pautava-se no controle do poder por meio de um complexo sistema de limitações recíprocas havidas junto aos órgãos políticos, bem como na participação popular, embora mais reduzida que em Atenas.

Tanto a democracia ateniense quanto a república romana foram extintas em razão do estabelecimento de impérios a partir do século IV a.C., mormente com Alexandre Magno, Augusto e seus sucessores. Alguns séculos mais tarde, com a queda do Império Romano do Ocidente, no ano de 453, iniciou-se uma fase da civilização marcada pelo esfacelamento do poder político e pela estratificação social entre o clero, a nobreza e o povo, bem como pela instauração do feudalismo: a Idade Média.

No entanto, a partir do século XI, período que os historiadores costumam utilizar para dividir a Idade Média, dado o reaparecimento da ideia de

---

[6] Conforme Sarlet (*op. cit.*, p. 40), "a positivação dos direitos fundamentais é o produto de uma dialética constante entre o progressivo desenvolvimento das técnicas de seu reconhecimento na esfera do direito positivo e a paulatina afirmação, no terreno ideológico, das ideias da liberdade e dignidade humana. Importa, nesse contexto, destacar o paralelismo entre a evolução na esfera filosófica e o gradativo processo de positivação que resultou na constitucionalização dos direitos fundamentais no final do século XVIII, diretrizes que pretendemos ressaltar no decorrer desta sumária abordagem de cunho histórico".

limitação do poder dos governantes, assiste-se a um movimento de reconstrução da unidade política então perdida, no qual duas personalidades, quais sejam o papa e o imperador carolíngio, disputaram arduamente a hegemonia sobre o território europeu.

Contra tal movimento de reconcentração de poderes, passaram a surgir as primeiras manifestações de rebeldia, cujo principal exemplo ocorreu na Inglaterra, quando da redação da Magna Carta, de 15 de junho de 1215, pela qual o rei João Sem Terra reconheceu certos privilégios e liberdades aos barões feudais, limitando sua própria soberania e vinculando o monarca às leis por ele editadas.

Na origem dos direitos humanos junto à Idade Média, portanto, despontou o valor da liberdade, porém não a liberdade geral em favor de todos, que só viria a ser reconhecida ao final do século XVIII, mas sim algumas liberdades especificamente concedidas às classes superiores da sociedade da época, o clero e a nobreza, recebendo, o povo, apenas alguns benefícios oriundos, especialmente, da ascensão social dos comerciantes, havida em razão da abertura das vias marítimas.[7]

Séculos depois, os ideais republicanos e democráticos renasceram em meio ao recrudescimento da concentração de poderes havido durante os dois séculos que sucederam a Idade Média, caracterizados pelo absolutismo monárquico centralizador, fundado na teoria da monarquia absoluta de Jean Bodin e nas ideias de Thomas Hobbes.

Foi durante esse período, especialmente a partir do século XVI, que se lançaram as bases ideológicas para o advento da Independência norte-americana e da Revolução Francesa que estavam por vir. Na seara política, a revolta armada bem-sucedida de Oliver Cromwell contra a monarquia inglesa, assim como a rebelião dos Levellers, fez com que as ideias republicanas e democráticas se tornassem atuais. Na seara científica, as descobertas de Galileu Galilei e de Isaac Newton trouxeram uma verdadeira revolução, numa acepção muito próxima àquela que o termo viria a adquirir a partir de 1789.

Os ideais de resistência à tirania fizeram ressurgir, naquele momento histórico, o sentimento de liberdade fundado nos ideais jusnaturalistas que possuíam como elemento intrínseco a busca pela limitação do poder monárquico. Segundo o pensamento de Santo Tomás de Aquino, a que se refere Pérez Luño,[8] o cristianismo trouxe uma concepção de igualdade dos

---

7   SARLET. *Op. cit.*, p. 45 e 47.
8   PÉREZ LUÑO, Antonio Enrique. *Los derechos fundamentales*. 6. ed. Madrid: Tecnos, 1995. p. 30.

homens perante Deus, justificando a existência de um direito natural paralelo ao direito positivo, direito natural esse que poderia, inclusive, possibilitar o exercício do direito de resistência da população aos abusos do poder político. Foi nesse cenário que a proposta de adoção de um governo representativo deu aos parlamentos o *status* de instituições-chave para a garantia das liberdades na sociedade civil.

A partir de então, convém citar as declarações de direitos inglesas efetuadas desde o século XVII, e que refletem exemplarmente o reconhecimento dos direitos fundamentais até o século XVIII, quais sejam: *Petition of Rights*, de 1628, *Habeas Corpus Act*, de 1679, *Bill of Rights*, de 1689, e *Establishment Act*, de 1701.

O processo de reconhecimento dos valores humanos e consequente origem e positivação dos direitos fundamentais se desenvolveu significativamente pela via da declaração da independência norte-americana, efetuada anos mais tarde, em 16 de junho de 1776, na qual a preocupação em limitar os poderes políticos foi patente mediante o reconhecimento explícito de que todos os homens possuem igual vocação para o aperfeiçoamento constante de si mesmos, em razão de sua própria natureza.[9]

Apenas 13 anos depois a Revolução Francesa inspirou-se na mesma noção de igualdade entre os seres humanos, constante do art. 1º da Declaração dos Direitos do Homem e do Cidadão de 1789.[10] A aceitação da premissa

---

[9] É o texto dos arts. 1º e 2º da Declaração da Independência dos Estados Unidos da América: "Declaração de direitos feita pelos representantes do bom povo da Virgínia, reunido em convenção plena e livre; direitos esses que pertencem a ele e à sua posteridade, como base e fundamento do governo. Art. 1º Todos os seres humanos são, pela sua natureza, igualmente livres e independentes e possuem certos direitos inatos dos quais, ao entrarem no estado de sociedade, não podem, por nenhum tipo de pacto, privar ou despojar sua posteridade; nomeadamente a fruição da vida e da liberdade, com os meios de adquirir e possuir a propriedade de bens, bem como de procurar e obter a felicidade e a segurança. Art. 2º Todo poder pertence ao povo e, por conseguinte, dele deriva. Os magistrados são seus fiduciários e servidores, responsáveis a todo tempo perante ele".

[10] Dizem os arts. 1º e 2º da Declaração Francesa de 1789: "Os representantes do povo francês, constituídos em Assembleia nacional, considerando que a ignorância, o descuido ou o desprezo dos direitos humanos são as únicas causas das desgraças públicas e da corrupção dos governos, resolveram expor, numa declaração solene, os direitos naturais, inalienáveis e sagrados do homem, a fim de que essa declaração constantemente presente a todos os membros do corpo social possa lembrar-lhes sem cessar seus direitos e seus deveres, a fim de que os atos do poder legislativo e os do poder executivo, podendo ser a todo instante comparados com a finalidade de toda instituição política, sejam por isso mais respeitados, para que as reclamações

de que os seres humanos são essencialmente iguais em dignidade e direitos constituiu, a partir de então, uma modificação radical nos fundamentos da legitimidade política, por meio da conclusão de que todo poder pertence ao povo e, por conseguinte, somente dele deriva.

As declarações de direitos da Revolução Francesa e da Independência norte-americana, aproveitando-se da conscientização individual moral e religiosa proporcionada pela reforma protestante, significaram uma verdadeira emancipação do ser humano individualmente considerado em relação aos estamentos sociais aos quais esteve submetido até então: o clã, as organizações religiosas, a família.

Se a generalização dos direitos fundamentais pode ser, inicialmente, atribuída à Declaração Francesa de 1789, a origem histórica destes deve ser reconhecida à Declaração da Independência Norte-americana, pois esta marcou, pela primeira vez, a adoção dos direitos de liberdade legalmente afirmados na Inglaterra junto a uma estrutura de direitos fundamentais constitucionalmente previstos, da forma como se encontram hoje na maioria dos ordenamentos jurídicos.

No entanto, assim como a influência dos documentos americanos cronologicamente anteriores aos franceses é inegável para a origem dos direitos fundamentais, também é incontestável a influência dos pensadores iluministas franceses sobre os revolucionários americanos, devendo-se reconhecer a influência recíproca entre uma declaração e outra.

Contudo, objetivando esclarecer as contribuições de cada acontecimento histórico para a origem dos direitos fundamentais, convém mencionar as diferenças mais relevantes entre a declaração americana ocorrida em 1776 e a declaração francesa dos direitos do homem de 1789. Nesse sentido, percebe-se, inicialmente, a maior preocupação social e a menor praticidade da declaração francesa, como consequência dos ideais democráticos abstratos e universais que a inspiraram.

A aspiração universal dos direitos reconhecidos pela Revolução Francesa diferencia-se nitidamente do pragmatismo das declarações americanas, que,

---

dos cidadãos, fundadas doravante em princípios simples e incontestáveis, redundem sempre na manutenção da constituição e na felicidade de todos. Em consequência, a Assembleia nacional reconhece e declara na presença e sobre os auspícios do Ser Supremo os seguintes direitos do homem e do cidadão: Art. 1º Os homens nascem e permanecem livres e iguais em direitos. As distinções sociais só podem fundar-se na utilidade comum. Art. 2º A finalidade de toda associação política é a conservação dos direitos naturais e imprescritíveis do homem, tais direitos são a liberdade, a propriedade, a segurança, e a resistência à opressão".

além de não serem tão genéricas quanto as primeiras, já vinculavam normativamente o parlamento, fato que demorou a ocorrer em território francês devido à falta de um sistema operativo de controle da constitucionalidade.

Enquanto na França o processo revolucionário culminou na fundamentação ideológica de uma nova Constituição e na derrocada do antigo regime, o processo revolucionário norte-americano culminou na independência daquele país em relação à metrópole inglesa e na estruturação política de uma nova nação.

Enfim, respeitadas as diferenças entre os dois acontecimentos históricos, percebe-se que o processo de positivação dos direitos fundamentais resultou na afirmação, ainda que incipiente, do Estado Democrático de Direito na sua concepção burguesa e liberal, fato esse essencial para o delineamento dos institutos processuais clássicos, bem como elementar para a formação da concepção clássica dos direitos fundamentais, especialmente na sua primeira dimensão.

1.3   AS DIMENSÕES DOS DIREITOS FUNDAMENTAIS

Justifica-se a utilização do termo dimensões dos direitos fundamentais, escolhido para este subtítulo em detrimento do termo gerações de direitos fundamentais por se tratar de expressão que traduz melhor o desenvolvimento e a adaptação daqueles direitos às novidades incessantemente trazidas pela realidade atual.

Busca-se, com isso, evitar a ideia de que as gerações de direitos fundamentais se sucedem no tempo em vez de se aglutinarem. Nesse sentido, torna-se necessário considerar que a evolução dos direitos fundamentais proporcionou uma adição significativa de interesses tutelados pela ordem jurídica em relação às premissas básicas constantes das primeiras declarações de direitos.

Afirmar, desse modo, que os direitos fundamentais possuem dimensões significa prezar pela opção linguística, segundo a qual tais dimensões constituem, simultaneamente, os diversos âmbitos evolutivamente conquistados por um mesmo conjunto de direitos, razão pela qual se utiliza a expressão dimensões em vez da já bastante conhecida expressão gerações de direitos fundamentais.[11]

---

[11]   Nas palavras de Sarlet (*op. cit.*, p. 50): "Com efeito, não há como negar que o reconhecimento progressivo de novos direitos fundamentais tem o caráter de um processo

1.3.1 Direitos da primeira dimensão

Inicialmente, a dimensão originária dos direitos fundamentais estabeleceu-se por meio da positivação dos clássicos direitos à igualdade formal entre os seres humanos, à vida, à propriedade e à liberdade, oriundos da ideologia liberal burguesa amplamente reconhecida pelas primeiras declarações, especialmente a Independência norte-americana e a Revolução Francesa, constituindo evidentes direitos de proteção do ser humano individualmente considerado em relação ao poder do Estado, desde então limitado pelas premissas fundamentais.[12]

Trata-se de direitos de proteção que tutelam as liberdades essenciais humanas em face das possíveis ingerências do Estado, protegendo o indivíduo dos eventuais abusos cometidos por aquele e exigindo uma conduta negativa, de respeito e abstenção por parte do poder estatal em relação aos particulares.

Os direitos da primeira dimensão significam, assim, verdadeiros direitos de resistência ou oposição ao Estado, constituindo a essência da civilização e politização conferida aos indivíduos a partir do seu reconhecimento e correspondendo, em sua maioria, à fase inicial do fenômeno do constitucionalismo no ocidente, à qual vêm se agregando, ao longo do século passado, as demais dimensões dos direitos fundamentais.

---

cumulativo, de complementaridade e não de alternância, de tal sorte que o uso da expressão *gerações* pode ensejar a falsa impressão da substituição gradativa de uma geração por outra, razão pela qual há quem prefira o termo *dimensões* dos direitos fundamentais, posição esta que aqui optamos por perfilhar, na esteira da mais moderna doutrina" (destaque do autor).

[12] De acordo com Fábio Konder Comparato (*Afirmação dos direitos fundamentais.* São Paulo: Saraiva, p. 50-51, 2004): "O espírito original da democracia moderna não foi, portanto, a defesa do povo pobre contra a minoria rica, mas sim a defesa dos proprietários ricos contra um regime de privilégios estamentais e de governo irresponsável. Daí por que, se a democracia ateniense tendia, naturalmente, a concentrar poderes nas mãos do povo (*demos*), a democracia moderna surgiu como movimento de limitação geral dos poderes governamentais, sem qualquer preocupação de defesa da maioria pobre contra a minoria rica. As instituições da democracia liberal – limitação vertical de poderes, com os direitos individuais, e limitação horizontal, com a separação das funções legislativa, executiva e judiciária – adaptaram-se perfeitamente ao espírito de origem do movimento democrático. Assim os chamados direitos sociais, ou a reivindicação de uma participação popular crescente no exercício do governo (referendo, plebiscito, iniciativa popular legislativa, orçamento participativo)".

Até hoje, os direitos fundamentais desenvolvem-se a partir das liberdades conquistadas na primeira fase do seu reconhecimento. As demais espécies de direitos fundamentais derivaram, especialmente, da posterior necessidade de adaptação dos direitos fundamentais clássicos às inovadoras realidades fáticas, bem como do seu amadurecimento como direitos consagrados sob uma concepção não apenas formal, mas também material da noção de igualdade.

1.3.2 Direitos da segunda dimensão

A segunda dimensão dos direitos fundamentais originou-se, por sua vez, das graves consequências socioeconômicas que acompanharam a acumulação da riqueza já na primeira metade do século XIX, especialmente em razão da crescente industrialização e evolução tecnológica, provocadores de significativos movimentos reivindicatórios que resultaram no reconhecimento progressivo do direito ao bem estar social.[13]

Desse modo, a segunda fase do reconhecimento dos direitos fundamentais se deu em razão da percepção de que o individualismo dos direitos essenciais originais não bastava à garantia das condições mínimas de subsistência e dignidade necessárias ao ser humano que vende, diariamente, sua força de trabalho, conforme demonstraram as teorias socialistas.[14]

---

[13] De acordo com Comparato (*op. cit.*, p. 53-54): "O reconhecimento dos direitos humanos de caráter econômico e social foi o principal benefício que a humanidade recolheu do movimento socialista iniciado na primeira metade do século XIX. O titular desses direitos, com efeito, não é o ser humano abstrato, com o qual o capitalismo sempre conviveu maravilhosamente. É o conjunto dos grupos sociais esmagados pela miséria, a doença, a fome e a marginalização. Os socialistas perceberam, desde logo, que esses flagelos sociais não eram cataclismos da natureza nem efeitos necessários da organização racional das atividades econômicas, mas sim verdadeiros dejetos do sistema capitalista de produção, cuja lógica consiste em atribuir aos bens de capital um valor muito superior ao das pessoas. Os direitos humanos de proteção do trabalhador são, portanto, fundamentalmente anticapitalistas, e, por isso mesmo, só puderam prosperar a partir do momento histórico em que os donos do capital foram obrigados a se compor com os trabalhadores. Não é de admirar, assim, que a transformação radical das condições de produção no final do século XX, tornando cada vez mais dispensável a contribuição da força de trabalho e privilegiando o lucro especulativo, tenha enfraquecido gravemente o respeito a esses direitos em quase todo o mundo".

[14] Conforme Karl Marx conclui em *O Capital* (Rio de Janeiro: Zahar, 1975. p. 262-263): "O capitalista compra a força de trabalho pelo valor diário. Seu valor de uso lhe pertence durante a jornada de trabalho. Obtém, portanto, o direito de fazer o trabalhador

O reconhecimento de tais direitos ao bem-estar social passou a exigir do Estado uma postura bastante diferente daquela posição de não ingerência havida em relação aos direitos fundamentais originais. Atribuiu-se ao Estado, a partir de então, uma postura verdadeiramente ativa com vistas à efetivação da chamada justiça social.

Não mais se cuidava de evitar a ingerência do Estado junto aos particulares, mas sim de possibilitar o bem-estar dos cidadãos mediante sua participação. As maiores preocupações do ordenamento deixaram de estar concentradas na liberdade dos indivíduos perante o estado e passaram a residir na busca da liberdade dos indivíduos por meio do Estado, pela via de prestações como a saúde, a educação e a assistência social.

A igualdade formal trazida pelos direitos fundamentais originais serviu para que os indivíduos fossem considerados, inicialmente, como perfeitamente iguais em direitos, igualdade essa que tinha o objetivo de conceder a todos a possibilidade jurídica de prover livre e dignamente sua subsistência mediante um comportamento financeiramente disciplinado, bem como pelo hábito da poupança.

No entanto, a inevitável pauperização das massas proletárias acabou provocando a organização das classes trabalhadoras e exigindo o reconhecimento de novos direitos humanos, bem como a posterior positivação de direitos fundamentais de caráter econômico e social, levando em consideração uma interpretação material do princípio da isonomia.

Contudo, foi especialmente após o término da Segunda Guerra Mundial que as constituições influenciadas pelo sofrimento decorrente dos exageros havidos acabaram consagrando tais direitos fundamentais em número significativo, além de terem se tornado os direitos econômicos e sociais objeto de diversos tratados e convenções internacionais, buscando sempre estabelecer o princípio da igualdade numa acepção material.

Há que se esclarecer, entretanto, que, assim como os direitos fundamentais clássicos, os direitos fundamentais econômicos e sociais também

---

trabalhar para ele durante um dia de trabalho. Mas que é um dia de trabalho? Será menor do que um dia natural da vida. Menor de quanto? O capitalista tem seu próprio ponto de vista sobre essa extrema, a fronteira necessária da jornada de trabalho. Como capitalista apenas personifica o capital. Sua alma é a alma do capital. Mas o capital tem seu próprio impulso vital, o impulso de valorizar-se, de criar mais-valia, de absorver com sua parte constante, com os meios de produção, a maior quantidade possível de trabalho excedente".

se reportam à pessoa individualmente, a ela referindo-se diferentemente, portanto, dos direitos transindividuais de natureza difusa ou coletiva, pertencentes ao período seguinte do desenvolvimento dos direitos fundamentais.

1.3.3 Direitos da terceira e quarta dimensões

Também estão hoje positivados os direitos oriundos de uma terceira fase do desenvolvimento dos direitos fundamentais, reconhecidos como direitos de solidariedade ou de fraternidade, que se diferenciam dos demais pela característica de desprenderem-se da figura individual do homem como seu titular, destinando-se à proteção do próprio gênero humano e tendo titularidade difusa ou coletiva.

São direitos decorrentes das mais atuais e comuns reivindicações humanas, sendo oriundos da intensa e recente evolução tecnológica, bem como do intermitente estado bélico que várias regiões do globo continuam a experimentar e dos processos de descolonização e reconstitucionalização havidos após a Segunda Grande Guerra.

Os direitos fundamentais da terceira dimensão têm significativo teor valorativo em universalidade, fraternidade e solidariedade, especialmente pelo fato de tutelarem o desenvolvimento social e econômico mundial em uma realidade internacional marcada pela dicotomia entre nações desenvolvidas e subdesenvolvidas.[15]

Trata-se do direito à autodeterminação dos povos, à paz, ao desenvolvimento, ao meio ambiente sadio para a presente e para as futuras gerações, à conservação e à utilização do patrimônio histórico e cultural e à qualidade

---

[15] Nos dizeres de Bonavides (*op. cit.*, p. 523-524): "Com efeito, um novo polo jurídico de alforria do homem se acrescenta historicamente aos da liberdade e da igualdade. Dotados de altíssimo teor de humanismo e de universalidade, os direitos da terceira geração tendem a cristalizar-se neste fim de século enquanto direitos que não se destinam especificamente à proteção dos interesses de um indivíduo, de um grupo ou de um determinado Estado. Tem primeiro por destinatário o gênero humano mesmo, num momento expressivo de sua afirmação como valor supremo em termos de existencialidade concreta. Os publicistas e juristas já os enumeram com familiaridade, assinalando-lhe o caráter fascinante de coroamento de uma evolução de trezentos anos na esteira da concretização dos direitos fundamentais. Emergiram eles da reflexão sobre temas referentes ao desenvolvimento, à paz, ao meio ambiente, à comunicação e ao patrimônio comum da humanidade".

de vida, à propriedade sobre o patrimônio econômico da humanidade e à comunicação.[16]

Deve-se mencionar, por derradeiro, a pertinente posição de Paulo Bonavides,[17] para quem o futuro da cidadania e o porvir da efetiva liberdade dos povos, numa concepção de desenvolvimento como liberdade, bastante próxima daquela defendida por Amartya Sen,[18] dependerão, ainda, do reco-

---

[16] Positivados na legislação pátria junto aos arts. 4º e 225 da Constituição Federal, bem como nas Leis nos 7.347/1985, 8.078/1990 e 13.806/2019, entre outras.

[17] No parecer de Bonavides (*op. cit.*, p. 525-526): "O Brasil está sendo impelido para a utopia desse fim de século: a globalização do neoliberalismo, extraída da globalização econômica. O neoliberalismo cria, porém, mais problemas do que intenta resolver. Sua filosofia do poder é negativa e se move, de certa maneira, rumo à dissolução do Estado nacional, afrouxando-lhe e debilitando os laços de soberania e, ao mesmo passo, doutrinando uma falsa despolitização da sociedade. A globalização política neoliberal caminha silenciosa, sem nenhuma referência de valores. Mas nem por isso deixa de fazer perceptível um desígnio de perpetuidade do *status quo* de dominação. Faz parte da estratégia mesma de formulação do futuro em proveito das hegemonias supranacionais, já esboçadas no presente. Há, contudo, outra globalização política, que ora se desenvolve, sobre a qual não tem jurisdição a ideologia neoliberal. Radica-se na teoria dos direitos fundamentais. A única verdadeiramente que interessa aos povos da periferia. Globalizar direitos fundamentais equivale a universalizá-los no campo institucional. Só assim aufere humanização e legitimidade um conceito que, doutro modo, qual vem acontecendo no último, poderá aparelhar unicamente a servidão do porvir. [...] São direitos da quarta geração o direito à democracia, o direito à informação e o direito ao pluralismo. Deles depende a concretização da sociedade aberta do futuro, em sua dimensão da máxima universalidade, para a qual parece o mundo inclinar-se no plano de todas as relações de convivência. A democracia positivada enquanto direito da quarta geração há de ser, necessariamente, uma democracia direta. Materialmente possível, graças aos avanços da tecnologia de comunicação, e legitimamente sustentável graças à informação correta e às aberturas pluralistas do sistema. Desse modo, há de ser também uma democracia isenta já das contaminações da mídia manipuladora, já do hermetismo da exclusão, de índole autocrática e unitarista, familiar aos monopólios do poder. Tudo isso, obviamente, se a informação e o pluralismo vingarem por igual como direitos paralelos e coadjutores da democracia; esta, porém, enquanto direito do gênero humano, projetado e concretizado no último grau de sua evolução conceitual. [...] Daqui se pode, assim, partir para a asserção de que os direitos da segunda, da terceira e da quarta gerações não se interpretam, *concretizam-se*. É na esteira dessa concretização que reside o futuro da globalização política, o seu princípio da legitimidade, a força incorporadora de seus valores de libertação" (destaque do autor).

[18] Segundo Amartya Sen (*Desenvolvimento como liberdade*. São Paulo: Companhia das Letras, 2003. p. 17): "Procuramos demonstrar neste livro que o desenvolvimento

nhecimento de direitos fundamentais pertencentes a uma quarta dimensão: os direitos à democracia direta, ao pluralismo e à informação.[19]

São, portanto, direitos da quarta dimensão aqueles dirigidos à ampliação do exercício da cidadania, consoante algumas exceções que o ordenamento e a realidade brasileira já comportam, tais como ocorre na participação da comunidade nos conselhos tutelares – na tutela dos direitos da criança e do adolescente – bem como tem se dado com a experiência dos orçamentos participativos.

Assim, segundo explica Paulo Bonavides, essa nova dimensão dos direitos fundamentais seria o resultado da sua globalização, sendo correspondente à última fase de institucionalização do estado social e democrático, muito embora se refira a direitos que ainda aguardam sua consagração e reconhecimento definitivo na esfera internacional, bem como nas ordens constitucionais internas.

1.4 CARACTERÍSTICAS IDENTIFICADORAS DOS DIREITOS FUNDAMENTAIS

Os direitos fundamentais possuem características identificadoras peculiares cuja análise demonstra-se conveniente ao seu delineamento. Trata-se, em suma, da natural fundamentalidade, da normatividade e da aplicabilidade imediata desses direitos.

O primeiro traço delineador dos direitos fundamentais é sua natural característica de fundamentalidade. Tal característica decorre do fato de os direitos fundamentais serem considerados aqueles de maior importância, fundamentais, portanto, como a própria terminologia indica, segundo os valores da sociedade que os acolhe.

O traço da fundamentalidade assume feições tanto formais quanto materiais. Formalmente, a fundamentalidade decorre da maneira como os direitos fundamentais são inseridos no ordenamento constitucional positivo, denotando-se da sua situação de destaque perante toda a legislação; da sua submissão a um processo dificultado de reforma constitucional, ao qual se impõem limites formais por meio de um procedimento agravado e limites

---

pode ser visto como um processo de expansão das liberdades reais que as pessoas desfrutam".
[19] SARLET. *Op. cit.*, p. 57.

materiais mediante a adoção de cláusulas pétreas;[20] e da sua natureza de normas constitucionais de aplicabilidade imediata que imediatamente vinculam tanto as entidades públicas quanto as privadas.[21]

Materialmente, no entanto, a fundamentalidade decorre do fato de serem os direitos fundamentais elemento constitutivo essencial da estrutura do Estado, tendo conteúdo valorativo adotado pela sociedade a que pertencem. É em razão da fundamentalidade material que se possibilita a abertura da Constituição a outros direitos fundamentais não constantes do seu texto. Trata-se dos direitos apenas materialmente fundamentais que se inserem nos ordenamentos por meio das chamadas cláusulas de abertura.[22]

É por meio da fundamentalidade material que os direitos fundamentais situados na Constituição, mas fora do catálogo dos referidos direitos, também podem ser considerados como tais, pois se deduzem dos mesmos regimes e normas principais tendo identidade de conteúdo e substância.[23]

Vale mencionar, ainda, que, segundo o entendimento de Robert Alexy,[24] também adotado por Gomes Canotilho[25] e Ingo Sarlet,[26] a característica da fundamentalidade tem, intrínseca e simultaneamente, tanto o aspecto formal quanto o material, pela necessidade de proteção e respeito desses direitos em

---

[20] CF, art. 60, no exemplo brasileiro.

[21] CF, art. 5º, § 1º, no exemplo brasileiro.

[22] CF, art. 5º, § 2º, no exemplo brasileiro.

[23] Como ocorreu, por exemplo, com a norma principal da anterioridade tributária, constante do art. 150, inc. III, alínea "b", da Constituição Federal, cuja fundamentalidade foi reconhecida no julgamento da Ação Direta de Inconstitucionalidade nº 939-7, de relatoria do Ministro Sydney Sanches, em 18 de março de 1994.

[24] Segundo Alexy (*op. cit.*, p. 407): "Os Direitos Fundamentais podem ser definidos como aquelas posições que, do ponto de vista do direito constitucional, são tão relevantes que seu reconhecimento ou não reconhecimento não podem ser deixados à livre disposição do legislador ordinário".

[25] CANOTILHO, J. J. Gomes. *Direito constitucional.* Coimbra: Almedina, 2008. p. 509.

[26] Afirma Sarlet (*op. cit.*, p. 83): "É, portanto, evidente, que uma conceituação meramente formal, no sentido de serem direitos fundamentais aqueles que como tais foram reconhecidos na constituição, revela sua insuficiência também para o caso brasileiro, uma vez que a nossa Carta Magna, como já referido, admite expressamente a existência de outros direitos fundamentais que não os integrantes do catálogo (Título II da CF), seja com assento na Constituição, seja fora desta, além da circunstância de que tal conceituação estritamente formal nada revela sobre o conteúdo (isto é, a matéria propriamente dita) dos direitos fundamentais".

ambos os aspectos, sendo insuficientes as conceituações e análises meramente formais ou meramente materiais.[27]

Entretanto, seja formal ou materialmente considerada, a efetivação dos direitos fundamentais como um todo não representa mero objetivo a ser atingido pelas sociedades, com o passar do tempo, segundo a conscientização que se espera um dia lhes ocorrerá; pelo contrário, constitui objeto de consideração obrigatória por serem esses direitos expressos por meio de normas jurídicas essenciais à dinâmica interpretativa e operativa do ordenamento, bem como à própria estrutura dos mais variados sistemas jurídicos.

Por esse motivo, deve-se considerar outro traço essencial dos diretos fundamentais: a sua normatividade. Isso por que os direitos fundamentais podem ser positivamente estabelecidos tanto mediante princípios jurídicos quanto mediante regras jurídicas, sendo ambas as espécies de normas jurídicas, portanto, de observância obrigatória.

Os direitos fundamentais são, desta feita, objeto de normas jurídicas naturalmente imperativas, abstratas e socialmente coercitivas, sejam elas representadas mediante regras ou princípios, razão pela qual constituem preceitos obrigatórios de direito que podem ser exigidos inclusive pela via da tutela jurisdicional contenciosa.

A normatividade revela-se, então, uma importante característica dos direitos fundamentais, pois é também pelo fato de constarem de normas jurídicas que tais direitos podem ser jurisdicionalmente tutelados, bem como socialmente respeitados e atingidos, dada a característica inerente de obrigatoriedade e coercibilidade social – e não apenas de programaticidade – que as regras e os princípios jurídicos possuem.

O último traço delineador aqui analisado será o da aplicabilidade imediata dos direitos fundamentais. Conforme dispõe o § 1º do art. 5º da nossa Constituição Federal, especialmente em razão da influência exercida por outras ordens constitucionais sobre o constituinte originário brasileiro,[28] os

---

[27] Diz ainda Sarlet (*op. cit.*, p. 85): "Direitos Fundamentais são, portanto, todas aquelas posições jurídicas concernentes às pessoas, que do ponto de vista do direito constitucional positivo foram, por seu conteúdo e importância (fundamentalidade em sentido material), integradas ao texto da constituição e, portanto, retiradas da esfera de disponibilidade dos poderes constituídos (fundamentalidade formal), bem como as que, por seu conteúdo e significado, possam lhes ser equiparados, agregando-se à constituição material, tendo, ou não, assento na constituição formal (aqui considerada a abertura material do catálogo)".

[28] Segundo os exemplos constituídos pelo art. 18/1 da Constituição Portuguesa, o art. 1, III, da Constituição Alemã, e o art. 332 da Constituição do Uruguai, entre outros.

direitos fundamentais são imediatamente aplicáveis, sendo, em princípio, garantidos por meio de normas utilizáveis junto aos casos concretos sem a necessidade de regulamentação pelo legislador infraconstitucional.

Entretanto, é necessário admitir que tanto a abrangência quanto o alcance do caráter de aplicabilidade imediata dos direitos fundamentais afirmados pela Constituição Federal brasileira ainda não foram satisfatoriamente definidos pela teoria nem pela jurisprudência, não havendo pleno consenso no que concerne às referidas características, constituindo, especialmente o seu alcance, questão que ainda necessita ser elucidada pela comunidade jurídica.

Acredita-se no acerto da opinião de Ingo Sarlet[29] no que diz respeito à abrangência da referida norma – entendendo-se o termo abrangência como representativo do rol de direitos aos qual aquela se aplica –, pois o § 1º do art. 5º da nossa Constituição Federal não diferencia expressamente os direitos fundamentais quanto à aplicabilidade. E ainda que o intérprete utilize diferentes métodos, como o gramatical e o sistemático, não deverá chegar a conclusão diversa.

Desse modo, seja qual for a espécie de direito fundamental – individual, coletivo, social ou difuso –, a concepção que se construir a respeito da respectiva aplicabilidade merece ser considerada de maneira ampla, abrangendo-os todos sem distinção, sob pena de se desrespeitarem a estrutura e a literalidade que o constituinte originário concedeu à Constituição Federal.

Por sua vez, a interpretação do alcance da norma que estabelece a aplicabilidade imediata dos direitos fundamentais no sistema jurídico brasileiro é tema mais polêmico, ainda não devidamente assentado tanto pela Teoria do Direito quanto pela jurisprudência, cujas opiniões vão desde a negação da aplicabilidade dos direitos fundamentais não regulamentados infraconstitu-

---

[29] Diz Sarlet (*op. cit.*, p. 248): "Em que pese a circunstância de que situação topográfica do dispositivo poderia sugerir a aplicação da norma contida no artigo 5º, § 1º, da CF apenas aos direitos individuais e coletivos (a exemplo do que ocorre com o § 2º do mesmo artigo) o fato é que este argumento não corresponde à expressão literal do dispositivo, que utiliza a formulação genérica *direitos e garantias fundamentais*, tal como consignada na epígrafe do título II de nossa *lex* suprema, revelando que, mesmo em se procedendo a uma interpretação meramente literal, não há como sustentar uma redução do âmbito de aplicação da norma a qualquer das categorias específicas de direitos fundamentais consagradas em nossa constituição, nem mesmo aos – como já visto, equivocadamente designados – direitos individuais e coletivos do art. 5º" (destaque do autor).

cionalmente[30] até o entendimento que defende a sua aplicação imediata sob quaisquer circunstâncias, independentemente de regulamentação legislativa.[31]

De qualquer modo, percebe-se, enfim, serem a fundamentalidade, a normatividade e a aplicabilidade imediata características comuns aos direitos fundamentais sobre as quais a abordagem ora realizada revela-se importante a fim de delinear os referidos direitos, dado possuírem evidente influência sobre o processo, como reconhece inclusive a legislação infraconstitucional (CPC de 2015, art. 1º).

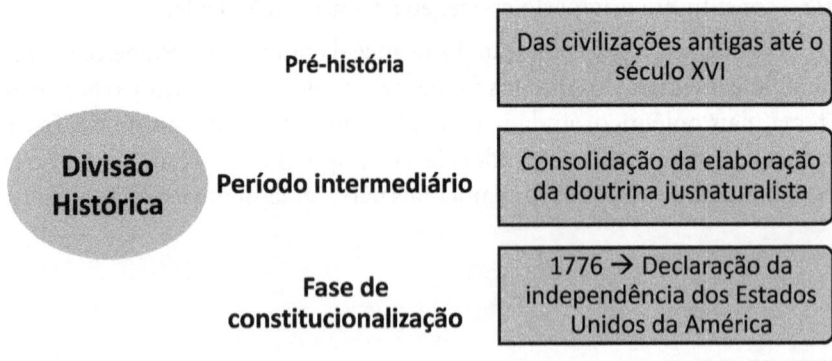

___

[30] FERREIRA FILHO, Manoel Gonçalves. A aplicação imediata das normas definidoras de direitos e garantias fundamentais. *Revista da Procuradoria-Geral do Estado de São Paulo*, nº 29, p. 35-45, 1988.

[31] GRAU, Eros Roberto. *A ordem econômica na Constituição de 1988*. São Paulo: Malheiros, 2007.

Dimensões dos Direitos Fundamentais

Primeira dimensão

- Positivação dos clássicos direitos à igualdade formal, à vida, à propriedade e à liberdade
- Liberdades essenciais humanas em face das possíveis ingerências do estado

Segunda dimensão

- Reconhecimento progressivo do direito ao bem estar social
- Atribuição ao Estado de papel ativo à efetivação da chamada justiça social
- Busca da liberdade dos indivíduos através do estado
- Positivação de direitos fundamentais de caráter econômico e social

Terceira e quarta dimensões

- Direitos de solidariedade ou de fraternidade;
- Tutelam o desenvolvimento social e econômico mundial;
- Direito:
  - À autodeterminação dos povos
  - À paz
  - Ao desenvolvimento
  - Ao meio ambiente sadio
  - À conservação e à utilização do patrimônio histórico e cultural
  - À qualidade de vida
  - À propriedade sobre o patrimônio econômico da humanidade
  - À comunicação

Direitos Fundamentais
características identificadoras

Fundamentalidade

Os direitos fundamentais são considerados aqueles de maior importância. Este traço de fundamentabilidade assume feições formais (ex. limitação da reforma constitucional) e materiais (ex. cláusulas pétreas)

Normatividade

Os direitos fundamentais podem ser positivamente estabelecidos tanto mediante princípios jurídicos quanto mediante regras jurídicas. São, portanto, objeto de normas jurídicas naturalmente imperativas, abstratas e socialmente coercitivas

Aplicabilidade imediata

Aplicabilidade imediata, sem a necessidade de regulamentação pelo legislador infraconstitucional. Ainda não há unicidade doutrinária, nem jurisprudencial, acerca desta característica, prevista na Constituição Federal

Capítulo 2
UMA TEORIZAÇÃO CONTEMPORÂNEA DO PROCESSO

2.1 PRIMEIRAS CONSIDERAÇÕES

Ao longo da história, o Brasil manteve dificuldades para estabelecer um estado de direito democraticamente regido e politicamente estável. Diante desse cenário, torna-se necessário conscientizar não apenas os operadores jurídicos, mas principalmente os estudiosos do processo, formadores de opinião em seus mais diversos ramos, para pensarem seu conteúdo na perspectiva valorativa dos direitos fundamentais.

O processo não possui uma teoria geral definida e adaptada à realidade atual. Seus instrumentos para conhecer o mundo e seus institutos fundamentais merecem ser analisados em perspectivas claras. Ainda é necessário que a teoria examine com maior profundidade, detidamente, a ação, a jurisdição e o processo – institutos elementares do Direito Processual – sob a ótica constitucional.

Nesse sentido, percebe-se a importância da influência dos direitos fundamentais. O reconhecimento acerca da existência de princípios e direitos fundamentais oriundos, especialmente, do respeito à dignidade da pessoa humana, que passou a ser amplamente difundido pelos ordenamentos ocidentais, mormente após o Holocausto e a Segunda Guerra Mundial, trouxe para o Direito Processual uma preocupação com valores tradicionalmente desconsiderada pelas suas construções teóricas.

A influência dos direitos fundamentais adaptou-se à realidade socioeconômica e política vivida pelas diversas sociedades. No Brasil, percebe-se que a Guerra Fria, no contexto internacional, e, mais especificamente, a ditadura militar, no contexto interno, foram acontecimentos que atrasaram até 1988 a o início da reestruturação de nosso sistema instrumental conforme a ótica constitucional.

2.2 A INFLUÊNCIA DOS DIREITOS FUNDAMENTAIS NO ÂMBITO DO PROCESSO

No âmbito do processo, os estudiosos já vinham divulgando a influência dos direitos fundamentais sobre o desenvolvimento da disciplina, preocupando-se com a morosidade e a efetividade da jurisdição, bem como com o cumprimento do seu papel perante a sociedade, o que, inicialmente, deu causa ao trabalho de Mauro Cappelletti e Bryant Garth intitulado: Acesso à justiça.[1]

A temática do acesso à Justiça dedicou-se ao amplo reconhecimento do direito de estar em juízo para a proteção democrática dos mais variados bens jurídicos. A disseminação da ideologia social-democrata, que influenciou consideravelmente a própria mutação do Estado Liberal em Estado Social, à qual o surgimento e o reconhecimento dos princípios e direitos fundamentais estiveram intimamente ligados, repercutiu, portanto, junto ao processo.

Percebe-se, do mesmo modo, que o caráter social democrata da Constituição Federal tem provocado a análise da função social dos mais variados ramos da teoria jurídica.[2] No Direito Processual, os estudiosos tendem a concordar, hoje, com a necessidade de identificar uma Teoria do Processo adequada aos ditames constitucionais e, portanto, pensada a partir destes e não apenas oriunda dos institutos clássicos da relação jurídica processual, ação, jurisdição e processo.[3]

A interpenetração entre Constituição e processo ensejou, inclusive, a conclusão de Nelson Nery Jr., para quem se tornou mais clara, após 1988,

---

[1]   CAPPELLETTI, Mauro e GARTH, Bryant. *Acesso à justiça.* Porto Alegre: Fabris, 1988.

[2]   Ver: CALMON DE PASSOS, J. J. *Função social do processo.* Disponível em: <http://www1.jus.com.br/doutrina/texto.asp?id=3198>.

[3]   Nesse sentido, Joel Dias Figueira Jr. (*Comentários à novíssima reforma do CPC.* Rio de Janeiro: Forense, 2003, p. 119): "[...] conseguimos extrair dessa inovação o sutil esboço de um processo civil verdadeiramente novo, hábil a representar o instrumento do terceiro milênio, voltado ao equacionamento do trinômio valorativo identificado pela *celeridade, segurança e justiça da decisão*" (grifo nosso).

a existência dos ramos do Direito Constitucional Processual e do Direito Processual Constitucional.[4]

Com efeito, por meio da atual Constituição, o nosso direito passou a dedicar maior atenção a interesses que vão além da solução dos litígios subjetivamente considerados, reconcebendo inúmeros institutos, dentro e fora da teoria processual, tal a influência dos direitos fundamentais sobre os fenômenos de interpretação, produção e aplicação do direito.

As constituições políticas contemporâneas não têm mais apenas o objetivo de delimitar a atividade do estado em face do cidadão considerado individualmente. Em razão do conflito de interesses de certas coletividades, depende-se do devido processo legal para atingir as soluções esperadas. Pela influência dos direitos fundamentais, nas palavras de Willis Santiago Guerra Filho, "o processo torna-se um instrumento privilegiado de participação política e exercício permanente da cidadania".[5]

Deste modo, embora até bem pouco tempo atrás fosse muito comum aplicar e interpretar determinado ramo do direito levando-se em conta apenas a principal lei ordinária que o regulamentava, como disse Nelson Nery Jr.,[6] a atual influência dos direitos fundamentais sobre o Direito Processual tem contribuído significativamente para a paulatina e profunda modificação de seus elementos essenciais teóricos e operativos.

Tradicionalmente, aceitando a existência de uma relação jurídica instrumental diferenciada das relações jurídicas de direito material, o processo é conceituado como o meio pelo do qual a jurisdição, substituindo-se às partes, diz o Direito. Trata-se de um conceito preocupado com a carga declaratória

---

[4] Demonstram a importância da Constituição Federal para o atual processo civil brasileiro as previsões constantes de vários incisos do art. 5º da Carta Magna, bem como das seções específicas sobre o Poder Judiciário e as funções essenciais à Justiça. Sobre essa temática ver a Unidade IV deste mesmo volume.

[5] Segundo Willis Santiago Guerra Filho (*Processo constitucional e direitos fundamentais*. 3. ed. São Paulo: Celso Bastos Editor, 2003. p. 26), o processo se torna essencial para "solucionar as colisões entre interesses diversos de certas coletividades entre si e com interesses individuais ou estatais tão variadas e imprevisíveis em sua ocorrência".

[6] Segundo Nelson Nery Jr. (*Princípios do processo civil na Constituição Federal*. São Paulo: RT, 2003. p. 19): "Era muito comum, pelo menos até bem pouco tempo, interpretar-se e aplicar-se determinado ramo do direito tendo-se em conta apenas a lei ordinária principal que o regulamentava. Assim, o civilista via no Código Civil a única norma que deveria ser consultada na solução de problemas naquela área, o mesmo ocorrendo com o processualista (civil, penal e trabalhista), com o penalista, com o comercialista".

das decisões jurisdicionais, pois, se a tutela jurisdicional é aquela que diz o Direito, equipara-se a atividade eminentemente jurisdicional à tarefa de declarar qual das partes tem razão, afirmar qual das partes está certa, mas não à tarefa de executar essa razão no mundo dos fatos: o velho ganha, mas não leva.

Tal concepção de jurisdição tem motivos históricos bastante compreensíveis. No Direito romano, havia inicialmente uma divisão entre os interditos e as *actios*. Enquanto os interditos eram medidas sincréticas e sumárias que detinham cognição e execução simultâneas, tendo, basicamente, caráter mandamental ou executivo *lato sensu* e sendo julgados pelos pretores, as *actios* consistiam em medidas fundamentalmente cognitivas de modo exauriente, que possuíam caráter declaratório, constitutivo ou mandamental, e eram julgadas pelos jurisconsultos, como explicita José Roberto dos Santos Bedaque.[7]

Ocorre que, mesmo no Império Romano, a realidade fática trouxe a necessidade de aprimorarem-se os meios à tutela dos fins, concepção instrumental essa que resultou no fenômeno da unificação entre interditos e *actios* por meio da publicização da *actio* e da extinção do processo formulário entre os séculos III a V, período que ficou conhecido como o do Baixo Império, imediatamente antecedente à queda do Império Romano do Ocidente, nos quais muitas instituições se desenvolveram em meio, no entanto, à corrosão do sistema escravista.

Infelizmente, o fenômeno da unificação foi ignorado pelos glosadores durante a Idade Média, o que resultou no ressurgimento, junto ao direito canônico, da dualidade entre *actios* e interditos, e na lógica de que a essência da atividade jurisdicional está em declarar o direito, concepção essa que ganhou ênfase pela influência daquele momento histórico, considerada a importância da figura paterna da divindade.

---

[7]   Ensina José Roberto dos Santos Bedaque (*Tutela cautelar e tutela antecipada*: tutelas sumárias e de urgência (tentativa de sistematização). 3. ed. São Paulo, Malheiros, 2003. p. 30): "Parece possível estabelecer comparação entre procedimentos do direito atual que se iniciam com atos decisórios, pedidos de cognição sumária e coercitivos, e os interditos do processo romano.

Estes consistiam em ordem emitida pelo magistrado, impondo certo comportamento a uma pessoa privada, a pedido de outra. Essa forma de tutela, emanada do poder de *imperium* do magistrado, abrangia a grande maioria das relações da vida envolvendo direitos absolutos. Já os direitos obrigacionais, versando indenização, eram amparados pela *actio*, com juízo privado. Só a primeira admitia execução específica. No Direito Romano havia, portanto, dois sistemas de processo civil. Em um deles era possível a obtenção de ordem liminar, até sem a presença da parte contrária e mediante cognição sumária das afirmações do autor, se feitas conforme o édito. No outro havia pleno contraditório desde o primeiro momento, não era possível a emissão de mandado e a atividade cognitiva era privada".

Explica-se. A figura do juiz, no imaginário coletivo, assemelhou-se à figura de Deus-Pai, pois o julgador declara, aos olhos da sociedade, o que é justo e o que é injusto, o que se pode e o que não se pode fazer, nas mais diversas lides que lhe são submetidas. O significado da figura paterna, especialmente pelos estudos de Sigmund Freud,[8] nos demonstra, desde a infância, a distinção entre o que é certo e o que é errado, entre o que se pode e o que não se pode fazer: a noção de limites; a noção de até onde se pode ir.

Acredita-se, dada a influência do direito canônico sobre o nosso sistema judicial, na existência de uma concepção vetusta de tutela jurisdicional, que não compreende a segurança jurídica como a previsibilidade das decisões do Poder Judiciário, mas sim como o credo no fato de que o juiz é quem pode dizer o que é certo e o que é errado: o credo no fato de que o juiz declara o que é certo e que este é o verdadeiro caráter da atividade eminentemente jurisdicional.

Desse modo, o surgimento e o próprio desenvolvimento do Direito Processual, por meio do reconhecimento da tese de Oskar von Büllow,[9] acerca da existência de uma relação jurídica processual distinta da relação jurídica de direito material, foram limitados pela concepção excessivamente declaratória e, portanto, paternalista, preocupada com o mito da segurança jurídica (nesse caso não identificada com a previsibilidade das decisões, mas, sim, com o seu acerto), o que resultou na ordinarização de procedimentos, bem como na pouca consideração à feição executiva da tutela jurisdicional e na rejeição à especialização e à adaptação de procedimentos para a efetiva tutela dos direitos.

Hoje, entretanto, se pensado o Direito Processual na perspectiva dos direitos fundamentais, chega-se à conclusão de que o próprio elemento constituído pela jurisdição não precisa ser inerente ao conceito de processo, como também de que não é apenas a carga declaratória que interessa ao escopo da jurisdição, mas principalmente a produção de resultados efetivos por meio do processo.

Nesse sentido, Elio Fazzalari[10] demonstra que a redução e a identificação do fenômeno processual para com o exercício da função jurisdicional

---

[8] FREUD, Sigmund. *Dostoyevski y el parricidio*. *Obras completas*. Madrid: Tecnos, 2008. t. III, p. 3.014-3.015.

[9] BÜLLOW, Oskar von. *La teoría de las excepciones procesales y los presupuestos procesales*. Buenos Aires: Europa-América, 1964.

[10] FAZZALARI, Elio. Processo: teoria generale. *Novíssimo digesto italiano*. Torino, v. V, n. XIII, p. 1.068-1069, 2006.

eminentemente declaratória é uma consequência histórica do fato de que o Direito Processual desenvolveu-se, inicialmente, no seio da jurisdição. No entanto, atualmente tal circunstância não autoriza a limitação e muito menos a identificação do processo para com a jurisdição.

Com efeito, alguns dos acontecimentos que mais marcaram o século passado – tais como as guerras mundiais – trouxeram para o processo de positivação e aplicação do Direito Processual uma conscientização valorativa que parecia ter sido esquecida e que necessita ser estudada em conjunto com os institutos basilares do Direito Processual.

Interpreta-se nesse sentido a temática da instrumentalidade do processo, bastante difundida pelos estudos de Cândido Dinamarco,[11] concepção essa que, acredita-se, necessita reconhecer sua carga evidentemente valorativa, acerca da interpretação do direito positivo. Percebe-se, portanto, que essa imbricação entre dogma e valor se deu, especialmente, a partir do âmbito constitucional, iniciando uma nova era no desenvolvimento do sistema jurídico.

Entretanto, encontrar respostas para as questões mais complexas é tarefa cuja essência se situa entre o raciocínio ilimitado da moral valorativa e o universo da dogmática tradicional, conjugados. As decisões mais importantes no Estado Democrático de Direito Contemporâneo sofreram considerável redirecionamento dos Poderes Legislativo e Executivo em direção ao Poder Judiciário. Daí o papel essencial das cortes constitucionais, de atribuição tanto jurídica quanto política, na estrutura desses estados.

Admite-se obviamente, portanto, o papel até mesmo político do Poder Judiciário. O pensamento dos diferentes ramos do direito na perspectiva dos direitos fundamentais leva à admissão, à assunção explícita, que passa a ocorrer, por diferentes estudiosos da teoria jurídica, como foi o caso de J. J. Calmon de Passos,[12] acerca da concepção valorativo-ideológica de suas ideias, o que obviamente não retira a importância modelar, estrutural, portanto, do conhecimento dogmático teórico e prático.

---

[11] Conforme afirma Cândido Rangel Dinamarco (*A instrumentalidade do processo*. 11. ed. São Paulo: Malheiros, 2003. p. 200): "Mas as explicações meramente jurídicas da destinação do processo pecam justamente por deixarem na sombra o valor humano perseguido através do exercício da jurisdição. Saia-se do plano do direito e passe-se ao da sociedade ao qual ele se destina, e então sentir-se-á que seria inteiramente inaceitável e mesmo logicamente sem explicação a busca da paz entre pessoas num caso concreto, sem saber se elas estão em real conflito".

[12] CALMON DE PASSOS, J. J. Uma nova teoria geral do processo? *Informativo Incijur*, Joinville: Incijur, ano V, n. 54, p. 1-5, jan. 2004.

Não se trata de subordinar o direito ao critério moral da pessoa humana que exerce a função judiciária, mas sim de admitir a realidade causal segundo a qual a própria decisão de buscar as respostas que o sistema jurídico fornece em detrimento dos valores pessoais do julgador é, também, oriunda de uma escolha valorativo-ideológica deste, cuja real ocorrência não se pode ignorar,[13] seja qual for a instância judiciária.

Os verdadeiros pensadores são aqueles que procuram analisar a realidade por meio da harmonização de ideias que, nas palavras de Alfredo Augusto Becker:

> [...] parecem alheias ou indiferentes a uma específica realidade, buscando a conciliação entre homens que se imaginam inimigos ou estrangeiros em razão das teorias que esposaram. A solidão de uma linguagem – mesmo da linguagem pura de uma ciência – ainda padece do defeito de ser solitária. A solidão das diversas linguagens cria distorções. A confusão a respeito de uma verdade não se origina na multiplicidade das linguagens, mas no círculo fechado da linguagem solitária, que leva a crer que – ela mesma – seria um universo e a única pensável.[14]

Dessa forma, acredita-se que, para melhor destrinchar os temas mais desafiadores, é necessário haver comunicação entre as diferentes linguagens da teoria jurídica; mais conhecimento e fundamentação dogmáticos junto da crítica e maior profundidade crítica no estudo da dogmática. E é também nesse sentido que a incidência dos direitos fundamentais sobre o Direito Processual tem contribuído significativamente para a sua transformação,

---

[13] A Teoria Material da Constituição abriu caminho para o pensamento de autores que inovaram a compreensão do fenômeno constitucional sob a ótica da chamada nova hermenêutica buscando resgatar o seu papel normatizador, enfraquecido com a preponderância de vários matizes do poder sobre a lei fundamental. O advento da nova hermenêutica é muito importante para a delineação de uma nova teoria geral do processo, haja vista tratarem-se de conclusões ligadas à necessária conscientização dos intérpretes tradicionais acerca da abertura da Constituição e das necessidades sociais de resultados através do processo.

[14] Diz, ainda, Alfredo Augusto Becker (*Carnaval tributário*. 2. ed. São Paulo: Lejus, 2004. p. 111): "O desejo da fidelidade a um velho mestre induz o jurista a atraiçoar a verdade. O fato de uma doutrina perdurar mais de dez séculos não é argumento que prove a sua veracidade, pois aquela doutrina pode simplesmente ser um erro que tenha perdurado dez séculos mais que os outros erros. Se, de um lado, se critica a originalidade juvenil, não deve ser esquecido que, do outro lado, encontra-se a obstinação senil. O conflito entre os velhos e os jovens é a doença crônica das civilizações fundada sobre o argumento da autoridade".

tanto sob o ponto de vista eminentemente teórico quanto sob o aspecto prático-operativo.

Trata-se de uma forma de pensar o Direito Processual como instrumento para a efetivação do direito material, passando pela reconceituação de vários dos institutos essenciais do processo, o que justificaria, até mesmo, definirem-se as bases para uma nova teoria geral da disciplina: uma teoria que não esteja fundada apenas nos institutos da relação jurídica processual, da ação, da jurisdição e da defesa, mas também, e principalmente, nos direitos fundamentais, reestruturando o processo a partir dos seus princípios constitucionais sem, contudo, deixar de reconhecer importância aos institutos.

Nesse cenário, a modificação do conceito de tutela jurisdicional é tema que tem importantes consequências para o estudo dos mais variados temas em Direito. Isso pelo fato de que aqueles que, consoante a concepção tradicional, veem a tutela jurisdicional apenas como a resposta obtida pela jurisdição tendem a entender que se deve negar a adequada tutela jurisdicional necessitada para o exercício do direito material da parte quando o meio processual utilizado for diverso daquele que o julgador acredita ser correto.

No entanto, a tutela jurisdicional é muito mais do que uma resposta da jurisdição ao pleito que lhe é formulado, pois o direito contemporâneo, processual ou material, encontra-se impregnado pelos valores humanitários. Tais valores conclamam cada indivíduo, especialmente os operadores jurídicos, para um compromisso em relação à solução dos conflitos. No plano processual, a técnica inibitória, bastante difundida no Brasil pelos estudos de Luiz Guilherme Marinoni,[15] ao buscar prevenir o ilícito e, consequentemente, proteger todo o ordenamento jurídico, é um exemplo que demonstra essa conscientização coletiva cada dia mais necessária.

É preciso haver maior compromisso da comunidade do Direito perante a resolução prática e efetiva dos problemas que lhe são colocados. A tutela jurisdicional, hoje, não pode mais significar apenas uma resposta aos pedidos que lhe são feitos. É necessário haver um compromisso por parte daqueles que a requerem e que a prestam para com os seus resultados práticos. Trata-se, portanto, de uma conscientização a ser trabalhada junto aos próprios especialistas, muitas vezes excessivamente apegados aos argumentos e fundamentos oriundos do rigor técnico do processo.

> Nesse sentido, a aplicação, por exemplo, da norma principal (princípio, na acepção tradicional) da fungibilidade junto aos meios processuais –

---

[15] MARINONI, Luiz Guilherme. *Tutela inibitória*. São Paulo: RT, 2008.

constituídos por normas não principais (regras), possibilita melhor obtenção de resultados práticos por meio da jurisdição na vida dos litigantes, coadunando-se com a realidade forense que demanda interpretar a Constituição e o ordenamento jurídico conforme a necessidade social e a melhor operabilidade do instrumento constituído pelo processo.

Desse modo, atualmente, o processo não é mais apenas um meio formal preocupado com o seu respeito acima do próprio direito material, pelo qual apenas a jurisdição diz o direito, limitando-se a responder aos pleitos que lhe são formulados. Hoje, o Direito Processual deve ser conceituado como o resultado da operação de um núcleo de direitos fundamentais que atuam sobre uma base procedimental formada de meios que necessitam adequar-se aos fins de forma tão rica quanto a diversidade dos direitos materiais a serem tutelados.

Daí afirmar-se, por exemplo, a existência do processo externamente à jurisdição, como ocorre com o processo administrativo, na lição de Romeu Felipe Bacellar Filho.[16] Isso porque no momento em que a Constituição Federal utiliza a expressão "processo administrativo" acredita-se que tal opção vai muito além de uma simples preferência terminológica, admitindo a existência do regime jurídico processual nas atividades administrativas desprovidas de jurisdição, mas baseadas em atos procedimentais, contraditório e ampla defesa.

E é nesse sentido que se interpreta, também, a afirmativa de Elio Fazzalari[17] quando aquele retira o instituto da jurisdição do conceito de processo

---

[16] De acordo com Romeu Felipe Bacellar Filho (*Princípios constitucionais do processo administrativo Disciplinar*. São Paulo: Max Limonad, 2008. p. 47. Destaque do autor): "De procedimentos administrativos podem resultar processos administrativos desde que caracterizada situação demandante de participação dos interessados em contraditório. Saliente-se que o conceito de processo e de procedimento administrativo não está calcado em questão abstraída do sistema jurídico. Não se trata de tomar a posição mais justa ou mais conveniente à ideologia do intérprete. Funda-se, mormente, no Texto Constitucional que revela sua opção quando no art. 5º, inciso LV, junge o conceito de processo administrativo a litigantes e acusados, sob a égide do contraditório e da ampla defesa com os meios e recursos a ela inerentes. A partir disto compreende-se que, quando a constituição federal de 1988 adota a expressão *processo administrativo*, a escolha vá além de preferência terminológica. Comporta o reconhecimento expresso da exigência do regime jurídico processual nas atividades administrativas delimitadas pela Carta Magna".

[17] Conforme o pensamento de Elio Fazzalari (*Istituzioni di diritto processuale*. 7. ed. Padova: Cedam, 1996. p. 7): "O processo é procedimento em contraditório, pois antes de qualquer medida, providência ou remédio, sempre se localizará o procedimento".

e diz que este consiste, na realidade, no procedimento em contraditório (princípio fundamental), pois na base de qualquer providência ou medida a ser tomada por meio dele sempre estará o procedimento.

Percebe-se, desse modo, que a influência dos direitos fundamentais sobre a teoria e a prática processuais é tão profunda que não apenas os conceitos de tutela jurisdicional e de processo tendem a ser redefinidos, como também a própria teoria processual necessita ser pensada nessa nova dimensão. Não se afigura razoável, por exemplo, segundo a perspectiva constitucional, que a condição para o exercício do direito de ação constituída pelo interesse de agir necessite sempre depender de adequação procedimental à estrutura da legislação processual e não ao direito material a ser tutelado.

Dessa forma, acredita-se não existir paradoxo entre a especialização de procedimentos e o processualismo científico, embora o Livro IV de Código de Processo Civil de 1973 (cujas disposições foram mantidas em parte pelo Livro I da Parte Especial do Código de Processo Civil de 2015) não tenha chegado a ser redigido pelo então Ministro Alfredo Buzaid, exatamente porque este entendia que os procedimentos especiais eram a parte do processo que não havia evoluído, acreditando tratarem-se de antigos vestígios do período procedimentalista sincrético abandonado pela evolução da Teoria do Direito Processual civil, como explica Ovídio Baptista da Silva.[18] Hoje, entretanto, não há dúvida de que procedimentos especiais como o mandado de segurança, o despejo e a reintegração de posse, são altamente efetivos e muitas vezes resultantes dos lobbies de determinados setores econômicos.

Assim, a chamada especialização de procedimentos não deve ser concebida como a necessidade da criação de um procedimento especial previsto em lei para cada espécie de direito, o que não seria factível pela diversidade de direitos existentes – embora conveniente, na medida do possível –, mas sim como a necessidade de adaptar os procedimentos segundo os casos

---

[18] Segundo Ovídio Baptista da Silva (*Curso de direito processual civil*. São Paulo: RT, 2008. p. 28): "Alguém poderia objetivar contra nosso argumento de que o Código de 1973 tende para a universalização da ordinariedade, alegando que o legislador dedicou aos Procedimentos Especiais todo um livro do Código, onde tratou justamente dos procedimentos que fogem à ordinariedade. Esta objeção poderia, à primeira vista, impressionar. Contudo, há circunstâncias históricas e manifestações doutrinárias que, antes de dar peso ao argumento, confirmam nossa conclusão.

Em verdade, o inteiro Livro IV de nosso Código não foi sequer redigido por seu autor, e os Procedimentos Especiais que ele abriga não passam para a doutrina dominante em nosso país de vestígios arcaicos de institutos e princípios medievais apenas conservados em nosso direito contemporâneo por força da tradição".

concretos e conforme a demanda dinâmica dos respectivos feitos. Logo, a especialização de procedimentos ora defendida não se liga apenas ao raciocínio legislativo de justificação das normas, mas sim, e principalmente, à lógica operativa de aplicação e adaptação dos procedimentos às vicissitudes das situações concretas.

Desse modo, a busca por adequação procedimental, classicamente concebida como um dos elementos constitutivos do interesse de agir que é condição da ação – ao lado do binômio necessidade/utilidade do pronunciamento jurisdicional –, deixa de estar ligada à formalidade dos procedimentos previstos na legislação processual, para, numa perspectiva jusfundamental, adequar-se ao direito material e às situações reais a serem tuteladas: adequar-se aos fins de tutela dos direitos e não aos meios constituídos pela estrutura da legislação processual.

Portanto, a influência dos direitos fundamentais, as necessidades da sociedade de massa e a busca por sensatez teórica têm levado os estudiosos a reconhecer os objetivos da efetividade, do acesso à Justiça e da instrumentalidade como atuais norteadores do desenvolvimento do Direito Processual. Acima da autonomia do direito processual, em relação ao direito material, está a própria efetividade da jurisdição. Sem que o direito possa se fazer sentir na vida prática dos litigantes, não há que se falar numa verdadeira evolução da teoria processual.

A teoria processual é diariamente testada no cotidiano forense. A grande missão do processo atual é trazer resultados com significativa segurança. O verdadeiro progresso da teoria processual não diz mais respeito à evolução de si mesma, senão da sua íntima ligação com a prestação da Justiça. Não há mais que se falar em evolução da teoria processual sem que haja resultados para os litigantes.

É nesse sentido que as últimas modificações da legislação processual demonstram grande preocupação com o respeito à dignidade da prestação da Justiça,[19] bem como com a flexibilização e desburocratização das regras processuais visando à mais adequada aplicação do direito material.

O processo é instrumento da jurisdição e a jurisdição é instrumento para a satisfação dos direitos. Logo, o processo é meio para a jurisdição, que, por sua vez, é meio para o fim da prestação da Justiça. Não é razoável, sob o ponto de vista lógico nem sob o aspecto ético, que premissas teóricas processuais desatualizadas impeçam o Poder Judiciário de tutelar direitos com efetividade.

---

[19]   CPC de 2015, art. 77, inc. IV e §§ 2º e 3º.

Portanto, esse amadurecimento flexibilizador do Direito Processual coaduna-se com a volta do sincretismo processual, com a prática de atos de execução e cognição em um mesmo procedimento. A admissão do sincretismo volta a reunir concepções de diferentes origens, com o fim de contribuírem estas para o aperfeiçoamento do instrumento constituído pelo processo, na medida do possível.

Não há mais que se falar, dessa maneira, na impossibilidade de estudar e desenvolver teoricamente o Direito Processual, aplicando-se técnicas conjuntas de cognição e execução. Pelo contrário, a possibilidade de se obterem decisões de mérito de forma generalizada, mediante cognição sumária e produção de efeitos executivos fáticos imediatos, é essencial para que se tutele a urgência.

Constata-se, dessa forma, que a dialética histórica da teoria processual foi marcada, originalmente, pelo sincretismo e pelo procedimentalismo, embora mais tarde o aperfeiçoamento e a busca pela autonomia do processo tenham provocado uma preocupação excessiva da teoria processual consigo mesma e com elementos teóricos próprios, de maneira que a sua atual busca por efetividade demanda maior flexibilidade e, portanto, sincretismo.

É impossível não considerar, desse modo, a influência dos direitos fundamentais no âmbito do processo, pois os estudos dedicados a encontrar formas para o aperfeiçoamento da prestação jurisdicional possuem embasamento invariável, antes de tudo, em um direito constitucional elementar: o direito fundamental à efetividade do processo.

Nesse sentido, o inc. XXXV do art. 5º da Constituição Federal, ao explicitar que a lei não pode excluir eventual lesão ou ameaça a direito da apreciação do Poder Judiciário, está a garantir de modo enfático o direito fundamental à prestação jurisdicional efetiva; aos resultados por meio do processo e da jurisdição. Como o julgamento de mérito tem importância prática apenas se o direito material for realizado, é forçoso concluir que o próprio direito à prestação jurisdicional, nessa perspectiva, se revela como o direito à sua efetividade, seja ela reparatória, ressarcitória ou preventiva; urgente ou definitiva.

É a influência do inc. XXXV do art. 5º da Constituição Federal, a respeito dos direitos fundamentais à inafastabilidade do controle jurisdicional e à efetividade do sistema processual que, mesmo antes do advento do inc. LXXVIII do mesmo dispositivo, trazido pela Emenda Constitucional nº 45/2004 – acerca da duração razoável do processo – já permitia concluir serem, boa parte das últimas reformas constitucionais e também processuais, modificações de natureza essencialmente didática, e não essencialmente modificadoras do sistema jurídico.

Isso porque as reformas se dedicaram, muitas vezes, a explicitar o alcance que as disposições da Constituição Federal já possibilitavam na busca por efetividade. Assim, a necessidade constitucionalmente prevista de se obterem resultados efetivos modificou até mesmo os objetivos do processo.

O grande objetivo do processo clássico era o atingimento do *status* jurídico formado pela coisa julgada material acerca da declaração a respeito de qual das partes possuía razão no mérito, pois se supunha que por meio daquela compor-se-iam as lides. Hoje, entretanto, tem-se aceitado possuí-rem, os meios processuais, o objetivo de proporcionarem o fim constituído pelo respeito ao ordenamento jurídico mediante uma prestação da Justiça tempestiva e necessariamente adequada ao direito material, sem a qual não há que se falar em tutela jurisdicional, pois tão ou mais importante que a declaração dos direitos é a sua satisfação, sua efetividade.

Assim, deve-se reconhecer que tanto o Poder Judiciário quanto os es-tudiosos teorizadores do processo não podem deixar de considerar o direito fundamental à efetividade, de tal modo que a proteção dos demais direitos depende do seu respeito: sob esse prisma causal, a efetividade da jurisdição revela-se como o mais importante dos direitos fundamentais, afirmativa essa corroborada por Luiz Guilherme Marinoni.[20]

Percebe-se, portanto, que o direito constitucional à prestação jurisdicio-nal é essencial à efetividade do direito material, uma vez que esse, diante de situações de agressão ou de ameaça, sempre necessita realizar-se plenamente. É por essa razão que o direito à efetividade da prestação jurisdicional merece ser concebido como o mais importante dos direitos, exatamente por repre-sentar o direito a tutelar os demais direitos, na lição de Eduardo Couture.[21]

---

[20] Segundo Luiz Guilherme Marinoni (*Tutela de urgência e efetividade do processo.* Porto Alegre: Sergio Antonio Fabris, 2003, p. 7): "Para resumir, basta evidenciar que há direito fundamental à tutela jurisdicional efetiva, tempestiva e, quando houver necessidade, preventiva. A compreensão desse direito depende da adequação da técnica processual aos direitos, ou melhor, da visualização da técnica processual a partir das necessidades do direito material. Se a efetividade (em sentido lato) requer adequação e a adequação deve trazer efetividade, o certo é que os dois conceitos podem ser decompostos para melhor explicar a necessidade de adequação da téc-nica às diferentes situações de direito substancial. Pensando-se a partir daí fica mais fácil visualizar a técnica efetiva, contribuindo-se para sua otimização e para que a efetividade ocorra do modo menos gravoso ao réu".

[21] COUTURE, Eduardo. *Introdução ao estudo do processo civil.* Belo Horizonte: Líder, 2003, p. 57.

Dessa maneira, em suma, o advento dos direitos fundamentais não apenas modificou o Direito Processual teórica e operativamente, como também impôs preocupação com o direito à efetividade da prestação jurisdicional, servindo para o delineamento de uma teoria geral do processo sob a perspectiva constitucional, consoante reconhecem os arts. 1º e seguintes do CPC de 2015.

Dificuldade nacional histórica no estabelecimento de um Estado de Direito, democraticamente regido e politicamente estável

Necessidade de observância do processo sob a ótica dos direitos fundamentais

Influência dos direitos fundamentais

Constituição Federal de 1988

As constituições políticas contemporâneas não têm mais apenas o objetivo de delimitar a atividade do estado em face do cidadão considerado individualmente

- Acesso à Justiça;
- Análise da função social dos mais variados ramos da ciência jurídica;
- Inafastabilidade do controle jurisdicional;
- Busca pela efetividade do processo;
- Ampla defesa e do contraditório;
- Juiz natural;
- Duração razoável;
- Inadmissibilidade das provas ilícitas;
- Obrigatoriedade de motivação;
- Publicidade das decisões judiciais.

Capítulo 3

ACESSO À JUSTIÇA: A FUNÇÃO SOCIAL DO ESTADO CONTEMPORÂNEO E SEUS REFLEXOS NO DIREITO PROCESSUAL

3.1 O ESTADO CONTEMPORÂNEO E SUA INFLUÊNCIA SOBRE O DIREITO E O PROCESSO

O Estado consiste na organização política de uma dada sociedade. No mesmo sentido, para Dallari, o estado é "a ordem jurídica soberana que tem por fim o bem comum de um povo situado em determinado território".[1]

Na caracterização de um Estado individualizado, enquanto organização política de uma sociedade específica, devem-se também levar em consideração suas características temporal, espacial, cultural, econômica e histórica, entre outras. Considerando-se seus elementos essenciais, pode-se afirmar:

a) seu poder se exerce por meio e de acordo com o Direito (é uma ordem jurídica);

b) é o poder máximo dentro de suas fronteiras (soberania);[2]

---

[1] DALLARI, Dalmo de Abreu. *Elementos de teoria geral do estado*. São Paulo: Saraiva, 1985. p. 104.

[2] Essa soberania, regra geral, é mais retórica do que efetiva, em especial no que se refere aos países do terceiro mundo, dependentes do mundo desenvolvido e indefesos tanto ao poder militar quanto econômico e simbólico das grandes potências.

c) possui como objetivo final a satisfação dos interesses e necessidades da comunidade que o instituiu (bem comum);

d) seu poder se exerce sobre um determinado grupo de indivíduos (povo); e

e) o exercício de seu poder possui limites espaciais (território).

No que se refere a dois desses elementos, é necessário adicionar algumas observações:

a) quando se afirma que o Estado é uma ordem jurídica, não se está definindo, ainda, de que espécie ela é (democrática, autoritária ou totalitária; legítima ou não legítima); e

b) o conteúdo da expressão bem comum é variável no tempo e no espaço, permitindo seu emprego, de forma genérica, nos mais diversos Estados. Essas ressalvas são importantes, tendo em vista que é com relação a esses componentes, principalmente, que se pode diferenciar o Estado Contemporâneo, em sentido amplo, dos demais que o precederam.

Relativamente ao Estado Contemporâneo, diferencia-se ele do Estado Moderno por apresentar três elementos caracterizadores:

a) sua condição instrumental, a indicar que ele não é um fim em si mesmo, mas sim um instrumento da sociedade, pelo qual essa sociedade busca concretizar seus objetivos;

b) seu compromisso intrínseco com o bem comum e com o respeito aos valores fundamentais da pessoa humana; e

c) seu caráter intervencionista.[3]

No que diz respeito a seu caráter intervencionista, Bonavides distingue duas formas de intervenção:

a) o dirigismo é imposto e se forma de cima para baixo; e

b) o dirigismo é consentido, formando-se de baixo para cima.[4]

---

[3] Nesse sentido, PASOLD, Cesar Luiz (*Função social do estado contemporâneo*. Florianópolis: Ladesc, 1984. p. 3), para quem deve o Estado Contemporâneo ser caracterizado "com fundamento na sua condição instrumental, no seu compromisso intrínseco com o Bem Comum e na sua interferência na vida da Sociedade".

[4] BONAVIDES, Paulo. *Do estado liberal ao estado social*. Belo Horizonte: Del Rey, 1993. p. 13.

Essa observação leva à busca de uma maior especificação nas características desse Estado, pelo menos como tipo ideal. A diferenciação entre intervenção autoritária (em alguns casos totalitária) de um lado, e intervenção democrática de outro, caminha nesse sentido. Para que a intervenção seja democrática, é necessária a presença de dois outros elementos:

a)   a garantia do direito à diferença, como expressão fundamental da pluralidade social;[5] e

b)   garantia de participação na tomada de decisões e no controle do Estado.

Diante dessas observações, pode-se chegar a três princípios básicos, indispensáveis à caracterização do Estado Contemporâneo democrático:

a)   o compromisso concreto com sua função social, representada na justiça social, parâmetro hodierno da expressão "bem comum". Inclui essa o acesso aos bens materiais e imateriais necessários à plena realização da pessoa humana;

b)   o caráter intervencionista, necessário à consecução desse seu objetivo maior; e

c)   a estruturação por meio de uma ordem jurídica legítima, que respeite a diferença (pluralismo) e a liberdade, promova o desenvolvimento com igualdade de oportunidades (em sentido material e não apenas formal), e garanta efetivamente a participação. Em resumo: um Estado estruturado sobre o valor constituído pela solidariedade.

Esse modelo estabelece – é importante lembrar – parâmetros ideais, com base nos quais é possível analisar os estados concretamente existentes. É uma superação dos dois modelos teóricos clássicos:

a)   de um lado, o liberal, que estabelece como sua função central garantir a liberdade, a participação e a segurança, sendo minimamente intervencionista; e

b)   de outro, o socialista (nos moldes soviéticos), estruturado fundamentalmente para cumprir a função social, vista essa apenas no seu conteúdo material, sendo por isso extremamente intervencionista.

---

5   O que apenas é viável, de forma efetiva, pelo reconhecimento da interdependência como um fato natural que impõe a solidariedade na vida social.

A concepção aqui apresentada é de um modelo genérico. De um lado, cada Estado concreto, em vista das suas especificidades, é mais ou menos intervencionista, mais ou menos preocupado com a função social, mais ou menos democrático. De outro, cada Estado em particular, como destaca Nicos Poulantzas,[6] é uma relação, ou melhor, a condensação de uma relação de forças entre classes, frações de classes e grupos, tal como se exprimem no seu próprio seio. No entanto, excetuando-se os regimes totalitários ainda vigentes (sejam de esquerda ou de direita), serve o modelo adotado como parâmetro que permite apreender formalmente,[7] em uma única categoria, os estados contemporaneamente existentes, inclusive o brasileiro.

3.1.1   O Direito Contemporâneo

O Direito Moderno surgiu, entre outros, com o objetivo de ser um instrumento de proteção do fraco contra o forte, de limitação do poder. A ordem jurídica era vista como elemento suficiente para colocar limites ao exercício arbitrário da força por parte daqueles que detinham o poder.[8] Essa é, inclusive, uma das razões apresentadas para justificar a necessidade do Estado Democrático de Direito.

Nesse sentido, pode-se afirmar que o direito busca (ou deve buscar) a concretização da Justiça.[9] No confronto entre o forte e o fraco, a sua inexistên-

---

[6]   POULANTZAS, Nicos. As transformações atuais do estado, a crise política e a crise do estado. In: _____ *et al. O estado em crise*. Rio de Janeiro: Graal, 1977. p. 3-41.

[7]   Formalmente porque, embora a grande maioria dos países do mundo professe em suas constituições e demais legislação esses valores, concretamente eles nem sempre têm se materializado, pelo menos de forma suficiente, nas suas políticas públicas. Espera-se que um dia todos os estados existentes garantam eficazmente a plena liberdade de expressão e ação, dentro dos limites estabelecidos pela própria sociedade ou por ela referendados – não encobrindo, dessa forma, as contradições e a pluralidade inerentes a qualquer agrupamento humano. Que estejam estruturados segundo um modelo de organização social que assegure a todos os seus membros uma existência digna e saudável, caracterizada pelo suprimento de suas necessidades básicas e pela existência de condições concretas de sua realização enquanto pessoa humana. E que seu ordenamento jurídico contenha instrumentos efetivos de tutela desses valores. Essa realidade, em termos concretos, contemporaneamente não passa de um sonho, cuja concretização implica o reconhecimento da interdependência como fato natural e da adoção da solidariedade como valor ético fundamental, que não deve ser apenas defendido, mas concretamente vivido.

[8]   Poder em sentido amplo: político, social, econômico, religioso, simbólico, da força física, militar.

[9]   Vista essa não em plano puramente subjetivo, mas minimamente objetivada por meio do Debate Crítico Apreciativo, do qual trataremos no Capítulo 1 da Unidade V, neste mesmo volume.

cia seria a continuada vitória do primeiro, por meio da imposição arbitrária da sua vontade. A ideia da chamada igualdade proporcional, segundo a qual tratar com igualdade é tratar desigualmente os desiguais, caminha exatamente nesse sentido. No conflito entre o forte e o fraco, o direito existe para garantir aquele que, na sua ausência, não teria possibilidades de alcançar uma decisão adequada para o problema que enfrenta.

Lembrar esse objetivo do Direito Moderno é lembrar também o seu compromisso com o resgate da dignidade humana e com a cidadania. Se a função do Direito Moderno era proteger o fraco, constituindo-se no limite e no freio do poder, possibilitando assim a efetiva concretização das liberdades individuais, o Direito contemporâneo passa a ter na justiça social seu objetivo fundamental. Se o Direito Processual é o instrumento criado para a atuação concreta do Direito (quando não espontaneamente cumprido) e a adequada realização dessa justiça, deve então expressar o papel político que lhe cabe na construção de uma sociedade justa e democrática: ser o instrumento de atuação do direito legítimo, o que inclui seu reconhecimento e efetivação.

É necessário, em função do exposto, que se passe a ter uma visão mais ampla do fenômeno jurídico, que pressupõe compreender adequadamente os direitos instituídos e perceber os movimentos e valores instituintes[10] que buscam tornarem-se Direito.

Em nível do instituído, o Direito inclui:

a) os direitos conquistados e já inscritos nos textos legais, embora muitas vezes ainda sonegados à sociedade; e

b) a adoção da leitura hermenêutica das normas legais, mais comprometida com os interesses sociais e com os princípios fundamentais estabelecidos na Constituição Federal, sempre que sua expressão gramatical comportar interpretações diversas ou em desacordo com os objetivos do Estado e do direito contemporâneos.

Em nível do instituinte, é necessário perceber e reconhecer a existência de um crescente pluralismo normativo,[11] formado por normas emergentes

---

[10] Sobre essa questão ver: RODRIGUES, Horácio Wanderlei. Direito com que direito? In: ARRUDA JR., Edmundo Lima de (Org.). *Lições de direito alternativo 2*. São Paulo: Acadêmica, 1992. p. 178-207.

[11] Esse pluralismo normativo é comumente apresentado como *pluralismo jurídico*. Não parece, entretanto, correta a utilização dessa expressão, pois o que efetivamente existe é uma pluralidade de normas; não se pode, entretanto, atribuir a todas elas a qualidade de jurídicas.

da sociedade, na ausência da normatização estatal ou quando essa se mostra injusta ou ilegítima.

Cabe aos diversos operadores jurídicos, na percepção dessas diferentes realidades, buscar a concretização do Direito. Não de qualquer direito, mas sim daquele comprometido com o reconhecimento das diferenças, com a justiça social, com a dignidade humana e com uma cidadania efetiva, não se restringindo, portanto, apenas aos direitos políticos e individuais, mas englobando os direitos coletivos e difusos.

3.1.2   A fase instrumentalista do Direito Processual

A fase metodológica da evolução do Direito Processual, denominada por Dinamarco de instrumentalista, incorpora os movimentos pela efetividade do processo e por acesso à Justiça e busca ser eminentemente crítica.[12] É ela uma decorrência das alterações introduzidas no Direito pelo Estado Contemporâneo, considerando em especial a sua função social.

Considera Dinamarco, em seu livro tese intitulado *A instrumentalidade do processo*, que "é a instrumentalidade o núcleo e a síntese dos movimentos pelo aprimoramento do sistema processual".[13] Para ele, a instrumentalidade é, consciente ou inconscientemente, tomada como premissa por aqueles que defendem o alargamento das vias de acesso ao Judiciário e a eliminação das diferenças de oportunidades existentes em razão das diversas situações econômicas e sociais das partes no processo.

Também nos estudos e propostas que defendem a inafastabilidade do controle jurisdicional e a busca da efetividade do processo; nas preocupações pela garantia da ampla defesa e pela igualdade em qualquer processo, pelo aumento da participação do juiz na instrução da causa e por sua liberdade na apreciação das provas e fatos trazidos na instrução do processo. Ainda segundo esse mesmo autor:

> [...] é justamente a instrumentalidade que vale de suficiente justificação lógico-jurídica para essa indispensável dinâmica do sistema [interpretação/ adequação] e permeabilidade às pressões axiológicas exteriores: tivesse ele seus próprios objetivos e justificação autossuficiente, razão inexistiria, ou fundamento, para pô-lo à mercê das mutações políticas, constitucionais, sociais, econômicas e jurídico-substanciais da sociedade.[14]

---

[12]   DINAMARCO, Cândido R. *A instrumentalidade do processo*. São Paulo: RT, 1987. É fundamentalmente com base nessa obra que está construído este tópico do presente capítulo.

[13]   *Idem, ibidem*, p. 23.

[14]   *Idem, ibidem*, p. 23.

Compreende-se hoje que o Direito Processual, além de ser instrumento de garantia dos já tradicionais direitos individuais, é também instrumento de garantia dos direitos coletivos, difusos e individuais homogêneos, sem o que não cumpre sua função social. Para que ele possa ser efetivo nessa sua tarefa, deve possuir a capacidade de realizar os objetivos que o legitimam no contexto social, político, econômico e jurídico.[15]

Todo direito possui, em última instância, a finalidade de garantir o projeto político de uma determinada sociedade. A jurisdição, como manifestação do poder do Estado, tem no processo o instrumento de concretização desse escopo maior. Nesse sentido, "é imprescindível encarar o processo, que é instrumento estatal, como algo de que o Estado se serve para a consecução dos objetivos políticos que se situam por detrás da própria lei".[16]

Por isso não é ele apenas um instrumento técnico. Tem-se destacado repetidamente o seu conteúdo ético, como instrumento que permite à jurisdição a realização de seus escopos sociais e políticos. Esses, para que sejam legítimos, necessitam representar as mais verdadeiras aspirações da sociedade.

É necessário, contudo, que se diferenciem dois níveis de instrumentalidade:

a)   a do processo, enquanto instituto do Direito Processual; e

b)   a do próprio sistema processual.

O primeiro deles já é clássico na teoria jurídica. Trata-se aqui de destacar o segundo desses níveis. Dinamarco diferencia a instrumentalidade do sistema processual em seus sentidos negativo e positivo.[17]

Em seu endereçamento negativo, tem ela a função de alertar para as limitações funcionais do próprio sistema processual. É a visão da instrumentalidade como fator limitativo da importância do próprio sistema processual; "uma tomada de consciência de que ele não é fim em si mesmo e portanto suas regras não têm valor absoluto que sobrepuje as do direito substancial e as exigências sociais de pacificação de conflitos e conflitantes".[18]

Nesse sentido, Pontes de Miranda, para quem "na interpretação mesma da regra de Direito Processual não se deve adotar a que lhe atribua dificultar

---

[15]   *Idem, ibidem*, p. 379.

[16]   *Idem, ibidem*, p. 235.

[17]   *Idem, ibidem*.

[18]   *Idem, ibidem*, p. 379.

ou diminuir eficácia das regras de direito material, como se ela criasse óbice ou empecilho à prestação de direito material".[19]

Segundo Galeno Lacerda, "a lei que rege a forma deve ser interpretada em função de seu fim", devendo o processo servir "como instrumento à justiça humana e concreta, a que se reduz, na verdade, sua única e fundamental razão de ser".[20]

No que se refere ao seu endereçamento positivo, a instrumentalidade conduz à ideia de efetividade do processo, vista essa como a capacidade de atingir plenamente os escopos que o legitimam, em todos os níveis: "o empenho em operacionalizar o sistema, buscando extrair dele todo o proveito que ele seja potencialmente apto a proporcionar, sem deixar resíduos de insatisfação por eliminar e sem se satisfazer com soluções que não sejam jurídica e socialmente legítimas".[21]

De um lado, tem-se, então, o aspecto negativo da instrumentalidade do sistema processual, destacada como fator de contenção de distorções e exageros, de sacralização das formas e burocratização dos ritos. De outro, o aspecto positivo, voltado à questão de sua efetividade, "expressão resumida da ideia de que o processo deve ser apto a cumprir integralmente toda a sua função sociopolítico-jurídica, atingindo em toda a plenitude todos os seus escopos institucionais".[22]

Para que se possa tratar seriamente da questão da instrumentalidade, é então necessário ter claros os objetivos do sistema processual. O Direito Processual é parte de um conjunto maior, que é o sistema jurídico estatal. Como tal, são os escopos do Estado nos quais está inserido que lhe dão sentido.[23]

A efetividade do processo, portanto, pressupõe a existência de um sistema capaz de eliminar concretamente, com justiça, as insatisfações e os conflitos, fazendo cumprir o Direito. O processo apenas é realmente efetivo quando possui aptidão para alcançar os escopos sociais e políticos da jurisdição.

---

[19] PONTES DE MIRANDA, Francisco Cavalcanti. *Comentários ao Código de Processo Civil.* Rio de Janeiro: Forense, 1995. v. I, p. 69.

[20] LACERDA, Galeno. O código e o formalismo processual. *Revista da Ajuris,* Porto Alegre: Ajuris, v. X, n. 28, p. 8 e 10, jul. 1983.

[21] DINAMARCO. *Op. cit.,* p. 379.

[22] *Idem, ibidem,* p. 385. Destaque do autor.

[23] No caso específico brasileiro, eles estão claramente estabelecidos na Constituição Federal, em especial nos arts. 1º e 2º.

Se no aspecto técnico-dogmático o Direito Processual já atingiu níveis bastante expressivos de desenvolvimento, o sistema permanece insuficiente na missão de produzir a pacificação social. Tornou-se necessário enxergar o processo a partir de seu ângulo externo, analisando-o em seus resultados. Não basta mais encarar o sistema processual apenas do ponto de vista dos operadores jurídicos; é necessário levar em consideração o modo como os resultados chegam aos seus destinatários.

Para a emergência dessa nova fase, foi de grande relevância o surgimento do interesse pelo estudo das grandes matrizes constitucionais do sistema processual. O estudo das relações entre Constituição e Processo abriu caminho para o alargamento dos conceitos e estruturas e para a superação do confinamento de cada um dos ramos do Direito Processual, abrindo espaço para o desenvolvimento da Teoria do Processo e para a crítica sociopolítica do sistema processual.

Tem-se, nessa fase, o reconhecimento dos matizes ideológicos do sistema processual[24] e a consciência de que, sem uma mudança de mentalidade em relação a ele, não se viabilizará a efetividade do processo como meio de acesso à Justiça. Ganham espaço, nesse contexto, os elementos axiológicos, em especial o denominado aspecto ético do processo.

Essa negação de que o sistema processual possua natureza e objetivos puramente técnicos traz em si, segundo Dinamarco, a afirmação de sua permeabilidade aos valores tutelados na ordem político-constitucional e jurídico-material e o reconhecimento de sua inserção no universo axiológico da sociedade a que se destina.[25]

Salienta o mesmo autor que nessa fase o processualista sensível aos grandes problemas jurídicos, sociais e políticos contemporâneos, e interessado em obter soluções adequadas para eles, já tem consciência de que os conceitos inerentes ao seu objeto de estudo atingiram níveis mais do que satisfatórios, não se justificando mais a clássica postura metafísica, consistente em investigações conceituais destituídas de endereçamento teleológico.[26]

Os movimentos por acesso à Justiça e pela efetividade do processo, que compõem essa fase, só foram possíveis devido às mudanças políticas ocorridas no século XX, em especial as que se referem às concepções sobre o Estado e suas funções no mundo contemporâneo.

---

[24] Sobre o tema, ver: CAPPELLETTI, Mauro. *Proceso, ideologias, sociedad*. Buenos Aires: Europa-América, 1974.

[25] DINAMARCO. *Op. cit.*

[26] *Idem, ibidem.*

3.1.3 Acesso à Justiça e processo no Estado Contemporâneo

O acesso à Justiça não se esgota no acesso ao Judiciário. É necessário, portanto, ter o cuidado de não reduzi-lo à criação de mecanismos processuais, e seus problemas, aos existentes nesse âmbito. O acesso à Justiça representa mais do que o ingresso no processo e o acesso aos meios que ele oferece.[27]

De outro lado, também não se pode prescindir do seu viés processual e, consequentemente, de sua análise. Segundo Watanabe, o direito de acesso à Justiça é também direito de acesso a uma justiça adequadamente organizada, e o acesso a ela deve ser assegurado por instrumentos processuais aptos à efetiva realização do Direito.[28-29]

Os demais direitos, em última instância, dependem desse instrumento de proteção e garantia da ordem jurídica. Sem ele, a cidadania se vê castrada, impotente. Há aqueles conflitos que podem e devem ser solucionados por meio de instrumentos paraestatais ou privados. No entanto, é fundamental perceber que o Estado, sem o processo e a jurisdição, seria uma instituição política desprovida de instrumentos legítimos, por meio do quais possa exercitar seu poder, em última instância, na busca da pacificação social.

É dentro desse contexto que o acesso à Justiça toma corpo como preocupação dos processualistas. A sua inclusão na temática processual é relativamente recente, devendo-se, sem dúvida, a Mauro Cappelletti a universalização dessa visão:

> O enfoque sobre o acesso – o modo pelo qual os direitos se tornam efetivos – também caracteriza crescentemente o estudo do moderno processo civil. [...] O "acesso" não é apenas um direito social fundamental, crescentemente reconhecido; ele é, também, necessariamente, o ponto central da moderna

---

[27] Segundo Kazuo Watanabe (Acesso à justiça e sociedade moderna. In: GRINOVER, Ada Pellegrini *et al.* (Coord.). *Participação e processo*. São Paulo: RT, 1988. p. 135), "A problemática do acesso à Justiça não pode ser estudada nos acanhados limites do acesso aos órgãos judiciais já existentes. Não se trata apenas de possibilitar o acesso à Justiça enquanto instituição estatal, e sim de viabilizar o *acesso à ordem jurídica justa*".

[28] WATANABE. *Op. cit.*

[29] Em outras palavras, não [se] terá acesso à "ordem jurídica justa" nos casos em que, sem o processo não [se] possa chegar até ela. Nessa visão instrumentalista, que relativiza o binômio direito-processo e procura ver o instrumento pela ótica da tarefa que lhe compete, sente-se o grande dano substancial ocasionado às pessoas que, necessitando dela, acabem, no entanto, ficando privadas da tutela jurisdicional (DINAMARCO. *Op. cit.*, p. 405).

processualística. Seu estudo pressupõe um alargamento e aprofundamento dos objetivos e métodos da moderna ciência jurídica.[30]

De fato, o direito ao acesso efetivo tem sido progressivamente reconhecido como de importância capital, uma vez que a titularidade de direitos é destituída de sentido, na ausência de mecanismos para sua efetiva reivindicação. "O acesso à justiça pode, portanto, ser encarado como o requisito fundamental – o mais básico entre os direitos fundamentais – de um sistema jurídico moderno e igualitário que pretenda garantir, e não apenas proclamar, os direitos de todos."[31]

Assim, adotando-se uma visão instrumentalista do Direito Processual, pode-se afirmar que todas as suas normas devem ser criadas, interpretadas e aplicadas sob o prisma da efetividade e do acesso à Justiça, para que a jurisdição possa atingir seus escopos dentro do Estado Contemporâneo.[32]

Segundo Marinoni, "o acesso à justiça é o 'tema-ponte' a interligar o processo civil com a justiça-social", objetivo maior do Estado Contemporâneo.[33] O acesso à Justiça deve ser visto, desse modo, como princípio norteador desse Estado. Para isso, o Direito Processual deve buscar a superação das desigualdades que impedem o acesso, bem como a participação, por meio do próprio processo na gestão do Estado e na concretização da democracia e da justiça social; e a jurisdição deve ser capaz de realizar, de forma efetiva, todos os seus objetivos.

3.2 PRINCIPAIS ENTRAVES QUE SE COLOCAM AO EFETIVO ACESSO À JUSTIÇA

Tratar-se-á agora, nas páginas que seguem, dos principais entraves ao acesso à Justiça, divididos, para fins didáticos, em dois grupos: no primeiro

---

[30] CAPPELLETTI, Mauro; GARTH, Bryan. *Acesso à justiça*. Porto Alegre: Fabris, 1988. p. 11-13.

[31] *Idem, ibidem*, p. 12.

[32] Todos os obstáculos à efetiva realização do Direito devem ser corretamente enfrentados, também na área da Ciência Processual, para a reformulação de institutos e categorias processuais e concepção de novas alternativas e novas técnicas de solução dos conflitos. [...] Assim concebida a Justiça, como instituição com plena adequação às realidades sociais do País e em condições de realização da ordem jurídica justa, o acesso a ela deve ser possibilitado a todos, e os obstáculos que surjam, de natureza econômica, social ou cultural, devem ser devidamente removidos (WATANABE. *Op. cit.*, p. 135).

[33] MARINONI. *Op. cit.*, p. 22.

serão listados e analisados os entraves não jurídicos e, no segundo, os entraves propriamente jurídicos, em especial os de ordem processual.

3.2.1 Entraves não jurídicos

Como entraves não jurídicos são listados aqueles de ordem política, econômica, social, cultural e psicológica que impedem ou dificultam o pleno acesso à Justiça. A sua superação depende de políticas públicas adequadas e não de meras reformas processuais.

3.2.1.1 *Pobreza*

O primeiro grande problema sempre apontado pela teoria, como entrave ao efetivo acesso à Justiça, é a carência de recursos econômicos por grande parte da população, diante dos gastos que implicam uma demanda judicial. É importante considerar essa realidade nacional.

O acesso à Justiça no Brasil, bem como em outros países, embora direito constitucional inafastável, não é barato. Diante da realidade social do País, questiona-se se poderão esses brasileiros, que não percebem o suficiente à sua mantença com dignidade, custear um processo judicial. Esse é, por certo, o mais grave entrave ao efetivo direito de acesso à Justiça. Agrava-o, ainda mais, o fato de o princípio constitucional da igualdade ser aplicado diretamente entre as partes em sua leitura preponderantemente formal, não se dando a importância desejada às diferenças sociais, econômicas e culturais existentes.

O sistema jurídico-processual brasileiro, estruturado em grande parte sobre os princípios da igualdade (formal) e dispositivo, em muitos momentos esquece que, sem a igualdade material, há poucas possibilidades de uma decisão verdadeiramente justa. Seria necessária, segundo Cappelletti e Garth, uma completa igualdade de armas.[34] No entanto, essa igualdade material é apenas utópica, pois dificilmente as diferenças entre as partes serão totalmente suprimidas.

É preciso ter em conta que não basta garantir ao ser humano o atributo da liberdade. Há um imperativo maior: a própria condição de usufruir dessa liberdade – a posse de condições socioeconômico-culturais capazes de torná-lo cidadão. O discurso jurídico liberal-legal, em diversos momentos, cala essa premissa fundamental.

---

[34] CAPPELLETTI; GARTH. *Op. cit.*, p. 15.

Tem-se então uma desigualdade socioeconômica que gera, em termos de acesso à Justiça, dois problemas:

a) a dificuldade de acesso ao Direito e ao Judiciário, considerando-se a falta de condições materiais de grande parte da população para fazer frente aos gastos oriundos de uma demanda judicial; e

b) mesmo havendo esse acesso, a desigualdade material, em contraste com a igualdade formal prevista no ordenamento jurídico, acaba por colocar o sujeito mais pobre em situação de desvantagem no desenvolvimento do processo.

Assim, imprescindível faz-se a superação da injustiça social reinante no Brasil, não apenas por uma política social, econômica e educacional séria e que leve em consideração a realidade brasileira, mas também pela criação de instrumentos jurídico-processuais que realmente efetivem os direitos já formalmente reconhecidos.

A não efetividade desses direitos leva ao que Watanabe chama de litigiosidade contida. Ela é o conjunto dos "conflitos que ficam completamente sem solução, muitas vezes até pela renúncia total do direito pelo prejudicado".[35] Esse fenômeno é inegavelmente muito perigoso para a manutenção da estabilidade e da paz sociais, bem como da própria ordem estatal.

3.2.1.2   *Ausência de informação*

Outro aspecto relevante a ser considerado, quando se trata da problemática do acesso à Justiça, diz respeito ao próprio conhecimento de seus direitos por parte do cidadão e da sociedade.

Segundo Watanabe, "a efetiva igualdade supõe, antes de mais nada, um nivelamento cultural, através da *informação* e *orientação*, que permita o pleno conhecimento da existência de um direito".[36] Para Marinoni, "a democratização da justiça, na verdade, deve passar pela democratização do ensino e da cultura, e mesmo pela democratização da própria linguagem, como instrumento de intercâmbio de ideias e informações".[37]

As pesquisas efetuadas no País sobre essa temática demonstram um nível de desinformação muito grande com relação à legislação vigente, sendo que

---

[35]   WATANABE. *Op. cit.*, p. 27.
[36]   *Idem, ibidem*, p. 163. Destaque do autor.
[37]   MARINONI. *Op. cit.*, p. 48.

muitas pessoas simplesmente desconhecem seus direitos mais elementares. Do mesmo modo, desconhecem por completo os instrumentos processuais existentes para garantir esses direitos.

Assim, no âmbito do direito à informação,[38] há pelo menos três elementos a serem considerados:

a)   o sistema educacional;

b)   os meios de comunicação; e

c)   a quase inexistência de instituições responsáveis pela prestação da orientação para os direitos (assistência jurídica preventiva e extrajudicial).

A educação brasileira, embora tenha passado por um processo de expansão quantitativo, ainda padece de sérios problemas qualitativos. Os baixos salários pagos aos professores têm afastado da sala de aula a qualidade. Os baixos investimentos, tanto do poder público como da iniciativa privada, em pesquisa e extensão, têm contribuído para piorar esse quadro. Há milhares de crianças fora das escolas, grande parte vivendo abandonada nas ruas das grandes cidades do País.

Soma-se a isso o problema do analfabetismo, tanto formal quanto funcional.

O sistema educacional, numa sociedade complexa e difusa como se apresenta a sociedade contemporânea, tem duplo papel no que se refere ao acesso à Justiça.

Em primeiro lugar, tem função de identificar e divulgar quais são os direitos fundamentais desses sujeitos de direito e quais os instrumentos adequados para a sua efetiva garantia.

Em segundo lugar, o sistema educacional é responsável pela formação cidadã, conforme preceitua a Constituição Federal, em seu art. 205, ao esta-

---

[38]   Paulo Cezar Pinheiro Carneiro (*Acesso à justiça:* juizados especiais cíveis e ação civil pública. 2. ed. rev. e atual. Rio de Janeiro: Forense, 2000, p. 58), "Esse dado, o direito à informação, como elemento essencial para garantir o acesso à justiça em países em desenvolvimento como o nosso, é tão importante como o de ter um advogado, um defensor, que esteja à disposição daqueles necessitados que, conhecedores dos seus direitos, querem exercê-los. Trata-se de pessoas que não têm condições sequer de ser partes – os 'não-partes' são pessoas absolutamente marginalizadas da sociedade, porque não sabem nem mesmo os direitos de que dispõem ou de como exercê-los; constituem o grande contingente de nosso país".

belecer que a educação deva buscar "[...] pleno desenvolvimento da pessoa, seu preparo para o exercício da cidadania e sua qualificação para o trabalho". A educação para a cidadania passa pelo conhecimento de seus direitos e pela consciência dos direitos dos outros, cuja violação desencadeará o uso dos mecanismos estatais de solução de conflitos, incluindo a força legítima. Apesar dos avanços e preocupações com o sistema educacional nos últimos anos, ainda se está muito longe de atingir esses objetivos.

No que tange aos meios de comunicação, a televisão é ainda o instrumento mais ágil e que atinge a maior parte da população. Entretanto, a televisão pouco tem feito para melhorar a educação no País: basta observar a programação dos canais abertos que integram as principais redes nacionais.

A terceira questão, referente ao acesso à informação, é a da inexistência ou insuficiência das instituições oficiais responsáveis pela orientação para os direitos.[39] Como visto, o acesso à Justiça pressupõe o conhecimento, por parte do cidadão, dos seus direitos. Sem a existência de instituições que possam ser consultadas pela população, sempre que houver dúvidas jurídicas sobre determinadas situações de fato, a possibilidade de plena efetividade do direito se torna acanhada.[40]

3.2.1.3   *Fatores simbólicos*

Sob a denominação fatores simbólicos engloba-se o conjunto de fatores axiológicos, psicológicos e ideológicos que afastam da Justiça (por medo,

---

[39]   Segundo o que dispõe o art. 134 da Constituição Federal, essa é uma das funções da Defensoria Pública.

[40]   É correto afirmar que os cursos de Direito, por meio de seus Núcleos de Prática Jurídica, auxiliam a minorar esse problema, oferecendo à população não apenas atendimento preventivo, como também jurisdicional, nos casos em que a garantia do direito do cidadão somente far-se-á por meio de uma ação judicial. Ocorre, contudo, que esse serviço é limitado a um restrito número de casos, uma vez que quem presta o serviço são alunos dos últimos anos desses cursos, contando apenas com a infraestrutura, física e humana, disponibilizada pelas instituições de ensino superior, muito limitada na grande maioria dos casos. De outro lado, grande parte da população nem sequer sabe que as instituições de ensino superior que mantêm cursos de Direito prestam esse serviço, e os que sabem muitas vezes não conseguem ser atendidos prontamente, precisando aguardar semanas por uma consulta. Por último, esse serviço apenas existe em um percentual pequeno de cidades: aquelas que possuem curso ou cursos de Direito instalado(s).
O CPC de 2015 reconhece expressamente as atividades dos NPJs como atividades equiparadas às das Defensorias Públicas, ao atribuir-lhes os mesmos prazos, conforme o art. 185, § 3º.

insegurança, sentimento de inferioridade etc.) uma considerável parcela da sociedade brasileira.

Exemplo disso é a tradição cultural que, colocando o magistrado como um ser superior, distancia o povo simples da busca da Justiça. Ele, regra geral, vê o Poder Judiciário como um objeto distante, inacessível, que não pertence à sua realidade. Embora em menor grau, o mesmo ocorre com relação à própria figura do advogado. Marinoni chega a ressaltar que "os mais humildes sempre temem represálias quando pensam em recorrer à justiça. Temem sanções até mesmo da parte adversária".[41]

Os fatores simbólicos são, por certo, majorados e amplamente influenciados pela falta de informação e assistência que acomete grande parte da população, não apenas brasileira, mas mundial.

O sentimento de impotência em face das contínuas violações dos direitos humanos, até mesmo pelo poder estatal e policial, a quem caberia a proteção aos direitos e garantias fundamentais dos cidadãos, da segurança e ordem social, e da paz, somente faz aumentar o medo e receio da gente simples na Justiça. Afinal, o que esperar de um Estado, muitas vezes mais comprometido com questões corporativas e sistemas de corrupção e nepotismo do que com a efetivação de sua função social.

A imprensa, nacional ou estrangeira, também não contribui para afastar esse fantasma. Muitos dos fatos amplamente noticiados referem-se à imposição da força pelo mais forte, ao uso da violência indiscriminada por quem conduz a bandeira da paz, do respeito à democracia e aos direitos humanos, sem falar na coação e repressão generalizada aos discordantes, descontentes, ou apenas críticos da ideologia dominante.

Nesse contexto, falar em Justiça ao pobre analfabeto, mas que vez ou outra vê televisão e conhece a realidade da favela onde mora, muitas vezes composta por regras e códigos de condutas outros e paraestatais, pode ser utópico.

A Justiça que ele conhece vem das ruas, do chefe do narcotráfico local, da polícia de choque, daquele que impunha uma arma. E desmitificar essa realidade implica construir outra, na qual o estado realmente seja capaz de fazer Justiça.

3.2.2   Entraves jurídicos

Nessa classificação estão incluídos os entraves que se encontram especificamente, ou de forma preponderante, no campo do Direito, em especial no Direito Processual.

---

[41]   MARINONI. *Op. cit.*, p. 37.

3.2.2.1 Custas e despesas processuais

As custas processuais são os valores pagos ao Estado pelos serviços processuais, conforme as tabelas definidas na forma legalmente prevista. São os encargos definidos pelo Estado para o ingresso em juízo e a tramitação do processo.

Há também os *emolumentos,* que são os encargos despendidos junto aos cartórios judiciais e extrajudiciais para a obtenção de cartas de sentença, fotocópias de peças, autenticações de documentos, emissões de certidões e reconhecimentos de firmas, entre outros.[42]

Além das custas e emolumentos, há também as *demais despesas* necessárias ao pleno e adequado acesso à Justiça, tais como as realizadas com perícias, produção de documentos e provas. A elas se somam ainda os *honorários advocatícios,* cobrados segundo a tabela da OAB.

Esse conjunto de despesas dificulta o acesso à Justiça, em especial pelas camadas mais carentes da população. Há mesmo situações em que impede esse acesso, quando seus valores são acima daquilo que é proporcional ao valor da demanda. Esquece-se que a garantia principal é a do acesso e que as despesas processuais não podem funcionar como um instrumento a impedi-lo.

Pesquisa realizada pelo CNJ mostrou também uma grande diferença entre os valores das custas nos diversos Estados-Membros da Federação.[43] Curiosamente é nos estados mais pobres que são cobradas as custas mais altas; nesse sentido a sistemática de fixação das custas em alguns estados reproduz as desigualdades sociais.

A mesma pesquisa constatou que o valor das custas cobradas pela Justiça brasileira nos recursos é relativamente baixo se comparado com outros países. Nesse caso, o valor das custas age em sentido contrário, estimulando os recursos procrastinatórios e dessa forma aumentando, de um lado, o tempo de duração do processo e, de outro, a carga de trabalho dos tribunais.

Problema que também pode ser apontado relativamente às custas é a inexistência de um valor teto para elas. Isso faz com que não exista um limite de custas. Dessa forma, ações com valores muito expressivos, por possuírem igualmente custas expressivas, muitas vezes impedem ou dificultam que o

---

[42]   O art. 789-B da CLT, incluído pela Lei nº 10.537/2002, contém uma lista de emolumentos, permitindo a sua identificação e diferenciação em relação às custas.

[43]   Conforme: Custas processuais penalizam os mais pobres. Disponível em: <http://www.cnj.jus.br/index.php?option=com_content&view=article&id=12330:custas--processuais-penalizam-os-mais-pobres&catid=1:notas&Itemid=675>.

conflito seja levado a juízo. Também nesse contexto deve-se colocar a questão da adoção de uma política regressiva na cobrança de custas. Essa estratégia, se de um lado reduz as custas dos processos que envolvem valores muito elevados, de outro pune aqueles que possuem demandas de valores menores com um percentual mais elevado de encargos.

Nessa matéria, alguns encaminhamentos que merecem ser efetuados são:

a) a definição, por lei federal, de critérios nacionais para o cálculo das custas. Mas isso apenas pode ser realizado relativamente às normas gerais, tendo em vista que a competência legislativa nessa matéria é concorrente, sendo necessário respeitar também o direito de legislar dos Estados-Membros, em cumprimento ao que estabelece o art. 24 da Constituição Federal, inc. IV e § 1º;

b) relativamente ao aumento dos valores das custas para os recursos, pode ele ocorrer desde que dentro de limites que não cerceiem o acesso nem promovam uma elitização da Justiça. Nesse tema pode ser mais adequado a adoção de medidas mais duras e eficazes para a litigância de má-fé;

c) a utilização de sanções premiais, reduzindo as custas nos processos em que houver a conciliação e a construção de acordos pelas partes; e

d) a adoção de um percentual único de custas, com teto máximo absoluto acima de um determinado valor. Entretanto, esse teto terá de ser suficientemente alto para inibir ações aventureiras, que poderiam passar a ser propostas se os riscos estivessem demasiadamente minimizados.

A realidade é que a nossa Justiça é cara se considerarmos a realidade de nosso País. É cara para quem necessita ingressar em juízo e é cara para o Estado que a mantém.

3.2.2.2 Necessidade de advogado e insuficiência ou inexistência de Defensoria Pública

Outro ponto importante no que diz respeito ao acesso à Justiça é o da exigência da presença de advogado em todo e qualquer processo, em especial considerando o que dispõe o art. 133 da Constituição Federal: "O advogado é indispensável à administração da justiça, sendo inviolável por seus atos e manifestações no exercício da profissão, nos limites da lei".

Essa questão tem pelo menos quatro elementos a serem considerados:

a) o primeiro diz respeito à impossibilidade econômica de que a maioria da população pague um advogado. Sobre isso nada mais precisa ser dito em face dos dados já reproduzidos;

b) o segundo liga-se à existência precária, ou mesmo inexistência, da Defensoria Pública em grande parte do Brasil;

c) o terceiro refere-se à qualidade dos profissionais do Direito. O efetivo acesso à Justiça passa necessariamente pelo assessoramento de um bom profissional e não apenas pelo acompanhamento formal de um advogado; e

d) o quarto diz respeito à questão técnica, ou seja, qual a real necessidade da presença do advogado em toda e qualquer atividade jurisdicional, e mesmo algumas extrajudiciais?

Frente a essa situação, há dois caminhos complementares ou alternativos a seguir:

a) dispensar a presença de advogados em determinadas demandas, nas quais a pouca complexidade pode permitir que as próprias partes encaminhem o conflito para solução, como já ocorre nos juizados especiais; e

b) implementar, de forma efetiva, as Defensorias Públicas em todos os Estados e Municípios do País, garantindo àqueles que não possam pagar um advogado uma assessoria jurídica qualificada.

No capítulo específico sobre as funções essenciais à Justiça, no qual serão estudados o Ministério Público, a Advocacia e a Defensoria Pública, essa questão será devidamente aprofundada.

3.2.2.3 *Ausência de assistência jurídica preventiva e extrajudicial*

Outro problema que se coloca ao efetivo acesso à Justiça é a quase completa inexistência, em alguns estados brasileiros, de instituições encarregadas de prestar assistência jurídica preventiva e extrajudicial.

Com relação à representação profissional junto à Administração Pública, esquece-se muitas vezes de que o processo administrativo é processo, embora não jurisdicional, e como tal também nele a parte tem o direito de ser acompanhada de um profissional preparado para orientá-la e defendê-la.

O sucateamento dos serviços públicos de atendimento à população carente, entre os quais as Defensorias Públicas, em muitos estados apenas formalmente existentes, mas sem recursos humanos, estrutura e verbas suficientes para seu adequado funcionamento, acaba por afastar da população financeiramente hipossuficiente o direito à orientação e à assistência jurídica preventiva e extrajudicial.

A plena implantação das Defensorias Públicas em todo o País, como referido anteriormente, seria a melhor forma de superar esse entrave.

3.2.2.4 Estrutura e funcionamento do Poder Judiciário

O Poder Judiciário possui alguns problemas estruturais e históricos que interferem diretamente na questão do acesso à Justiça. Entre eles se podem destacar:

a) a morosidade existente na prestação jurisdicional;[44]

b) a carência de recursos materiais e humanos;[45]

c) a ausência de autonomia efetiva em relação ao Executivo e ao Legislativo;[46]

d) a centralização geográfica de suas instalações, dificultando o acesso de quem mora nas periferias;[47]

e) o corporativismo de seus membros e a forma de ascensão na carreira;[48] e

---

[44] A Emenda Constitucional nº 45/2004 trouxe um conjunto de inovações visando a redução dos prazos dos processos, além de incluir entre os incisos do art. 5º princípio específico sobre a celeridade processual e o julgamento dentro de um prazo razoável. Entretanto, passados cinco anos, não se nota diferença palpável nessa matéria.

[45] Prédios muitas vezes pequenos ou inadequados, carência de servidores, ausência de informatização adequada, excesso de trabalho etc. A má remuneração também é apontada em alguns trabalhos sobre o tema; mas não parece ser esse um problema contemporâneo, haja vista o patamar dos salários existentes atualmente no Poder Judiciário.

[46] É o Executivo que arrecada e repassa os recursos, enquanto ao Legislativo cabe a aprovação do orçamento. Ao lado disso, uma parcela considerável dos membros dos tribunais é nomeada por esses poderes.

[47] Esse fato afeta, inclusive psicologicamente, as pessoas mais simples, que veem no Judiciário algo totalmente distanciado de sua realidade.

[48] A existência de um segundo grau de jurisdição, cuja composição o torna questionável enquanto instância imparcial é um problema do Judiciário. A vitaliciedade de seus membros e a nomeação de parte deles, ou até da totalidade, como no caso do Supremo Tribunal Federal, pelo Executivo e Legislativo, pode comprometer a sua independência política. Ao lado disso, a ascensão profissional por merecimento se faz exatamente por meio da vontade desses tribunais, colocando os juízes de primeiro

f)   a inexistência de instrumentos reais de controle externo por parte da sociedade.[49]

Ao lado disso, a falta de um conhecimento de melhor qualidade sobre o fenômeno jurídico[50] leva, em muitos casos, os magistrados a serem servos da expressão gramatical da lei. Isso gera a ausência de respostas – ou a presença de respostas insuficientes ou equivocadas –, por parte do Judiciário, a muitos dos conflitos existentes e emergentes. Como consequência, há uma tendência de descrença crescente da população com relação às instituições jurisdicionais e muitas vezes um questionamento do próprio Direito. A não consideração desse aspecto, somada à lentidão, burocratização e, em alguns casos, corrupção[51] e nepotismo, desemboca na crise do Poder Judiciário.

Prova disso é o que vem ocorrendo no Brasil com a criação de uma justiça paralela, inoficial, na qual as camadas mais pobres da população buscam a solução de seus problemas. Exemplos são as justiças das favelas e de movimentos sociais, como o MST, nas quais há normas e procedimentos próprios, à margem do ordenamento jurídico estatal.

Mas ainda pior do que isso é o surgimento e o crescimento de outra justiça inoficial, paralela à estatal, constituída pelo narcotráfico e pelos justiceiros e esquadrões da morte. A presença desses aparatos paraestatais parece demonstrar a insuficiência dos instrumentos jurídicos formais para concretizar o ideal de justiça prometido pelo Estado.

Isso não significa, no entanto, que se deva culpar a magistratura por todos os problemas do Judiciário. Como destaca Teixeira: "Os magistrados não são robôs, mas seres humanos, com virtudes e limitações. Se a máquina

---

grau, em determinados momentos, na condição de seguirem a orientação das cortes de segundo grau para poderem fazer carreira, pondo em risco a independência jurídica dos juízes. O "desempenho", introduzido pela Emenda Constitucional nº 45/2004 como um dos critérios para a promoção por merecimento (CF, art. 93, inc. II, alínea "c") é extremamente subjetivo e coloca os juízes de primeiro grau na dependência das posições a serem adotadas pelos tribunais.

49   A criação em 2004 do Conselho Nacional de Justiça, pela Emenda Constitucional nº 45, resolve apenas em parte esse problema, pois na prática criou mais um órgão preponderantemente corporativo, sem efetiva participação da sociedade.

50   Retoma-se aqui o problema do ensino jurídico nacional, já colocado ao se tratar da qualificação profissional dos advogados brasileiros.

51   Há inúmeros casos envolvendo juízes de diversas instâncias e justiças amplamente divulgados pela imprensa nos últimos anos; há também os vários casos analisados pelo CNJ desde a sua instalação, com vários juízes afastados de suas funções por atos praticados no exercício na atividade jurisdicional.

e o modelo estão superados, não é no julgador, em princípio, que se haverá de imputar a responsabilidade".[52]

Em resumo, a burocratização do Poder Judiciário, os longos prazos que transcorrem entre o ingresso em juízo e o resultado final dos processos e a inadequação de muitas de suas decisões aos valores sociais fazem com que, em muitos momentos, haja uma série de questionamentos sobre a sua legitimidade. Isso afasta dele uma série de conflitos que passam a ser solucionados por vias alternativas, muitas das quais significam, na prática, o retorno à autotutela e à barbárie.

Sobre os problemas atinentes ao Poder Judiciário retornaremos em capítulo específico, na unidade sobre Constituição e Processo.

3.2.2.5 *Limitações na legitimidade para agir*

Questão fundamental a ser considerada quando se analisa o tema do acesso à Justiça é também a referente à legitimidade processual. O mundo contemporâneo se caracteriza pelo crescente reconhecimento dos direitos coletivos, difusos e individuais homogêneos.

Diante desse fenômeno, surge o problema de compatibilizar a estrutura do ordenamento jurídico pátrio, construído sobre o aporte teórico de proteção do indivíduo, como verdadeiro e único titular de direitos, com a necessidade de garantir e proteger os demais direitos de caráter não individual.

Numa reprodução dos valores clássicos do liberalismo do século XVIII, a noção de indivíduo que se transferiu para o mundo jurídico, como sujeito de direito, foi uma construção necessária, tendo em vista a primeira Revolução Industrial, que buscou proteger o recém-nascido cidadão. Com ela o homem deixou de pertencer à ordem universal, passando a ser visto como um ser livre para exercer sua racionalidade e sua vontade.[53]

Dessa concepção, cuja essência reside em fazer do indivíduo, considerado em si mesmo, a fonte e o fundamento da sociedade, do estado e do direito nasceu, além da ideia de sujeito de direito, a categorização da ação como um direito subjetivo e a consequente legitimidade para agir em função de interesses individuais. Destaca Arruda Alvim: "o perfil do processo civil, emergido

---

[52]   TEIXEIRA, Sálvio de Figueiredo. O aprimoramento do processo civil como garantia da cidadania. In: _____ (Coord.). *As garantias do cidadão na justiça.* São Paulo: Saraiva, 2003. p. 90.

[53]   AGUIAR, Roberto A. R. de. A crise da advocacia no Brasil. In: 13ª CONFERÊNCIA NACIONAL DA OAB. Belo Horizonte, 2000. *Anais...* Brasília: OAB, 2001.

do individualismo, traduziu-se em institutos jurídicos que consideravam o indivíduo, enquanto tal, agindo isoladamente".[54]

Essa concepção hoje é, contudo, absolutamente insuficiente para fazer frente aos novos direitos e interesses sociais, em especial os que possuem abrangência supraindividual (coletivos, difusos e individuais homogêneos). Segundo Dinamarco, "hoje, importa menos 'dar a cada um o que é seu', do que promover o bem de cada um através do bem comum da sociedade, tratando o indivíduo como membro desta e procurando a integração de todos no contexto social".[55]

Exemplo concreto das consequências que advêm dessa concepção é a limitação da legitimidade para propor a ação popular, destacada por Moniz de Aragão, para quem esse fato "revela acanhamento ante o que poderia proporcionar se admitido seu emprego por associações, pessoas jurídicas, partidos políticos".[56] Marinoni vai ainda mais longe no elenco das ações que deveriam ter ampliado o leque dos que possuem legitimidade ativa para movê-las, ao afirmar que:

> A ação popular [...] deveria ser aberta aos partidos políticos e entidades intermediárias. Não há mais razão, com efeito, para a restrição da ação ao cidadão. Por outro lado, se o partido político tem legitimidade para o mandado de segurança coletivo, não se entende porque não a tem à ação civil pública. A ação de inconstitucionalidade, por seu turno, poderia ter o seu rol de legitimados ampliado.[57]

Ao lado disso, há o fenômeno social emergente dos sujeitos coletivos de direito e dos sujeitos difusos (tutelas do meio ambiente, do patrimônio histórico etc.), figuras carecedoras de um adequado tratamento teórico e reconhecimento legislativo eficaz.

Relativamente a esse entrave, a melhor forma de eliminar seus gargalos é ampliar ao máximo possível os legitimados para propor ações que digam

---

[54] ARRUDA ALVIM. Anotações sobre as perplexidades e os caminhos do processo civil contemporâneo – sua evolução ao lado do direito material. In: TEIXEIRA, Sálvio de Figueiredo (Coord.). *As garantias do cidadão na justiça*. São Paulo: Saraiva, 2001. p. 174.

[55] DINAMARCO. *Op. cit.*, p. 389.

[56] ARAGÃO, Egas Dirceu Moniz de. O estado de direito e o direito de ação (a extensão do seu exercício). *Revista Brasileira de Direito Processual*, Rio de Janeiro: Forense, ano IV, n. 16, p. 78, 4º trim. 1978.

[57] MARINONI. *Op. cit.*, p. 122.

respeito aos direitos coletivos e individuais homogêneos e, em especial, aos direitos difusos. Também estender a legitimidade para a propositura da ação popular, incluindo os partidos políticos, os sindicatos e outras instituições sociais, como ONGs e associações comunitárias.

3.2.2.6   Inexistência ou ilegitimidade do Direito

Aspecto que também diz respeito ao acesso à Justiça refere-se à inexistência de normas jurídicas ou à sua existência defasada em relação à realidade social. Na primeira situação, embora o art. 4º da LINDB imponha ao juiz a obrigação de decidir,[58] mesmo havendo a lacuna no ordenamento jurídico, a inexistência da norma como elemento delineador do Direito é um óbice incontestável.

Na segunda hipótese, na qual há a lei, mas ela está em desacordo com os valores sociais, há a denominada lacuna axiológica.[59] Hermeneuticamente o art. 5º da LINDB também pode resolver esse problema.

No entanto, em ambas as situações a Justiça se torna mais subjetiva e dependente da vontade do magistrado. Além disso, cria um novo problema: qual a amplitude desse poder atribuído ao juiz, para decidir na ausência de norma jurídica aplicável?

Ao lado disso, o Estado brasileiro tem tido o hábito de praticar atos administrativos e criar legislações de discutível constitucionalidade, sobrecarregando o Judiciário com demandas que seriam desnecessárias se ele cumprisse seu próprio papel.[60]

Destaca Arruda Alvim que muitas das questões que vêm preocupando os juristas, especificamente no Direito Processual Civil, surgiram em decorrência de problemas ocorridos no direito material e nas modificações que nele

---

[58]   No mesmo sentido, o art. 140 do CPC de 2015.

[59]   Ocorre uma *lacuna axiológica* (também denominada ideológica ou política) quando há norma legal aplicável ao caso concreto, mas sua aplicação àquela situação específica leva a uma decisão injusta, que não está de acordo com os valores sociais. Conforme: RODRIGUES, Horácio Wanderlei. Direito com que direito? In: ARRUDA JR., Edmundo Lima de (Org.). *Lições de direito alternativo 2*. São Paulo: Acadêmica, 2001. p. 196.

[60]   Entre os muitos exemplos podem-se mencionar as questões do sistema financeiro da habitação, dos aposentados e pensionistas da previdência social, da criação de tributos como a Comissão Provisória sobre Movimentação Financeira (CPMF). Em matéria especificamente processual, destacam-se algumas proibições colocadas ao Judiciário para concessão de liminares contra atos do poder público.

foram introduzidas para superá-los. Salienta que "é insuficiente proteger no plano do direito material, se inexistirem formas de viabilizar essa proteção".[61] E essas formas são necessariamente processuais.

A solução desse entrave encontra-se muito mais no plano político do que no plano processual. No plano processual o que pode ser feito é preencher lacunas e adotar interpretações mais legítimas, utilizando-se dos diversos instrumentos da Hermenêutica Jurídica. Contudo, é no plano legislativo que se encontra efetivamente a solução, evitando a edição de leis ilegítimas ou inconstitucionais e editando as leis necessárias para a solução dos novos e emergentes conflitos da contemporaneidade.

3.2.2.7 *Duração dos feitos*

No contexto do direito de acesso à Justiça, uma questão assume hoje lugar de destaque: o tempo de duração do processo. O Estado Contemporâneo se caracteriza, em especial, pela sua função social[62] – seu objetivo é assegurar o bem comum, realizar a justiça social. E no exercício de sua atividade jurisdicional, esse escopo também se mantém. A demora na prestação jurisdicional é descumprimento da sua função social. Não há justiça social quando o Estado, por meio do Poder Judiciário, não consegue dar uma pronta e efetiva resposta às demandas que lhe são apresentadas.

Assim, cumpre ao ordenamento jurídico conter mecanismos para atender, da forma mais completa e eficiente, o pedido daquele que busca exercer seu direito à prestação jurisdicional. Para tanto, é preciso que o processo disponha de mecanismos aptos a realizar a devida prestação jurisdicional, qual seja, assegurar ao jurisdicionado de forma efetiva seu direito, dentro de um lapso temporal razoável. Além de efetiva, é imperioso que a decisão seja tempestiva.

O processo não apenas deve se preocupar em garantir a satisfação jurídica das partes, mas principalmente, para que essa resposta aos jurisdicionados seja justa, é imprescindível que se faça em um espaço de tempo compatível com a natureza do objeto litigado. Do contrário, torna-se utópica a tutela jurisdicional de qualquer direito.

Inegável é o fato de que, quanto mais distante da ocasião propícia for proferida a sentença, mais fraca e ilusória será sua eficácia e, em corolário, também mais frágil e utópico será o direito reconhecido.

---

[61]   ARRUDA ALVIM. *Op. cit.*, p. 180.
[62]   Nesse sentido: PASOLD. *Op. cit.*

É preciso ter em mente que a prestação jurisdicional, para que seja injusta, não requer, necessariamente, que esteja eivada de vícios, ou ter o juiz agido com dolo, fraude ou culpa quando da decisão. O não julgamento quando devido, ou o seu atraso demasiado, também constituem prestação jurisdicional deficiente e injusta.

Vencida a etapa de acesso ao Poder Judiciário, resta o não acesso pela denegação de Justiça, entendida como a ausência de mecanismos processuais capazes de garantir uma prestação jurisdicional efetiva – e ela só é efetiva quando o tempo para sua efetivação é compatível com o objeto e os objetivos da demanda.

As pessoas que precisam recorrer ao Poder Judiciário para resolver algum conflito muitas vezes deixam de fazê-lo tendo em vista que o tempo da tramitação processual, quando findo, não lhes irá conceder uma definição satisfatória. E esse problema não foi ainda atacado de forma efetiva, gerando descrença na eficácia da Justiça estatal.

A morosidade da Justiça, além de ofensa a direito fundamental do ser humano ao acesso à Justiça, aqui entendido como o direito à prestação da Justiça de maneira efetiva – justa, completa e eficiente, pronta e objetiva –, é causa de inúmeros outros ônus sociais, como os encargos contratuais, as dificuldades de financiamentos e investimentos e as lesões aos direitos do consumidor.

Isso porque os custos visíveis com as demandas judiciais, somados à descrença com a competência e seriedade de alguns órgãos jurisdicionais, afetam as transações comerciais ainda não atingidas por uma disputa jurisdicional, ao embutir nelas um custo pelo risco de uma possível demora, caso se faça necessária uma demanda judicial.

O texto original do CPC de 2015, em seus arts. 12 e 153, dispunha sobre a obrigatoriedade de sentenciarem-se os feitos sempre pela ordem cronológica de conclusão, de modo que haveria maior racionalização do tempo e isonomia entre as partes.

Entretanto, além de não ser possível tratar igualmente, e na mesma ordem cronológica processos que possuam níveis diversos de complexidade, a Lei nº 13.256/2016 alterou as referidas disposições antes mesmo de o CPC de 2015 entrar em vigor, fazendo com que o respeito às ordens cronológicas seja apenas *preferencial*, mas não obrigatório.

Na vida privada, a insegurança jurídica e os altos custos trazidos pela demora na prestação da Justiça representam contratos mais onerosos para as partes, recheados pela preocupação presente em se garantir o avençado com títulos executivos já convencionados e outras formas de execução extrajudicial.

A própria Lei de Arbitragem traduz-se em exemplo da necessidade de fuga dos cidadãos da prestação jurisdicional pelo Poder Judiciário, na maioria das vezes lenta e ineficaz.

O custo do processo não se limita às despesas e custas processuais e aos honorários advocatícios. Além delas, envolve despesas indiretas, oriundas da demora ou da simples ausência de resposta jurisdicional por anos, o que obriga o autor a substituir o bem ou negócio demandado por outro ao seu encargo, esperando que, ao final da demanda, seja indenizado por ter tido seu direito violado. Ou seja, a longa espera da decisão final implica muitas vezes uma demanda sem vencedores.[63]

A ausência de acesso à Justiça é, pois, mais grave, e vai além da simples dificuldade de acesso ao Poder Judiciário, para aqueles que não têm recursos para custear as despesas processuais. Não se resolve com o benefício da assistência jurídica gratuita aos comprovadamente carentes, a implantação da Defensoria Pública ou a isenção de taxas e custas processuais aos desassistidos, uma vez que a ausência de resposta efetiva e dentro de um lapso temporal razoável por parte do Poder Judiciário lhes causa outros danos, não satisfeitos pelas políticas assistencialistas hoje existentes.

Assim, visando garantir a defesa dos direitos do cidadão, faz-se mister que a tutela pretendida não se delongue no tempo, nem se perca com burocracias procedimentais. A tutela jurisdicional há de ser pronta e eficaz, para que seja justa. Também porque dela depende a efetivação de todos os demais direitos.

A obrigatoriedade da prestação jurisdicional em um prazo razoável é, hoje, direito positivado que não pode continuar sendo negado. Está expresso no inc. LXXVIII do art. 5º da Constituição Federal, incluído pela Emenda Constitucional nº 45: "a todos, no âmbito judicial e administrativo, são assegurados a razoável duração do processo e os meios que garantam a celeridade de sua tramitação".[64]

Entretanto, o cumprimento efetivo dos prazos pressupõe uma reestruturação do sistema processual e o adequado aparelhamento humano e material do Poder Judiciário. Sem isso, permanecerá apenas como uma mera promessa formal, como tantas outras.

Sobre esse tema, retornaremos no Capítulo dos Princípios Constitucionais do Processo, em item específico sobre a garantia constitucional da celeridade.

---

[63]   Cf. CAPPELLETTI e GARTH. *Op. cit.*, p. 105-106.
[64]   Desse dispositivo trataremos no Capítulo 1 da Unidade IV, neste mesmo volume.

3.2.2.8   Formalismo processual

Barbosa Moreira adverte que, a cada dia, os processualistas tomam consciência mais clara da função instrumental do processo e da necessidade de fazê-lo desempenhar de forma efetiva o papel que lhe toca.[65] É preciso, por certo, oferecer ao processo mecanismos que permitam o cumprimento de toda a sua missão institucional, evitando-se, com isso, que seja utilizado como instrumento de violação de direitos.

Os mecanismos hoje previstos para a garantia de direitos e resolução de conflitos, oriundos do aparato estatal da administração da Justiça, apontam para uma série de problemas de acesso, em especial para os setores de escassos recursos econômicos, que constituem a grande maioria da população.

Ao lado disso, muitos aspectos do não acesso à Justiça originam-se, como todos os problemas sociais, na ausência de uma educação para a cidadania. O desconhecimento de seus direitos, além da falta de informação sobre a forma de efetivação do direito de acesso, constituem, como demonstrado em item anterior, obstáculos concretos.

Contudo, vencidos esses entraves, o que resta é um acesso insuficiente devido à ausência de mecanismos processuais capazes de garantir uma prestação jurisdicional comprometida, pronta e eficaz.

A questão dos instrumentos processuais é fundamental quando se trata de acesso à Justiça. Como coloca José Joaquim Calmon de Passos, "o problema primeiro, no que diz respeito ao ordenamento jurídico, é menos o que formalmente ele se propõe a realizar, e muito mais o que ele instrumentaliza para assegurar sua efetividade".[66]

Nesse mesmo sentido são as palavras de Sálvio de Figueiredo Teixeira, preocupado com formalismos e atitudes protelatórias no âmbito do Processo Civil:

> É de convir-se [...] que somente procedimentos rápidos e eficazes têm o condão de realizar o verdadeiro escopo do processo. Daí a imprescindibilidade de um novo processo: ágil, seguro e moderno, sem as amarras fetichistas do passado e do presente, apto a servir de instrumento à reali-

---

[65]   BARBOSA MOREIRA, José Carlos. Tendências contemporâneas do Direito Processual civil. *Temas de direito processual*. 3ª série. São Paulo: Saraiva, 1984. p. 3.
Ver ainda do mesmo autor: Notas sobre o problema da "efetividade" do processo. *Ajuris*, Porto Alegre: Ajuris, n. 29, p. 77 e seguintes.

[66]   CALMON DE PASSOS, J. J. Democracia, participação e processo. In: GRINOVER, Ada Pellegrini *et al.* (Coord.). *Participação e processo*. São Paulo: RT, 1988. p. 84.

zação da justiça, à defesa da cidadania, a viabilizar a convivência humana e a própria arte de viver.[67]

Cabe então ressaltar algumas das questões pendentes de solução pelo ordenamento jurídico-processual brasileiro. Entre os principais problemas podem-se destacar:

a) a existência de recursos em cascata, procrastinando demasiadamente a resolução do conflito;

b) a estrutura dos procedimentos gerais previstos no CPC, que na prática não têm atingido suas finalidades;

c) a necessidade de simplificação da execução, transformando-a em mera fase processual (e não mais processo autônomo), bem como a adoção da execução plena das decisões de primeira instância; sem mecanismos efetivos de execução das decisões o processo não tem nenhuma efetividade, fica no mero dizer o direito;[68]

d) o tratamento inadequado dado, em determinadas situações, às tutelas de urgência; e

e) questões diversas, ligadas às exigências de formalidades excessivas, à forma de produção das provas e ao modo de efetivação das citações e intimações.

Contudo, provavelmente o principal problema do formalismo processual seja a cabeça formalista dos operadores do direito. Embora todos falem em instrumentalidade do processo e em acesso à Justiça, poucos agem de acordo com essas ideias em suas práticas profissionais. E não é por falta de possibilidades, amplamente disponibilizadas pela Hermenêutica Jurídica,[69] mesmo a mais tradicional.

3.3 CUSTOS SOCIAL, POLÍTICO, ECONÔMICO E EMOCIONAL DO INACESSO À JUSTIÇA

Quando pensamos em acesso à Justiça em sentido material e efetivo, e não apenas formal, isso implica haver resultados de sua ausência que atingem

---

[67] TEIXEIRA. *Op. cit.*, p. 92.

[68] A criação da figura do cumprimento de sentença trouxe avanços nessa matéria, mas não resolveu os problemas existentes.

[69] Sobre a Hermenêutica Jurídica e os métodos e instrumentos de interpretação e aplicação do direito, ver a Unidade V deste mesmo volume.

a todos indistintamente: os custos social, político, econômico e emocional do processo. Ao lado dos resultados que atingem diretamente a cada jurisdicionado, há aqueles que atingem a sociedade como um todo. E, por atingi-la no seu conjunto, não estão condicionados ao resultado de um ou alguns processos, de uma espécie ou categoria em especial.

Há o *custo social do processo*, pois a sociedade como um todo arca com as consequências da demora e da inefetividade do processo. As consequências do conjunto dos conflitos não resolvidos, das demandas emperradas na máquina do sistema judicial e da ausência de efetividade de grande parte das decisões atingem a todos, ou pelo menos grande parte dos jurisdicionados.

Como *custo político* pode-se verificar que a demora ou inexistência da prestação jurisdicional adequada age como forte elemento de deslegitimação do poder estatal, em especial aquele exercido pelo Poder Judiciário.

De outro lado, há o *custo econômico-social* decorrente dessa ausência ou inefetividade. Ela amplia as despesas do Estado, retirando recursos que poderiam ser aplicados em outras áreas. Também atinge as empresas e as pessoas físicas, que, privadas de valores envolvidos em disputas, excluem do mercado uma parcela de recursos que poderia gerar melhor circulação de dinheiro ou pelo menos sua melhor e mais justa distribuição.

Finalmente, gera um *custo emocional*, pois a indefinição por longos prazos, ou mesmo permanente, sobre quem tem direito atinge não apenas as pessoas envolvidas nos litígios, mas seus familiares e pessoas próximas. Dessa forma, o processo não funciona como mecanismo de pacificação social, mas de ampliação e perenização dos conflitos.

3.4 POSSÍVEIS ENCAMINHAMENTOS E SEUS LIMITES

Parte dos problemas enumerados pode ser resolvida ou minimizada mediante a adoção de instrumentos processuais adequados, ou da interpretação finalística e sistemática dos já existentes. No entanto, a efetivação de um real acesso à Justiça impõe uma revolução nos campos político, econômico e social.

Com relação à desigualdade socioeconômica, não se pode eliminá-la por meio do Direito, quer seja processual ou material, embora se possam criar mecanismos, principalmente no que se refere à assistência jurídica integral e gratuita e à organização do Poder Judiciário, que permitam o acesso dos necessitados. Assim, por meio de políticas públicas adequadas, é possível evitar que essa desigualdade impeça os mais carentes de terem acesso à

Justiça e sejam prejudicados em juízo em razão das diferenças materiais existentes entre as partes.

Tratando-se da questão referente ao Direito à informação, não é ela, ao que parece, uma situação que possa ser equacionada na esfera processual. Saliente-se, no entanto, que um sistema processual que funcione de forma efetiva pode auxiliar muito na conscientização dos indivíduos e da sociedade, no tocante aos seus direitos e à necessidade de pleiteá-los, inclusive em juízo.

Os problemas ligados à capacidade postulatória podem ser resolvidos por meio da efetiva criação e instalação de órgãos encarregados de prestá-la, a exemplo das Defensorias Públicas e dos Núcleos de Prática Jurídica dos cursos de Direito.[70] Ou, ainda, supletivamente, por meio dos advogados dativos, escolhidos pelas partes entre os profissionais liberais atuantes, mas efetivamente pagos pelo Estado, na impossibilidade de Defensoria Pública.[71] E essa questão é hoje absolutamente pertinente ao Direito Processual, tendo em vista ser o advogado indispensável à administração da Justiça.

Os problemas referentes à morosidade processual, à legitimidade para agir e à técnica processual são especificamente processuais, devendo sua solução ser buscada nesse âmbito. O mesmo refere-se às normas de organização do Poder Judiciário e às custas judiciais. Contudo, é importante salientar que uma mudança imperativa na estrutura e funcionamento do Poder Judiciário se faz imprescindível e precisa ir além das alterações cosméticas trazidas pela Emenda Constitucional nº 45/2004, devendo ser acompanhada de transformações sérias e efetivas em todo o sistema processual vigente.

Assim, visando garantir a defesa dos direitos do cidadão, faz-se necessário que a tutela pretendida não se *arraste* temporalmente, nem se perca com burocracias procedimentais. Tem-se aqui a conclusão mais importante que se pode vislumbrar a este respeito: o efetivo acesso à Justiça só existe, no plano processual e material, quando a tutela jurisdicional é pronta e adequada – sem isso não há Justiça, pois dela depende a efetivação de todos os demais direitos, quando desrespeitados.

---

[70]   O CPC de 2015 expressamente se refere a esses núcleos em seu art. 186, § 3º.

[71]   Conforme permite o § 1º do art. 22 do Estatuto da Advocacia e da OAB.

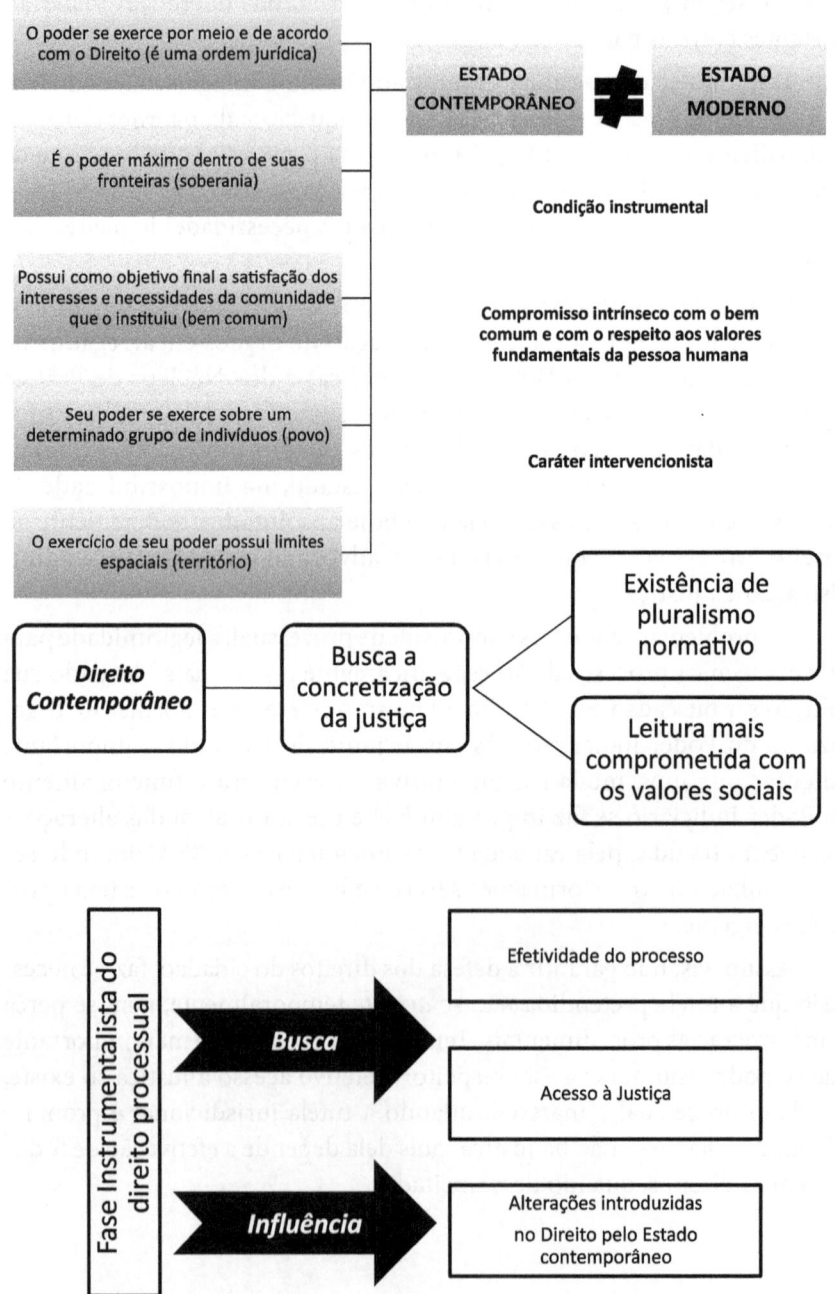

Acesso à Justiça → Direito humano fundamental → Não se limita à possibilidade de petição do Poder Judiciário

Direito a uma pronta e efetiva resposta (dentro de um prazo razoável) → Julgamento por um órgão imparcial → Respeito ao devido processo legal e demais garantias processuais e constitucionais

Direito Processual > Superação das desigualdades > Participação na gestão do Estado > Concretização da Democracia e Justiça Social

Principais entraves ao acesso à justiça

Não Jurídicos
- Pobreza
- Ausência de informação
- Fatores simbólicos

Jurídicos
- Custas e despesas processuais
- Necessidade de advogado e insuficiência ou inexistência de Defensoria Pública
- Ausência de assistência jurídica preventiva e extrajudicial
- Duração dos feitos
- Estrutura, administração e funcionamento do Poder Judiciário
- Formalismo processual
- Limitações na legitimidade para agir

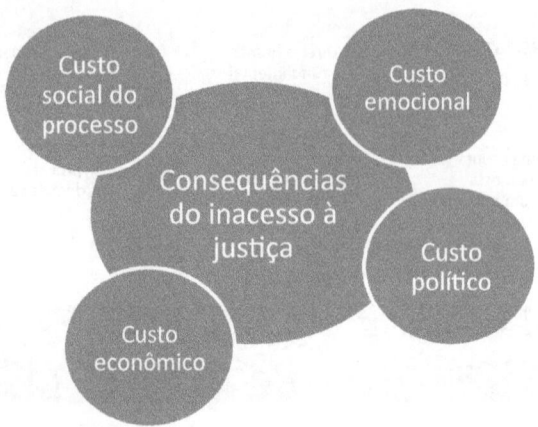

Possíveis
encaminhamentos

Capítulo 1

AÇÃO E DEFESA

1.1 O CONCEITO DE AÇÃO E AS TEORIAS SOBRE SUA NATUREZA JURÍDICA

A discussão sobre a natureza jurídica da ação é um dos temas que sempre ocupou a mente dos processualistas. Com a concepção de relação processual como relação pública e distinta da relação de direito material, a compreensão da ação como direito subjetivo foi fundamental para a superação das antigas concepções processuais e o nascimento do processualismo científico.[1]

Neste início de capítulo, vamos destinar alguns tópicos especificamente à compreensão das principais teorias sobre a natureza jurídica, iniciando pelas teorias civilistas e imanentistas e depois analisando aquelas que a elas se contrapuseram, fazendo com que o Direito Processual alcançasse os níveis de autonomia que possui hoje.

---

[1] Sobre esse tema, ver o Capítulo 2 da Unidade I deste mesmo volume. Lá está descrito o surgimento do processualismo científico e seus pressupostos, bem como uma breve análise das obras de Büllow sobre a relação processual e de Wach sobre a ação como direito subjetivo.

1.1.1   Teorias civilistas ou imanentistas

Segundo as teorias civilistas ou imanentistas, vigentes durante o denominado "período sincretista" do Direito Processual,[2] a *ação* era vista como um direito que integra o sistema de exercício dos demais direitos materiais, sendo compreendida como o próprio direito subjetivo material que, uma vez lesado, armava-se para buscar, em juízo, a reparação da lesão sofrida. Essas teorias negavam autonomia à ação.

Partem do princípio de que a ação é o próprio direito material colocado em movimento, a reagir contra a ameaça a ele ou a sua violação. A violação do direito gera uma relação ou direito para quem sofre; esse direito é denominado ação.

Essa teoria, segundo a qual a ação é o direito de pedir em juízo o que nos é devido, parte do conceito de ação dado pelo jurista romano Celso, segundo o qual a *actio* seria o direito de pedir em juízo o que é devido. Tal concepção da ação foi bastante desenvolvida pelos estudos de Savigny.[3]

Nessa perspectiva, a ação seria uma qualidade de todo direito ou mesmo o próprio direito reagindo à sua violação. Identificar-se-ia com o direito material. Assim não haveria ação sem direito, nem direito sem ação. É por isso que também é denominada de teoria imanentista, porque a ação seria imanente ao direito material. Essa concepção estava retratada, inclusive, no art. 75 do Código Civil brasileiro de 1916, segundo o qual "a todo direito corresponde uma ação, que o assegura".

Adotada essa teoria, só haveria direito de ação se existisse direito material a ser protegido. Não haveria como justificarmos racionalmente as ações meramente declaratórias da inexistência dos direitos materiais,[4] nas quais o que se busca é apenas uma declaração de não existência, invalidade ou ineficácia de relações jurídicas. Essa última situação é que motivará a crítica de Wach e a construção da teoria da ação como direito concreto, que será vista em seguida.

1.1.2   Teorias autonomistas

São denominadas teorias autonomistas aquelas que afirmam a autonomia do direito de ação perante o direito material. São, normalmente, agrupadas em teorias da ação como direito concreto, teorias da ação como direito abstrato e teorias ecléticas.

---

2   Sobre esse período, ver Capítulo 2 da Unidade I, neste mesmo volume.

3   SAVIGNY, Friedrich Carl von. *Sistema do direito romano atual*. Ijuí: Unijuí, 2004.

4   São exemplos as ações declaratórias da inexistência de débito junto a instituições financeiras.

1.1.2.1 Teoria da ação como direito concreto

Foi Adolph Wach, em sua monografia *Ação declaratória*, quem pôs em relevo a autonomia do direito de ação diante do direito subjetivo material, construindo a teoria da ação como direito concreto de agir. Segundo ele, o interesse e a pretensão de tutela jurídica não existem apenas onde há direito material.[5]

Esse autor buscou comprovar sua teoria destacando que a *ação declaratória negativa* não tem como objetivo conservar ou proteger um direito subjetivo, mas sim manter a integridade da posição jurídica do demandante, constituindo um direito puramente instrumental, por vezes até preventivo no tocante ao futuro exercício indevido de um direito.[6]

Assim, Wach demonstra a independência entre direito de ação e direito subjetivo material, bem como a autonomia do direito de ação. Para ele o direito de ação, que é um direito subjetivo, não se confunde com o direito subjetivo privado ou com a pretensão do Direito Civil. É, entretanto, concreto, porque só compete a quem é titular de um interesse efetivo, não de um interesse imaginário.

Nesse sentido, o direito de ação, na concepção de Wach, mesmo não se identificando com o direito subjetivo material, dele haveria de decorrer, à exceção da hipótese da ação declaratória negativa do direito material. Dessa forma, distingue os dois direitos, sendo o segundo, o direito de ação, uma decorrência do primeiro, o direito material violado ou ameaçado. Mantém, portanto, certa dependência entre o direito de ação e os direitos materiais.

A tese constituiu um duro golpe para as teorias civilistas da ação. Se anteriormente Büllow havia demonstrado a natureza jurídica do processo, como relação jurídica pública, autônoma, das relações jurídicas, desvinculando dessa forma, de maneira definitiva, o processo das concepções privatistas, Wach trouxe para a teoria processual uma reflexão aprofundada sobre a natureza jurídica da ação: um direito autônomo, de natureza pública, que não se confunde com o direito subjetivo material.

O problema da teoria de Wach é que não haveria, no entanto, direito de ação se o pleito ao final fosse considerado improcedente, como se o direito de ação só existisse nos casos em que há direito material. Em outras palavras,

---

[5] WACH, Adolf. *La pretención de declaración*. Buenos Aires: Europa-América, 1962.

[6] Exemplo é que o *habeas corpus* pode declarar preventivamente a insubsistência da pretensão do Estado, ao menos num determinado estágio do processo penal, ao cerceamento da liberdade locomotiva do paciente.

se a pretensão do autor for declarar a inexistência de um direito (pretensão declaratória negativa), a teoria de Wach é plenamente aplicável, mas se a pretensão do autor for considerada improcedente (sentença também declaratória negativa, mas indesejada, pois a pretensão era positiva), segundo Wach não haveria direito de ação: uma imperfeição teórica.

1.1.2.2 *Ação como direito potestativo: a crítica de Chiovenda a Wach*

Na Itália, Giuseppe Chiovenda, ao proferir em 1903 na Universidade de Bolonha uma conferência sob o título *A ação no sistema dos direitos*, afirmou ser discípulo de Wach, mas dele discordou em alguns aspectos. Para Chiovenda, a ação não é um direito à tutela jurídica do Estado, mas o poder jurídico de criar as condições para a atuação da vontade da lei.[7]

Segundo ele, a ação é o poder jurídico de realizar a condição necessária para atuação da vontade da lei. É um direito potestativo – um poder – de buscar efeito jurídico favorável ao seu autor, sujeitando à outra parte o ônus decorrente da decisão. E a ação não é um direito subjetivo como entendia Wach, mas o poder jurídico de dar vida à condição para atuação da vontade da lei.

Segundo Chiovenda, a ação não é um direito subjetivo, porque não lhe corresponde a obrigação do Estado. Também não é de natureza pública, porque se dirige contra o adversário, correspondendo-lhe a sujeição. Mas configura um direito autônomo, diverso do direito material que se pretende fazer valer em juízo.

Para esse autor, não existe um direito de acionar que seja independente do efetivo direito material ou de um interesse que possa levar a uma sentença favorável. A possibilidade de ingressar em juízo não é por si só um direito, mas sim instrumento do direito potestativo de ação. O direito de acionar apenas passa a existir quando há efetiva necessidade da tutela jurídica. Dessa forma, sua posição também se caracteriza como uma teoria da ação como direito concreto, padecendo do mesmo problema da teoria de Wach: não explica satisfatoriamente a situação das ações improcedentes.

1.1.2.3 *Teoria da ação como direito abstrato*

A teoria abstrata da ação, ou teoria do direito abstrato de agir, devida ao alemão Heinrich Degenkolb e ao húngaro Alexander Plósz,[8] é aquela pela

---

[7]   CHIOVENDA, Giuseppe. *La acción en el sistema de los derechos*. Bogotá: Temis, 1986.

[8]   É atribuído o desenvolvimento dessa teoria a Heinrich Degenkolb e Alexander Plósz nas diversas obras consultadas; não tivemos acesso às obras dos próprios autores. A

qual o direito de ação seria, pura e simplesmente, o direito de provocar a atuação do Estado-juiz. E todos o possuem. É importante destacar que essa teoria, historicamente, precede a teoria da ação como direito concreto, de Wach. Segundo Ovídio Baptista da Silva:

> O direito de ação, segundo a concepção de Degenkolb e Plósz, é o direito subjetivo público que se exerce contra o Estado e em razão do qual sempre se pode obrigar o réu a comparecer em juízo. É o direito de agir, decorrente da própria personalidade, nada tendo em comum com o direito privado arguido pelo autor [...]; preexiste à própria demanda, constituindo-se esta tão somente no meio pelo qual pode ser exercido. Compete a qualquer cidadão que puder invocar a proteção de uma norma legal em benefício do interesse alegado.[9]

Segundo a teoria da ação como direito abstrato, a ação não coincide com o direito material (teorias civilistas) nem dele decorre. A relação estabelecida é com o direito meramente afirmado pelo autor. A ação é abstrata porque não está condicionada ao acolhimento do direito alegado pelo autor, é o seu poder subjetivo público de buscar a prestação jurisdicional pelo Estado-juiz. O direito de ação independe da existência efetiva do direito material alegado.

É possível, segundo os autores, haver direito de ação sem que esta corresponda a um direito material.[10]

Seria a ação, nesse sentido, o direito de obter um provimento jurisdicional, independentemente do seu teor, se favorável – total ou parcialmente – ou desfavorável. Decorre da situação de que todos têm o direito de provocar o Poder Judiciário,[11] a fim de que esse exerça a sua função jurisdicional. É, portanto, direito público, abstrato e autônomo. Público porque oponível

---

título de exemplo: CINTRA, Antônio Carlos de Araújo *et al. Teoria geral do processo*. São Paulo: Malheiros, 2006. p. 267-268. BAPTISTA DA SILVA, Ovídio A. e GOMES, Fábio Luiz. *Teoria geral do processo civil*. São Paulo: RT, 1997. p. 108-110.

[9] BAPTISTA DA SILVA e GOMES. *Op. cit.*, p. 109.

[10] Trata-se, atualmente, da mesma forma, de posição bastante questionável, pois o direito de saber se alguém possui ou não um determinado direito é também, em si, um direito material: o direito à informação a respeito dos direitos subjetivos. Daí nasce a noção de que o interesse processual (utilidade ou necessidade da ação) nas ações meramente declaratórias reside exatamente na solução de uma dúvida plausível devidamente demonstrada em juízo a respeito dos direitos de determinados sujeitos em determinada circunstância.

[11] No Brasil, decorre da garantia estabelecida pela Constituição Federal em seu art. 5º, inc. XXXV.

ao Estado-juiz; abstrato porque não condiciona sua existência à do direito material perseguido; autônomo porque o direito de ação se distingue do direito material. Com essa teoria se torna possível, contrariamente às teorias da ação como direito concreto, explicar a situação das ações improcedentes e das ações declaratórias.

1.1.2.4 A teoria de Liebman e as condições da ação

Na segunda metade do século passado, Enrico Tullio Liebman[12] influenciou intensamente a formação do pensamento processual brasileiro, tendo como traço característico a busca pela harmonização das concepções distintas do direito de ação defendidas por Francesco Carnelutti[13] e Piero Calamandrei.[14]

Para tanto, Liebman formulou uma teoria da ação que a reconhecia como um direito localizado entre os pressupostos processuais e o mérito, estado próximo ao direito material, ligando-se às ideias de Calamandrei, mas que, por outro lado, afirmava também ser a ação um direito público abstrato distinto do mérito da lide, conforme o pensamento de Carnelutti.

As teorias da ação – concreta, material e privada de Calamandrei e abstrata, processual e pública de Carnelutti – resultaram na formulação da teoria eclética de Liebman, essencialmente descritiva. A Teoria Eclética, portanto, aquilatou, quantificou e esmiuçou as demais teorias para concluir merecerem, as denominadas *condições da ação*, uma análise separada do mérito e dos pressupostos processuais.

Como empreitada teórica, a tentativa de Liebman mereceu elogios. Entretanto, o autor nunca teve como objetivo precípuo fundamentar a estrutura do Código de Processo Civil de 1973; não teve como propósito que sua teoria embasasse a aplicação de *condições para a ação* na prática forense cotidiana. Ao contrário do que pensou o legislador de 1973, sua teoria era descritiva e não empírica; foi pensada para descrever a realidade, não para conduzi-la nem regulamentá-la.

---

[12]   LIEBMAN, Enrico Tullio. *Manual de direito processual civil*. Rio de Janeiro: Forense, 1984, v. 1 (a primeira edição data da década de 50, do século XX); LIEBMAN, Enrico Tullio. *Problemi di processo civile*. Milano: Morano, 1967; LIEBMAN, Enrico Tullio. *Estudos sobre o processo civil brasileiro*. São Paulo: Bushatsky, 1976.

[13]   CARNELUTTI, Francesco. *Sistema del diritto processuale civile*. Pádua: Cedam, 1929; CARNELUTTI, Francesco. *Instituições de processo civil*. São Paulo: Classic Book, 2000.

[14]   CALAMANDREI, Piero. *Opere giuridiche*. Milano: Morano, 1950. v. 4; CARNELUTTI, Francesco. *Direito processual civil*. Campinas: Bookseller, 2009. v. 1.

Para Liebmann, ação não se confunde com o direito material. O autor condicionou, no entanto, a existência do direito de ação (não o seu exercício), à presença das denominadas *condições da ação*, provocando, provavelmente, os mais tradicionais dilemas teóricos do processo civil brasileiro: o que são as condições da ação e qual é a natureza jurídica da decisão que afirma não estarem presentes as condições da ação, especialmente legitimidade e interesse processual?

No tocante ao primeiro dilema, hoje não resta dúvida de que as condições da ação merecem ser concebidas, especialmente após o advento do CPC de 2015, como condições para a análise do mérito. No que concerne ao segundo dilema, a natureza jurídica da decisão judicial que extingue o processo[15] e afirma não estarem presentes a legitimidade e o interesse processual pode ser vista como decisão que versa sobre o mérito (fazendo coisa julgada material e imutável) ou que não versa sobre mérito, neste caso sendo meramente formal (portanto, não fazendo coisa julgada material; não fazendo coisa julgada sobre esse mérito).[16]

Em nossa opinião, não é acertado afirmar que as condições da ação não versam sobre mérito e que a decisão que não as reconhece não faz coisa julgada por não versar sobre mérito.[17]

Isso porque os temas da legitimidade e do interesse decorrem do art. 104 do CC – sendo inerentes ao direito material envolvido –, bem como não havendo utilidade em repropor a mesma ação, com as mesmas partes, o mesmo pedido e a mesma causa de pedir.

---

[15] CPC de 2015, arts. 17, 316, 330, incs. II e III, e 485, inc. VI.

[16] CPC de 2015 manteve a estrutura dos arts. 267 e 268 do CPC de 1973 a respeito do referido dilema, por perceber que sua solução não possui maiores consequências operativas. Por esse motivo, o art. 485, VI, do CPC de 2015 continua afirmando que a sentença extintiva do processo por ausência de legitimidade ou de interesse processual o faz sem resolução do mérito.

[17] Isto porque tal posição significa afirmar, por exemplo, que a despeito do disposto no art. 489, § 1º, do CPC de 2015, uma mesma ação extinta por ilegitimidade passiva (CPC de 1973, art. 3º) poderá ser reproposta com as mesmas partes, o mesmo pedido e a mesma causa de pedir. Veja-se que a repropositura da mesma ação conduzirá à extinção desse feito, pois se nada mudou, estranho seria se o Judiciário julgasse de forma diversa. Se a ação foi extinta na primeira vez em que foi proposta, da mesma forma será extinta na segunda tentativa, por se tratar da mesma ação. Logo, para que não seja novamente extinta, deve ser alterado um dos elementos identificadores da demanda (partes, pedido ou causa de pedir), transformando-a em uma ação útil e diversa. Assim, a suposição de que seria possível propor a mesma ação indefinidamente sem corrigir o erro detectado é errônea, pois sequer haveria utilidade, faltando interesse processual nessa propositura.

Não havendo interesse processual, se não houver utilidade, tal reproposição estará sempre fadada ao insucesso, o que demonstra a definitividade e a natureza meritória da decisão que extingue o processo por ausência de legitimidade ou de interesse processual.

1.2   O DIREITO DE AÇÃO EM UMA PERSPECTIVA CONTEMPORÂNEA

Contemporaneamente, concebe-se o direito de ação como o direito instrumental e constitucional de efetivo acesso, não apenas ao processo, mas principalmente ao debate e à resolução do mérito dos feitos submetidos às formas processuais de resolução de conflitos, dentro das quais se considera já estar inserida a avaliação das condições da ação.

É importante deixar claro que, quando se fala do direito de ação, esse inclui tanto os direitos de ação e defesa, que nada mais significam que o direito de ação do autor e o direito de ação do réu. Nesse sentido, pode-se afirmar que a defesa, hoje, constitui verdadeira ação por parte do réu.[18]

A ação é, portanto, um direito *meio* de buscar a tutela dos direitos materiais por meio do processo. É o direito público, subjetivo, autônomo, abstrato e instrumental de formular pretensões com vistas à proteção do direito material *fim,* participando tanto do seu julgamento quanto de sua execução perante o Poder Judiciário. Consiste em um importante canal para o debate democrático por meio do processo.

Trata-se de um direito *público* por pertencer a todos; um direito *subjetivo*, pois embora pertença a todos, cada sujeito de direitos o detém para as respectivas proteções; um direito *autônomo*, pois não se confunde com o direito material, possuindo autonomia operativa e teórica; um direito *abstrato* pelo fato de existir antes mesmo de haver violação ou perigo de violação a direitos; e um direito *instrumental*, pois serve como *meio* para a proteção de outros direitos *fim*: os direitos materiais, com os quais não se confunde.

Consiste a ação, ainda, um direito *incondicionado*, pois seu exercício não está condicionado a requisitos pré-estabelecidos. As condições da ação, as quais estudaremos adiante, não são condições para o exercício do direito de ação, mas sim condições para a admissibilidade do processo e a consequente análise do mérito. Trata-se de condições para a resolução do mérito.

---

[18]   Especialmente após a generalização da reconvenção inserida na peça de contestação, efetuada pelo art. 343 do CPC de 2015, prevista no procedimento comum ordinário do CPC de 1973, art. 315.

Na perspectiva constitucional brasileira o direito de ação decorre diretamente da garantia constitucional da inafastabilidade do Poder Judiciário (art. 5º, inciso XXXV), bem como constitui autêntica manifestação do direito fundamental imediatamente aplicável de petição aos órgãos públicos (art. 5º, inciso XXXIV, alínea "a") sendo, portanto, de caráter naturalmente incondicionado.

1.2.1   A classificação das ações

A classificação das eficácias que cada ação pode gerar é estrita. Segundo a classificação quinária, existem apenas cinco cargas eficaciais; cinco espécies de ação sob o prisma processual: meramente declaratórias, constitutivas, condenatórias, mandamentais e executivas *lato sensu*.

A importância de conhecer a classificação processual das ações reside no fato de que as naturezas das eficácias de cada espécie de ação influenciam a formulação dos pedidos mediatos – aqueles que indicam o efeito pretendido com as ações – feitos pelas partes, no momento em que seu procurador está a redigir a petição inicial ou a reconvenção.[19]

Por sua vez, enquanto os pedidos mediatos indicam a finalidade a ser atingida pelo autor por meio da sentença, ou de sua execução, caso saia vencedor da demanda, os pedidos imediatos indicam apenas os meios, os caminhos, as formas processuais pelas quais o autor pretende atingir tais finalidades, tais como qual medida de urgência o autor pretende (cautelar ou antecipatória); qual procedimento (comum sumário ou ordinário); qual recurso (apelação ou agravo); e assim por diante.

A flexibilização formal que o processo civil tem passado por influência constitucional leva a concluir, portanto, que, ao contrário do pedido mediato, o pedido imediato por vezes não vincula necessariamente o juiz.[20]

De qualquer forma, o que importa, por hora, é que a natureza da eficácia pretendida pelo autor com as sentenças de procedência corresponde à natureza dos pedidos mediatos que ele formula. Assim, a natureza da ação influencia a formulação dos pedidos mediatos, e os pedidos mediatos vinculam a natureza de cada capítulo a ser decidido no dispositivo das sentenças que acolhem os pedidos do autor e do réu: a parte conclusiva das sentenças de procedência.

---

[19]   CPC de 2015, art. 343.

[20]   Tal como ocorre nos exemplos mencionados, bem como nos meios de coerção e de sub-rogação ainda proporcionados pelo art. 497 do CPC de 2015, a exemplo do que fazia o art. 461 do CPC de 1973, em que o magistrado aplica e modifica de ofício os meios processuais a serem utilizados.

Deve-se compreender assim que, segundo os *princípios da congruência e da adstrição*,[21] a natureza e a extensão dos pedidos mediatos vinculam as naturezas eficaciais e a extensão dos capítulos – que correspondem a cada um desses pedidos formulados por autores e réus – da eventual sentença de procedência a ser proferida nos mesmos autos.[22] Por esse motivo também denominamos a *classificação das ações* como *classificação das sentenças*.

Assim, quanto à natureza da ação e da sentença, se, por exemplo, a natureza das ações propostas for declaratório-constitutiva, a natureza dos capítulos da sua eventual sentença de procedência também será, por força do princípio da congruência entre pedido e sentença, declaratório-constitutiva.[23]

Voltando ao tema deste subitem, as naturezas das ações, dos pedidos e, portanto, dos capítulos das sentenças de procedência dos pedidos, podem ser, segundo a classificação quinária, como foi explicitado anteriormente: meramente declaratórias, constitutivas, condenatórias, mandamentais e executivas *lato sensu*. Analise-se uma a uma.

1.2.1.1 *Meramente declaratória positiva e meramente declaratória negativa*

A sentença meramente declaratória positiva ou negativa é aquela que apenas afirma a existência ou a inexistência, a validade ou a invalidade, a eficácia ou a ineficácia de relações jurídicas.[24] É uma ação que não prescreve e não decai, pois seus efeitos são *ex tunc*.[25]

---

[21]   CPC de 2015, arts. 141 e 492.

[22]   A natureza e a extensão da sentença só não corresponderão à natureza e à extensão do pedido mediato em matérias excepcionalíssimas como as previdenciárias, por exemplo, em que a jurisprudência tem possibilitado ao magistrado simplesmente conceder o benefício que entende devido ao autor, ainda que este não o tenha requerido, regularizando uma sentença que, em princípio, seria defeituosa por ser *extra petita*, dado ter analisado objeto diverso daquele que foi pedido.

[23]   Quanto à extensão da sentença, pode-se afirmar que apenas o pedido vincula o *quantum* a ser fixado pela sentença de procedência. Assim, um pedido condenatório de R$ 1.000.000,00 (um milhão) de reais, vincula apenas o valor máximo principal de natureza condenatória da futura e eventual sentença de procedência.

[24]   Como exemplos podem ser indicadas a Ação de Investigação de Paternidade não cumulada com nenhum outro pedido e a Ação de Usucapião (nela, a sentença não confere a propriedade, mas apenas afirma que esta já foi adquirida por meio da *prescrição aquisitiva*, da posse prolongada no tempo).

[25]   *Ex tunc* é uma expressão de origem latina que significa *desde a época, desde então*. Em contrapartida *ex nunc*, outra expressão de origem latina, significa *desde agora*. No meio jurídico, quando há efeito *ex tunc*, isso significa que seus efeitos são retroativos à época da origem dos fatos a ele relacionados; quando há efeito *ex nunc*, significa que seus efeitos não retroagem, valendo somente a partir da data da decisão tomada.

Toda ação possui, ao menos, a eficácia declaratória, mas nem todas as ações são meramente declaratórias, pois normalmente declara-se a existência de um direito para também se obter, na mesma sentença, eficácias diversas, dependentes de tal declaração.[26] No entanto, há sim situações excepcionais em que a ação pode ser meramente declaratória.[27]

Como aqui se afirmou que toda ação/sentença é ao menos declaratória, sempre possuindo pelo menos essa carga eficacial, a esta altura pode-se questionar o que acontece nos casos em que a sentença, ou ao menos parte dos pedidos dela, forem julgados improcedentes.

Nesse caso, havendo sentença de improcedência ou havendo sentença de procedência parcial, os pedidos mediatos julgados improcedentes não vinculam a natureza da sentença que não os acolhe, pois o juiz chegou à conclusão de que o autor não possui o direito que pretendia tutelar. Logo, os capítulos da sentença não acolhidos também geram sentenças de natureza declaratória, mas declaratória negativa, dado que o autor não tem o direito que queria proteger.

1.2.1.2 Constitutiva positiva e constitutiva negativa

As sentenças que possuem capítulos constitutivos em seu dispositivo são aquelas que, após afirmarem a existência de determinado direito, criam, modificam (positivas) ou extinguem (negativas) relações jurídicas.[28]

Trata-se de uma ação que tem efeitos *ex nunc*. Como se refere a direitos potestativos, portanto tuteláveis independentemente do comportamento do réu, possui prazo decadencial, que, em princípio, não se suspende nem se interrompe.

1.2.1.3 Condenatória

Sentença condenatória é aquela que gera um título executivo, cuja decisão inclui a possibilidade de cumprimento forçado. Esse cumprimento forçado pode consistir numa nova fase do mesmo processo ou em um novo processo, conforme se trate de cumprimento forçado (execução do título judicial) civil e trabalhista[29] – mesmo processo – ou penal – processo executivo autônomo.

---

[26] Como as ações de investigação de paternidade cumuladas com pedido de alimentos (declaratórias e condenatórias) e as ações declaratórias do estado civil das pessoas cumuladas com retificação do respectivo registro civil (como no caso de crianças registradas com a idade incorreta), que terão eficácia declaratória e constitutiva positiva.

[27] Exemplo é a ação *declaratória da inexistência e consequente inexigibilidade do crédito fiscal*, entre outras.

[28] Como exemplos podem ser indicadas a ação revisional de cláusulas contratuais (positiva) e ação de anulação de negócio jurídico (negativa).

[29] Em caso de descumprimento da sentença condenatória incidirá, inclusive, multa de 10% sob o valor da dívida judicialmente reconhecida caso o devedor não pague o

Possui efeitos *ex nunc*, salvo no tocante a juros e correção monetária.[30] Como se refere a direitos que dependem da conduta do réu para serem efetivados, não tendo caráter potestativo, possui prazo prescricional (que pode ser interrompido e suspenso) para ser proposta.

1.2.1.4   Mandamental

É aquela que determina o cumprimento de uma ordem judicial sob pena da imposição de medidas coercitivas, tais como a multa cominatória, a prisão civil do devedor inadimplente de alimentos e a prisão penal por desobediência a ordem judicial.[31-32]

Como se refere a direitos que dependem da conduta do réu para serem efetivados, não tendo caráter potestativo,[33] também possui prazo prescricional (que pode ser interrompido e suspenso) para ser proposta. Tem efeitos *ex nunc*.

1.2.1.5   *Executiva* lato sensu

É aquela que determina o cumprimento de uma ordem judicial sob pena de sub-rogação do Estado no cumprimento da obrigação, que o fará à força.[34] Têm efeitos *ex nunc*.

Como se refere a direitos potestativos, portanto tuteláveis independentemente do comportamento do réu, possui, para ser proposta, prazo decadencial, que, em princípio, não se suspende nem se interrompe.

---

valor original a que foi condenado no prazo de 15 dias após seu advogado ter sido intimado para tanto. Assim, o *executado será intimado para pagar o débito, no prazo de 15 (quinze) dias, acrescido de custas, se houver*. Não ocorrendo pagamento voluntário no prazo do *caput*, o débito será acrescido de *multa de dez por cento e, também, de honorários de advogado de dez por cento*. São exemplos a ação de indenização por danos materiais e morais (seriam dois pedidos condenatórios distintos) e a ação de alimentos. Consiste, portanto, em uma ação que declara uma dívida e determina seu pagamento sob pena de um processo posterior de cumprimento forçado dessa obrigação (CPC 2015, arts. 523 e seguintes).

[30] Nesse sentido, STJ, Súmula nº 54.

[31] CP, art. 330 e CPC de 2015, arts. 497 e 498.

[32] Podem ser indicadas como exemplos a ação de execução da obrigação de prestar serviço de manutenção a máquinas de determinada indústria e a ação cominatória para obrigar crematório a instalar filtro antipoluente.

[33] Salvo no Mandado de Segurança (Lei nº 12.016/2009), cujo prazo é decadencial, embora sua eficácia mandamental possa ser interpretada como *executiva lato sensu*.

[34] Exemplos são a ação demolitória, ação de despejo e a ação de reintegração de posse.

1.2.2 Condições da ação

As condições da ação são vistas, preponderantemente, como requisitos de admissibilidade do processo. Neste manual, a questão das condições da ação será tratada de forma mais descritiva, não ingressando de maneira mais aprofundada na polêmica sobre se as condições da ação constituem condições para o exercício do direito de ação ou se constituem condições para a análise do mérito, ou mesmo se constituem a análise do próprio mérito.

As condições da ação civil não estão previstas expressamente pelo CPC de 2015 como um gênero de requisito processual de admissibilidade. Tal diploma legal as disciplina em menor número, diminuindo-as de três – como fazia o CPC de 1973 – para duas: apenas interesse processual e legitimidade para a causa, em vez de interesse, legitimidade e possibilidade jurídica do pedido.

Da mesma forma, o CPC de 2015 coloca as condições da ação ao lado dos demais pressupostos processuais, sem lhes conceder uma classe apartada de requisitos de admissibilidade, como fazia o CPC de 1973. Logo, o tema não deixou de existir nem de merecer classificação doutrinária, mas o legislador lhes retirou importância como gênero.

Importa, por hora, apenas afirmar que, na ausência das condições da ação, ocorre a denominada *carência de ação*: ausência de legitimidade ou interesse processual reconhecida por sentença de extinção do feito que o CPC afirma se dar sem resolução de mérito.[35]

1.2.2.1 *A legitimidade* ad causam

A legitimidade para a causa, também denominada legitimidade *ad causam*, é a condição da ação que consiste na titularidade do direito instrumental de ação a ser utilizado para deflagrar o processo. A legitimidade para a causa, legitimidade *ad causam*, se divide em: legitimação ou legitimidade ordinária e em legitimação ou legitimidade extraordinária.

A *legitimidade ordinária* é aquela em que a titularidade do direito material e a legitimidade para a ação se identificam. Nela, o titular do direito material *fim* a ser protegido é o mesmo titular do direito instrumental *meio* de ação a ser utilizado para sua proteção. É a mais comum. Na maioria das ações a legitimação é ordinária, pois nesses feitos os próprios autores são os detentores do direito material a ser protegido.[36]

---

[35] CPC de 2015, arts. 337 e 485.
[36] Por exemplo, se João possui crédito a cobrar junto a Pedro, havendo legitimação ordinária, João será o autor da ação que busca a satisfação desse crédito em face do réu Pedro.

Por seu turno, a *legitimidade extraordinária*, também denominada de *substituição processual*, consiste na inversão da titularidade do direito de ação, direito instrumental esse que é transmitido a uma pessoa diversa daquela que possui o direito material a ser protegido. Isso por motivo de fragilidade ou incapacidade do titular do direito *fim*, ou mesmo por questão de acesso à Justiça.

A legitimação extraordinária é, dessa maneira, aquela em que o titular do direito material pode ser um sujeito diferente do sujeito que é o titular do direito de ação, visando proporcionar maior proteção a esse direito. Trata-se da excepcional defesa de interesse alheio realizada em nome próprio, em situações que necessitam estar previstas expressamente em lei.[37-38]

Não se devem confundir, ainda, a legitimação para a causa ora descrita, legitimação *ad causam*, com a legitimação para o processo, legitimação *ad processum*, que não diz respeito à titularidade do direito de ação ou do direito material, mas sim à *capacidade processual*. Também não se confunde com a capacidade civil ou penal, temas atinentes ao estudo dos respectivos direitos materiais.

Ao lado do interesse processual de agir, a legitimidade para a causa continua sendo uma importante condição da ação; uma importante condição para a análise do mérito.[39]

1.2.2.2   O interesse processual

A última condição da ação; portanto condição de admissibilidade do processo com vistas à análise do mérito é o *interesse de agir*, também denominado *interesse processual*.

Classicamente, o interesse processual tem sido expressado por meio da equação segundo a qual o interesse processual corresponde à utilidade ou à necessidade do provimento jurisdicional pedido pelo autor, somada à adequação do procedimento escolhido por esse autor.[40]

---

[37]   CPC de 2015, art. 18.

[38]   A legitimação será extraordinária, por exemplo, nas ações civis públicas movidas pelo Ministério Público, pela União, pelos Estados, pelos Municípios e demais legitimados (Lei nº 7.347/1985, art. 5º) em prol de direitos difusos, bem como nas ações movidas pelo Ministério Público em defesa de interesses de incapazes (CPC de 2015, art. 178), ou mesmo nas ações penais públicas, em que a vítima não é a parte autora, mas sim o Ministério Público (CPP, art. 257, I), sendo substituída nessa tarefa em razão do interesse público havido na satisfação da pretensão punitiva do Estado. Também haverá legitimação extraordinária, por exemplo, nas ações movidas pelos sindicatos em nome dos sindicalizados, ou por uma associação em nome dos seus associados (CF, art. 5º, inc. XXI). Nessas ações, muito embora as partes sejam a associação ou o sindicato, o direito material pertencerá aos sindicalizados ou associados: os substituídos processuais.

[39]   Expressamente prevista pelo art. 17 do CPC de 2015.

[40]   CPC de 2015, arts. 17 e 485, inc. VI.

A equação seria a seguinte: interesse de agir ou interesse processual = utilidade ou necessidade do provimento almejado pela parte + adequação procedimental.

No entanto, a teoria e a jurisprudência vêm atenuando a necessidade de adequação do procedimento escolhido pelo autor como requisito para que o processo seja admitido, especialmente mediante a conversão de procedimentos; a conversão do procedimento tido como incorreto pelo julgador no procedimento considerado devido.

Deve-se atentar para o fato de que, na perspectiva instrumental trazida pela análise do processo segundo a constituição e os direitos fundamentais, o interesse processual corresponde à utilidade ou necessidade daquele provimento para a parte, independentemente da formalidade análoga ao procedimento escolhido.

O erro de procedimento equivale, no mínimo, ao excesso de interesse,[41] e não à sua ausência, não podendo prejudicar a parte que tem direito material a ser tutelado, de modo que o magistrado possui todas as condições de converter os procedimentos ou determinar as emendas necessárias à petição inicial.[42] Nessas situações, na opinião deste curso, não há que se falar, atualmente, em falta de interesse processual.

Assim, a condição do interesse de agir tem se limitado mais à análise da utilidade/necessidade do provimento judicial para a parte que o formula do que à adequação procedimental da ação propriamente dita.[43]

---

[41] Como afirma José Carlos Barbosa Moreira (*O novo processo civil brasileiro*. 22. ed. Rio de Janeiro: Forense, 2002. p. 174).

[42] CPC de 2015, art. 321.

[43] É, por exemplo, juridicamente possível pedir que apenas se declare por sentença o direito à vida do autor. Entretanto, não há utilidade ou necessidade alguma na declaração do direito à vida do autor, dado que o direito à vida já consta como direito fundamental junto à Constituição Federal (CF, art. 5º), sendo inútil sua declaração por sentença. Não haverá, nesse exemplo, utilidade nem necessidade na elaboração de uma sentença meramente declaratória eventualmente proferida com o objetivo de apenas declarar o direito à vida do autor.

Não se confunda, no entanto, a eficácia de uma sentença que apenas declara o direito à vida com a eficácia de uma sentença que também determina medidas para a sua proteção, como por exemplo, da sentença que determina o fornecimento de medicamentos pelo Estado às pessoas necessitadas, ou mesmo que determina a realização de operação à custa de determinado plano de saúde, plano esse que havia se negado a cobrir sua realização.

Logo, há evidente interesse processual nos exemplos das sentenças que determinam medidas a serem tomadas a fim de proteger-se o direito à vida, não apenas o declarando.

1.2.2.3   A natureza jurídica das condições da ação

As condições da ação,[44] por serem naturalmente interdisciplinares, não versam apenas sobre questões de forma, mas também, e principalmente, a

---

[44]   O CPC de 1973 continha uma Terceira condição, a possibilidade jurídica do pedido, que consistia na conformidade dos pleitos em relação ao ordenamento jurídico. Os pleitos não podem ser juridicamente impossíveis; ilícitos. Precisam estar de acordo com o sistema jurídico. Considerando-se que a pretensão do autor consiste na *submissão do interesse alheio ao interesse próprio por meio do processo,* tal análise de conformidade dessa pretensão com ordenamento jurídico consiste em um pré-julgamento superficial do mérito do processo, que visa rechaçar os pedidos que tenham fundamentos categoricamente contrários ao sistema legal, a fim de que não haja processos inúteis. Desse modo, a possibilidade jurídica do pedido diz respeito a uma análise perfunctória do mérito, que leva em consideração a hipótese de as afirmações do autor serem verdadeiras a respeito dos fatos descritos na petição inicial. Decorre, assim, da necessidade de a pretensão do autor ser ao menos plausível, desde que os fatos sejam, ao final, considerados verdadeiros, e desde que as demais condições da ação estejam presentes, havendo interesse do autor em agir e havendo legitimidade das partes.

Não seria juridicamente possível um pedido contrário ao ordenamento, independentemente da análise posterior, durante o processo, das provas constantes dos autos, pois não se analisa a prova se o pedido é impossível.Seria juridicamente impossível um pedido que pleiteasse simultaneamente, por exemplo, proteção à posse e à propriedade na mesma ação, pois tal proteção é proibida pelo art. 923 do CPC de 1973. Nesse sentido, outro exemplo seria a impossibilidade jurídica do pedido em ações cuja pretensão seja a cobrança de dívida de jogo.

Deve-se levar em consideração, ainda, que, segundo *Liebman* passou a conceber desde a *terceira edição* do seu *Manual de direito processual civil,* a possibilidade jurídica do pedido não mereceria ser concebida como uma condição autônoma da ação, estando embutida no interesse processual, como já demonstrava o próprio art. 3º do CPC de 1973, contrário ao art. 267, inc. VI do mesmo diploma legal. O CPC de 1973, portanto, já refletia esta contradição.

Isso porque ninguém teria utilidade ou necessidade em formular um pedido juridicamente impossível; não haveria interesse na formulação de pedidos juridicamente impossíveis, pois estes pedidos não seriam juridicamente úteis nem necessários, não havendo motivo jurídico para se formular pedidos contrários ao sistema jurídico. Não serviriam à satisfação de relações jurídicas, mas apenas à satisfação de interesses pessoais ou econômicos, muito embora doutrina e jurisprudência majoritárias ainda entendam serem três e não duas as condições da ação.

A possibilidade jurídica do pedido foi elencada como condição da ação na fase inicial do pensamento de Liebman. Essa posição do processualista italiano influenciou a adoção das três condições presentes no CPC de 1973, quais sejam: o interesse de agir, a legitimidade *ad causam* e a possibilidade jurídica do pedido (CPC de 1973, art. 267, inc. VI).

O próprio Liebman, entretanto, em 1970, quando da terceira edição do seu *Manuale* (LIEBMAN, Enrico Tullio. *Manuale di dirito processuale civile.* 3. ed. Padova: Cedam, 1970), deixou de listar a possibilidade jurídica do pedido como condição da ação, dado ter percebido, após a legalização do divórcio na Itália – tendo-o como seu exemplo clássico de pedido juridicamente impossível –, não haver interesse processual, não haver qualquer utilidade processual em um pedido contrário ao sistema jurídico. Logo, o próprio Liebman passou a entender que o interesse processual engloba a possibilidade jurídica do pedido: daí a contradição entre o art. 3º e o art. 267, inc. VI, do CPC de 1973. Por

respeito do mérito dos feitos. Devem ser concebidas não como condições para o exercício do direito de ação nem somente como condições para a análise do mérito dos feitos, mas principalmente como condições que já dizem respeito à resolução desse mérito.

As condições da ação refletem os elementos identificadores de uma ação, quais sejam as partes, o pedido e a causa de pedir.[45] Por sua vez, é essencial percebermos que esses elementos identificadores da ação são traços estruturais, em verdade, da Teoria do Direito: o sujeito, o objeto e o elemento de ligação entre o sujeito e o objeto.

Dos elementos constituídos pelo sujeito, o objeto e o elemento de ligação entre o sujeito e o objeto decorrem, portanto, os elementos de validade dos atos jurídicos na vida civil, quais sejam: a capacidade do agente, o objeto lícito e possível, determinado ou determinável e a forma permitida ou não proibida em lei.[46]

Da mesma forma que os elementos de validade dos atos jurídicos civis estão vinculados à capacidade das partes, ao objeto e à forma da prática dos atos em Direito, as condições da ação necessitam ser analisadas em qualquer relação jurídica material em que se façam enquadramentos normativos.

Assim, em qualquer processo, mesmo que não houvesse determinação expressa, as condições da ação acabariam sendo analisadas, pois decorrem da análise de qualquer relação jurídica. Se não fosse pela preocupação didática junto aos operadores do direito, poder-se-ia afirmar que as condições da ação sequer necessitariam estar inseridas na legislação processual.

Desse modo, assim como acontece com os elementos de validade dos atos jurídicos, as condições da ação dizem respeito ao direito material em análise,[47] caso a caso, e não a questões meramente formais nem eminentemente processuais, já que versam sobre a legitimidade das partes e a utilidade/necessidade das pretensões efetuadas.

As condições da ação não merecem ser concebidas como pressupostos de existência da relação jurídica processual, mas sim como elementos básicos de validade do processo. Isso porque o processo não existe em razão do seu preenchimento (das condições da ação), mas sim em razão da existência de um procedimento que respeite o núcleo constitucional da disciplina, ainda que externamente à jurisdição.

---

esse motivo o CPC de 2015 explicita a existência de apenas duas condições da ação: o interesse processual e a legitimidade para a causa, como já foi visto nesta seção.

[45] CPC de 2015, art. 337, §§ 1º, 2º, 3º e 4º.

[46] CC, art. 104.

[47] Ao contrário do que literalmente dispõe o CPC de 2015.

As condições da ação não são condições para a existência da relação jurídica de Direito Processual – que na perspectiva da Teoria do Direito e dos direitos fundamentais pode ter sua utilidade questionada – mas principalmente para a resolução e julgamento, tanto no plano da validade quanto no plano da valoração, do próprio mérito das lides; da própria relação jurídica de direito material sob análise em cada caso concreto.

Logo, analisar as condições da ação significa analisar o próprio mérito. Essa conclusão retira a importância do tema referente às condições da ação, que deixa de ser concebido como um dos pilares do Direito Processual Civil hodierno. Assim, as condições da ação são apenas a legitimidade para a causa e o interesse processual, lhes sendo reconhecida natureza de mérito.

A flexibilização sugerida na interpretação do tema das condições da ação também acontece por razões que estão fora da maioria das discussões teóricas sobre sua natureza e a natureza da decisão que reconhece a carência de ação. Diz respeito à interpretação das regras constituídas pelas condições da ação com os princípios da proporcionalidade, da razoabilidade, da inafastabilidade, e dos direitos fundamentais à efetividade e ao acesso à Justiça.[48]

Pelo fato de não se verem as condições da ação como condições para o exercício do direito de ação, nem apenas e tão somente como direito ao julgamento de mérito, mas sim como uma análise de mérito propriamente dita, acredita-se que, nas situações nas quais se reconhece ausência de interesse ou de legitimidade, na verdade são situações em que se está a julgar pela improcedência do pedido.[49]

---

[48] Não nos parece necessário, por exemplo, que toda ação seja necessariamente movida em face de réus previamente identificados nem identificáveis, como numa ação possessória movida em face de integrantes do Movimento Sem Terra. Acreditamos, também, por exemplo, que nos pedidos judiciais de reconhecimento de união estável entre homossexuais, os quais antigamente geravam extinção de ações por impossibilidade jurídica do pedido, a necessidade da análise dessa condição da ação dificultava, no dia a dia forense, interpretações mais fundamentadas e amadurecidas do sistema jurídico. Logo, a possibilidade jurídica do pedido é uma condição óbvia e implícita contida no interesse de agir, nos parecendo ser a condição da ação mais restringida pelos direitos fundamentais e pela busca por acesso à Justiça.

[49] Exemplo disso é o caso da moça que pediu dano moral por ter sido barrada em uma festa em razão do vestido que utilizava. Apenas após a fase de instrução, o juízo constatou que se tratava de uma bagatela, de ninharia que não merecia a atenção do Poder Judiciário. Em vez de julgar a autora carecedora da ação por entender que não havia utilidade no feito, que não havia interesse processual, o juízo resolveu o mérito da lide julgando improcedente o pedido. O direito de ação não se identifica com as condições da ação. Nesse exemplo, o direito ao processo foi exatamente o

1.2.3 Os elementos identificadores da ação

As partes, a causa de pedir e o respectivo pedido são os três elementos identificadores de cada uma das ações que tramitam em juízo.[50]

Sob o critério formal, majoritariamente utilizado, as *partes* são os autores e os réus que constituem a relação jurídica processual. Já o *pedido* consiste na delimitação (tanto da sua natureza declaratória, constitutiva, condenatória etc., quanto das extensões) das pretensões formuladas pelo autor, na petição inicial, e pelo réu, na contestação.[51] Por sua vez, a *causa de pedir* consiste na motivação, na argumentação fática e jurídica, tanto sobre os fatos quanto a respeito dos direitos, que fundamentam os pedidos formulados pelas partes.

A análise dos elementos identificadores permite que se saiba exatamente de qual ação se trata, a fim de que duas ações iguais, por exemplo, não tramitem perante o Judiciário. As ações propostas em juízo são *iguais* nos casos em que possuem as mesmas partes, o mesmo pedido e a mesma causa de pedir, casos esses em que estarão configurados os pressupostos processuais negativos da *litispendência* ou da *coisa julgada*, conforme o momento em que essa igualdade é constatada.[52] A segunda ação igual, em que o réu foi citado por último, terá de ser extinta.

Da mesma forma, a ausência de um dos elementos identificadores da ação pode gerar o indeferimento da petição inicial, pela não emenda da inicial ou por sua inépcia,[53] o que também pode resultar na extinção do feito, caso esse defeito não seja corrigido.

Entretanto, as ações *iguais* não podem ser confundidas com as *ações idênticas*. A crescente transcendência dos interesses individuais no Direito Processual hodierno utiliza a *identidade* de ações como expressão técnica necessária ao aperfeiçoamento do sistema com vistas à uniformização da

---

que a moça teve e pôde utilizar. O que o juízo fez, no entanto, foi reconhecer que não havia dano moral na espécie, julgando improcedente o pedido, e não simplesmente analisando o interesse processual, ao contrário do que a estrutura do CPC de 1973 acabava por induzir os magistrados. Como exemplos de flexibilização oriundos da aplicação de princípios constitucionais junto à análise das regras sobre condições da ação, elencamos, ainda: a celeuma a respeito da existência da ação coletiva passiva no sistema jurídico brasileiro e os pedidos de jurisdição voluntária sem a indicação de réus, como alternativa processual criada pela jurisprudência aos pedidos de recuperação judicial, efetuados com base em créditos quirografários.

[50]   CPC de 2015, art. 337, §§ 3º e 4º.
[51]   CPC de 2015, art. 343.
[52]   CPC de 2015, art. 337, §§ 3º e 4º.
[53]   CPC de 2015, arts. 330 e 321.

jurisprudência. Possui significado bastante distinto, portanto, da *igualdade* de ações.

Enquanto a *igualdade* gera a *extinção* dos feitos, a *identidade* provoca o *enquadramento* das causas repetitivas na jurisprudência. Versa, normalmente, sobre matéria preponderante de direito, visando aperfeiçoar o Poder Judiciário no julgamento de feitos idênticos; feitos de massas que possam se multiplicar por versarem sobre questão jurídica de interesse coletivo.[54]

Desse modo, os elementos identificadores da ação no Direito Processual individual servem tanto para a análise da *igualdade* de ações – mesmas partes, mesmo pedido e mesma causa de pedir – quanto para a análise da *identidade* de ações – mesmo pedido e mesma causa de pedir, mas com partes distintas – termos técnicos esses que detêm significados diversos.

1.2.3.1 As partes e a causa de pedir

As partes são as pessoas e os entes despersonalizados que integram as relações jurídicas processuais na posição de autores ou réus, ainda que essa qualidade seja obtida durante o trâmite do processo, após o recebimento da petição inicial, como é o caso dos terceiros intervenientes e dos litisconsórcios ulteriores.

Acredita-se, desse modo, que o fato de determinada pessoa ou ente despersonalizado ser atingido pela eficácia jurídica ou fática da sentença, não a transforma em parte quando esse sujeito não for uma das partes da relação jurídica processual. Adota-se, portanto, o conceito formal e não o conceito material de parte.[55]

Por sua vez, a causa de pedir consiste na fundamentação fática e jurídica do pedido; nos motivos de fato e de direito pelos quais o autor está a pedir, movimentando a máquina processual e a estrutura do Poder Judiciário. Enquanto a causa de pedir fática diz respeito à descrição dos fatos que interessam ao julgamento da causa, a causa de pedir jurídica concerne à criatividade que o operador do direito necessita demonstrar para melhor fundamentar o seu pedido, dentro do universo constituído pelo sistema jurídico.

---

[54] Nesse sentido, tanto a súmula vinculante (CF, art. 103-A) quanto as súmulas impeditivas da admissão do recurso de apelação, por exemplo, possuem como pressuposto a detecção da *identidade*, nos casos concretos, entre os pedidos e as causas de pedir. Trata-se do *enquadramento*, nos casos concretos, entre pedido e causa de pedir dos precedentes que fundamentam a súmula e pedido e causa de pedir dos casos sob julgamento.

[55] Em sentido contrário: BAPTISTA DA SILVA, Ovídio. *Curso de direito processual civil*. São Paulo: RT, 2006. v. I, p. 49.

Como o juiz conhece o sistema jurídico, pode-se afirmar que a causa de pedir, embora sugira uma interpretação jurídica dos fatos apresentados, possui preponderância fática, pois sem a atividade das partes na comprovação dos fatos que fundamentam o pedido, não há meios de o magistrado subsumir a norma jurídica ao caso sob análise.

Desta forma, percebe-se que os juízes começam seu trabalho em cada situação conhecendo apenas o sistema jurídico, mas somente após tomarem contato com o processo é que passam a conhecer seus fatos. Daí a regra de que a prova versa, em princípio, apenas sobre os fatos, de modo que apenas excepcionalmente versará sobre matéria de Direito.[56]

As partes e a fundamentação do pedido, também denominada de causa de pedir, são elementos que não limitam o trabalho do magistrado. Por sua vez, o pedido, último elemento identificador da ação, não apenas delimita a natureza das decisões do juiz, mas também regula a sua extensão.[57]

1.2.3.2   A natureza do pedido

O pedido é o requisito processual que consiste na delimitação da pretensão do autor; na delimitação do mérito de cada feito, realizada nas petições iniciais,[58] e que pautará o trabalho do magistrado na resolução das lides.[59]

O princípio da demanda, a respeito da vinculação existente entre o pedido e o provimento jurisdicional dele decorrente, liga-se à análise da eventual nulidade oriunda do desrespeito ao princípio da correspondência, referente à vinculação do juiz ao pedido.[60]

Enquanto o *princípio da demanda* se liga ao respeito da proibição da iniciativa do magistrado para iniciar os feitos sob sua autoridade, o *princípio dispositivo*[61] concerne aos limites da lide e à natureza do provimento jurisdi-

---

[56]   CPC de 2015, art. 373.
[57]   CPC de 2015, arts. 141 e 492.
[58]   CPC de 2015, art. 319.
[59]   CPC de 2015, art. 487.
[60]   CPC de 2015, arts. 141 e 492.
[61]   Enquanto o princípio dispositivo se refere à vinculação do magistrado à extensão e à natureza do pedido, o princípio da demanda liga-se à necessidade de provocação do Poder Judiciário para que os feitos se iniciem. Conforme Rui Portanova (*Princípios do processo civil*. Porto Alegre: Livraria do Advogado, 1997. p. 115): "A adoção do princípio do pedido pela parte afasta o princípio inquisitivo na iniciativa do processo, no qual o mesmo órgão que julga instaura a causa. Hoje, no Brasil, tanto o processo cível como o processo penal, com poucas exceções, adotam o princípio da iniciativa

cional, pois ao juiz, em princípio, não cabe analisar aquilo que não se pediu ou não analisar aquilo ou tudo aquilo que se pediu, ensejando sentenças *ultra petita, citra petita* ou *extra petita*.

A delimitação realizada pelo pedido em relação ao provimento jurisdicional de mérito é, portanto, dupla. Tanto as naturezas declaratória, constitutiva, condenatória, mandamental ou executiva *lato sensu* das quais se revestem pedido e provimento jurisdicional, quanto à extensão do objeto sob o qual versa o pedido, são oriundas da adstrição entre este e a sentença.[62]

Desse modo, cada dimensão do pedido é delimitada de uma forma diferente. A dimensão referente à sua natureza, por exemplo, não é criada, é investigada, pois em toda sentença de procedência a natureza do pedido corresponde à natureza do respectivo direito de ação: declaratório, constitutivo, condenatório, mandamental ou executivo *lato sensu*. É essa eficácia jurídica que a sentença de procedência também terá.

Por sua vez, a segunda dimensão do pedido não corresponde à sua natureza, mas sim à sua extensão. Corresponde à exata delimitação do que pretende o autor; quais são exatamente suas intenções. Essa segunda dimensão não decorre de uma investigação, mas sim da criatividade do operador do direito que está a efetuar o pedido.

O que se percebe, dessa maneira, é que primeiro se delimita a extensão do pedido, para só então passar-se à delimitação da sua natureza, o que se dá por meio de uma investigação que o operador irá realizar a respeito dos efeitos fáticos e jurídicos que a sentença deverá produzir na vida dos litigantes.[63]

Assim, a violação das regras de adstrição e congruência entre o pedido e a sentença também poderá gerar nulidade absoluta, havendo prejuízo às partes

---

da parte. Evidentemente, quando se fala em iniciativa na movimentação do judiciário, está se falando na iniciativa qualificada pela representação de um técnico: advogado (no cível) e Ministério Público (na maioria das ações penais)". Por sua vez, quanto ao princípio dispositivo afirma o autor (*op. cit.*, p. 121-122): "Dependendo do sistema processual, o poder de vinculação que compõe o princípio dispositivo pode ser maior. Assim, à parte era confiada a formação, não só do material fático que compõe o processo, mas também das provas. Daí o brocardo: *juidex secundum allegata et probata partium judicare debet*. Haverá assim, vigência plena de um sentido liberal individualista, em que as partes são donas do processo".

[62] O pedido formulado pelo autor na petição inicial – ou pelo réu na reconvenção ou, ainda, no procedimento dos juizados especiais – inicia a delimitação tanto da extensão da lide quanto da natureza do provimento jurisdicional final de mérito.

[63] Há, entretanto, exceções às regras de vinculação da sentença ao pedido nas suas duas dimensões, constantes dos arts. 141 e 492 do CPC de 2015. Acredita-se que tais exceções infringem o princípio dispositivo, mas não atentam contra o princípio da demanda.

ou ao processo, por se tratar de normas de ordem pública, cujo desrespeito macula a própria estrutura do processo, essencial ao sadio julgamento do mérito.

No entanto, partindo da classificação do pedido em mediato e imediato, segundo o critério da distinção entre meios e fins no processo, acredita-se que apenas o pedido mediato determina a natureza e a extensão do provimento jurisdicional final de mérito.

O simples meio formal escolhido pelo autor – oriundo do pedido imediato – não merece ser classificado como causador de nulidades, não gerando o possível indeferimento da petição inicial,[64] especialmente se respeitado o contraditório,[65] mas principalmente por que se acredita que a ele deve ser aplicado o *princípio da fungibilidade.*

A aplicação do denominado *princípio da fungibilidade* seria conveniente nessa situação, pois justificaria a não declaração de nulidades e a flexibilização da formalidade em situações em que a norma processual, em princípio, teria sido violada (CPC de 2015, art. 305, parágrafo único).[66]

1.2.3.3   O pedido mediato e o pedido imediato

O pedido é a delimitação do mérito da causa; da pretensão do autor. É o objeto da ação: o seu tema. No entanto, tal objeto foi dividido pela teoria processual em pedido mediato e pedido imediato.

O pedido mediato é aquele que consiste no objeto da pretensão do autor ou recorrente, com suas especificações ou, em outras palavras, no objeto da

---

[64] CPC de 2015, art. 330, o qual não prevê a extinção da petição inicial por este fundamento.

[65] Nesse sentido, explicita Cândido Rangel Dinamarco (*Instituições de direito processual civil.* São Paulo: Malheiros, 2001. v. 1, p. 183), ao tratar da aplicação do princípio do contraditório junto às hipóteses de extinção do processo sem julgamento do mérito: "O juiz que, apercebendo-se de uma causa extintiva do processo, pronuncia logo a sentença que lhe põe fim, não deu ao autor a mínima oportunidade de discutir a matéria e eventualmente convencê-lo do contrário. Se ele manda que se manifeste o demandante, é possível que este tenha fundamentos capazes de desfazer a impressão inicial do juiz e assim evitar a extinção do processo. Isso é contraditório".

[66] Especialmente nas hipóteses do art. 2º do CPC de 2015, referente ao princípio dispositivo; do art. 330 do CPC de 2015, o qual retirou a hipótese de indeferimento da petição inicial em razão da escolha incorreta do procedimento pelo autor que o art. 295, V, do CPC de 1973 previa; ligados à adstrição ou correspondência entre o pedido e o provimento jurisdicional de mérito dele decorrente, entre outras. A esse respeito: LAMY, Eduardo de Avelar. *Princípio da Fungibilidade no Processo Civil.* São Paulo: Dialética, 2007.

submissão do interesse alheio ao interesse próprio por meio do processo. É o pedido mediato que estabelece relação de congruência para com os provimentos jurisdicionais.

Por sua vez, o pedido imediato é o meio escolhido pelo autor ou recorrente. É o caminho, a forma, a medida, a técnica. É a espécie de pedido que subentende a anterior ocorrência de uma escolha metodológica. Acredita-se, exatamente, que o pedido imediato não impede a adoção de meios diversos pelo cotidiano forense.

Assim, enquanto o pedido mediato diz respeito aos fins processuais, o pedido imediato concerne aos meios processuais. Enquanto o pedido mediato vincula a natureza da sentença e a extensão dos temas a serem analisados, o pedido imediato liga-se às formas pelas quais se dará o processo.

O pedido mediato pode ser classificado em certo ou genérico; explícito ou implícito, cumulado ou não cumulado, enquanto o pedido imediato só admite a classificação referente à cumulação de pedidos (simples, sucessivo, alternativo, eventual ou subsidiário). Enquanto o pedido mediato vincula-se diretamente à prestação da tutela jurisdicional e ao resultado por ela prestado, o pedido imediato está indiretamente ligado à prestação de tal tutela.

O pedido mediato consiste naquilo que a parte pretende por meio do processo; não naquilo de que ela efetivamente necessita. Não cabe ao magistrado analisar as necessidades da parte, mas sim o pedido mediato formulado – pois tal análise é possível somente em sede de pedido imediato –, aí estando localizados os limites que o princípio da congruência coloca à atuação do magistrado.

Enquanto o pedido mediato liga-se à natureza do provimento jurisdicional e sua extensão, bem como à tutela jurisdicional vista como resultado, o pedido imediato corresponde aos meios processuais adotados pelo autor ou recorrente, às técnicas, às medidas, às formas pelas quais autores e recorrentes buscam a consideração do pedido mediato.[67]

A natureza dos provimentos jurisdicionais buscados pelo operador jurídico liga-se aos fins do processo, decorrendo de pedido mediato. Entretanto, tais fins manifestam-se de maneira diferente conforme possuam caráter declaratório ou constitutivo; mandamental ou executivo *lato sensu*.

---

[67] São exemplos de pedidos mediatos: a declaração de uma relação jurídica; a modificação, criação ou extinção de relações jurídicas; o objeto das referidas declarações, constituições, ordens mandamentais ou executivas *lato sensu*, com suas delimitações. São exemplos de pedidos imediatos: os decorrentes da escolha de procedimentos; da escolha da espécie de medida de urgência a ser utilizada; os decorrentes da escolha do recurso a ser interposto.

Pedido mesmo, portanto, é o pedido mediato. Só o pedido mediato tem congruência para com a natureza e a extensão dos provimentos jurisdicionais. Apenas o pedido mediato corresponde ao tradicional conceito de pedido como o objeto da ação com suas especificações.

A distinção teórica entre pedido em mediato e imediato decorre do excesso de importância historicamente conferido à suposta necessidade de acerto dos meios processuais, concepção liberal do processo segundo a qual o domínio que um jurista tem da disciplina se mede pela correição da escolha dos meios processuais que efetua, ainda que hábeis, todos eles, a proporcionar o mesmo fim.

De qualquer forma, na grande maioria dos casos, o universo da diferenciação entre pedido mediato e pedido imediato permite a conclusão de que o pedido mediato é fim e por isso é inflexível, infungível, insubstituível, e de que o pedido imediato é meio e por isso é substituível, fungível e flexível. Faltaria apenas estabelecer limites à flexibilização de pedidos imediatos.

Se o pedido mediato é o que se quer e o pedido imediato é como se pretende atingir o objeto do pedido mediato, é exatamente na intenção da parte que residem tais limites: na distinção entre pedido e necessidade.

1.3 A AÇÃO E SUA IMPORTÂNCIA CONTEMPORÂNEA

O mundo contemporâneo se caracteriza, entre outros aspectos, pela crescente ampliação dos interesses supraindividuais e respectivos direitos (coletivos, difusos e individuais homogêneos).[68] Diante desse fenômeno, surge a problemática que diz respeito ao fato de que o poder de ação foi estruturado historicamente sobre a ideia do indivíduo como titular de direitos, numa reprodução dos valores clássicos do liberalismo do século XVIII, fazendo-se necessária a ampliação do seu sentido. O seu desenho na Idade Moderna decorre da necessidade de conciliar intervenção estatal com autonomia do indivíduo.[69]

---

[68] O parágrafo único do art. 81 do Código de Defesa do Consumidor, em seus três incisos, busca definir o que sejam esses direitos ou interesses da seguinte forma: (a) **difusos** são "os transindividuais, de natureza indivisível, de que sejam titulares pessoas indeterminadas e ligadas por circunstâncias de fato"; (b) **coletivos** são "os transindividuais de natureza indivisível de que seja titular grupo, categoria ou classe de pessoas ligadas entre si ou com a parte contrária por uma relação jurídica base"; e (c) **individuais homogêneos** "os decorrentes de origem comum".

[69] Segundo Rocha (ROCHA, José de Albuquerque. *Teoria geral do processo*. 4. ed. São Paulo: Malheiros, 1999. p. 177-178): "[...] a ação não é um conceito necessário do Direito, como a doutrina dá a entender. Pelo contrário, trata-se de um conceito

Segundo Roberto Aguiar,[70] a noção de indivíduo que se transferiu para o mundo jurídico como sujeito de Direito foi uma construção necessária, tendo em vista a primeira Revolução Industrial, e que buscou "adequar o conceito e o corpo dos seres humanos a um determinado tipo de intervenção produtiva no mundo". Com ela o homem deixou de pertencer à ordem universal, passando a ser visto como um ser livre para exercer sua racionalidade e sua vontade. Passou a ser visto como "livre, individualmente considerado, portador de uma vontade que norteia seus atos e de uma racionalidade que os valida".

Conjuntamente com essa concepção de homem, foi construída também uma concepção de sociedade e de Estado. A primeira passou a ser vista como um ambiente onde se relacionam indivíduos racionais e livres e o segundo, como a instituição encarregada de, por meio do direito, garantir a segurança e a liberdade dos mesmos.

De acordo com Aguiar,[71] a questão a ser enfrentada é que a evolução histórica e o desenvolvimento da ciência demonstraram que essa concepção antropológica, oriunda das ideias liberais, é insuficiente para compreender o ser humano em sua integridade e, portanto, também como sujeito de Direito. Com a contribuição marxiana demonstrou-se a contextualização do indivíduo – pondo em xeque a ideia do homem isolado; com a contribuição freudiana efetuou-se o questionamento da vontade livre – há a descoberta do inconsciente.

A ideia de sujeito de Direito e a categorização da ação como um direito subjetivo e a consequente legitimidade para agir em função de interesses individuais são fruto dessa concepção, cuja essência reside em fazer do indivíduo, considerado em si mesmo, a fonte e o fundamento da sociedade, do Estado e do Direito. Hoje, no entanto, ela é absolutamente insuficiente para fazer frente aos novos direitos e interesses que possuem abrangência supraindividual.[72]

A sociedade contemporânea, perante sua complexidade, exigiu uma superação dessa mentalidade quase exclusivamente individualista presente na legislação brasileira, até o início da década de 80, no século XX, e que deu origem a muitas críticas assinadas por grandes nomes da teoria jurídica nacional. Essa consciência desembocou na busca de alternativas, no âmbito do Direito Processual, que viabilizem o acesso à Justiça não mais apenas do indivíduo compreendido

---

histórico, elaborado em conexão direta com a estrutura econômica, política e social de uma dada sociedade".

[70] AGUIAR, Roberto A. R. de. A crise da advocacia no Brasil. In: 13ª CONFERÊNCIA NACIONAL DA OAB, Belo Horizonte, 1990. *Anais...* Brasília: OAB, 1991. p. 449.

[71] *Idem, ibidem.*

[72] DINAMARCO, Cândido Rangel. *A instrumentalidade do processo.* São Paulo: RT, 1987. p. 397-398.

isoladamente, mas também da própria sociedade, ou de parcelas dela, para a defesa dos direitos supraindividuais. Sua discussão tem levado à compreensão de que é preciso, diante dos novos direitos, a revisão de uma série de conceitos processuais tradicionais, entre os quais se destacam o da legitimidade *ad causam*, o do princípio dispositivo e o dos limites subjetivos da coisa julgada.

No que se refere à compatibilidade entre o direito de ação e os princípios do impulso oficial e da investigação judicial (ou livre investigação das provas), deve-se salientar que, em sua forma pura, ele se confundia com o princípio dispositivo,[73] impedindo qualquer ato intervencionista por parte do juiz. Hoje, em face da função social do Estado Contemporâneo e seu caráter necessariamente intervencionista, não mais se justifica essa posição, pelo menos em sua forma pura.

A jurisdição, enquanto função estatal, deve ser desempenhada de forma a atingir os escopos desse Estado, colocando como limites ao poder de ação, a impossibilidade de o Poder Judiciário iniciar processo e se manifestar além do pedido das partes, visando com isso impedir o arbítrio judicial. No entanto, têm os juízes razoável autonomia para a instrução do processo, obedecidas as garantias do devido processo legal, do contraditório e da ampla defesa.

De outro lado, há os avanços destinados a superar a visão individualista da titularidade da ação. Entre aqueles presentes no texto constitucional brasileiro, destacam-se:[74]

a) a legitimidade atribuída às associações para defenderem em juízo interesses e direitos supraindividuais;

b) a legitimidade conferida aos sindicatos para representarem a categoria profissional em juízo e fora dele; e

c) a ampliação da legitimidade do Ministério Público, hoje com uma enorme área de atuação na defesa dos direitos e interesses difusos, coletivos e individuais homogêneos.

É necessário, entretanto, avançar na ampliação da legitimidade para propor a ação popular, incluindo pelo menos os partidos políticos, os sindicatos e as associações. Isso poderia ser feito nas formas já previstas para

---

[73] Significa o *princípio dispositivo* que o juiz depende da iniciativa das partes, não apenas para o impulso do processo (*princípio da demanda*), mas também para a delimitação da sua atuação (CPC de 2015, art. 492), na natureza e na extensão do julgamento, na instrução da causa, bem como na produção de provas e alegações nas quais se fundamentará a decisão.

[74] Ao lado dos grandes avanços em nível da Constituição Federal, também outras leis do País trouxeram avanços nas últimas décadas. Entre elas destacam-se a Lei da Ação Civil Pública, o Estatuto da Criança e do Adolescente e o Código de Defesa do Consumidor.

as ações civis públicas, mandado de segurança coletivo e ação direta de inconstitucionalidade. Há também o fenômeno social emergente do sujeito coletivo de Direito, figura, segundo José Geraldo de Souza Júnior[75] (1991), ainda carecedora de um adequado tratamento teórico e reconhecimento legislativo, que nem sequer é pensada pela maioria dos juristas.

Finalmente, há de se destacar novamente a constitucionalização do direito de ação, oriundo da garantia de inafastabilidade do Poder Judiciário (art. 5º, inciso XXXV). Essa situação coloca a contemporânea discussão da ação no plano dos direitos fundamentais, especialmente como uma manifestação do direito constitucional de petição aos órgãos públicos (art. 5º, inciso XXXIV, alínea "a"), o que nem sempre tem ocorrido de forma consciente no plano teórico e no plano da aplicação cotidiana do Direito.

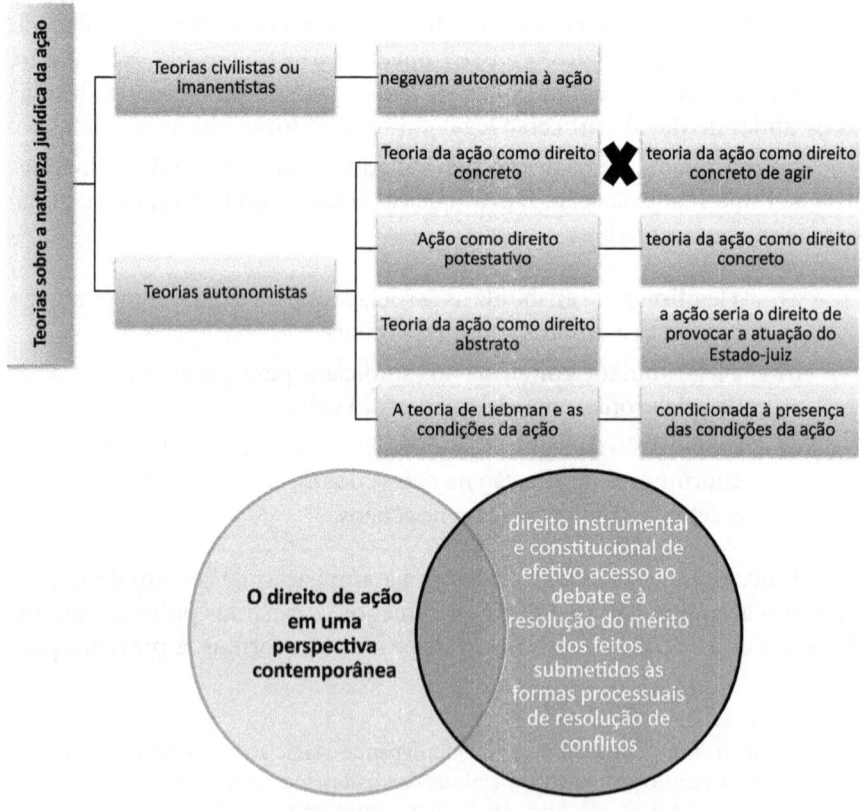

---

75 SOUZA JR., José Geraldo de. Movimentos sociais – emergência de novos sujeitos: o sujeito coletivo de direito. In: ARRUDA JR., Edmundo Lima de (Org.). *Lições de direito alternativo 1*. São Paulo: Acadêmica, 1991. p. 131-142.

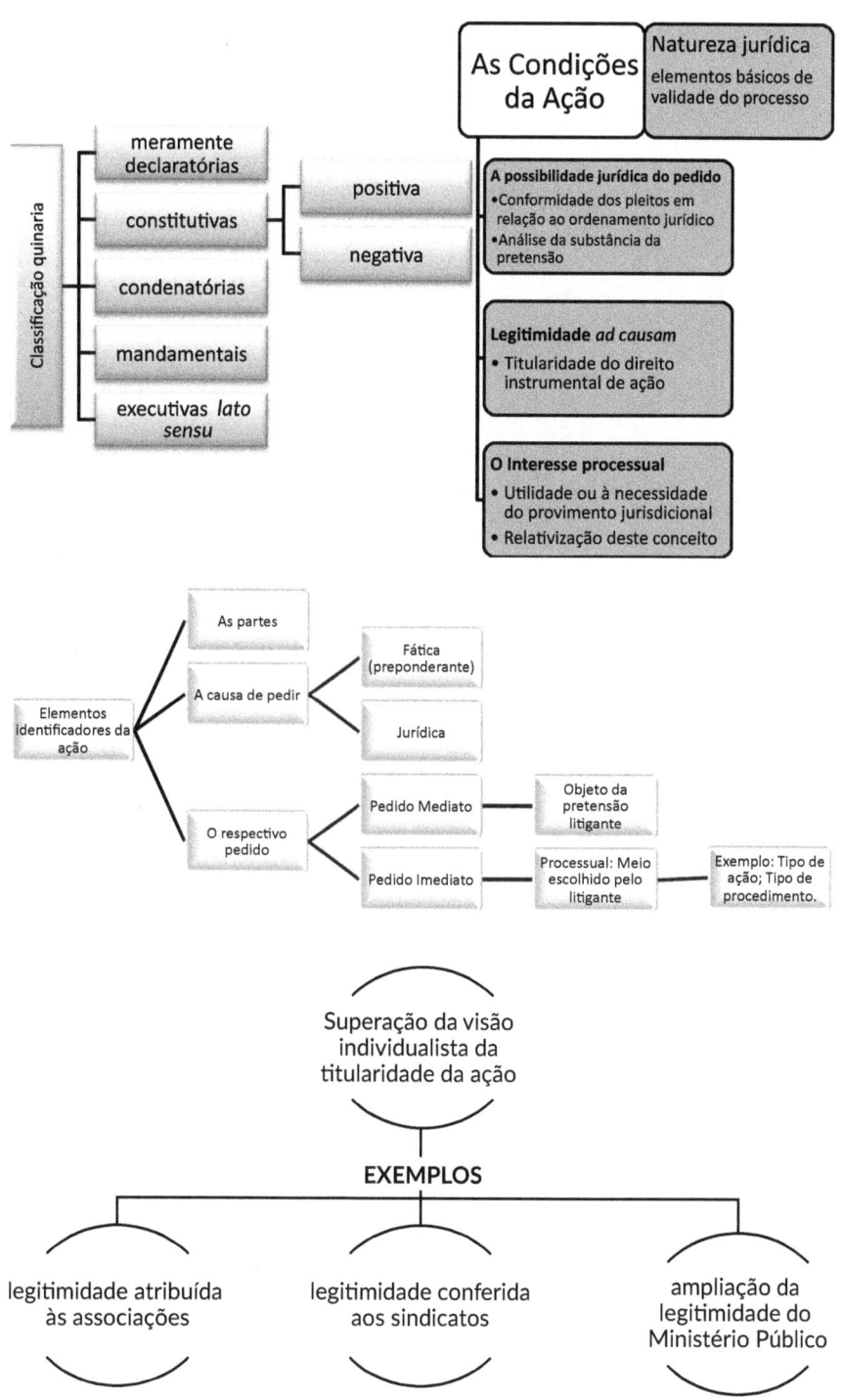

Capítulo 2
JURISDIÇÃO E COMPETÊNCIA

2.1 CONCEITO DE JURISDIÇÃO

A fim de compreender o atual conceito de jurisdição, vamos primeiramente relembrar como a jurisdição se dava em Roma. Na sequência, analisaremos brevemente os conceitos de jurisdição desenvolvidos por Francesco Carnelutti e Giuseppe Chiovenda na Itália, bem como por Cândido Rangel Dinamarco no Brasil, tendo em vista o destaque que lhes é dado pela nossa teoria processual. Finalmente apresentaremos a concepção aliada ao modelo constitucional contemporâneo do processo civil, segundo a qual se compreende a jurisdição.

2.1.1 A jurisdição no Direito romano

A palavra jurisdição deriva do latim *juris* (direito) *dictionis* (dicção; ação de dizer). O termo *jurisdição* significa exatamente isso: dizer o direito.

A jurisdição não integrava, na república romana, os chamados *poderes de império*. Distinguia-se a *jurisdictio* (dizer o direito) do *imperium* (poder de executar o que foi decidido), não como termos que se opõem, mas como partes de um todo.

Enquanto a *jurisdictio* era efetuada pelos *jurisconsultos* nomeados pelos *pretores*, a execução das decisões cabia aos próprios *pretores* (*imperium*).[1]

---

[1]   Sobre o processo em Roma, ver o Capítulo 2 da Unidade I, neste mesmo volume.

Assim, o pretor nomeava árbitros para decidir as causas cíveis. Distinguia-se, então, o processo *in jure*, perante o pretor, do processo *in judicio*, perante o juiz ou árbitro por ele nomeado. Permaneceu, porém, com o pretor a essência do poder jurisdicional atual, qual seja, o poder de executar.[2]

Mais tarde, no entanto, durante o período do Império Romano, a tendência de concentração do poder provocada pelos Césares teve consequências no âmbito da administração da justiça romana.

Nesse sentido, e naquele momento histórico, o poder de império passou a ser misto (*imperium mixtum*), compreendendo, além do mero poder de império, (*imperium merum*) o poder jurisdicional. A jurisdição passou, então, a integrar os poderes de império de forma a não haver jurisdição sem execução.

Os pretores deixaram, então, de apenas nomear jurisconsultos, passando não apenas a executar suas decisões, mas também a proferi-las. Hoje sabemos, portanto, que o juiz de direito contemporâneo possui os mesmos poderes de um pretor romano da época do império.

A evolução havida no Direito romano levou à compreensão de que a jurisdição não consistia mais em um simples *dizer o direito*, mas principalmente em executá-lo. Em outras palavras: a essência da jurisdição não se encontra no *julgar*, como enganadoramente parece decorrer de seu étimo, mas nos poderes de coerção e de sub-rogação.

Foi principalmente na Idade Média que se veio a afirmar verdadeiro retrocesso, em decorrência de confusão criada por glosadores de obras oriundas do período da república romana, no sentido de que a jurisdição consistiria apenas no conhecimento e não na execução das decisões (*jurisdictio in sola notione consistit*), como se decidir fosse mais importante do que executar o que foi decidido.

2.1.2 A jurisdição na concepção de Carnelutti e o conceito de lide

Para *Carnelutti*, o fim da jurisdição é o da justa composição da lide, ou seja, do conflito de interesses qualificado pela pretensão de um dos interessados e pela resistência do outro.[3] Segundo ele, sem lide não há atividade

---

[2]   Algo parecido encontra-se hoje no juízo arbitral. O Estado admite que se entregue a árbitros privados o poder de dizer o direito no caso concreto e o de julgar, até mesmo por equidade. Mas reservam-se os poderes de execução. Os árbitros não podem buscar e apreender bens ou pessoas, nem conduzir testemunhas, nem executar a própria sentença.

[3]   CARNELUTTI, Francesco. *Sistema del diritto processuale civile*. Padova: Cedam, 1929.

jurisdicional, razão pela qual não há jurisdição na denominada jurisdição voluntária; nela não existe um autêntico conflito de interesses, portanto não há atividade jurisdicional.

Inicialmente entendia também não existir jurisdição no processo de execução. Entretanto, mais tarde passou a distinguir a atividade jurisdicional que visa compor um conflito de interesses representado por uma pretensão contestada da atividade jurisdicional que visa compor um conflito de interesses originado em uma pretensão insatisfeita. Na primeira situação teríamos o processo de conhecimento, na segunda o processo de execução. Carnelutti também apresentou o processo cautelar como *tertium genus*, ao lado dos processos de conhecimento e de execução, considerando-o também como contencioso e destinado a realizar um dos fins da jurisdição, a prevenção.[4]

A conceituação finalística de jurisdição proposta por Carnelutti apresenta pelo menos dois problemas. O primeiro reside no próprio conceito de lide – o conflito de interesses qualificado pela pretensão de um dos interessados e pela resistência do outro –, sem o qual para ele não haveria processo. Esse conceito é inadequado para caracterizar os conflitos de interesses contemporâneos, como os que envolvem os direitos difusos. O segundo é que não é apenas o estado-juiz que compõe a lide. A lide pode ser composta, no âmbito do estado, por meio de sua função administrativa, bem como no âmbito das relações privadas.

2.1.3 A jurisdição como atividade substitutiva na concepção de Chiovenda

Segundo Chiovenda, é possível definir a jurisdição como a função do estado que tem por escopo a atuação da vontade concreta da lei por meio da substituição, pela atividade de órgãos públicos, da atividade de particulares ou de outros órgãos públicos, já no afirmar a existência da vontade da lei, já no torná-la praticamente efetiva.[5]

Estão marcadamente presentes na concepção de Chiovenda dois elementos, que são pressupostos da soberania estatal: a função de legislar e a de atuar a lei. A atuação da vontade da lei é realizada de forma diferente pelo administrador e pelo juiz: o juiz age atuando a lei, o administrador age em conformidade com ela. Nesse sentido, o estado legisla e aplica a lei; essa

---

4   CARNELUTTI, Francesco. *Diritto e processo*. Napoli: Morano, 1958.
5   CHIOVENDA, Giuseppe. *Instituições de direito processual civil*. São Paulo: Saraiva, 1965.

forma se dá de modo diverso pelo Poder Executivo e Poder Judiciário, o que permite diferenciar a função administrativa da função jurisdicional.[6]

Para ele, o que é característico da função jurisdicional é a atividade substitutiva. E essa substituição ocorre de duas maneiras, relativamente a dois momentos do processo: a cognição e a execução.[7] Embora seja questionável a ideia de substituição, sua teoria demonstrou que a execução tinha natureza jurisdicional. Por isso mesmo, veio a definir jurisdição de um modo que explica melhor a execução do que o julgamento: na jurisdição, o juiz substitui a atividade das partes.

Segundo Ovídio Baptista da Silva, a objeção mais séria a ser feita à teoria chiovendiana está mais em seus pressupostos teóricos, e não na teoria em si: ela pressupõe uma visão de estado em que as funções de legislar e de aplicar a lei são coisas absolutamente separadas ou mesmo antagônicas; caberia ao juiz em sua teoria apenas aplicar a lei já produzida ao caso concreto. Contemporaneamente se sabe que a aplicação da lei contém também uma atividade criadora, visto ser a lei apenas uma formulação genérica que tem de ser interpretada em face do caso concreto.[8]

Ainda que sem aceitar a teoria de Chiovenda, há que se lhe reconhecer o mérito de haver deixado claro que a execução tem natureza jurisdicional. Pode-se mesmo dizer que nela se encontra concentrada a essência da jurisdição.

2.1.4 A jurisdição na concepção de Dinamarco e os escopos do processo

Segundo Dinamarco,[9] se a jurisdição institucionalizada é uma forma de expressão do poder do estado, é claro que por meio dela devem ser canalizados os fins desse estado. E se o objetivo do estado é assegurar o bem comum – realizar a justiça social –, pode-se dizer que, nos limites da jurisdição, o fim do estado também é a efetivação desse mesmo objetivo.

Assim, a finalidade da jurisdição está na realização do bem comum, que constitui a essência dos valores de um povo, inserido em dado momento histórico, cabendo ao estado tutelar os direitos e garantias dos cidadãos, resguardando a paz social e cumprindo sua função social. A manifestação do Judiciário consiste na manifestação do próprio estado.

---

[6]   *Idem, ibidem.*

[7]   CHIOVENDA, Giuseppe. *Principios de derecho procesal civil.* Madrid: Reus, 1977.

[8]   BAPTISTA DA SILVA, Ovídio A. e GOMES, Fábio Luiz. *Teoria geral do processo civil.* São Paulo: RT, 1997.

[9]   DINAMARCO, Cândido R. *A instrumentalidade do processo.* São Paulo: RT, 1987.

Nesse sentido, o escopo de atuação do direito, apontado por Chiovenda, deve ser compreendido de modo a permitir sua conciliação com o ideal de acesso à Justiça. A necessidade de um sistema processual que se adapte à realidade social e que considere a interdependência e o princípio da solidariedade impede, portanto, que se interprete hoje esse objetivo como algo dotado de marcas individualistas.

Nesse contexto, importa salientar que a jurisdição, no Estado Contemporâneo, possui, ao lado de seu tradicional objetivo jurídico, também, segundo Dinamarco, objetivos sociais e políticos, que podem assim ser caracterizados:

a) o jurídico, segundo o qual a jurisdição serve para atuar concretamente o direito;

b) o social, que engloba a pacificação social com justiça e a educação para o exercício dos direitos e obrigações; e

c) o político, que inclui a afirmação do poder do estado (de sua capacidade de decidir imperativamente) e a garantia de participação democrática e controle desse poder pela sociedade (concretização do valor liberdade).[10]

Quando o estado legisla, ele o faz no sentido de fixar normas que permitam a existência e o desenvolvimento da sociedade. Ao aplicá-las, no exercício da atividade jurisdicional, nada mais está fazendo do que atuar o direito quando esse foi descumprido. Mas a aplicação desse direito tem de ser feita de tal forma que, por meio dela, se consiga pacificar a sociedade com justiça. O estado o faz para a sobrevivência da própria sociedade. Esse é o *escopo jurídico*.

No entanto, a aplicação desse direito tem de ser feita de tal forma que, por meio dela, se consiga pacificar a sociedade com justiça. É necessário que a decisão judicial seja justa e útil; também que possua legitimidade. Preenchendo esses requisitos, ela estará sendo também um instrumento de educação da coletividade, para seus direitos e obrigações. Tem-se aí os seus *escopos sociais*.

Finalmente, ao decidir e impor sua decisão, utilizando-se inclusive da força, se necessário for, o estado está afirmando sua autoridade. Caso não o faça, estará contribuindo para a desagregação da própria sociedade. A existência de uma instância última, que tenha a capacidade de recompor as relações sociais de acordo com o Direito, à qual os indivíduos e grupos de indivíduos

---

[10] DINAMARCO. *Op. cit.*

possam recorrer, quando seus direitos forem desrespeitados, é fundamental, embora não suficiente, para a própria existência da comunidade. Para que isso possa ocorrer eficazmente, é necessário que essa instância máxima tenha suas ações legitimadas. É também o processo, por meio do poder de ação concedido aos membros da sociedade e da participação em contraditório, que permite que esse objetivo seja atingido.

Essa visão, por via de regra, é omitida pelos cientistas políticos, que preferem centrar suas análises nas funções administrativa e legislativa. Com isso omitem que o exercício da jurisdição é também uma atividade política, tanto quanto as demais; dessa forma auxiliam na reprodução da falsa crença da neutralidade do Poder Judiciário. O Estado Contemporâneo é intervencionista; e tem de sê-lo, para que possa cumprir sua função social. Quem, em última instância, zela pelos seus objetivos é a jurisdição: é a ela que os indivíduos, as coletividades e o próprio estado recorrem, sempre que esse objetivo maior, denominado por muitos de bem comum, não é atingido.[11]

Diante disso, é necessário pensar a jurisdição não mais apenas como mera atividade de aplicação do Direito, na tradicional visão da separação dos poderes de Montesquieu.[12] "Expressão do poder, a jurisdição é canalizada à realização dos fins do próprio Estado [...]".[13] Incorporada contemporaneamente em um estado intervencionista e que possui função social, é nesse quadro que deve ser compreendida. Sua atividade deve ser voltada ao cumprimento dos objetivos fixados pelo estado no qual está inserida; na fixação desses é indispensável levar em consideração as necessidades e aspirações da sociedade. É esse elemento que lhe confere legitimidade.

---

[11] Segundo Luiz Guilherme Marinoni (*Novas linhas do processo civil*. São Paulo: RT, 2003. p. 99), "A jurisdição, de fato, pode servir de luz ao indivíduo inserido na complexidade crescente da sociedade de massa. Além disso, mesmo para a hipótese daquele que não necessita simplesmente de uma indicação ou caminho para seguir, a jurisdição tem estimulante efeito social, pois, como diz Dinamarco, as partes 'sabem que, exauridos os escalões de julgamento, esperança alguma de solução melhor seria humanamente realizável; além disso, ainda que inconscientemente, sabem também que necessitam de proteção do Estado e que não convém à tranquilidade de ninguém a destruição dos mecanismos estatais de proteção mediante sistemática desobediência. Por outro lado, existe a predisposição a aceitar decisões desfavoráveis na medida em que cada um, tendo oportunidade de participar na preparação da decisão e influir no seu teor mediante a observância do procedimento adequado [...], confia na idoneidade do sistema em si mesmo'. É importante, para o encontro da pacificação social, a aceitação da solução afirmada pela jurisdição".

[12] MONTESQUIEU, Charles Louis de Secondat, baron de la Brède et de. *Do espírito das leis*. São Paulo: Abril Cultural, 1979.

[13] DINAMARCO. *Op. cit.*, p. 207.

A teoria de Dinamarco sobre os escopos da jurisdição e sua tese sobre a instrumentalidade do processo[14] envolvem uma visão constitucional do Direito Processual e seus institutos. Ela tem grande repercussão na teoria processual e influenciou parte das alterações promovidas na legislação processual brasileira nos últimos anos. Concordando ou não com suas posições, é necessário ressaltar a importância que desempenha na nossa teoria processual.

2.1.5 Conceituando a jurisdição em sua expressão contemporânea

Na perspectiva contemporânea, a jurisdição consiste no poder-dever do estado-juiz de declarar e executar os direitos conforme as pretensões que lhe são formuladas, segundo os valores e princípios fundamentais estabelecidos na Constituição Federal, garantindo o seu respeito efetivo no âmbito dos fatos, na vida dos litigantes. É esse o sentido que se deve atribuir ao art. 5º, inc. XXXV, da Constituição Federal.

A jurisdição é exercida pelo estado por meio do Poder Judiciário, e tem por escopo aplicar o direito e garantir sua eficácia, em última instância, nos casos concretos, quando provocada.

Em países que adotam o denominado *sistema inglês* ou sistema de jurisdição única, somente o Poder Judiciário possui a atribuição de, quando provocado, dizer, em caráter definitivo e imutável, o direito aplicável a determinado caso concreto.

Diversamente, o *sistema francês* ou sistema do contencioso administrativo é aquele em que se veda o conhecimento pelo Poder Judiciário de atos da Administração Pública, ficando estes sujeitos à chamada jurisdição especial do contencioso administrativo, formada por tribunais de índole administrativa. Nesse sistema há, portanto, uma dualidade de jurisdição: a jurisdição administrativa (formada pelos tribunais de natureza administrativa, com plena jurisdição em matéria administrativa) e a jurisdição comum (formada pelos órgãos do Poder Judiciário, com a competência de resolver os demais litígios).

No Brasil, a inafastabilidade da jurisdição como competência do Poder Judiciário encontra-se expressa no inc. XXXV do art. 5º da Constituição Federal, segundo o qual "*a lei não excluirá da apreciação do Poder Judiciário lesão ou ameaça a direito*".

Portanto, no Brasil, os conflitos de interesses que não sejam resolvidos espontaneamente, seja por não lograrem as partes envolvidas chegar a um

---

[14]   Sobre o conceito de instrumentalidade presente na obra de Dinamarco, ver Capítulo 3 da Unidade II, neste mesmo volume.

acordo, seja por ser vedada a solução espontânea do conflito (como é a regra no caso da jurisdição penal), deverão ser dirimidos pelo Poder Judiciário,[15] mediante o exercício da jurisdição. Pode, entretanto, no que respeita ao conhecimento do Direito, relativamente a direitos patrimoniais disponíveis, ser exercida por árbitros escolhidos pelas partes. Mas nessa situação não se trata de jurisdição plena, tendo em vista que a execução, caso seja necessária, terá de ser realizada por meio de órgão do Poder Judiciário.[16]

Na moderna Teoria do Processo, as ideias de processo e de jurisdição se fundiram, assim como as funções de cognição e de execução. Essa ideia é chave para entender a presente vinculação entre direitos fundamentais e processo, que também passa pela ideia de ação.

2.2 ELEMENTOS CENTRAIS NECESSÁRIOS À COMPREENSÃO DA JURISDIÇÃO

Para que se possa ter uma ideia mais adequada de como se desenvolve a atividade jurisdicional do Estado, neste tópico vamos destacar alguns elementos centrais à sua compreensão. Serão vistos seus princípios e limites, as espécies de jurisdição, as espécies de tutelas jurisdicionais e de atos dos órgãos que exercem atividade jurisdicional, bem como a relação entre jurisdição e competência.[17]

2.2.1 Princípios da jurisdição

A jurisdição, como já vimos, tem como objetivo dizer e fazer valer o direito aplicável a determinado caso concreto a fim de dirimir um conflito de interesses. Entre seus princípios cumpre destacar:

---

[15] Há situações excepcionais, como nos processos de *impeachment*, em que ela é exercida pelo Senado Federal (CF, art. 52, inc. I).

[16] Segundo a Lei de Arbitragem (Lei nº 9.307/1996), art. 31, as sentenças arbitrais produzem os mesmos efeitos das sentenças proferidas pelos órgãos do Poder Judiciário. E, segundo o seu art. 18, o árbitro é juiz de fato e de direito, sendo que suas sentenças não estão sujeitas a recurso ou homologação do Poder Judiciário.

Na arbitragem, o árbitro exerce atividade de dizer o direito, embora não possua, no Brasil, o poder de efetivá-lo via execução; portanto, não exerce a jurisdição em seu sentido pleno. Mas é perfeitamente possível que um determinado ordenamento jurídico também permita a jurisdição por parte de órgãos privados, inclusive com os atos de execução. Teoricamente, portanto, a jurisdição pode ser, em determinado contexto histórico e geográfico, pública, mas não estatal.

[17] Sobre o Poder Judiciário, órgão estatal encarregado da atividade jurisdicional, dedicar-se-á um capítulo próprio, na Unidade IV deste volume.

a) *inafastabilidade*, que é o seu *princípio central*, previsto na Constituição Federal, em seu art. 5º, inc. XXXV, significando que o legislador[18] não pode afastar nenhum conflito do Judiciário, ou seja, não pode colocar limites ao direito de ação; é desse princípio que decorre o próprio direito de ação;[19]

b) *inevitabilidade*, que significa que ninguém pode fugir aos efeitos dos atos dos órgãos jurisdicionais, que o poder do Estado atua independentemente da vontade das partes, no âmbito do processo; esse princípio decorre diretamente da garantia da inafastabilidade;

c) *indeclinabilidade*, que significa que os órgãos jurisdicionais e seus ocupantes não podem declinar de prestar a jurisdição, não podem se negar a decidir os conflitos quando for de sua competência; esse princípio também decorre diretamente da garantia da inafastabilidade;

d) *indelegabilidade*, que significa que os órgãos jurisdicionais e seus ocupantes não podem delegar seu exercício a nenhuma outra instituição ou pessoa; esse princípio decorre da garantia do juiz natural, presente na Constituição Federal, art. 5º, incs. XXXVII e LIII;[20]

e) *irrevogabilidade dos atos jurisdicionais* pelos outros poderes e mesmo pelo próprio Poder Judiciário, uma vez tendo a sentença transitado em julgado; também é denominado princípio da imutabilidade ou definitividade das decisões judiciais; esse princípio decorre da garantia da coisa julgada, presente na Constituição Federal, art. 5º, inc. XXXI;[21]

f) *inércia inicial*, princípio decorrente do direito de ação – direito esse nascido da garantia da inafastabilidade –, que proíbe a manifesta-

---

[18] Na arbitragem não é legislador, mas as próprias partes que afastam um determinado conflito do Poder Judiciário, e só podem fazê-lo quando envolve bens patrimoniais disponíveis, conforme dispõe o art. 1º da Lei nº 9.307/1996. A lei de arbitragem prevê a possibilidade de as partes por ela optarem, mas não as obriga; portanto, o legislador não está afastando um conflito do Poder Judiciário, mas sim autorizando as partes a fazerem-no em situações muito específicas, nas quais claramente não há interesse público ou social, ou bens indisponíveis ou protegidos.

[19] Sobre o princípio da inafastabilidade, ver o Capítulo 1 da Unidade IV, neste mesmo volume.

[20] Sobre o princípio do juiz natural, ver o Capítulo 1 da Unidade IV, neste mesmo volume.

[21] Sobre a garantia da coisa julgada, ver o Capítulo 1 da Unidade IV, neste mesmo volume.

ção dos órgãos jurisdicionais sem que haja provocação das partes (ou no Ministério Público, no processo penal); além de impedir a invasão do espaço privado por parte do Estado, também garante a imparcialidade de seus agentes; e

g) *imparcialidade*, segundo a qual a jurisdição deve ser exercida por um terceiro imparcial, por meio de um processo dialético, em que são necessariamente ouvidas as partes, para que ao final o ocupante do órgão jurisdicional profira a decisão e a execute, se necessário; esse princípio, como o da indelegabilidade, decorre da garantia do juiz natural, presente na Constituição Federal, art. 5º, incs. XXXVII e LIII.

Como pode ser observado pelo exposto, a jurisdição tem seus princípios inseridos no texto constitucional, como direitos fundamentais.

2.2.2 Limites contemporâneos da jurisdição

Pode-se dizer, de forma geral, que os limites para o exercício da jurisdição também se colocam no plano dos direitos fundamentais: a jurisdição não pode agir de ofício, em decorrência do direito de ação (decorrente da garantia da inafastabilidade, como já visto no tópico anterior) e deve atuar dentro dos limites estabelecidos pela legislação processual (conforme princípio do devido processo legal, previsto no art. 5º, inc. LIV).

Também não pode decidir, sobre o direito material, fora dos limites autorizados pela lei, como expressamente dispõe o art. 5º, inc. II: "*ninguém será obrigado a fazer ou deixar de fazer alguma coisa senão em virtude de lei*".[22]

É importante também destacar que há limites que se colocam relativamente aos sujeitos sobre os quais se exerce a jurisdição. No campo internacional, os estados estrangeiros, a quem as decisões internas não obrigam; há nessa área também os casos previstos em convenções e tratados internacionais que protegem autoridades estrangeiras mesmo estando em território nacional.

Ainda sobre limites que se colocam relativamente aos sujeitos sobre os quais se exerce a jurisdição, há no campo interno limites à atividade jurisdicional sobre atos praticados pelos ocupantes de determinados cargos do legislativo: as denominadas imunidades parlamentares.

---

[22] Sobre as situações de lacuna e a possibilidade de decisões *contra legis*, ver o Capítulo 4 da Unidade V, neste mesmo volume.

2.2.3   Espécies de jurisdição

É necessário destacar que a jurisdição, como função estatal, é una com função estatal. A sua divisão em espécies é, em determinadas situações, apenas de natureza didática, em outras, vinculada às competências dos órgãos jurisdicionais ou à espécie de direito material que visa proteger. As classificações mais comuns na teoria processual são:

a) *jurisdição de direito e de equidade*: na jurisdição de direito, o juiz deve aplicar o direito preexistente; na jurisdição de equidade, o juiz está autorizado por lei a criar o direito para o caso;

b) *jurisdição comum e especial*: a jurisdição comum é aquela exercida pelas justiças comuns – da União e dos Estados-Membros; a jurisdição especial é aquela exercida pelas justiças especializadas, quais sejam a militar, a eleitoral e a do trabalho;[23]

c) *jurisdição penal e civil*: a jurisdição penal é aquela exercida na aplicação da lei penal; por exclusão, denomina-se jurisdição civil toda aquela que não é penal;

d) *jurisdição superior e inferior*: a jurisdição superior é a exercida pelos órgãos que prestam a jurisdição de segundo grau ou de segunda instância (os diversos tribunais existentes na organização judiciária brasileira); a jurisdição inferior é a exercida pelos órgãos que prestam a jurisdição de primeiro grau ou de primeira instância (os juízos);[24] e

e) *jurisdição contenciosa e voluntária*: essas espécies de jurisdição pertencem especificamente ao processo civil. O elemento principal a diferenciá-las está no fato de que na jurisdição contenciosa há um conflito de interesses, enquanto na jurisdição voluntária há uma pretensão comum.[25]

---

[23] Sobre as justiças comuns e especiais, ver o Capítulo 2 da Unidade IV, neste mesmo volume.

[24] Essa classificação parece inadequada, porque tanto os órgãos de primeira instância como os de segunda prestam a integridade da jurisdição dentro de suas competências, não possuindo a segunda instância poder de mando sobre o que deve decidir a primeira; o que a segunda instância faz é analisar os recursos das decisões da primeira instância, podendo alterá-las, mas não pode ordenar aos órgãos de primeiro grau que decidam de uma forma ou de outra. A exceção fica por conta das decisões com efeito vinculante e das súmulas vinculantes, previstas na Constituição Federal em seus arts. 102, § 2º, e 103-A.

[25] Desejando realizar uma diferenciação maior, pode-se dizer que a jurisdição contenciosa possui partes, o ato jurisdicional final é uma sentença que exige processo, e as

Muitas dessas classificações são teórica e tecnicamente desnecessárias. Entretanto, é recomendável conhecê-las, considerando que se encontram proliferadas nos textos que tratam de Direito Processual.

2.2.4 Espécies de tutelas jurisdicionais

Inicialmente é necessário deixar claro que tutelas são classificadas segundo a forma como o processo versa sobre o direito material, afirmando-o, executando-o, ou ainda, afirmando e executando simultaneamente. O uso do termo indistintamente por parte da teoria processual, dados os bairrismos e a dificuldade de esclarecimento semântico, por vezes dificulta tal compreensão.

As tutelas jurisdicionais, quanto às funções processuais previstas pelo CPP e pelo CPC de 2015, podem ser fundamentalmente cognitivas ou executivas. Na concepção do CPC de 1973 havia, ainda, uma terceira espécie de tutela jurisdicional: a tutela cautelar.

A *tutela cognitiva* corresponde à afirmação da existência, validade ou eficácia de direitos. Concerne tanto ao denominado *processo de conhecimento*,[26] quanto a todos os demais feitos em que o magistrado necessita conhecer o objeto da causa, declarando direitos, ainda que a fim de decidir por qualquer outra medida não apenas cognitiva.

Desse modo, mesmo que a decisão possua natureza executiva, decorrerá de uma cognição anterior, caso este em que haverá *sincretismo processual*: prática de atos cognitivos e executivos em um mesmo procedimento, situação bastante comum no processo contemporâneo,[27] decorrente do aprimoramento do sistema em busca de efetividade e adequação processual à tutela dos direitos.

Por sua vez, a *tutela executiva* corresponde ao cumprimento de atos no mundo dos fatos; aos resultados fáticos determinados pela via do processo. Pode se dar de três maneiras: corresponde ao chamado *processo de execução*;[28]

---

decisões proferidas adquirem, regra geral, a qualidade de coisa julgada material; já a jurisdição voluntária possui interessados, se caracteriza mais propriamente como um ato administrativo de homologação de vontades comuns mediante procedimento administrativo, e decisões proferidas não adquirem a qualidade de coisa julgada material. Não há, entretanto, unanimidade na teoria processual sobre essa caracterização.

[26] CPC de 2015, Livro I da Parte Especial.

[27] Essa situação se tornou comum após as reformas do CPC de 1973, iniciadas na década de 90 do século XX.

[28] CPC de 2015, Livro II da Parte Especial; arts. 771 e seguintes.

ao *cumprimento da sentença*,[29] e às *medidas de urgência* antecipatórias[30] ou cautelares.[31]

A suposta *tutela cautelar*, por seu turno, seria aquela tutela meramente acessória, que asseguraria o resultado útil do provimento final de mérito até que este pudesse ser executado definitivamente.[32] Em verdade, pelo critério estabelecido para a diferenciação entre tutela cognitiva e tutela executiva, a tutela cautelar seria uma espécie de tutela executiva, sendo este um dos motivos pelos quais foi eliminado, no CPC de 2015, o Livro referente ao Processo Cautelar existente no CPC de 1973.[33]

Logo, a tutela jurisdicional final não corresponde ao efeito da sentença, mas sim à afirmação definitiva do direito ou à sua execução; corresponde às funções processuais de conhecer e de executar.[34]

As demais espécies de tutelas descritas pela teoria processual não são exatamente espécies de tutelas jurisdicionais ou de tutelas processuais, mas sim formas de cuidado por meio do sistema jurídico, classificadas conforme o eventual desrespeito aos direitos materiais.

Esse seria o caso, por exemplo, das denominadas tutelas *preventivas* (inibitórias), tutelas *reparatórias* e tutelas *ressarcitórias*, que não são pensadas conforme a função processual a ser exercida, mas sim conforme a proteção material a ser efetuada junto ao direito das partes, aqui classificadas conforme a maneira que se vinculam ao eventual dano sofrido ou em vias de ser sofrido.

---

[29] CPC de 2015, arts. 513 e seguintes.

[30] CPC de 2015, arts. 300 em 1º grau e art. 1.019 em grau de recurso, por meio de agravo de instrumento.

[31] CPC de 2015, arts. 301 e seguintes.

[32] CPC de 2015, arts. 301 e seguintes.

[33] O que demonstra a incoerência do CPC de 1973, que previa a existência de um livro autônomo para o denominado *processo cautelar* (CPC de 1973, arts. 796 e seguintes).

[34] Isso significa que a eficácia das sentenças não diz respeito ao fim pretendido pela parte, às denominadas tutelas finais, mas sim a fins apenas internos ao processo, pelos quais se conhece *como* os direitos serão juridicamente afirmados e tutelados (declaração, constituição e condenação) e consequentemente executados (mandamentalidade e executividade *lato sensu*). A classificação dos meios – fins apenas internos ao processo – pelos quais os direitos são afirmados também é denominada de *classificação da eficácia das ações, classificação da eficácia dos pedidos* ou *classificação da eficácia das sentenças*. Assim, quanto às eficácias das decisões judiciais, classificam-se as tutelas jurisdicionais *meio* como correspondentes aos fins apenas internos ao processo, caso esse em que se prefere denominá-las como *eficácias* das sentenças/ações/pedidos, quais sejam: declaratórias, constitutivas, condenatórias, mandamentais e executivas *lato sensu*, conforme já visto no capítulo sobre a Ação, nesta mesma unidade.

2.2.5 Espécies de atos dos órgãos jurisdicionais

Os órgãos jurisdicionais se manifestam nos processos por meio de diferentes espécies de atos, que podem ser divididos em decisões e despachos.

2.2.5.1 Decisões

Decisões são as deliberações do órgão jurisdicional sobre questões processuais ou de mérito e podem ser interlocutórias ou finais:

a) *interlocutórias* são as decisões proferidas durante o processo, que não resolvem as pretensões das partes com definitividade, não versando de forma definitiva sobre o pedido. Podem ser decisões monocráticas em 1º ou 2º graus, ou colegiadas em grau de recurso (acórdãos interlocutórios);

b) as *finais* são:

- as *sentenças*: são as decisões singulares de primeiro grau que se manifestam sobre o pedido com definitividade; as sentenças *de mérito* são aquelas que decidem sobre o pedido trazido ao processo pelo autor; as *de não mérito* são aquelas que extinguem o processo por razões de ordem formal, sem resolver o mérito dos pedidos;[35] e

- os *acórdãos finais*: decisões colegiadas finais proferidas pelos tribunais e pelas turmas recursais dos juizados especiais. Também podem ser de mérito ou de não mérito.

2.2.5.2 Despachos

Despachos são os atos por meio dos quais o órgão jurisdicional impulsiona o processo, sem impor gravames ou vantagens às partes. As decisões são os atos jurisdicionais propriamente ditos. Os despachos são atos de mera administração do processo, sem exercício de atividade jurisdicional, motivo pelo qual são irrecorríveis.[36]

---

[35] Resolvem o mérito as sentenças do art. 487 do CPC de 2015. Não resolvem o mérito as sentenças do art. 485 do CPC de 2015. Nos tribunais, as *decisões monocráticas transitadas em julgado* proferidas com fundamento no art. 932 do CPC de 2015 também podem ser de mérito, na hipótese do inc. IV, ou não mérito, na hipótese do inc. III.

[36] CPC de 2015, art. 1.001.

2.2.6   Competência

Considerando, em especial, o tamanho do espaço geográfico sobre o qual o Estado exerce a jurisdição, a quantidade e as diferentes espécies de conflitos que são submetidos ao Poder Judiciário, é necessário, para racionalizar o trabalho e prestar a jurisdição de forma mais adequada, célere e efetiva, que haja uma divisão de trabalho. A divisão de competências cumpre exatamente essa tarefa.

Pode-se então conceituar *competência* como o poder atribuído a um órgão para exercer a atividade jurisdicional, nos limites fixados em lei. Entre as normas processuais há as denominadas *normas de competência*, que são as que estabelecem os limites dentro dos quais os órgãos do Poder Judiciário podem exercer o seu poder.

Dentro do todo a quem cabe dizer e satisfazer os direitos, que é a jurisdição, a competência consiste em um dos pressupostos processuais de validade, estando intimamente ligada com a necessidade de distribuição do poder-dever de decidir e de executar o que foi decidido. Competência é, nesse diapasão, a *quantidade* de jurisdição. O tema evidencia, assim, a importância e a necessidade de distribuição do poder no âmbito judiciário, arbitral ou administrativo.

A importância da competência está, ainda, no respeito ao *princípio do juiz natural* (CF, art. 5º, LIII), pois não pode haver tribunais de exceção; não se pode criar um juízo apenas para apreciar um fato já ocorrido, sob pena de presumir a prévia parcialidade. Veja-se que o Pacto de San José da Costa Rica proíbe os tribunais de exceção, vendo-os como uma afronta aos direitos humanos.

A competência constitui, assim, a atribuição do dever e do poder de julgar as causas e executar as respectivas decisões dirigidas a determinado órgão do Poder Judiciário, arbitral ou administrativo, e que se dividem em normas de competência interna ou internacional, absoluta ou relativa.

As normas de *competência internacional* são aquelas que versam a respeito da fixação da jurisdição brasileira em meio a outras jurisdições estrangeiras em casos envolvendo entes despersonalizados ou pessoas naturais ou jurídicas de países distintos. Por sua vez, a *competência internacional pública* refere-se às Cortes internacionais, não se relacionando com a jurisdição do Poder Judiciário. Em vez de indivíduos, há países e organizações internacionais como partes.

As normas de *competência internacional privada*, por seu turno, versam sobre a relação entre os particulares, pessoas ou entes despersonalizados de países diferentes, caso este em que, no que tange à legislação brasileira, incidirão as regras específicas de competência internacional previstas no CPC de 2015 (arts. 21 e segs.).

No tocante à *competência interna*, as normas podem ser de competência material, funcional, pessoal, territorial ou valorativa, conforme explicitado a seguir. Tais regras de competência podem ser absolutas ou relativas.

Absolutas são as regras fixadas no interesse público, que podem ser reconhecidas pelo juiz sem que as partes as aleguem. Relativas são as regras fixadas no interesse das partes, cuja análise pelo juízo depende de alegação da parte demandada em momento processual próprio.

A incompetência relativa só pode ser arguida no primeiro momento, portanto, em que a parte demandada se manifesta nos autos, enquanto a incompetência absoluta pode ser analisada de ofício (sem provocação) pelo juízo, bem como pode ser alegada pela parte a qualquer momento durante todo o processo.

Mais que isso: o eventual desrespeito a regras de competência absoluta é, inclusive, motivo para a propositura de ação que poderá rescindir a coisa julgada material nas hipóteses de trânsito em julgado de processo que tramitou perante juízo absolutamente incompetente (CPC, art. 966, II).

Veja se, ainda, que, havendo convenção por meio de cláusula que preveja a competência arbitral, ocorre exclusão da jurisdição estatal para a decisão do feito.

Da mesma forma, o negócio jurídico processual (CPC, art. 190) pode intervir na fixação das regras de competência territorial por meio das denominadas cláusulas de eleição de foro previstas em contrato. É importante compreender, entretanto, que apenas as regras de competência relativas podem ser objeto de acordo de vontades, dado existirem no interesse das partes.

Logo, a competência fixada em função da matéria, da pessoa e da função é absoluta, enquanto a competência valorativa e a competência territorial são relativas.

Os critérios utilizados para a determinação da competência interna são fundamentalmente:

a) *matéria*, quando é definida em razão da espécie de direito que será submetido ao órgão jurisdicional; a divisão das justiças especializadas é realizada por esse critério. A competência material decorre do tema que é objeto do feito sob julgamento. Se o caso *sub judice* for, por exemplo, de crimes contra a vida ou de organizações criminosas, o juízo será criminal. Por sua vez, se o tema for cível, o juízo será de Família, de Sucessões e assim por diante, conforme dispuserem as normas de organização judiciária;[37]

b) *pessoa*, quando é definida em razão da pessoa parte no conflito; grande parte das competências da Justiça Federal é efetuada com base nesse critério, considerando-a competente para as matérias que a União, entidade autárquica ou empresa pública for parte;[38]

c) *funcional*, quando a competência é definida com base na função a ser exercida pelos órgãos jurisdicionais; é com base nesse critério que há a divisão de competências entre juízos e tribunais;

d) *valor*, quando o valor da causa é o critério segundo o qual há a definição da competência, como acontece com os juizados especiais. Já a competência valorativa utiliza o valor da causa como critério de distribuição da competência. É o caso, por exemplo, da regra de até 40 salários mínimos do Juizado Especial Cível, Lei 9.099/95, ou mesmo da regra de até 2 anos de pena, para o Juizado Especial Criminal;[39]

e) *complexidade* e *poder ofensivo*, quando o critério para fixação da competência é a menor complexidade, para os juizados especiais cíveis, e o menor potencial ofensivo, para os juizados especiais criminais;[40]

f) *territorial*, quando o critério para a definição da competência é o espaço geográfico sobre o qual será exercida a jurisdição; esse critério é utilizado em todas as justiças para distribuir seus órgãos jurisdicionais dentro do território nacional (justiças da União) ou estadual (justiças dos Estados-Membros); é com base nele que as justiças são divididas em regiões, seções, comarcas e distritos; e

g) *exclusão*, que não é propriamente um critério, mas sim a atribuição da competência residual, excluídas as competências das demais justiças ou órgão; a competência da justiça comum estadual é fixada por exclusão, pois ela é competente em todas as matérias cuja competência não seja das justiças da União.

---

[37] Justiça do Trabalho, CF, art. 114 e seus incs.; Justiça Eleitoral, CF, art. 121; Justiça Militar, CF, art. 124.

[38] CF, art. 109, inc. I.

[39] CF, arts. 24, inc. X, e 98, inc. I.

[40] CF, art. 98, inc. I.

A competência é considerada *absoluta* quando fixada em razão da matéria, em razão da pessoa ou pelo critério funcional; não pode ser modificada e em muitas situações é definida por razões de ordem pública. É considerada *relativa* quando instituída preponderantemente em consideração aos interesses dos litigantes ou da boa instrução da causa e não por razões de ordem pública; regra geral é relativa à competência fixada pelo critério territorial, situação em que cabe o foro de eleição.

O procedimento prático para se definir quais são a Justiça e o órgão competentes para decidir um determinado conflito pode ser sintetizado nos seguintes passos:

a) *determinar a Justiça competente entre as existentes*; para isso será necessário analisar a matéria e as pessoas envolvidas na demanda;

b) *determinar o órgão competente dentro dessa Justiça*; para isso é necessário verificar primeiro se é uma ação que inicia um processo ou se é um recurso; também é necessário verificar se não é situação de competência originária dos tribunais das respectivas justiças, ou mesmo do STJ ou STF;

c) *determinar o lugar onde a ação deve ser proposta*, o distrito, a comarca, a seção ou a região, conforme a divisão adotada pela Justiça competente; e

d) *determinar, entre os órgãos sediados em um mesmo lugar, qual o competente*; é necessário verificar se há órgão especializado ao qual deve ser encaminhada a demanda; havendo no mesmo lugar mais de um órgão competente, o processo de distribuição é realizado por órgão administrativo específico.

Mesmo existindo critérios para fixação da competência e legislação que a fixa, há situações em que ocorrem conflitos de competência. Isso ocorre quando:

a) dois ou mais juízos se declaram competentes;

b) dois ou mais juízos se declaram incompetentes; e

c) entre dois ou mais juízos surge controvérsia acerca da reunião ou separação de processos.

Como regra geral, no primeiro caso será o juiz que primeiro tiver tomado contato com a causa, denominado de *juiz prevento*; no segundo, a decisão caberá ao órgão jurisdicional de segunda instância, que se manifestará em recurso próprio; no terceiro, da mesma forma. A decisão proferida por juiz incompetente é nula, tendo em vista o princípio do juiz natural, previsto no art. 5º, inc. LIII, da Constituição Federal.

Finalmente, é necessário destacar que há situações em que a competência pode ser modificada:

a) *causas legais*, como nas situações em que é permitida às partes a eleição de foro;

b) *conexão*, quando há em comum em mais de um processo o pedido ou a causa de pedir; e

c) *continência*, quando há as mesmas partes, mesma causa de pedir, mas o objeto de uma ação é mais amplo que os das demais.

Quando há a mudança da competência, passando a ser competente um órgão jurisdicional que originariamente não o era, diz-se que ocorreu a *prorrogação da competência*.

A competência é uma das matérias de natureza prática de maior importância dentro do Direito Processual. Sem a divisão de competência não haveria como a atividade jurisdicional ser exercida diante dos grandes espaços geográficos a serem cobertos e às grandes diferenças entre as espécies de conflitos a serem apreciados. Também não seria possível garantir a todos uma prestação jurisdicional adequada, célere e efetiva.

2.3 A RELAÇÃO ENTRE COMPETÊNCIA, JURISDIÇÃO E PROCESSO: APROXIMAÇÃO

Podemos afirmar, atualmente, consoante a Teoria do Processo pensada conforme a Constituição, que as concepções de processo e de jurisdição, enriquecidas pela flexibilização das regras sobre competência, se aproximaram, assim como as funções de cognição e de execução.

A jurisdição da Idade Antiga não estava acompanhada nem inserida no âmbito do processo. À época, inclusive, o processo sequer existia como uma disciplina jurídica autônoma. Foi apenas com o advento da Revolução Francesa (cujo símbolo é o mesmo triângulo que indica a relação jurídica processual clássica), que o processo passou a ser visto até mesmo como uma disciplina para a qual mais tarde viria a ser reconhecida uma relação jurídica autônoma.

O desenvolvimento de uma disciplina como o processo necessitou, obviamente, passar tanto pelo estudo histórico quanto pelo aprimoramento operativo da jurisdição, aproximando os conceitos da mesma forma como as funções processuais da cognição e da execução hoje não podem ser compreendidas separadamente, dada a necessidade para que haja efetividade das decisões judiciais e do próprio processo.

Além da aproximação entre a jurisdição e o processo, o aumento da complexidade social trouxe novas demandas para o sistema jurídico. A partir do momento em que se passa a efetivamente pensar o processo na perspectiva da Constituição, não são apenas os institutos processuais elementares que fundamentam a disciplina, mas principalmente os valores e princípios constitucionais.[41]

Dessa maneira, embora a jurisdição e o processo constituam institutos processuais elementares cuja delineação teórica é imprescindível para a melhor compreensão do fenômeno processual, a verdade é que o aperfeiçoamento da teorização clássica do processo atualmente passa, ainda, pela sua adaptação à lógica empírica do sistema processual, cotidianamente testado por meio de seus resultados na vida dos litigantes.

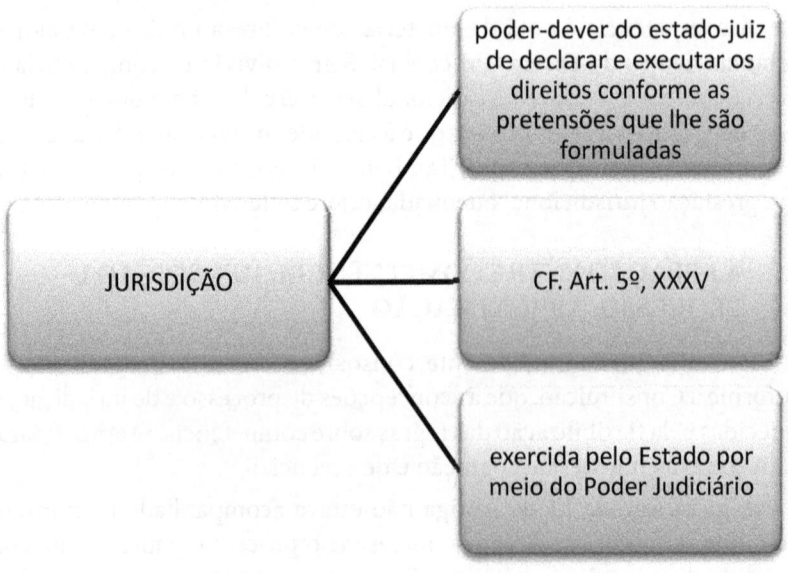

---

[41] CPC de 2015, art. 1º.

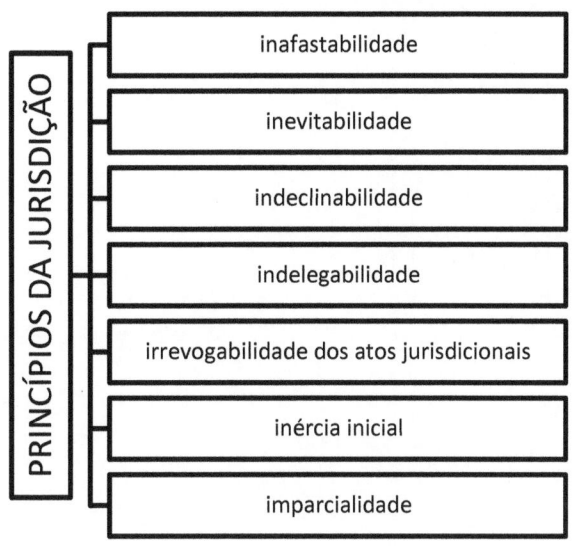

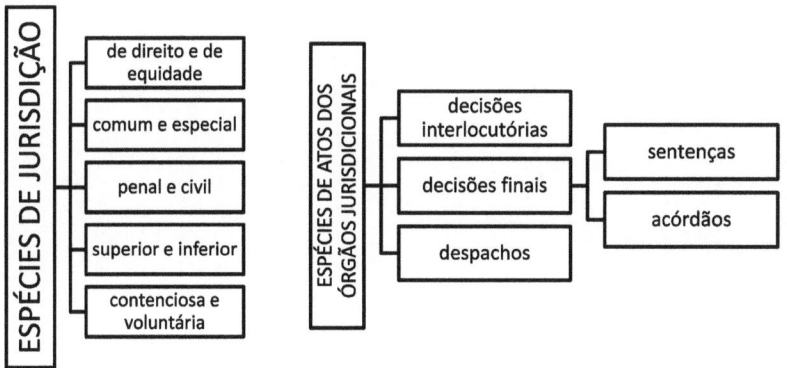

COMPETÊNCIA

poder atribuído a um órgão para exercer a atividade jurisdicional, nos limites fixados em lei

critérios

Capítulo 3
PROCESSO E PROCEDIMENTO

3.1 PROCESSO E PROCEDIMENTO

Sobre os conceitos de processo e procedimento já tratamos brevemente no Capítulo 1 da Unidade I. Neste capítulo, vamos recuperar alguns de seus conceitos históricos e destacar elementos importantes para a sua compreensão.

Cabe relembrar inicialmente que o processo não é sinônimo de procedimento, já que o procedimento diz respeito à forma pela qual o processo se materializa.

O procedimento é a parte visível do estudo do direito processual: o conjunto de atos que o compõem. Podem-se estudar temas do Direito Processual sem estudar os procedimentos, mas não se pode estudar o procedimento sem que se esteja a estudar o processo.

3.2 PROCESSO

Neste tópico, apresentaremos de forma sintética alguns conteúdos atinentes ao instituto *processo*. É importante destacar, entretanto, que relativamente a atos processuais, relação processual, sujeitos do processo, fases processuais e pressupostos processuais esse conteúdo se restringe a breves informações. Seu estudo detalhado não constitui objeto da Teoria do Processo, mas sim do Direito Processual, em suas diferentes áreas.

3.2.1 Modalidades, natureza jurídica e conceito

O processo possui, historicamente, três modalidades: inquisitivo, de ação e misto. De outro lado, sua natureza jurídica foi e é tema de ampla discussão no âmbito da Teoria do Processo, e as principais teorias são aquelas que o apresentam como: contrato ou quase contrato, relação processual, situação jurídica, instituição, e procedimento em contraditório.

3.2.1.1 *Modalidades históricas*

Historicamente, pode-se dizer que o processo evoluiu em especial por meio das seguintes modalidades:[1]

a) *inquisitivo*: caracteriza o processo inquisitivo a concentração das funções de acusar, defender e julgar em uma só pessoa ou instituição, regra geral indicada e irrecusável por impedimento ou suspeição, podendo haver o sigilo dos atos processuais e inexistir o contraditório, sendo a confissão elemento suficiente para condenação.[2] Nessa modalidade, o processo é mais uma forma de administração da solução de conflitos e de aplicação do Direito do que de busca da verdade e da justiça. Foi marcante na história do Direito Penal, podendo se destacar exemplarmente os processos da Santa Inquisição, levados a cabo pela Igreja Católica na Idade Média;

b) *de ação* e *acusatório*: nessa modalidade de processo autor e réu estão em pé de igualdade e o órgão encarregado de decidir é imparcial (juiz natural), sendo asseguradas todas as garantias constitucionais do processo (devido processo legal, contraditório, ampla defesa, isonomias, publicidade, entre as principais). A iniciativa cabe às partes, não podendo o juiz iniciar o processo *ex officio*. Na área civil a iniciativa do processo cabe ao autor (daí processo de ação) e na área penal, à parte acusadora (daí processo acusatório – por princípio constitucional a iniciativa cabe ao Ministério Público, havendo exceções em que a iniciativa cabe à vítima, em razão da qualidade do delito). Nessa modalidade, as funções de acusar, defender e julgar pertencem a pessoas distintas; e

---

[1] Historicamente no sentido de surgimento; em diferentes países há diferentes formas de processo, sendo que as aqui indicadas coexistem contemporaneamente, independentemente das críticas que se possa fazer a cada uma delas, a uma ou outra em especial.

[2] Confissão essa arrancada muitas vezes mediante tortura.

c) *misto*: nessa modalidade o processo possui uma fase inquisitiva e outra acusatória. Ou seja, se caracteriza pela combinação da modalidade inquisitória, investigação preliminar, com a forma acusatória, instalação posterior do contraditório.

3.2.1.2 *Teorias sobre sua natureza jurídica*

Várias teorias procuram explicar a natureza jurídica do processo. São teorias privatistas as que veem o processo como contrato ou quase contrato, e publicistas, entre outras, as que veem o processo como situação jurídica, instituição, relação processual e procedimento em contraditório. É possível sintetizá-las da seguinte forma:

a) *contrato*: segundo esta concepção, a relação que interliga autor e réu é vista como a mesma que une as partes em um contrato. Há um titular do interesse subordinante e outro titular do interesse subordinado, sendo que o primeiro tem o direito de exigir do segundo que satisfaça uma prestação.[3] Essa teoria remonta ao antigo Direito romano;

b) *quase contrato*: no quase contrato as obrigações são determinadas pela lei com base na presumível vontade das partes, enquanto no contrato as obrigações são determinadas diretamente pela própria vontade das partes.[4] Foi Friedrich Carl Savigny[5] quem desenvolveu essa teoria perante as dificuldades de caracterizar o processo como contrato. Essa concepção de processo é característica da fase sincrética da história do Direito Processual, em especial durante o praxismo;[6]

c) *relação jurídica*: a concepção do processo como relação jurídica se deve a Oskar von Büllow,[7] para quem o processo é uma relação jurídica entre as partes, e o juiz, uma relação jurídica processual e, como tal, diferenciada das relações jurídicas que constituem

---

[3] Segundo o que se encontra em geral na teoria processual, sua inspiração é o Ulpiano, para quem em *juízo se contrai obrigações, assim como nos contratos.*

[4] Segundo o que se encontra em geral na teoria processual, sua inspiração é o Ulpiano, *em juízo quase contraímos.*

[5] SAVIGNY, Friedrich Carl von. *Sistema do direito romano atual.* Ijuí: Unijuí, 2004.

[6] Ver Capítulo 1 da Unidade I, neste mesmo volume.

[7] BÜLLOW, Oskar von. *La teoría de las excepciones procesales y los presupuestos procesales.* Buenos Aires: Europa-América, 1964.

a matéria do debate judicial. Foi por meio dessa teoria que se separou a noção de processo da noção de procedimento. Esse autor entendia o processo como uma relação jurídica pública, pois vincula necessariamente o Estado; relação essa que avança gradualmente, desenvolvendo-se passo a passo. Essa teoria marcou o nascimento do processualismo científico[8] e é a mais conhecida, tendo sido também a preponderantemente aceita durante mais de um século como a melhor forma de compreender o processo;

d) *situação jurídica*: para essa teoria, o processo é o modo, ou situação, em que a pessoa se encontra enquanto espera a sentença; essa situação é a de ter a possibilidade de praticar atos, ou mesmo a necessidade de praticá-los, para ter seu direito reconhecido. Sua construção foi uma reação de James Goldschmidt[9] à Teoria do Processo como relação jurídica e também integra a produção do período conhecido como processualismo científico;

e) *instituição*: segundo essa teoria, o processo é uma instituição, uma organização estável das várias relações jurídicas nele existentes em busca da realização de um objetivo, que no processo jurisdicional é a solução de um conflito de interesses; da mesma forma que as anteriores, essa teoria foi desenvolvida por Jaime Guasp[10] também durante a fase do processualismo científico; e

f) *procedimento em contraditório*: segundo essa teoria, o procedimento não significa um conceito particular de área do direito, o processo, mas sim um conceito geral do próprio direito; nesse sentido, o procedimento não pode ser compreendido somente como atos ou série de atos realizados no processo se não o for à luz de normas processuais. Surge então a ideia de contraditório para caracterizar que um procedimento só constitui processo quando essa garantia estiver presente. Essa teoria foi desenvolvida por Elio Fazzalari[11] com o objetivo de diferenciar o processo do procedimento, que é sua estrutura técnico-jurídica. É contemporânea e influenciou grandemente os mais recentes estudos sobre o processo.

8 Ver Capítulo 1 da Unidade I, neste mesmo volume.
9 GOLDSCHMIDT, James. *Principios generales del proceso*. Buenos Aires: Europa-América, 1961. 2. v.
10 GUASP, Jaime. *La pretensión procesal*. Madrid: Editorial Madrid, 1981.
11 FAZZALARI, Elio. *Istituzioni di diritto processuale*. 7. ed. Padova: Cedam, 1996.

3.2.1.3 Conceito contemporâneo de processo

Considerando essas colocações e aquelas presentes no Capítulo 1 da Unidade I, pode-se reafirmar que o *processo contemporâneo é o instrumento de que se serve o estado para, tanto no exercício da sua função jurisdicional quanto fora dela, com a participação das partes e obedecendo ao procedimento estabelecido na legislação específica, eliminar os conflitos de interesses, solucionando-os; um ato jurídico complexo constituído pela operação de um núcleo de direitos fundamentais sobre uma base procedimental, não somente no âmbito da jurisdição e não apenas para declarar os direitos, mas principalmente para satisfazê-los no mundo dos fatos, na vida dos litigantes.*

Daí a afirmação de Elio Fazzalari,[12] segundo a qual o processo é o *procedimento em contraditório*. Tal procedimento é constituído por uma cadeia de atos, tendo em vista a produção de um efeito jurídico final, possuindo essência instrumental, de ser meio para um fim; incorpora, nesse sentido, uma noção teleológica.

Reconhece-se hoje, portanto, que o processo possui natureza pública e base constitucional, como reconhece o CPC de 2015, arts. 1º a 15. Não pode ser estudado nem compreendido fora de uma perspectiva que tenha por base os direitos fundamentais. Nesse sentido, a perceptiva contemporânea do processo supera as justificações e explicações mais restritas historicamente apresentadas. As teorias privatistas estão totalmente superadas, e também em grande parte as teorias publicistas desenvolvidas no período do processualismo científico.

3.2.2 Atos processuais

Atos processuais são cada uma das partes que integram o processo. Caracterizam-se por não se apresentarem isoladamente, mas integrados ao procedimento, por ligarem-se pela unidade do escopo e serem interdependentes.

Há várias formas de classificá-los. Entre elas se podem destacar:

a) *atos jurídicos, tendo em vista a vontade na participação dos efeitos jurídicos*: podem ser objetivos quando a fonte é a lei, ou subjetivos, quando a fonte é a vontade humana. Entre os primeiros há os fatos jurídicos, que são de origem natural, e os atos jurídicos em sentido estrito, que são de origem humana; os segundos são os negócios jurídicos;

---

[12]   *Idem, ibidem.*

b) *atos jurídicos, tendo em vista o número de atos*: podem ser simples, quando se esgotam em um único ato (como nas citações e intimações) ou complexos (como as audiências e sessões); e

c) *atos jurídicos, tendo em vista os sujeitos do processo*: podem ser do órgão jurisdicional,[13] das partes,[14] dos auxiliares judiciários[15] e do Ministério Público.[16]

3.2.3 Relação jurídica processual

O que se estuda no âmbito do direito material são as relações jurídicas, suas espécies, características, normas e particularidades. Historicamente, o pensamento processual também teve como referência a ideia de relação jurídica, para que a disciplina pudesse ser pensada, teorizada e desenvolvida.

Desse modo, diferentemente das relações jurídicas de direito material, denomina-se relação jurídica processual aquela que o Direito Processual clássico de origem liberal forneceu como fundamento teórico básico, com vistas à autonomia da disciplina e à vinculação do Estado-juiz e das partes ou interessados no processo.

São características atribuídas à relação jurídica processual:

a) *complexidade*: é uma relação que se compõe de mais de um ato, ou de um conjunto de atos;

b) *dimensão temporal*: esse conjunto de atos se desenvolve no tempo;

c) *interdependência entre seus atos*: há uma interdependência entre os atos que formam a relação processual, dando-lhe unidade;

d) *progressividade*: esses atos avançam em busca da produção do resultado final;

e) *natureza pública*: a relação processual possui natureza pública, tendo em vista nela estar presente, juntamente com as partes ou interessados, o Estado-juiz;

---

[13] Sobre os atos praticados pelos juízes, ver o capítulo específico sobre Jurisdição, nesta mesma unidade.

[14] Os atos atinentes aos poderes de ação e de defesa e aqueles necessários à produção de provas.

[15] Fundamentalmente atos de movimentação, de documentação e de execução.

[16] Há os atos praticados pelo Ministério Público quando autor (no Processo Penal e nas demais situações em que a Constituição Federal e a lei lhe atribuem essa competência) e aqueles que são praticados em outros processos, como fiscal do sistema jurídico. Das situações em que o Ministério Público atua como autor, como substituto processual ou como fiscal, ver Capítulo 3 da Unidade IV, neste mesmo volume.

f) *autonomia*: a relação processual é autônoma em relação de direito material.

Possui como sujeitos que dela participam as partes (autor e réu) e o Estado-juiz, seu objeto é prestação jurisdicional por parte do Estado-juiz, e sua natureza jurídica é de direito público.

Nesse sentido, é fundamental destacar que a relação processual difere da relação de direito material, pelos sujeitos (na relação de direito material não há o estado como terceiro imparcial), pelo objeto (na relação de direito material é o bem da vida), pela natureza jurídica (na relação de direito material pode ser de direito público ou privado) e pelo conteúdo (na relação de direito material são direitos e deveres).

Contemporaneamente, é possível realizar críticas à concepção clássica de relação processual. O reconhecimento dos direitos individuais homogêneos, dos direitos coletivos e, em especial, dos direitos difusos dificulta sua caracterização em diversas circunstâncias. Isso se deve ao fato de que o conceito de parte se torna bastante aberto nessas espécies de demandas. É o que pode ser visto nas novas ações coletivas, como a ação civil pública.

Além disso, uma série de outras questões pode ser colocada. Será mesmo necessário pensarmos na existência de duas relações jurídicas: uma de direito material (fim) e outra de Direito Processual (meio)? Será que o instrumento, o mero meio constituído pelo processo necessita ter uma relação jurídica própria? A lógica de estudo do Direito Processual deve mesmo ser a normativa, de *dever ser*? O processo é um fenômeno da realidade jurídica (dever ser) ou da realidade fática (ser)?

Longe de pretender responder satisfatoriamente a todas essas indagações neste manual, o que se busca é demonstrar que a concepção de que existe uma relação jurídica triangular de natureza estritamente processual é, na perspectiva constitucional, no mínimo questionável.[17]

Hoje se percebe que o Direito Processual não deixará de ser uma disciplina autônoma caso se passe a compreender que a existência do processo não depende da formação de uma relação jurídica processual. Trata-se de pensar preponderantemente o processo como ele é, e não apenas como deveria ser.

---

[17] A distinção entre a existência do processo e a existência da relação jurídica processual é apontada, por exemplo, nos denominados *julgamentos liminares de improcedência*, constantes do art. 332 do CPC de 2015, nos quais a ação é julgada improcedente em favor do réu sem que ele seja sequer citado para se defender.

3.2.4   Sujeitos do processo

São sujeitos que participam do processo:

a)   o Estado-juiz, que é representado no processo pelos juízes como agentes do Estado;[18]

b)   as partes[19] nos processos de jurisdição contenciosa e os interessados nos processos de jurisdição voluntária; segundo o direito brasileiro, podem ser partes as pessoas físicas (os seres humanos), as pessoas jurídicas e alguns entes despersonalizados, desde que sejam sujeitos de direitos que necessitem ser tutelados (nascituro, massa falida, espólio, herança jacente);

c)   os terceiros intervenientes, na forma definida na legislação processual; e

d)   os sujeitos especiais, que a constituição caracterizou como funções essenciais à Justiça: representantes do Ministério Público, Defensores Públicos e advogados (públicos ou privados).[20]

Relativamente às partes, quando não tiverem capacidade plena, mas apenas relativa, terão de ser assistidas. As pessoas físicas absolutamente incapazes serão representadas na forma da lei; as pessoas jurídicas serão representadas pelas pessoas indicadas em seus contratos sociais.

Assim, os sujeitos processuais são aquelas pessoas ou entes despersonalizados que participam do processo como partes, terceiros intervenientes, fiscais ou cooperadores. Alguns sujeitos processuais *são atingidos pelos efeitos da decisão proferida*, outros não.

São sujeitos processuais elementares tanto o juiz quanto as partes. São sujeitos especiais que a Constituição caracterizou como funções essenciais à Justiça: representantes do Ministério Público, Defensores Públicos e advogados.

Por sua vez, são sujeitos processuais secundários *o oficial de justiça, o escrivão, o intérprete, o tradutor, as testemunhas* e todos os demais sujeitos

---

[18]   Sobre o Poder Judiciário, ver o Capítulo 2 da Unidade IV, neste mesmo volume. Nele tratamos também da figura do juiz.

[19]   É possível a existência de uma pluralidade de partes, quer como autor, quer como réu; são as situações de litisconsórcio ativo e passivo.

[20]   Sobre as funções essenciais à Justiça, representantes do Ministério Público, Defensores Públicos e advogados (públicos ou privados), ver o Capítulo 3 da Unidade IV, neste mesmo volume.

que cooperam com o desenvolvimento do processo, mas que não o protago-nizam nem são atingidos diretamente, em regra, pelos efeitos das decisões processuais.

Considerem-se, neste momento, os sujeitos processuais elementares: o juiz e as partes.

O juiz, sujeito processual que encabeça o Estado nas faces do processo jurisdicional, é representado no processo pelos membros do Poder Judiciário, agentes do Estado que são, e sobre os quais também tratamos no Capítulo 2 da Unidade IV desta obra. Trata-se do sujeito processual imparcial responsável pela liderança na administração do processo, bem como pelo julgamento do feito.

Por sua vez, as partes possuem um conceito formal e um conceito material.

Segundo o conceito formal de parte, construído a partir da premissa da existência de uma relação jurídica processual, as partes são os sujeitos (personalizados ou não) que figuram como autores ou como réus na relação jurídica processual.

Segundo o conceito material de parte (substancial), as partes são os sujeitos atingidos diretamente pela sentença, ainda que estes não constem do processo como sujeitos processuais formais. Ex.: comprador de imóvel cujo antigo proprietário propôs ação à Caixa Econômica Federal para discussão do respectivo contrato de financiamento imobiliário (não é parte formal – já que o antigo proprietário é a parte –, mas será atingido pela eficácia da sentença de procedência ou improcedência).

As partes necessitam ter capacidade processual, requisito que se desdobra em duas capacidades: capacidade de estar em juízo e capacidade de ser parte.

Capacidade de ser parte é aquela que todo sujeito de direito possui, por ser sujeito que tem direitos e obrigações. Nela, não são necessárias per-sonalidade civil nem capacidade civil. Não precisa sequer ser uma pessoa (Ex.: nascituro, massa falida, espólio, Ministério Público, condomínio não constituído).

Capacidade de estar em juízo, por sua vez, é a capacidade processual senso estrito (*legitimatio ad processum*) – capacidade para executar atos processuais. Consiste na capacidade de praticar e recepcionar por si, válida e eficazmente, atos processuais, tendo como paralelo no plano do direito material o conceito de capacidade jurídica (arts. 3º-5º, CC).

Veja-se que, nessa hipótese, a denominada *integração da capacidade de estar em juízo* toma lugar sempre que houver situações em que houver capacidade de ser parte, mas a capacidade de estar em juízo precise ser complementada por meio de representação ou de assistência, hipóteses estas previstas nos arts. 71 a 76 do CPC. O representante praticará o ato no lugar do representado enquanto o assistente não praticará o ato no lugar no assistido, mas junto ao assistido.

A presença de duas ou mais partes formais em um mesmo polo da relação jurídica processual é denominada de *litisconsórcio*. Para que haja litisconsórcio, o importante é que se verifique a existência de pontos comuns de fato ou de direito na situação sob exame. Exemplos: litisconsórcio entre pessoas envolvidas num acidente causado por um mesmo réu (presença de ponto comum de fato; direitos podem ser diferentes).

3.2.5   Fases processuais

É comum a referência às fases processuais, que mais propriamente são fases procedimentais; é possível, didaticamente, dividi-las em:

a)   fase postulatória, na qual o autor apresenta sua demanda, por meio da ação, e o réu sua defesa, mediante a contestação;

b)   fase instrutória, durante a qual são realizadas as audiências e produzidas as provas;[21]

c)   fase decisória, na qual o órgão competente profere sua decisão; e

d)   fase recursal, na qual a parte insatisfeita com a decisão apresenta recurso ao órgão competente para analisar o recurso.

3.2.6   Pressupostos processuais

Contemporaneamente, é correto dizer que os pressupostos processuais são os temas de Direito Processual que constituem as bases da formação e do desenvolvimento válido e regular de um procedimento em contraditório.

Trata-se, sob o prisma funcional, dos pilares estruturais que proporcionam o respeito aos objetivos centrais, aos princípios e aos valores da disciplina, tais como a igualdade entre as partes, o contraditório e a ampla defesa.

Os pressupostos processuais possuem importância estratégica para o Direito Processual, pois asseguram a estrutura do desenvolvimento procedi-

---

[21]   Provas não são produzidas apenas na fase instrutória, tendo em vista que quando da proposição da ação e da apresentação da defesa as partes já apresentam provas, ou pelos menos as indicam (como nas situações de inversão do ônus da prova).

mental. Caso sejam respeitados, aumenta muito a chance de a decisão e de a correspondente execução havidas no feito, tanto durante quanto ao final do processo, serem acertadas, estarem de acordo com o sistema jurídico.

O respeito aos pressupostos processuais não interessa a apenas uma das partes. Sua observância interessa a ambas, pois a decisão, ao final, será a mais segura. De fato, os pressupostos processuais interessam ao próprio processo, e é por esse motivo que os pressupostos são temas de ordem pública: existem no interesse de todos.

Pelo fato de serem matéria de ordem pública, os pressupostos processuais podem ser alegados pelas partes a qualquer momento e em qualquer grau de jurisdição.[22] Mesmo após a formação da coisa julgada, seu desrespeito pode justificar a propositura de ação rescisória, com a rediscussão do tema enfrentado nos autos, pelo que um pressuposto processual foi desrespeitado.[23]

Também por serem questões de ordem pública, não existe preclusão para que o juiz analise a presença dos pressupostos processuais, podendo estes ser considerados pelo magistrado sem que as partes os aleguem, portanto, *de ofício*, a qualquer momento do processo e em qualquer grau de jurisdição, por meio do denominado efeito *translativo* dos recursos.

Em caso de desrespeito a pressuposto processual que não seja sanado, o processo será inválido, nulo. É exatamente esse que gera as chamadas nulidades de fundo, nulidades absolutas, que, embora sejam absolutas, não podem ser consideradas nulidades insanáveis, dado poderem ser corrigidas durante o processo, especialmente na perspectiva constitucional.

É comum, na teoria processual, a divisão dos pressupostos processuais em pressupostos de existência e de validade ou desenvolvimento. O critério utilizado é o nível de defeito processual – espécie e grau de nulidade – que o seu desrespeito pode causar. Segundo essa classificação:

a)   seriam *pressupostos de existência*: a existência de um órgão juris-dicional e a existência de um sujeito de direito que se dirija a esse órgão; a capacidade postulatória do advogado, quando necessária; a petição inicial e o respeito às condições da ação; a citação;

b)   seriam *pressupostos de validade e de desenvolvimento*: a competência do órgão julgador; a ausência de impedimento do juiz; a capacidade processual das partes (que é diferente da capacidade de ser parte); a

---

[22]   CPC de 2015, art. 337, § 5º.
[23]   CPC de 2015, art. 966.

demanda ter sido regulamente formulada, mediante citação válida; a aptidão da petição inicial; a presença de procuração nos autos, dentre outros.

Há uma segunda classificação dos pressupostos processuais, que também merece atenção, feita a partir da presença ou ausência dos pressupostos em um determinado feito. Segundo esse critério, da sua presença em cada feito, os pressupostos podem ser divididos em:

a) *pressupostos processuais positivos*: que precisam estar presentes sempre,[24] embora possuam exceções: a competência absoluta, a citação válida, a petição inicial apta, o respeito à conexão em caso de propositura de ações conexas,[25] a capacidade processual da parte, a capacidade postulatória do advogado, a imparcialidade do magistrado, entre outros;

b) *pressupostos processuais negativos*, por sua vez, são aqueles que não podem estar presentes,[26] embora também possuam exceções: a coisa julgada, a litispendência, a peremptção e a convenção de arbitragem (cláusula ou compromisso arbitral).

Diferentemente das condições da ação, que dizem respeito à possibilidade do pronunciamento jurisdicional, já estudadas anteriormente, os pressupostos processuais dizem respeito à validade da atividade tendente ao pronunciamento jurisdicional.

Entretanto, na prática possuem a mesma consequência jurídica, qual seja a extinção do processo sem o julgamento do mérito. Podem, em razão disso, ser considerados, ambos (condições da ação e pressupostos processuais), pressupostos de admissibilidade processual.

As hipóteses de desrespeito aos pressupostos processuais criam, como já explicitado neste item 3.2, as denominadas *nulidades processuais*.

Tratam as nulidades processuais de situações em que o sistema jurídico reconhece que determinados atos processuais ou até mesmo todo o processo,

---

[24] CPC de 2015, art. 337.
[25] CPC de 2015, arts. 54, 55 e 337, VIII, gerando o risco de haver decisões contraditórias caso uma delas seja decidida e a outra também seja simultaneamente levada em consideração e, consequentemente, julgada pela mesma sentença.
[26] CPC de 2015, art. 337, incs. V, VI VII e X.

conforme o caso, padecem de validade ou mesmo de existência, em decorrência de determinados pressupostos processuais não terem sido respeitados.

Nessas situações, o importante é que as nulidades necessitam ser sanadas, a fim de que o feito possa ser aproveitado, e de que o seu mérito possa ser julgado, protegendo-se os direitos materiais envolvidos em vez de extingui-los sem resolução de mérito (CPC de 2015, art. 485).

3.3 PROCEDIMENTO

O procedimento, como visto no Capítulo 1 da Unidade I, é, ao mesmo tempo, o conjunto de atos dialéticos consecutivos que permitem a materialização do processo, bem como do conteúdo da regulamentação legislativa desses atos.

O procedimento é a parte visível do processo. Desde a petição inicial até a sentença, desde os julgamentos colegiados dos tribunais até a execução das matérias transitadas em julgado, o processo depende da sua inserção em um procedimento existente ou a existir. Os autos do processo nada mais são do que a prova da realização do procedimento.

Existem, teoricamente, diferentes sistemas para a sua compreensão:

a) *liberdade das formas*: segundo esse sistema há liberdade quanto à forma de praticar os atos processuais;

b) *judicial*: nesse sistema a forma é definida pelo órgão que presta a jurisdição;

c) *legal*: por esse sistema o procedimento é definido em lei. É o mais adequado ao Direito Processual contemporâneo, considerando a ideia de Estado Democrático de Direito e um processo alicerçado nos direitos fundamentais. No Brasil é o sistema adotado, em cumprimento ao princípio constitucional do devido processo legal.[27]

Na compreensão dos procedimentos, necessitam ser considerados vários aspectos, conceitos elementares e nuanças, entre as quais cabe destacar:

a) de *impulsão*, que pode ser oficial (pelo órgão jurisdicional competente) ou das partes (aqueles atos que cabem a elas praticar no processo, para lhe dar início ou andamento);

---

[27] Sobre o princípio do devido processo legal, ver o Capítulo 1 da Unidade IV, neste mesmo volume.

b)   de *tempo*, para definição dos prazos legais a serem cumpridos, o espaço temporal dentro do qual os atos devem ser praticados; há *prazos legais*, em sentido estrito, que são a regra, *prazos judiciais*, fixados pelo órgão jurisdicional competente dentro do processo específico e válidos apenas para aquele ato e processo, e *prazos convencionais*, que são definidos pelas partes, em comum acordo, nas situações em que a lei o permitir;[28]

c)   de *espaço*, para definir o local da prática dos atos; não se trata da definição de competência territorial, mas sim daqueles que determinam o local físico para a prática dos atos processuais;[29]

d)   de *forma da expressão da vontade*, para definir se os atos serão orais ou escritos;[30-31] e

e)   de *rito*, para definir o procedimento, em sentido estrito, que deverá ser seguido para a prática de um determinado ato ou o desenvolvimento de uma espécie de processo.

Necessário se faz ainda falar sobre a preclusão. A *preclusão* também é tema ligado ao estudo dos procedimentos. A preclusão serve para que se determine até qual momento ou fase processual os atos procedimentais podem ser praticados, evitando que se pratiquem tumultos procedimentais.

A preclusão consiste na perda do direito de praticar um ato. Pode ser *temporal*, que é perda do poder de praticar o ato pelo seu não exercício, como na hipótese de ter havido decurso do prazo judicial ou legalmente estipulado para a prática de determinado ato;[32] aplica-se aos prazos das partes e seus advogados.

Pode ser ainda denominada preclusão *lógica*, quando há incompatibilidade entre a prática do novo ato e os atos já praticados.[33] Já a preclusão

---

[28]   Prazo é diferente de termo; o *prazo* é o período dentro do qual o ato deve ser praticado; o *termo*, que pode ser inicial ou final, é o momento em que o prazo se inicia ou finda.

[29]   Contemporaneamente, passamos a contar com inovações nessa matéria em razão da crescente virtualização do processo e das possibilidades tecnológicas que permitem a prática de atos a distância, como a ouvida de partes ou testemunhas por meio de videoconferência.

[30]   A expressão *termo*, além da utilização anteriormente referida, serve também para indicar a documentação escrita de determinados atos, como na expressão termo de audiência.

[31]   Cabe aqui também a observação realizada em nota anterior relativamente à prática de atos virtuais, pela internet, em crescente uso no meio jurídico.

[32]   Exemplo que pode ser apresentado é a perda do prazo para contestação (CPC de 2015, arts. 344 e seguintes).

[33]   Como exemplo, pode-se apresentar a situação do réu que contesta a petição inicial após ter reconhecido a procedência do pedido formulado pelo autor.

consumativa é aquela que impede a prática de determinado ato processual relativamente a questões já decididas, já praticadas.[34-35]

3.4   PROCESSO, PROCEDIMENTO E DEVIDO PROCESSO LEGAL

Finalmente, e de maneira breve, é importante ressaltar que processo e procedimento encontram-se constitucionalizados por meio da cláusula do devido processo legal, inserida na Constituição Federal, art. 5º, inc. LIV: "ninguém será privado da liberdade ou de seus bens sem o devido processo legal".[36]

Esse princípio constitucional impõe, tanto na área cível como na penal, a existência de processo para que qualquer pessoa seja julgada e condenada. E não de qualquer processo, mas de um processo que respeite os direitos fundamentais inseridos na Constituição Federal.

Importante destacar que, ao referir-se ao devido processo legal, o texto constitucional estabelece exatamente isso: que o processo deve ocorrer de acordo com os princípios e garantias constitucionais, materializadas em um procedimento que lhes sirva de base instrumental, permitindo sua operacionalização no mundo dos fatos.

Nesse sentido, é de destacar que o formalismo excessivo, que impede a concretização efetiva dos direitos fundamentais e da Justiça, é inconstitucional. Mas, de outro lado, também o é a inexistência de procedimentos que permitam a concretização do devido processo legal. Forma, rito, prazo, entre outros, são elementos necessários à plena garantia dos direitos das partes.

---

[34]   CPC de 1973, art. 507.

[35]   Por exemplo, o mesmo recurso não pode ser interposto duas vezes contra a mesma decisão; terá havido preclusão consumativa após a primeira interposição.

[36]   Sobre o devido processo legal, ver Capítulo 1 da Unidade IV, neste mesmo volume.

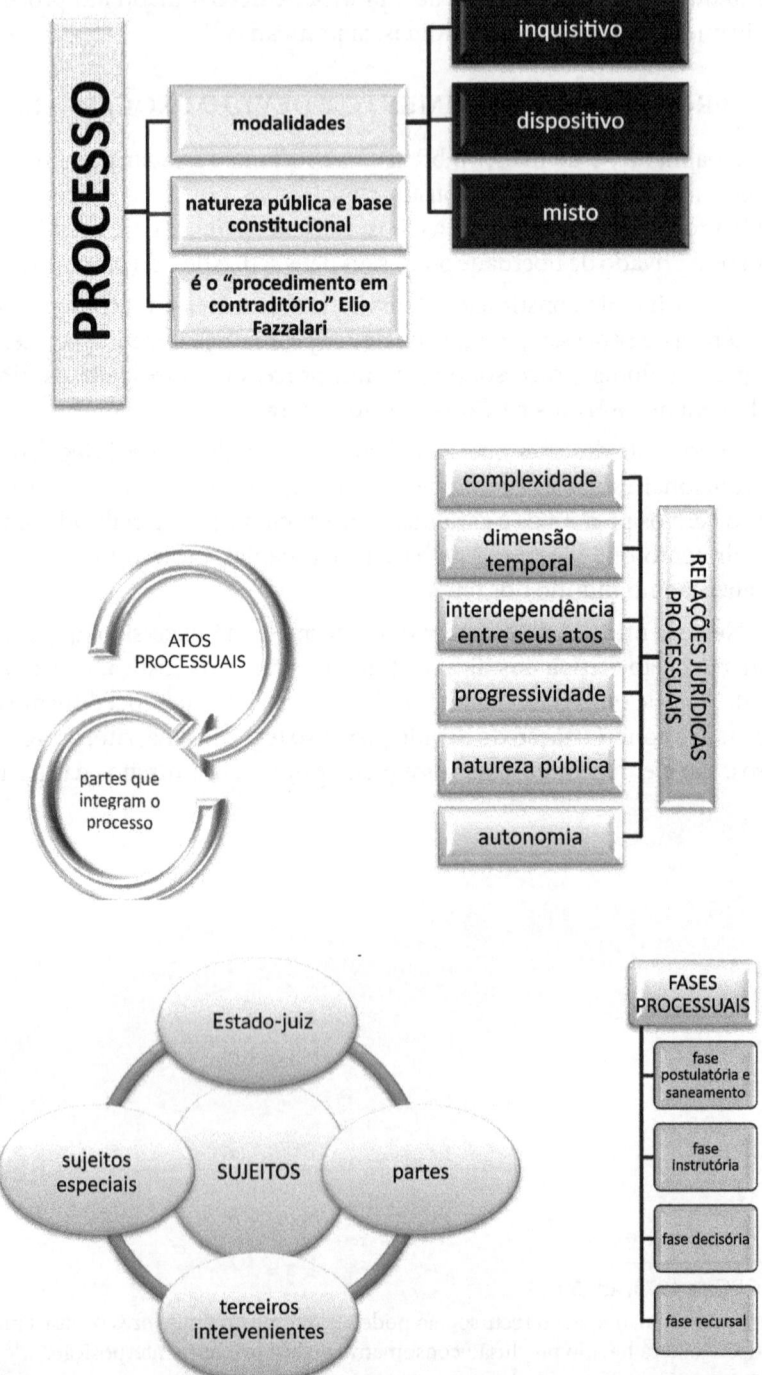

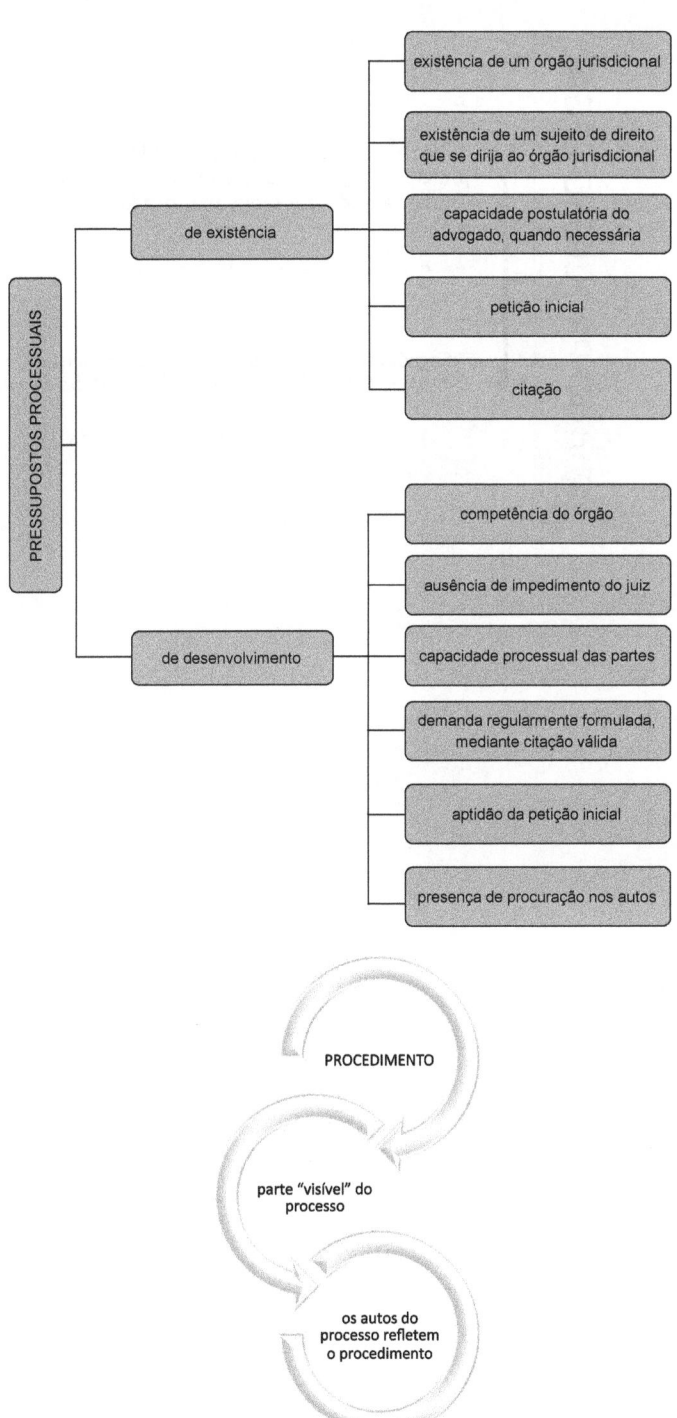

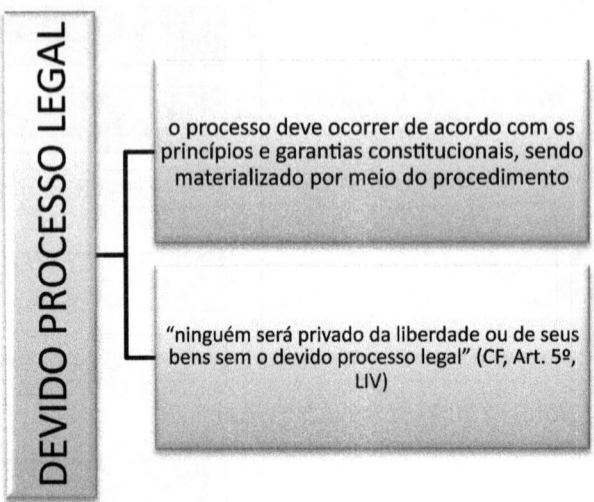

Capítulo 1
PRINCÍPIOS CONSTITUCIONAIS
DO DIREITO PROCESSUAL

1.1   DIREITO PROCESSUAL E DIREITO CONSTITUCIONAL

Nas últimas décadas, um generoso aporte para o aprimoramento do processo tem sido trazido pela colocação metodológica do denominado Direito Processual Constitucional, que consiste na "condensação metodológica e sistemática dos princípios constitucionais do processo".[1]

Para Dinamarco, uma leitura atenta das relações entre Direito Processual e Direito Constitucional revela dois sentidos em que elas se desenvolvem. Em um primeiro sentido, a relação ocorre da Constituição em direção ao processo; há a *tutela constitucional do próprio processo*, por meio de seus princípios inscritos na Constituição Federal (Direito Constitucional Processual).

No segundo sentido, do processo em direção à Constituição, está a *jurisdição constitucional*. Neste segundo sentido, busca-se a riqueza de diferentes, diversas e criativas medidas processuais para proporcionar a mais adequada tutela dos direitos fundamentais e dos demais direitos previstos na Constituição Federal.

---

[1]   DINAMARCO, Cândido R. *A instrumentalidade do processo*. 4. ed. São Paulo: Malheiros, 1994. p. 24.

Segundo Nelson Nery Jr., didaticamente é possível falar em Direito Processual Constitucional e Direito Constitucional Processual para nos referirmos a essa distinção.

> Naturalmente, o Direito Processual se compõe de um sistema uniforme, que lhe dá homogeneidade, de sorte a facilitar sua compreensão e aplicação para a solução das ameaças e lesões a direito. Mesmo que se reconheça essa unidade processual, é comum dizer didaticamente que existe um Direito Constitucional Processual, para significar o conjunto das normas de Direito Processual que se encontra na Constituição Federal, ao lado de um Direito Processual Constitucional, que seria a reunião dos princípios para o fim de regular a denominada jurisdição constitucional.[2]

A ideia central que se encontra nessa relação entre Constituição e processo está na necessidade de preservar os valores do *Estado Democrático de Direito* e garantir o *adequado, efetivo* e *célere* acesso à Justiça, interpretando, aplicando e também produzindo legislativamente o arcabouço normativo infraconstitucional a partir desses fundamentos valorativos como atestam a reforma do CPP de 2008 e o Livro I da Parte Geral do CPC de 2015.

Para cumprir esses objetivos, a Constituição regula diretrizes para o Direito Processual, definindo-lhe os princípios básicos, para que possa, posteriormente, atuar convenientemente os valores que ela própria contém e que, por sua superioridade hierárquica, projeta sobre todo o ordenamento jurídico. Incluem-se aqui, além das garantias constitucionais das partes (princípios constitucionais do processo), os princípios constitucionais em matéria de organização judiciária e competência, bem como as normas gerais referentes às denominadas funções essenciais à Justiça. É a *tutela constitucional do processo*.

No que se refere ao conjunto de instrumentos processuais incluídos no próprio texto constitucional para fazer prevalecer os valores que o integram, é importante salientar que seu objetivo é a criação de instrumentos adequados, efetivos e céleres para o exercício da jurisdição, visando a prevalência da Constituição em relação às demais normas estatais. A garantia da supremacia da Constituição é um dos fundamentos do Estado Democrático de Direito. Não basta apenas a declaração da intenção de agir de acordo com o Direito. É necessário que se ofereçam instrumentos eficazes para que seja atingido esse

---

[2] NERY JR., Nelson. *Princípios do processo civil na Constituição Federal.* 6. ed. São Paulo: RT, 2000. p. 20-21.

objetivo, afastando qualquer ameaça à democracia e aos direitos fundamentais. É a *jurisdição constitucional*.

Incluem-se na jurisdição constitucional:

a) os mecanismos de controle da constitucionalidade das leis e atos normativos da Administração, que visam impedir que eles prevaleçam em detrimento da ordem constitucional, quando em conflito com ela; e

b) os instrumentos da jurisdição constitucional das liberdades, mediante os quais a Constituição busca dar efetividade a determinadas garantias e direitos nela contemplados, para que não se transformem em mera promessa programática.[3]

Relativamente aos instrumentos de controle em abstrato da constitucionalidade, trouxe o texto constitucional de 1988 a *ação direta de inconstitucionalidade*, que pode ser *por omissão* de medida para tornar efetiva norma constitucional (art. 103, § 2º), ou *em tese*, de norma legal ou ato normativo (art. 103, § 3º). Posteriormente, a Emenda Constitucional nº 3, de 17 de março de 2003, criou a *ação declaratória de constitucionalidade*, incorporada ao texto da lei maior, e que se destina a declarar a constitucionalidade de lei ou ato normativo federal, emenda essa declarada constitucional por meio da questão de ordem havida no julgamento da própria ADC 1.

Em matéria de controle de constitucionalidade, há ainda a *arguição de descumprimento de preceito fundamental* (ADPF), prevista no § 1º do art. 102 da Constituição Federal e regulamentada pela Lei nº 9.882/1999.

Por sua vez, no âmbito da jurisdição constitucional das liberdades, classicamente o constitucionalismo brasileiro tem trazido como instrumentos processuais adequadamente arquitetados para o exercício jurisdição constitucional:

a) o *habeas corpus*, para garantir a liberdade de locomoção sempre que alguém sofrer ou se achar ameaçado de sofrer violência ou coação desse direito, por ilegalidade ou abuso de poder (art. 5º, inc. LXVIII);

b) o mandado de segurança, que possui a finalidade de proteger direito líquido e certo, não amparado por *habeas corpus* ou *habeas*

---

[3] Sobre a utilização das normas programáticas como mera forma retórica e simbólica de encobrir a dominação: RODRIGUES, Horácio Wanderlei. O uso do discurso de proteção aos direitos humanos como veículo da dominação exercida pelos estados centrais. In: ANNONI, Danielle (Org.). *Direitos humanos & poder econômico*: conflitos e alianças. Curitiba: Juruá, 2005. p. 15-33.

data, quando o responsável pelo abuso de poder ou ilegalidade for autoridade pública, ou agente de pessoa jurídica no exercício de atribuições do Poder Público (art. 5º, LXIX); e

c) a *ação popular*, destinada a anular ato lesivo ao patrimônio público ou de entidade de que o Estado participe, à moralidade administrativa, ao meio ambiente e ao patrimônio histórico e cultural (art. 5º, inc. LXXIII).

A carta constitucional de 1988, ao lado desses, inovou, criando ou modificando:

a) o *mandado de segurança coletivo*, com o objetivo de possibilitar a proteção de direitos de coletividades cujos integrantes se encontrem na mesma situação jurídica (art. 5º, inc. LXX);

b) o *mandado de injunção*, para as situações em que a ausência de norma regulamentadora torne inviável o exercício das prerrogativas inerentes à cidadania, à nacionalidade e à soberania, bem como o dos direitos e liberdades constitucionais (art. 5º, inc. LXXI); e

c) o *habeas data*, para assegurar o conhecimento de informações sobre a pessoa do impetrante e que constem de registros ou bancos de dados de entidades de caráter público ou governamentais (art. 5º, inc. LXXII).

Pode-se ainda dizer, de forma ampla, que o processo é o meio pelo qual são garantidos os valores individuais, coletivos e difusos que a ordem constitucional vigente abarca.

É por meio dele que se garante concretamente a atuação da legislação ordinária e complementar, em consonância com as opções axiológicas presentes no texto da lei maior. É necessário que o processo seja adequado, efetivo e célere para o cumprimento desse papel, e também se adeque às mudanças que venham a ocorrer no âmbito da própria ordem constitucional. Nesse sentido, deve-se sempre pensar com base nos direitos fundamentais, buscando garantir os valores e bens constitucionalmente protegidos.

Em outro sentido, a interpretação judicial tem sido apontada como instrumento de mutação na legislação, sendo inclusive incluída entre os denominados processos informais de mudança da Constituição.[4] Não

---

4   Sobre esse tema: FERRAZ, Anna Candida da Cunha. *Processos informais de mudança da Constituição.* São Paulo: Max Limonad, 2006.

obstante as limitações existentes, é jurídica e politicamente relevante esse papel desempenhado pelo processo, como mecanismo de atualização legal e constitucional. Na prática, a jurisprudência dominante atua sobre o comportamento das pessoas e da sociedade. Também sobre a atividade jurisdicional, principalmente dos magistrados de primeiro grau, bem como sobre o Poder Legislativo, no sentido de alterar os dispositivos legais defasados.

Responsável pelo exercício da atividade jurisdicional do Estado, é o Poder Judiciário o órgão legítimo perante o qual pode a sociedade buscar atribuir ao ordenamento jurídico material o sentido que esteja de acordo com os seus anseios, suprir eventuais lacunas nele existentes.

Apesar de os provimentos jurisdicionais possuírem, regra geral, eficácia limitada aos sujeitos e ao objeto de cada processo, estando, pois destituídos de vocação à generalidade e vinculando somente nos limites da decisão proferida,[5] a repetição por parte dos tribunais de uma determinada interpretação dada a um texto legal, inclusive constitucional, acaba gerando a convicção de que o seu conteúdo é aquele indicado na jurisprudência estabelecida. Ocorre gradativamente, dessa forma, o processo de objetivação do Direito.

Dessas formas possíveis de relacionamento entre Direito Processual e Direito Constitucional, privilegiar-se-á, neste manual, a primeira, caracterizada no sentido vetorial que se encaminha da Constituição em direção aos institutos processuais fundamentais, âmbito em que se situa o objeto específico da Teoria do Processo. Neste capítulo são estudados os princípios constitucionais do Direito Processual; nos capítulos seguintes, o Poder Judiciário e as funções essenciais à Justiça.

1.2 PRINCÍPIOS CONSTITUCIONAIS DO DIREITO PROCESSUAL

Para a efetiva aplicação do Direito, devemos primeiramente nos voltar para a interpretação e assimilação dos princípios constitucionais, os quais constituem o alicerce, as premissas básicas do sistema jurídico. Acerca do assunto assim se manifesta Luís Roberto Barroso:

> O ponto de partida do intérprete há que ser sempre os princípios constitucionais, que são o conjunto de normas que espelham a ideologia da Constituição, seus postulados básicos e seus fins. Dito de forma sumária, os princípios constitucionais são as normas eleitas pelo constituinte como

---

5   Há exceções no Direito brasileiro, como aquelas em que a sentença tem efeito *erga omnes* ou *ultra partes*.

fundamentos ou qualificações essenciais da ordem jurídica que institui. A atividade de interpretação da Constituição deve começar pela identificação do princípio maior que rege o tema a ser apreciado, descendo do mais genérico ao mais específico, até chegar à formulação da regra concreta que vai reger a espécie.[6]

Segundo Canotilho:

> [...] o sistema jurídico necessita de princípios (ou valores que eles exprimem) como os da liberdade, igualdade, dignidade, democracia, Estado de direito; são exigências de optimização abertas a várias concordâncias, ponderações, compromissos e conflitos. Em virtude da sua referência a valores ou da sua relevância ou proximidade axiológica (da justiça, da ideia de direito, dos fins de uma comunidade), os princípios têm uma função normogenética e uma função sistêmica: são o fundamento de regras jurídicas e têm uma idoneidade irradiante que lhes permite ligar ou cimentar objectivamente todo o sistema constitucional.[7]

Para que possam cumprir seu papel dentro do sistema é necessário que os conheçamos e, quando necessário, solucionemos situações de colisão entre eles.[8]

No que se refere ao enquadramento dos princípios constitucionais quanto ao seu conteúdo, assim se manifesta Barroso:

> [...] existem princípios constitucionais de organização, como os que definem a forma de Estado, a forma, o regime e o sistema de governo. Existem, também, princípios constitucionais cuja finalidade precípua é estabelecer direitos, isto é, resguardar situações jurídicas individuais, como os que asseguram o acesso à Justiça, o devido processo legal, a irretroatividade das leis etc. Por igual, existem princípios de caráter programático, que estabelecem certos valores a serem observados – livre iniciativa, função social da propriedade – ou fins a serem perseguidos, como a justiça social.[9]

Adotada essa classificação, os princípios constitucionais do processo estão enquadrados como princípios que visam estabelecer direitos – são direitos e garantias fundamentais. Entre os princípios constitucionais de organização de interesse para o processo estão os relativos ao Poder Judiciário, a serem estudados no próximo capítulo.

---

[6] BARROSO, Luís Roberto. *Interpretação e aplicação da Constituição*. 2. ed. São Paulo: Saraiva, 1998. p. 141.

[7] CANOTILHO, J. J. Gomes. *Direito constitucional e teoria da Constituição*. 4. ed. Coimbra: Almedina, 1997. p. 1.127.

[8] Sobre essa questão, ver os Capítulos 5 e 6 da Unidade V, neste mesmo volume.

[9] BARROSO. *Op. cit.*, p. 144.

Sob essa denominação incluem-se, portanto, os direitos e garantias fundamentais presentes na Constituição Federal que possuem incidência direta no campo do Direito Processual. Sua configuração como princípios do Direito Processual é consequência, não ponto de partida, tendo em vista se constituírem, antes de tudo, em direitos e garantias fundamentais de todo cidadão.

Quando se fala de princípios constitucionais do processo, é necessário pensar no conjunto de normas que buscam garantir o acesso ao Poder Judiciário; o célere, adequado, pleno e efetivo desenvolvimento do processo; e uma resposta jurisdicional que, além de adequada, seja objetiva, efetiva e definitiva, garantindo segurança jurídica para as partes.

Incluem-se nelas os direitos, as garantias das partes, que vão desde o acesso à Justiça até o trânsito em julgado da sentença e sua consequente imutabilidade (perpassam as diversas fases do processo: postulatória, instrutória, decisória e recursal) e que se aplicam aos diversos ramos do processo e do Direito. Com isso ficam excluídas as garantias constitucionais que se referem especificamente ao Direito Processual Penal.

Neste capítulo se adota uma classificação dos princípios que leva em consideração sua classificação e organização em uma sequência lógica que considera essa situação. Para isso as garantias são divididas em:

a) garantias relativas ao ingresso em juízo;
b) garantia de celeridade;
c) garantias de adequação dos procedimentos e de objetivação e efetividade da prestação jurisdicional; e
d) garantia de segurança jurídica processual.

É ainda importante salientar que, entre as garantias inscritas na Constituição Federal, as enumeradas e estudadas neste capítulo são aquelas que se referem, de forma geral, a todos os campos do Direito Processual, caracterizando-se, por conseguinte, como objeto da Teoria Geral do Processo.

1.3 ACESSO À JUSTIÇA COMO METAPRINCÍPIO CONSTITUCIONAL

É a garantia de acesso à Justiça a garantia maior, sendo apontada por muitos como o principal entre os direitos humanos, sem o qual nenhum outro poderia ser legitimamente garantido dentro do Estado Democrático de Direito. A manifestação do Poder Judiciário, no exercício legítimo da função jurisdicional, é a manifestação do próprio Estado na busca da concretização de seus objetivos, em especial a tutela dos direitos fundamentais.

Ao termo acesso à Justiça podem ser atribuídos diferentes sentidos. Cabe aqui destacar fundamentalmente dois: o primeiro, que atribui ao termo *justiça* o mesmo sentido e conteúdo de *Poder Judiciário*, torna sinônimas as expressões acesso à Justiça e acesso ao Poder Judiciário; o segundo, partindo de uma visão axiológica da expressão Justiça, compreende o acesso a ela como o acesso a uma determinada ordem de valores e direitos fundamentais para o ser humano. Ambos os conceitos são válidos e não excludentes; são, em realidade, complementares.

A garantia de acesso à Justiça não significa apenas a garantia de acesso e apreciação pelo Poder Judiciário. Sua extensão é bem mais ampla e busca garantir os meios adequados de acesso, a celeridade dos procedimentos, a adequada resposta ao problema trazido a juízo, a efetividade do resultado, mediante instrumentos adequados de execução, e segurança jurídica para as partes, tornando definitivo o resultado final. Ou seja, ela inclui o direito a ingresso, procedimento, cognição (tanto em sentido horizontal, que diz respeito à sua extensão, como vertical, que se refere à sua profundidade), provimento e execução adequados ao direito material buscado em juízo, bem como que todo o processo ocorra de forma célere.

A inexistência de resposta adequada para uma determinada situação conflitiva corresponde à negação da obrigação assumida pelo Estado quando proibiu a autodefesa e assumiu o monopólio da jurisdição. Com a proibição da autotutela, assumiu o Estado a responsabilidade pela adequada solução dos conflitos de interesses.

Pela extensão do seu conteúdo, não pode a garantia de acesso à Justiça ser localizada especificamente em um dispositivo constitucional. Em realidade, ela se espalha por um conjunto de direitos e garantias constitucionais, regra geral denominados de princípios constitucionais do processo. É no conjunto desses princípios que se encontra a garantia de acesso à Justiça. Nesse sentido, pode mesmo ser visto como um metaprincípio constitucional, na forma do esquema que segue.

O direito de acesso à Justiça, visto como direito humano fundamental, não se limita a simples possibilidade de petição ao Poder Judiciário, mas, sim, inclui o direito a uma pronta e efetiva resposta (dentro de um prazo razoável), o julgamento por um juiz ou tribunal imparcial, o respeito ao devido processo legal e às demais garantias processuais e constitucionais. Essa concepção de acesso à Justiça engloba todos os princípios constitucionais, e é nesse sentido amplo que o termo é utilizado neste capítulo.

As questões e problemas relativos ao acesso da Justiça, em seu sentido amplo, já foram objeto de estudo em capítulo precedente deste livro. Na sequência, realizar-se-á a análise de um cada um dos princípios do processo que materializam no texto constitucional a garantia de acesso à Justiça.

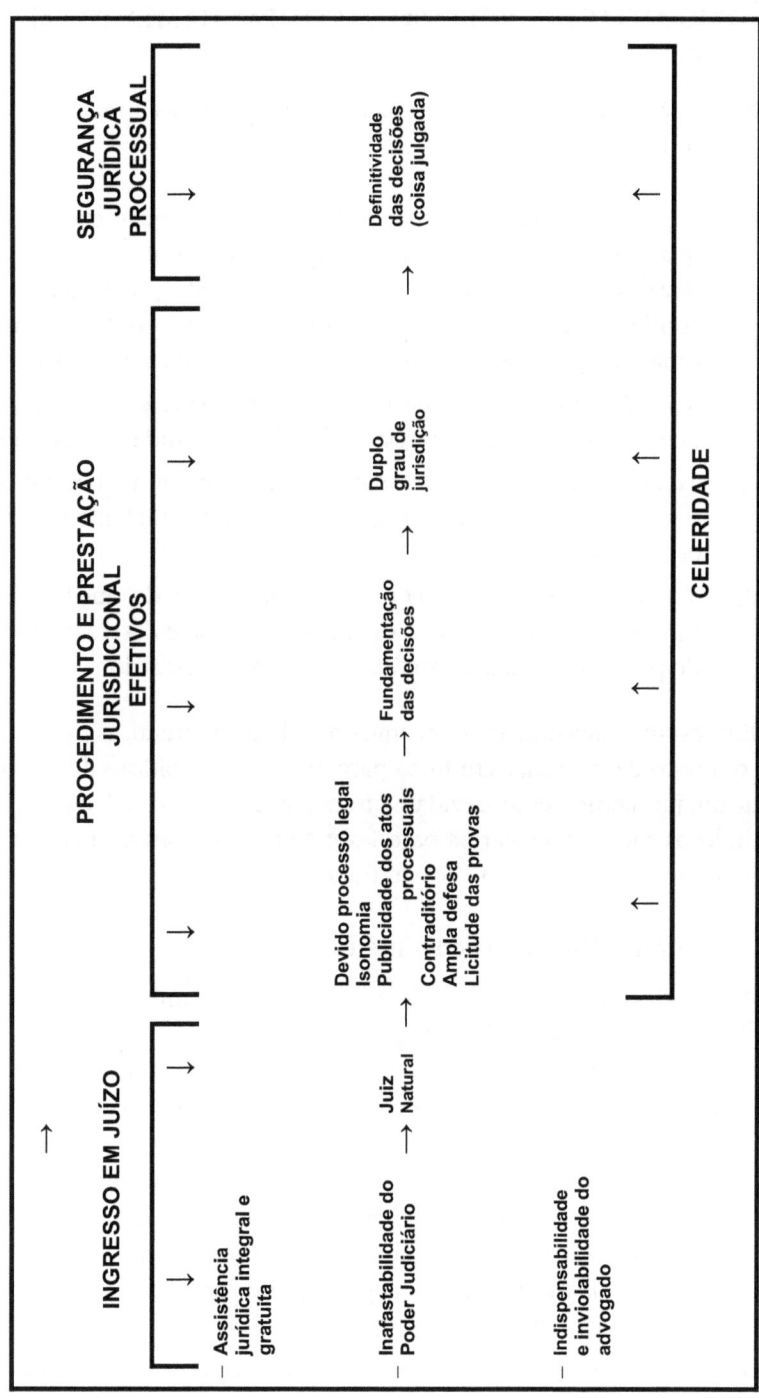

1.4 GARANTIAS DE INGRESSO E ACOMPANHAMENTO EM JUÍZO

Na classificação adotada, são consideradas garantias atinentes ao ingresso em juízo:

a) a *inafastabilidade do Poder Judiciário*, que impede que a lei ou qualquer ato normativo impeça que se leve a juízo um conflito que envolva lesão ou ameaça de lesão a direito (exceção feita aos conflitos que envolvam bens disponíveis de pessoas plenamente capazes e que optem, no uso de seu livre arbítrio, pela arbitragem);

b) o *juiz natural*, que garante a legitimidade do órgão e do ocupante do órgão que recebe, processa e decide a demanda levada a juízo;

c) a *assistência jurídica integral e gratuita*, que garante aos necessitados os meios necessários para ingressar e se manter em juízo até o final do processo; e

d) a *indispensabilidade e inviolabilidade do advogado*, que busca garantir a assistência profissional para o acesso e desenvolvimento do processo até a decisão final pelo Poder Judiciário.

Em resumo, havendo lesão ou ameaça de lesão a direito, as partes possuem o direito de ingressar em juízo para buscarem a solução do conflito, perante um juiz competente, devidamente acompanhadas de advogado. Não possuindo os meios necessários para fazer frente às despesas necessárias, possui direito à assistência jurídica gratuita e integral.

1.4.1 Inafastabilidade do Poder Judiciário

A garantia da inafastabilidade do Poder Judiciário, também denominada indeclinabilidade da jurisdição, está prevista no art. 5º, inc. XXXV, do texto constitucional: "a lei não excluirá da apreciação do Poder Judiciário lesão ou ameaça a direito". Ela inclui o acesso à Justiça em sentido estrito e o direito à ação e à defesa.

O inc. XXXV do art. 5º da Constituição Federal refere-se expressamente ao acesso ao Poder Judiciário. No entanto, a busca de compreensão da problemática do acesso ao Poder Judiciário, vista dentro de um contexto mais amplo, qual seja o da própria justiça social, dá-lhe um sentido diferenciado e possivelmente mais crítico.

Se, de um lado, não se pode reduzir a questão do acesso à Justiça à criação de órgãos jurisdicionais e instrumentos processuais adequados à plena efetivação dos direitos, de outro, é também evidente que não se pode afastar a ideia de acesso à Justiça do acesso ao Poder Judiciário. Os outros direitos, em última instância, dependem desse acesso sempre que não forem respeitados; sem ele a cidadania se vê castrada, impotente.

Há aqueles conflitos que podem e devem ser solucionados por meio de instrumentos paraestatais ou privados. No entanto, é fundamental perceber que os indivíduos e coletividades que formam a sociedade, sem o acesso à jurisdição estatal, estariam desprovidos de um instrumento legítimo, pelo qual possam buscar a solução de seus conflitos. A regra geral é que, quando um direito não for respeitado espontaneamente, não há como fazê-lo respeitar legitimamente senão mediante o processo jurisdicional. Há exceções, como nas situações cobertas pela arbitragem, mas estão limitadas a questões quem envolvam bens disponíveis de pessoas capazes, além de que a sentença arbitral apenas pode ser executada por meio do Poder Judiciário.

Analisando o texto constitucional, diante da utilização da expressão *a lei não excluirá*, é preciso esclarecer que o dispositivo constitucional não pode ser lido restritivamente, no sentido de que apenas o Poder Legislativo é que estaria impedido de excluir, por meio de lei, a apreciação pelo Poder Judiciário de qualquer lesão ou ameaça a direito. Deve-se entender que o legislador, ao impedir que por lei se faça essa exclusão, está, em realidade, estabelecendo que mediante qualquer ato normativo do poder público se o faça. A expressão lei, nesse caso, deve ser lida em seu sentido mais amplo. Essa é inclusive a posição clássica de nossa teoria constitucional e processual. Nesse sentido, por exemplo, assim se manifesta Aragão: "[...] se a lei não pode, nenhum ato ou autoridade de menor hierarquia poderá 'excluir da apreciação do Poder Judiciário qualquer lesão de direito individual'".[10]

É importante também destacar que o texto constitucional se refere à *lesão ou ameaça a direito*, em sentido amplo. Esse aspecto da referida norma é muito importante, pois estabelece um contraponto ao disposto no inc. II desse mesmo artigo, no qual se lê: "ninguém será obrigado a fazer ou deixar de fazer alguma coisa senão em virtude de lei".

A utilização da expressão *direito* na norma que traz o princípio da inafastabilidade impõe uma leitura integrativa e teleológica do texto constitucional, da qual decorre a atribuição ao Poder Judiciário para interpretar as normas legais existentes, preencher as lacunas do ordenamento jurídico e solucionar suas antinomias.

---

[10]   ARAGÃO, Egas Dirceu Moniz de. O estado de direito e o direito de ação (a extensão do seu exercício). *Revista Brasileira de Direito Processual*, Rio de Janeiro: Forense, ano IV, n. 16, p. 73, 4º trim. 1978.

Assim, o inc. II do art. 5º da CF tem sua limitação expressa no inc. XXXV do mesmo artigo, não podendo ser lido isoladamente, o que levaria à adoção absoluta do normativismo jurídico, posição historicamente incompatível com a teoria constitucional e processual e a jurisprudência nacionais. A interpretação sistemática e integrativa do texto constitucional, considerando a ponderação dos valores contidos em ambos os princípios, impõe a interpretação do inc. II, de forma a nele incluir as decisões jurisdicionais.[11]

É necessário destacar ainda que o texto constitucional refere-se não apenas a lesão, mas também à ameaça a direito. Isso significa que não apenas a lesão a direito pode ser levada ao Poder Judiciário, mas também qualquer ameaça que lhe possa ser dirigida. Nesse segundo aspecto está a garantia constitucional das medidas de urgência, sempre que não haja outra forma de garantir eficazmente o direito ameaçado. São inconstitucionais as leis que impedem a concessão de liminares e cautelares em situações em que o direito material não pode ser eficazmente garantido de outra forma.

Decorre da inafastabilidade do controle jurisdicional, como consequência lógica, o direito de ação, garantia essa que concede ao autor o poder de iniciar a movimentação do aparelho judiciário (ação em sentido estrito) e ao réu o poder de se defender. Em função dela o juiz não pode instaurar o processo e também não pode tomar providências que superem os limites do pedido e da defesa. Protege-se, nesse sentido, o direito de acesso à Justiça e também a garantia de efetividade desse acesso.

Além disso, a ação, em sentido amplo, inclui a ação em sentido estrito (do autor) e a defesa (do réu); a inafastabilidade de qualquer lesão ou ameaça a direito inclui, necessariamente, tanto os possíveis direitos do autor quanto os do réu. Não seria possível garantir ao autor o acesso à atividade jurisdicional do Estado sem, em contrapartida, oferecer ao réu a mesma possibilidade.

Ainda em se tratando dos direitos de ação e de defesa, a garantia da inafastabilidade do Poder Judiciário, da qual deriva o direito à ação, está incluída entre os direitos e garantias fundamentais individuais e coletivos (Título II, Capítulo I). Esse aspecto demonstra ser ela, hoje, uma garantia ampla, não cabendo mais a interpretação restritiva, de cunho individualista.

---

[11]   Outra opção interpretativa seria a leitura restritiva desse inciso, retirando da sua incidência aqueles casos em que a obrigação de fazer ou deixar de fazer decorra de sentença judicial. O resultado, no entanto, é o mesmo em ambas as opções: o acesso ao Poder Judiciário está garantido sempre que houver lesão ou ameaça a direito, esteja ou não esse direito positivado na legislação estatal.

O direito à ação, decorrente da garantia de acesso à Justiça, é reforçado constitucionalmente pelas normas inscritas nos incs. XXXIV, alínea "a", XXI e LIX do art. 5º, que dispõem, respectivamente, sobre o direito de petição aos poderes públicos, substituição processual atribuída às entidades associativas e ação privada substitutiva da ação penal pública.

A garantia da inafastabilidade do Poder Judiciário tem, em nível político, um importante sentido, fundamentado na ideia de separação dos poderes, buscando garantir a defesa do indivíduo perante o estado. Coloca-se, nesse sentido, como um freio ao possível arbítrio dos poderes do Estado – uma garantia direta contra o arbítrio do Poder Legislativo e indireta contra o arbítrio do Poder Executivo e do próprio Poder Judiciário.

Em sentido oposto, ela pode materializar a onipresença do Estado e a onipotência do Poder Judiciário, tendo em vista que nenhum conflito poderá ser afastado de sua apreciação, nem por meio da lei. É fundamental, para que isso não ocorra, que o Estado respeite a autonomia da vontade das partes, sempre que ela não atinja direitos fundamentais, interesse público, bem comum ou restrinja direitos de terceiros. Exemplo que pode ser apresentado é o reconhecimento do direito das partes em optar pela arbitragem, mesmo que anteriormente ao conflito, mediante contrato. O mesmo se pode dizer da opção pela mediação. Não é aceitável que o Estado pretenda regular e reger todas as esferas da vida social, mesmo que por meio do Poder Judiciário. A inafastabilidade é uma garantia dos cidadãos e não do Estado; é um limite ao agir do Estado, não ao agir dos indivíduos e coletividades.

1.4.2   Juiz natural

A garantia do juiz natural está prevista no art. 5º, incs. XXXVII e LIII, do texto constitucional, que estabelecem respectivamente que "não haverá juízo ou tribunal de exceção" e que "ninguém será processado[12] nem sentenciado senão pela autoridade competente".

Estabelece o primeiro dos dispositivos constitucionais citados a necessária legitimidade do órgão (juízo ou tribunal) encarregado de prestar a função jurisdicional, impedindo sua criação para julgar fatos ou pessoas predeterminados, mediante tribunais de exceção. Já o segundo dispositivo refere-se à regularidade do processo de investidura dos juízes para que a legitimidade do ocupante do órgão seja respeitada.

---

[12]   Em função da utilização da expressão "processado", há autores que entendem que essa garantia inclui também o promotor natural. Sobre essa questão, ver o item deste capítulo específico sobre o Ministério Público.

A garantia do juiz natural busca assegurar, portanto, a legitimidade do órgão e da pessoa que o ocupa. Em outras palavras, esse princípio significa que o Estado não pode criar órgãos com função jurisdicional apenas para o julgamento de fatos ou pessoas específicos e que a jurisdição só pode ser exercida pelos órgãos competentes e seus legítimos ocupantes, tendo por base, para essa aferição, as normas constitucionais.

O motivo político para o seu estabelecimento é a busca da criação de um instrumento efetivo de garantia contra o arbítrio. Ela impede que os Poderes Legislativo e Executivo, bem como os órgãos hierarquicamente superiores do Poder Judiciário, criem órgãos jurisdicionais não previstos constitucionalmente ou substituam os titulares dos órgãos existentes, prática comum em regimes autoritários e totalitários, principalmente como forma de perseguição política aos dissidentes do sistema.

Pode-se afirmar que a garantia do juiz natural busca assegurar a estabilidade dos órgãos jurisdicionais e a independência – dentro dos limites constitucionais e legais – e a imparcialidade dos juízes. Especificamente no que se refere à independência e imparcialidade dos juízes, além de assegurada pela garantia do juiz natural, busca também ser assegurada por meio das garantias que lhes são atribuídas e vedações que lhes são impostas constitucionalmente.[13] Aliás, a independência e a imparcialidade dos juízes, no exercício da atividade jurisdicional, estão previstas expressamente na Declaração Universal dos Direitos do Homem, em seu art. X:

> Todo homem tem direito, em plena igualdade, a uma justa e pública audiência por parte de um tribunal independente e imparcial, para decidir de seus direitos e deveres ou do fundamento de qualquer acusação criminal contra ele.

É importante salientar que imparcialidade é diferente de neutralidade. Significa a garantia da ausência de vínculos ou interesses no processo, de relação pessoal do julgador com a outra parte e de seu interesse no objeto da demanda, situações que geram o impedimento ou a suspeição do juiz para atuar no caso *sub judice*. A neutralidade, em contrapartida, significa e inexistência de postura axiológica.

No passado, a imparcialidade, em sua forma extremada, confundia-se com o princípio dispositivo e com a ideologia do liberalismo clássico. Nessa visão era confundida com neutralidade, a ponto de Montesquieu considerar o juiz como um ser inanimado, a boca que pronuncia a lei.[14]

---

13   Essa questão será tratada no Capítulo 2 desta mesma unidade.
14   Cf. MONTESQUIEU, Charles Louis de Secondat, baron de la Brède et de. *Do espírito das leis*. São Paulo: Abril Cultural, 2009. liv. 11º, cap. VI, p. 148-154. A afirmação

Hoje há a consciência de que o Direito possui, necessariamente, componentes valorativos.[15] Dessa forma, é impossível a atuação, em casos concretos, sem que haja, por parte do juiz, uma apreciação axiológica dos fatos a ele trazidos. Essa situação não elide a existência de um processo de objetivação, mas reconhece também a presença da subjetividade, em especial no âmbito da atividade jurisdicional – é essa a razão pela qual existem mecanismos de controle, como o sistema recursal.

Ao lado disso, a própria Constituição Federal estabelece, em seus arts. 1º e 3º, ao fixar os fundamentos e objetivos do Estado brasileiro, parâmetros valorativos ao exercício da atividade jurisdicional. Também a legislação infraconstitucional o faz ao adotar a interpretação teleológica como regra a ser seguida, conforme o art. 5º da Lei de Introdução às normas do Direito Brasileiro, que determina que o juiz, na aplicação da lei, deve atender aos fins sociais a que ela se destina e às exigências do bem comum.

1.4.3 Assistência jurídica integral e gratuita aos necessitados

A garantia de assistência jurídica integral e gratuita aos carentes está prevista no art. 5º, inc. LXXIV, do texto constitucional. A Constituição Federal de 1988 inovou nessa questão, ao estabelecer, nesse dispositivo: "o Estado prestará assistência jurídica integral e gratuita aos que comprovarem insuficiência de recursos". Entenda-se, no texto legal, a expressão *Estado* como significando poder público, abrangendo a União, os Estados-Membros e os municípios.

Em primeiro lugar, esse dispositivo constitucional se refere à *assistência jurídica* e não à *assistência judiciária*,[16] termo que vinha historicamente sendo utilizado pela legislação pátria. A assistência jurídica é ampla, enquanto a assistência judiciária é mais restrita, limitada ao direito que está em discussão nas demandas junto ao Poder Judiciário. A primeira inclui, a par dessas, a assistência extra e pré-judicial e a assistência em processos administrativos, entre outras possibilidades. Pode-se afirmar que a assistência judiciária é uma espécie do gênero assistência jurídica.

---

original de Montesquieu é a seguinte: "... os juízes de uma nação não são, como dissemos, mais que a boca que pronuncia as sentenças da lei, seres inanimados que não podem moderar nem sua força nem seu rigor".

[15] No Brasil, é importante destacar, por exemplo, a posição de Miguel Reale, que em sua *Teoria tridimensional do direito* (São Paulo: Saraiva, 1986) estabelece ser ele formado por fato, valor e norma.

[16] A assistência judiciária está regulamenta pela Lei nº 1.060/1950.

Depreende-se, portanto, que a modificação trazida pelo constituinte teve o objetivo de ampliar a assistência aos carentes, dando-lhes, além daquela necessária para o ingresso em juízo, também as assessorias preventiva e extrajudicial. Nesse sentido, manifesta-se José Carlos Barbosa Moreira:

> A grande novidade trazida pela Carta de 1988 consiste em que, para ambas as ordens de providências [isenção de custas e defensoria técnica], o campo de atuação já não se delimita em função do atributo "judiciário", mas passa a compreender tudo que seja "jurídico". A mudança do adjetivo qualificador da "assistência", reforçada pelo acréscimo do "integral", importa notável ampliação do universo que se quer cobrir.[17]

Ao utilizar o adjetivo *integral*, o legislador constituinte reforça a posição colocada anteriormente, pois a assistência jurídica integral só pode ser entendida como aquela que propicie ao carente todos os instrumentos jurídicos necessários antes, durante e após o processo judicial, e mesmo preventivos e extrajudiciais (consultorias, assessorias e representação junto à Administração Pública), quando o ingresso em juízo não for necessário.

O segundo adjetivo, *gratuita*, somado ao anterior (integral), quer significar que aquele que não possuir recursos suficientes está isento de todas as despesas que se fizerem necessárias para o efetivo acesso à Justiça. Incluem-se aí as custas, os emolumentos, os honorários advocatícios e as demais despesas necessárias, como as perícias.[18] A responsabilidade pela prestação da assistência jurídica gratuita e integral é do Estado,[19] conforme preceitua o texto constitucional.

A Constituição Federal também garante a todos, independentemente do pagamento de taxas, o direito de petição aos poderes públicos, tanto para a defesa de direitos como contra ilegalidade ou abuso de poder, bem como a obtenção de certidões em repartições públicas, visando a defesa de direitos ou o esclarecimento de situações de interesse pessoal (art. 5º, XXXIV, alínea "a"). Também estabelece a gratuidade do acesso nas ações de *habeas corpus* e *habeas data*, bem como, na forma que a lei estabelecer, a de todos os demais atos necessários ao exercício da cidadania (art. 5º, LXXVII).

---

[17] BARBOSA MOREIRA, José Carlos. O direito à assistência jurídica: evolução no ordenamento brasileiro de nosso tempo. In: TEIXEIRA, Sálvio de Figueiredo (Coord.). *As garantias do cidadão na justiça*. São Paulo: Saraiva, 1993. p. 215.

[18] Sobre esse tema, ver o Capítulo 2 da Unidade II, neste mesmo volume.

[19] É importante salientar aqui o trabalho que vem sendo efetuado no Brasil por algumas instituições, no sentido de dar assessoria jurídica às populações carentes, principalmente os Núcleos de Prática Jurídica (NPJs) dos cursos de direito.

Com relação ao alcance dessa gratuidade, há um aspecto que deve ser ressaltado. Parte da teoria processual e da jurisprudência vem entendendo que ela não cabe para a pessoa jurídica. Parece ser essa uma interpretação equivocada. Há pessoas jurídicas, como as associações sem fins lucrativos, que podem necessitar dessa assistência por não possuírem condições econômicas que lhes permitam fazer frente aos custos que se apresentam em uma demanda judicial.

Nesse sentido, é possível e necessária uma interpretação mais ampla da Lei nº 1.060/1950, que dispõe sobre as normas de assistência judiciária aos necessitados, tendo em vista a nova lei maior, que coloca o direito à sua gratuidade e prestação integral entre os direitos individuais e *coletivos* (Título II, Capítulo I).

Fundamental para que o preceito legal que estabelece o direito à assistência jurídica integral e gratuita possa atingir seus objetivos, em especial no que se refere à assistência jurídica extrajudicial, é a previsão do art. 134 da Constituição Federal:

> A Defensoria Pública é instituição permanente, essencial à função jurisdicional do Estado, incumbindo-lhe, como expressão e instrumento do regime democrático, fundamentalmente, a orientação jurídica, a promoção dos direitos humanos e a defesa, em todos os graus, judicial e extrajudicial, dos direitos individuais e coletivos, de forma integral e gratuita, aos necessitados, na forma do inciso LXXIV do art. 5º desta Constituição Federal.

Com esse dispositivo, buscou o legislador constituinte contrabalançar a indispensabilidade do advogado à administração da Justiça, prevista no art. 133 da Constituição Federal. O texto constitucional estabelece que Lei Complementar organizará as defensorias públicas da União, do Distrito Federal e dos territórios e fixará as normas gerais a serem seguidas pelos Estados-Membros na organização de suas defensorias (art. 134, § 1º),[20] bem como lhes assegura autonomia funcional e administrativa (art. 134, § 2º). É delas o papel de desempenhar a Advocacia para aqueles que necessitam de um profissional do direito e não podem contratá-lo.

---

[20] Essa regulamentação ocorreu por meio da Lei Complementar nº 80/1994, que organiza a Defensoria Pública da União, do Distrito Federal e dos territórios e prescreve normas gerais para sua organização nos Estados-membros. Nela estabelece o legislador os princípios e funções gerais, válidos para todas as defensorias públicas: da União, do Distrito Federal, dos territórios e dos estados; definiu também a estrutura organizacional das três primeiras e fixou as normas gerais para as Defensorias Públicas dos Estados-Membros.

Também o Estatuto da Advocacia e da OAB traz, em seu art. 22, § 1º, norma legal que busca minimizar essa indispensabilidade por ele mesmo imposta:

> O advogado, quando indicado para patrocinar causa de juridicamente necessitado, no caso de impossibilidade da Defensoria Pública no local da prestação de serviço, tem direito aos honorários fixados pelo juiz, segundo tabela organizada pelo Conselho Seccional da OAB, e pagos pelo Estado.

Pode-se então, resumidamente, salientar que o texto constitucional de 1988, ao referir-se à assistência jurídica, nela inclui duas diferentes espécies, dois planos distintos:

a) a assistência jurídica judiciária; e

b) as assistências jurídicas preventiva e extrajudicial.

Em ambas as situações, ela deve ser integral e gratuita e prestada pela Defensoria Pública, podendo também ser patrocinada por outros profissionais do Direito, nos termos das Leis nº 1.060/1950 e nº 8.906/1994.

1.4.4   Indispensabilidade e inviolabilidade do advogado

Por entender ser o acompanhamento técnico do processo uma garantia fundamental para as partes, trouxe a Constituição Federal de 1988, de um lado, a indispensabilidade do advogado à administração da Justiça, dentro dos limites fixados em lei. De outro, outorgou-lhe a garantia da inviolabilidade no exercício da profissão.

O princípio da representação por advogado e a garantia da sua inviolabilidade no exercício da profissão estão previstos no art. 133 do texto constitucional: "O advogado é indispensável à administração da justiça, sendo inviolável por seus atos e manifestações no exercício da profissão, nos limites da lei".[21]

A capacidade postulatória, que se constitui na capacidade de peticionar junto ao Poder Judiciário, em razão do dispositivo constitucional, ratificada pelo texto do Estatuto da Advocacia e da OAB, é privativa dos advogados, com as exceções que a legislação infraconstitucional especificar. Essa exigência se justifica, segundo seus defensores, em razão da falta de conhecimento técnico-jurídico pelas partes.

---

[21]   Esse dispositivo foi regulamentado pela Lei nº 8.906/1994, que dispõe sobre o Estatuto da Advocacia e da OAB.

Nesse sentido, ressalta-se a relevância técnica da presença do advogado, agindo como instrumento de mediação dos conflitos. Sem sua presença haveria o duelo direto entre as partes. Sua mediação impede esse confronto, auxiliando no processo de pacificação. Nessa ótica, constitui ponto importante, no que diz respeito às garantias processuais das partes, a exigência da presença de advogado em todo e qualquer processo.

Analisada criticamente, a questão da indispensabilidade tem três aspectos a serem considerados, já referidos no capítulo sobre acesso à Justiça. O primeiro diz respeito à impossibilidade econômica que a maioria da população tem de pagar um advogado – motivo pelo qual a Constituição Federal, no art. 134, prevê a existência das Defensorias Públicas.

A carência de recursos econômicos por grande parte da população, para fazer frente aos gastos que implicam uma demanda judicial, é uma realidade facilmente comprovável pelos dados do IBGE e de outros institutos de pesquisa. E a precariedade de muitas Defensorias Públicas não permite atender a todos aqueles que necessitam ou dos quais é simplesmente exigida a presença do profissional.

O segundo refere-se à qualidade dos profissionais. O efetivo acesso à Justiça passa necessariamente pelo assessoramento de um bom profissional, e não pela simples presença de um advogado. Há hoje uma constante mutação na realidade social, cultural, política, econômica e científica nacional, que a cada dia exige do advogado uma visão mais ampla, não apenas formalista.

No entanto, a baixa qualidade de parte do ensino jurídico oferecido no País leva à má formação de um grande contingente de bacharéis em direito. Modificaram-se as exigências com relação à prática profissional, mas muitos cursos de direito não têm acompanhado essa evolução, não formando mão de obra adequadamente qualificada.[22]

Essa qualidade não consegue ser garantida pelo princípio formal da indispensabilidade do advogado. Não é suficiente a presença de um advogado, em juízo ou fora dele, para assessorar juridicamente as pessoas que necessitam desse serviço. É imprescindível a assistência jurídica de qualidade. Sem ela o acesso à Justiça se torna apenas formal.

O terceiro diz respeito ao aspecto técnico: qual a real necessidade da presença de advogado em toda e qualquer atividade jurisdicional e nas atividades

---

[22] RODRIGUES, Horácio Wanderlei. *Pensando o ensino do direito no século XXI*: diretrizes curriculares, projeto pedagógico e outras questões pertinentes. Florianópolis: Fundação Boiteux, 2005.

extrajudiciais para as quais a lei exige sua participação? Analisando essa questão, Joaquim Falcão se manifesta, ressaltando a existência de um questionamento bastante grande, por parte principalmente da classe média, quanto à necessidade da presença de advogado em alguns atos, como a separação e o divórcio consensuais e os inventários em que há acordo sobre a partilha.[23] A obrigatoriedade da presença desse profissional em vários atos da vida, simplesmente para cumprir formalidades e burocracias é, segundo ele, uma realidade do Direito Processual brasileiro, já ultrapassado em muitos pontos. Salienta ainda:

> Os advogados são indispensáveis à administração da Justiça. É óbvio. Mas não se pode confundir "administração da Justiça" com o cumprimento de dispensáveis exigências processuais, fruto de um formalismo antipopular. [...] Para esta "administração da Justiça" os advogados deveriam ser dispensáveis. Como também deveriam ser, nos pequenos conflitos onde os cidadãos são capazes de se defender. Do contrário, confunde-se advogado com tutor. Pior. Subentende-se que todos os cidadãos brasileiros são relativamente incapazes. Esquece-se que o país já sofreu muito com tutelas de todos os matizes.
>
> [...]
>
> Pois os serviços dos advogados são do interesse do povo numa sociedade pluralística e democrática. Mas estes serviços para serem eficazes têm de ser legítimos. E vai ser difícil convencer o povo da necessidade de advogados onde sua própria experiência cotidiana os demonstra dispensáveis.[24]

Situação que também deve ser considerada é a necessidade de o réu comparecer acompanhado de advogado à audiência inicial, sob pena de revelia. Segundo a teoria processual e a jurisprudência, o juiz deve aplicar ao réu a pena de revelia quando comparecer para se defender sem se fazer acompanhar de advogado. É contraditório negar o direito de acesso à Justiça sob a alegação de que precisa de advogado para exercer esse direito e garantir os demais.

Argumentando em sentido oposto, Ada Pellegrini Grinover afirma ser "[...] anticientífica a atribuição da capacidade postulatória a quem não esteja

---

23 Avanço nessa matéria ocorreu com a autorização legal para que parte desses atos possam agora ser realizados em cartório (Lei nº 11.441/2007). Entretanto, foi mantida a exigência da presença de advogado, muitas vezes concretizada apenas pela formalidade da assinatura nos documentos, sem nenhuma outra participação efetiva (arts. 610 e seguintes do CPC de 2015, os quais mantêm a dualidade de regimes de inventário judicial ou extrajudicial trazida pela Lei nº 11.441/2007).

24 FALCÃO, Joaquim de Arruda. Os advogados – a tentação monopolística. *Folha de S. Paulo*, São Paulo, 18/04/1988, p. A-3.

devidamente habilitado para o desempenho do exercício da advocacia".[25] Em defesa da indispensabilidade do advogado também se manifesta Eugênio Roberto Haddock Lobo:

> [...] o devido processo legal, o contraditório e a ampla defesa, com os meios e recursos a ela inerentes [...], cairiam no vazio, tornando-se meras garantias teóricas, despidas da eficácia concreta que o Constituinte expressamente lhes conferiu [...], se as partes não fossem obrigatoriamente defendidas por advogados ou, na falta destes, por defensores públicos ou outros profissionais vinculados à assistência judiciária gratuita.[26]

É necessário destacar, nesse contexto, que a busca de obrigatoriedade para a presença do advogado passa também pela garantia institucional do mercado de trabalho, tendo em vista a grande quantidade de advogados existentes no país. São milhares de novos bacharéis que se formam todos os anos e ainda maior o número de estudantes que ingressam anualmente nos mais de mil cursos de direito hoje existentes no País.

Isso acarreta uma superpopulação de profissionais, regra geral preparados apenas para atuar nas questões tradicionais, em um mercado já saturado para esse tipo de demanda. É verdade que atualmente um grande número não consegue sequer obter a aprovação no Exame de Ordem, mas o número daqueles que possui sua inscrição na OAB já se encontra em torno de meio milhão de profissionais.

Considerando as situações referidas, a questão da exigência ou não da presença de advogado em toda e qualquer atividade jurisdicional apresenta-se complexa, por uma série de motivos que podem ser assim resumidos:

a)   a maioria da população não tem condições de pagar seus honorários e as Defensorias Públicas são insuficientes para atendê-la, quando não inexistentes;

b)   adicione-se a isso o fato de que não basta a presença física do advogado; é necessário considerar a sua qualificação profissional; e

c)   há situações específicas na legislação nacional nas quais é questionável a própria necessidade do processo em si, quanto mais de advogado.

---

[25]   GRINOVER, Ada Pellegrini. *Novas tendências do direito processual*. Rio de Janeiro: Forense Universitária, 1990. p. 262.

[26]   HADDOCK LOBO, Eugênio Roberto. Advocacia na Constituição de 88. *Revista do Instituto dos Advogados Catarinenses*, Florianópolis, ano IV, n. 4, p. 26, nov. 1992.

Ainda vivemos em um Estado que vê seus cidadãos como sujeitos que necessitam de permanente tutela estatal (interpretação conservadora da garantia da inafastabilidade) e profissional (obrigatoriedade da presença de advogado). Talvez isso até seja correto, mas em relação a direitos indisponíveis e a direitos sociais, coletivos e difusos. No entanto, essa perspectiva não deve ser generalizada.

Voltando à exigência da presença de advogado, a tese aceita é de que ela amplia a qualidade e a segurança da defesa dos interesses das partes, tendo em vista a formação técnica que o mesmo possui. Esse é o argumento para sua obrigatoriedade e o fundamento de sua presença na Constituição Federal.

Relativamente à inviolabilidade do advogado, é ela uma garantia em benefício das partes e não daquele que exerce a Advocacia. Existe para impedir que o advogado seja impossibilitado de efetuar, de forma adequada, a defesa de seus clientes. Nesse sentido, o que é inviolável é o exercício da atividade profissional, necessária para a correta e eficaz defesa da parte.

1.5 GARANTIA DE CELERIDADE (DURAÇÃO RAZOÁVEL DOS PROCESSOS)

A existência do direito à prestação jurisdicional em um prazo razoável, mesmo anteriormente à Emenda Constitucional nº 45, de 8 de dezembro de 2004, já era uma realidade jurídica. Demonstram-na os argumentos apresentados nos parágrafos a seguir.

A ideia de prazo razoável já está contida como princípio derivado ou subprincípio do devido processo legal, expressamente previsto no art. 5º, inc. LIV, da Constituição Federal. A efetividade dessa garantia passa também pela existência de instrumentos processuais que, além de serem acessíveis, sejam também céleres e efetivos na resolução dos conflitos de interesses que são levados ao Poder Judiciário. A garantia do devido processo legal, lida sob o prisma da garantia do adequado e efetivo acesso à Justiça, impõe necessariamente a prestação jurisdicional em um prazo razoável e a existência dos meios necessários à sua efetivação.

No âmbito internacional, o fato de o Brasil ter aderido, em 26 de maio de 1992, à Convenção Americana de Direitos Humanos (Pacto de San José da Costa Rica, de 22 de novembro de 1969), tendo realizado sua ratificação em 25 de setembro e sua promulgação (Decreto nº 678) em 9 de novembro desse mesmo ano, internalizou a garantia de cumprimento de prazos razoáveis, no mínimo no plano da legislação infraconstitucional. Essa convenção dispõe expressamente:

Artigo 8. Garantias judiciais

1. Toda pessoa terá o direito de ser ouvida, com as devidas garantias e dentro de um prazo razoável, por um juiz ou tribunal competente, independente e imparcial, estabelecido anteriormente por lei, na apuração de qualquer acusação penal formulada contra ela, ou na determinação de seus direitos e obrigações de caráter civil, trabalhista, fiscal ou de qualquer outra natureza.[27]

Esse dispositivo da Convenção Americana de Direito Humanos integra o ordenamento jurídico brasileiro desde 1992. Não cabe, portanto, afirmar que a exigência da prestação jurisdicional em um prazo razoável seja uma inovação trazida pela Emenda Constitucional nº 45. Então, o que traz ela de importante nessa matéria?

Pode-se dizer que essa emenda, relativamente ao tema tempo e processo, guarda importância em pelo menos quatro aspectos:

a) no campo constitucional torna expressamente obrigatória a prestação jurisdicional em um prazo razoável; embora essa garantia já possuísse foro constitucional, derivada do devido processo legal, e constasse expressamente do ordenamento jurídico, na Convenção Americana de Direitos Humanos, sua inclusão em dispositivo próprio integrante do texto constitucional possui relevância didática e significado político fundamental, pois elimina qualquer discussão que ainda reste sobre a sua existência;

b) estabelece, pelo menos de forma indireta, a definição de que prazo razoável é o prazo legal;

c) juntamente com a garantia em si da prestação jurisdicional em um prazo razoável, trouxe o texto constitucional também, de forma expressa, a exigência da existência dos meios que garantam a celeridade processual; e

d) traz um conjunto de determinações relativamente à organização do Poder Judiciário que, se adequadamente implementadas, podem auxiliar decisivamente no cumprimento do mandamento constitucional. Na sequência realizar-se-á uma breve análise desses dispositivos.

De forma direta, a questão da duração do processo aparece na Emenda Constitucional nº 45/2004, já em seu início, quando introduz um novo inci-

---

[27] Convenção Americana de Direitos Humanos. Disponível em: <http://www.cidh.org/Basicos/Portugues/c.Convencao_Americana.htm>.

so, de número LXXVIII, no art. 5º da Constituição Federal, com o seguinte conteúdo: "a todos, no âmbito judicial e administrativo, são assegurados a razoável duração do processo e os meios que garantam a celeridade de sua tramitação".

Esse dispositivo contém duas normas, pois garante, no âmbito judicial e administrativo:

a)   a razoável duração do processo; e

b)   os meios que garantam a celeridade processual.

Ambas possuem duplo direcionamento:

a)   estabelecem direitos fundamentais, que podem ser exigidos por qualquer cidadão; e

b)   contêm uma ordem dirigida ao poder público, para que garanta o direito à prestação jurisdicional em um prazo e razoável e crie os meios necessários para que isso efetivamente ocorra.

É importante destacar que o direito à razoável duração do processo, como norma definidora de direito e garantia fundamental, tem aplicação imediata, conforme determina o § 1º do art. 5º da Constituição Federal, que possui o seguinte texto: "As normas definidoras dos direitos e garantias fundamentais têm aplicação imediata".

Ou seja, não há mais qualquer justificação jurídica para o desrespeito a esse direito fundamental. Continuarão existindo, entretanto, os entraves sociais, políticos, econômicos, culturais e processuais, impondo limites à sua plena efetivação.

De qualquer modo, resta uma questão fundamental a ser elucidada: o que significa prazo razoável? Em um primeiro momento cabe destacar que historicamente se tem trabalhado com duas hipóteses principais:

a)   tempo razoável é o tempo legal, expressamente previsto na legislação processual; ou

b)   tempo razoável é o tempo médio efetivamente despendido no País, para cada espécie concreta de processo.

A primeira dessas soluções apresenta a vantagem de se trabalhar com um critério objetivo, mas tem contra si o fato de que em determinadas etapas processuais, em especial aquelas relativas a atos do Poder Judiciário, não existem prazos expressamente definidos. A segunda traz um conteúdo de realidade, mas a sua adoção implicaria a negação da garantia constitucional, tendo em vista que a média de duração dos processos no Brasil encontra-se hoje muito acima do legal e do que se pode considerar como razoável, lendo essa expressão em seu sentido gramatical.

A Emenda Constitucional nº 45/2004, ao adotar, na redação da alínea "e" do inc. II do art. 93, a expressão "prazo legal", parece ter dado encaminhamento a essa discussão. É o texto dessa alínea: "não será promovido o juiz que, injustificadamente, retiver autos em seu poder além do prazo legal, não podendo devolvê-los ao cartório sem o devido despacho ou decisão".

Ao estabelecer como requisito para a promoção o cumprimento do prazo legal, apenas podendo deixá-lo de cumprir se justificadamente, a própria Constituição Federal estabelece que o prazo razoável é o prazo legal, podendo esse não ser cumprindo apenas quando houver justificativas para que tal ocorra.

No mesmo art. 93, inc. II, foi dada nova redação à alínea "c": "aferição do merecimento conforme o desempenho e pelos critérios objetivos de produtividade e presteza no exercício da jurisdição e pela frequência e aproveitamento em cursos oficiais ou reconhecidos de aperfeiçoamento".

Esses dois dispositivos tornam o cumprimento do prazo razoável, por parte dos magistrados, uma exigência para suas promoções. De um lado o texto da alínea "e" do inc. II do art. 93 estabelece a necessidade do cumprimento dos prazos legais, devendo o juiz, quando não o fizer, justificar o fato, sob pena de ficar impedido de ser promovido por merecimento. De outro, a nova redação dada à alínea "c" desse mesmo dispositivo passa a se referir a "critérios objetivos de produtividade e presteza no exercício da jurisdição". Nesse sentido, se constituem em normas que, se efetivamente consideradas pelos tribunais, serão de fundamental importância para efetivar o direito constitucional à prestação jurisdicional em um prazo razoável.

Mesmo definindo o prazo razoável como o prazo legal, é necessário, ao se analisar em cada caso concreto se ele foi efetivamente respeitado, considerar, ao lado da complexidade do objeto, com base na qual o próprio ordenamento jurídico já define, no âmbito do Direito Processual, procedimentos diferenciados, dois outros aspectos:

a)   o comportamento e a atuação dos litigantes e seus advogados; e

b)   o comportamento e a atuação do órgão jurisdicional.

Quando a demora na prestação jurisdicional decorrer da tomada de medidas procrastinatórias por qualquer dos litigantes e seus procuradores, deve o órgão jurisdicional competente tomar as medidas cabíveis, inclusive com a aplicação das penas previstas e o encaminhamento de denúncia, se for o caso, ao Tribunal de Ética da Ordem dos Advogados do Brasil (OAB), quando for perceptível a intenção de o advogado adiar o término do processo. Nessa situação, haverá desrespeito à garantia da prestação jurisdicional em um prazo razoável nas situações em que o órgão jurisdicional não tomar as medidas cabíveis.

Quando a demora na prestação jurisdicional decorrer da forma de atuação do órgão jurisdicional, não cumprindo os prazos legais de forma efetiva, ou possuindo comportamento profissional ou ético incompatível com a função pública exercida, ocorrerá o desrespeito à garantia da prestação jurisdicional em um prazo razoável, devendo também ser tomadas as medidas cabíveis, inclusive junto à respectiva corregedoria e, se necessário, junto ao Conselho Nacional de Justiça.

É necessário, entretanto, que se entenda que sempre que a demora ocorrer em razão da complexidade da demanda, não se pode falar em desrespeito ao direito à prestação jurisdicional em um prazo razoável. Essa demora, para ferir a garantia constitucional, deve decorrer de inércia ou omissão do órgão jurisdicional, seja ela voluntária ou involuntária.[28]

Ela é voluntária quando o órgão jurisdicional propositalmente não cumpre os prazos estabelecidos, inverte a ordem de julgamento dos processos, beneficiando alguns litigantes e prejudicando outros, não decide ou adia a tomada de decisões. É involuntária quando decorre do excesso de trabalho, da falta de material humano e de estrutura e de problemas contidos na própria legislação processual.

Quando a demora é voluntária, a culpa é do Estado, pois ele é o responsável direto pelos atos de seus agentes. Quando a demora é involuntária, também a culpa é do Estado, que não pode alegar para o não cumprimento de seus deveres o fato de ser incompetente na gestão pública.

E, em ambos os casos, cabe ao cidadão que teve seu direito lesado, pela demora na prestação jurisdicional, o direito de acionar o Estado, buscando ser indenizado pelas perdas e danos que lhe foram impostos.

Ao lado do inc. LXXVIII do art. 5º, agora incluído no texto constitucional, e das alterações introduzidas nas alíneas do inc. II do art. 93, outros dispositivos presentes na Emenda Constitucional nº 45 podem ser apontados

---

[28] Nesse sentido: ANNONI, Danielle. *Direitos humanos & acesso à justiça no direito internacional*. Curitiba: Juruá, 2003. p. 134.

como importantes para garantir o direito à prestação jurisdicional em um prazo razoável.

Nesse sentido, o art. 93 ganhou quatro novos incisos, a saber:

> XII – atividade jurisdicional será ininterrupta, sendo vedado férias coletivas nos juízos e tribunais de segundo grau, funcionando, nos dias em que não houver expediente forense normal, juízes em plantão permanente;
>
> XIII – o número de juízes na unidade jurisdicional será proporcional à efetiva demanda judicial e à respectiva população;
>
> XIV – os servidores receberão delegação para a prática de atos de administração e atos de mero expediente sem caráter decisório;
>
> XV – a distribuição de processos será imediata, em todos os graus de jurisdição.

Essas normas contêm disposições que, efetivamente implementadas, terão grande repercussão na duração dos processos, em especial a presente no inc. XIII do art. 93, que estabelece a necessidade de proporcionalidade entre o número de juízes, a demanda e a população.

O art. 107 recebeu dois novos parágrafos, com os seguintes conteúdos:

> § 2º Os Tribunais Regionais Federais instalarão a justiça itinerante, com a realização de audiências e demais funções da atividade jurisdicional, nos limites territoriais da respectiva jurisdição, servindo-se de equipamentos públicos e comunitários.
>
> § 3º Os Tribunais Regionais Federais poderão funcionar descentralizadamente, constituindo Câmaras regionais, a fim de assegurar o pleno acesso do jurisdicionado à justiça em todas as fases do processo.

São no mesmo sentido as disposições inseridas no art. 115:

> § 1º Os Tribunais Regionais do Trabalho instalarão a justiça itinerante, com a realização de audiências e demais funções de atividade jurisdicional, nos limites territoriais da respectiva jurisdição, servindo-se de equipamentos públicos e comunitários.
>
> § 2º Os Tribunais Regionais do Trabalho poderão funcionar descentralizadamente, constituindo Câmaras regionais, a fim de assegurar o pleno acesso do jurisdicionado à justiça em todas as fases do processo.

No art. 125 foram introduzidos, no que interessa a essa matéria, os seguintes novos parágrafos:

§ 6º O Tribunal de Justiça poderá funcionar descentralizadamente, constituindo Câmaras regionais, a fim de assegurar o pleno acesso do jurisdicionado à justiça em todas as fases do processo.

§ 7º O Tribunal de Justiça instalará a justiça itinerante, com a realização de audiências e demais funções da atividade jurisdicional, nos limites territoriais da respectiva jurisdição, servindo-se de equipamentos públicos e comunitários.

Essas novas disposições constitucionalizam mudanças importantes no âmbito da estrutura do Poder Judiciário, permitindo a descentralização da segunda instância e criando a justiça itinerante. Ambas as medidas podem propiciar uma maior racionalização na utilização do tempo, agilizando a tramitação dos processos e efetivando o direito à prestação jurisdicional em um prazo razoável.

Finalmente, cabe destacar a ampliação do *efeito vinculante*, anteriormente atribuído apenas às decisões proferidas pelo Supremo Tribunal Federal (STF) nas ações declaratórias de constitucionalidade e que agora também atinge as decisões proferidas nas ações diretas de inconstitucionalidade, por meio da nova redação dada ao § 2º do art. 102:

> As decisões definitivas de mérito, proferidas pelo Supremo Tribunal Federal, nas ações diretas de inconstitucionalidade e nas ações declaratórias de constitucionalidade produzirão eficácia contra todos e efeito vinculante, relativamente aos demais órgãos do Poder Judiciário e à administração pública direta e indireta, nas esferas federal, estadual e municipal.

Também a criação da súmula vinculante, expressamente prevista no art. 103-A, agora acrescido ao texto constitucional:

> O Supremo Tribunal Federal poderá, de ofício ou por provocação, mediante decisão de dois terços dos seus membros, após reiteradas decisões sobre matéria constitucional, aprovar súmula que, a partir de sua publicação na imprensa oficial, terá efeito vinculante em relação aos demais órgãos do Poder Judiciário e à administração pública direta e indireta, nas esferas federal, estadual e municipal, bem como proceder à sua revisão ou cancelamento, na forma estabelecida em lei.

A ampliação da abrangência do efeito vinculante no controle concentrado e a criação da súmula vinculante no controle difuso são importantes instrumentos da uniformização da interpretação constitucional, sem a qual não há possibilidade de se falar em segurança jurídica nem em tratamento isonômico dos cidadãos brasileiros. Visa, expressamente, eliminar a insegurança jurídica e a multiplicação de processos sobre questões idênticas.

Deve, entretanto, a edição de Súmula Vinculante ser resultado do processo de objetivação do direito via Debate Crítico Apreciativo (DCA).[29] Seu conteúdo deve ser a corroboração da hipótese que possui maior verossimilitude.

Além de se constituírem em instrumentos para a efetividade da isonomia de tratamento e de garantia da segurança jurídica, também se constituem em instrumentos poderosos de agilização das demandas cujo desfecho, em última instância, dependa de uma manifestação no STF relativamente à validade, à interpretação e à eficácia de determinadas normas. Isso ocorre quando cumpre seu objetivo de evitar a multiplicação de processos sobre questão idêntica.

Ao ser editada a súmula, reconhecido (ou não) estará o direito de todas as pessoas que se encontrarem em idêntica situação. Esse fato reduz o tempo do processo de duas formas:

a) ao generalizar a mesma decisão para todos os processos que tenham objeto idêntico, reduz imensamente o tempo que os demais processos levariam para serem decididos, se seguido o procedimento tradicional, com a utilização de todos os recursos cabíveis; e

b) ao generalizar a decisão, reduz o número de processos, seja pelo término antecipado dos processos em andamento, seja pela redução de processos a serem ajuizados; nessa situação, o tempo que deixará de ser gasto nos processos cujo conteúdo foi objeto da súmula poderá ser destinado aos demais feitos.

Como se vê, a celeridade na prestação jurisdicional é garantia constitucional de todos os cidadãos. E a Constituição Federal traz expressamente um conjunto de elementos que encaminham sua efetivação. Entretanto, para que se transforme em realidade é necessário que o Poder Judiciário receba os recursos humanos e materiais necessários em qualidade e quantidade. É também necessária uma mudança da cultura jurídica e também da cultura social – é preciso deixar de utilizar o processo para protelar o cumprimento de obrigações ou mesmo como instrumento de vingança pessoal.

O processo, quando moroso, pode impedir o alcance de seus objetivos. A Justiça lenta não é justiça, além do que a demora do Estado em fazer valer o direito pode levar a novas desobediências e à criação de conflitos sociais generalizados.

---

[29] Sobre o DCA, ver o item 1.2.4, Capítulo 1, Unidade V deste mesmo volume.

1.6 GARANTIAS DE ADEQUAÇÃO DOS PROCEDIMENTOS E PRESTAÇÃO JURISDICIONAL OBJETIVA E EFETIVA

São denominadas garantias de adequação dos procedimentos e de efetividade na prestação jurisdicional, na classificação adotada:

a) *devido processo legal*, voltado a garantir, em especial, que a demanda se desenvolva em cumprimentos das garantias e procedimentos definidos em lei;

b) *isonomia*, garantindo igualdade de tratamento às partes;

c) *publicidade dos atos processuais*, que funciona como garantia das partes de que terão acesso a todas as informações contidas no processo;

d) *contraditório*, garantindo o direito de exercer a defesa, de ser informado e de participar de todos os atos processuais;

e) *ampla defesa*, garantido a utilização de todos os meios e recursos necessários ao pleno exercício do direito de defesa;

f) *licitude das provas*, que busca garantir a não utilização de provas obtidas por meios ilícitos;

g) *fundamentação das decisões*, garantindo acesso às razões que levaram o juiz a tomar aquela decisão e não outra; e

h) *duplo grau de jurisdição*, impondo uma organização judiciária que inclua órgãos de primeiro e de segundo graus de jurisdição.

Resumindo, é necessário que, após garantir o ingresso em juízo, o Estado também assegure que as partes serão tratadas isonomicamente, terão direito a ter acesso às informações contidas no processo, a contrapor seus pontos de vista e a utilizar todos os meios lícitos de defesa, a conhecer os fundamentos das decisões e delas recorrerem. Essas garantias minimizam a subjetividade do ato de aplicação do direito, constituindo importantes ideias reguladoras, próprias do processo de objetivação do direito por meio do processo.

1.6.1 Devido processo legal

A garantia do devido processo legal está prevista no art. 5º, inc. LIV, do texto constitucional: "ninguém será privado da liberdade ou de seus bens sem o devido processo legal". Essa garantia pode ser desdobrada em devido processo legal em sentido processual e devido processo legal em sentido material.

Em sua feição processual, estabelece que devem ser asseguradas às partes todas as garantias processuais e que é necessária a observância das normas e da sistemática previamente estabelecidas para o processo. Busca, nesse sentido, evitar o arbítrio do juiz, por meio da devida obediência aos procedimentos previstos em lei e da correta formação da relação processual – inclui, assim, as garantias ao procedimento legal e adequado e à correta constituição da relação jurídica processual.

Se a inafastabilidade do Poder Judiciário é um freio ao arbítrio dos demais poderes do Estado, a garantia do devido processo legal, em seu sentido processual, configura-se como efetiva garantia contra possíveis arbitrariedades dos órgãos encarregados do exercício da função jurisdicional.

No segundo dos sentidos indicados – devido processo legal em sentido material –, conforme Luís Roberto Barroso, identifica-se com o princípio da razoabilidade[30] visto esse como "um parâmetro de valoração dos atos do Poder Público para aferir se eles estão informados pelo valor superior inerente a todo ordenamento jurídico: a justiça".[31] Ou seja, em sua feição material volta-se à obrigação de que todos os atos emanados dos três poderes do Estado estejam de acordo com a Justiça.

Adotada essa posição, está o princípio da razoabilidade inserto na Constituição Federal por meio da cláusula do devido processo legal, devendo ser aplicado na medida em que seja necessário equacionar os valores envolvidos na relação conflituosa, a fim de buscar a solução que melhor preserve a unidade da ordem constitucional, qual seja aquela que permita a efetivação do direito e o acesso à Justiça dentro dos parâmetros estabelecidos pela Lei Fundamental e garantindo a integridade do Estado Democrático de Direito.

A efetividade dessa garantia, em seu sentido pleno, incluindo seus aspectos processual e material, passa pela existência de instrumentos jurídicos acessíveis, adequados, céleres e efetivos na resolução dos conflitos de interesses que são levados ao Poder Judiciário.[32] Deve, portanto, a garantia do devido

---

30   BARROSO. *Op. cit.*, p. 217.

31   *Idem, ibidem*, p. 204.

32   Nesse sentido, é importante ressaltar a seguinte observação de Egas Dirceu Moniz de Aragão (O estado de direito e o direito de ação, p. 79): "[...] de pouco adiantará assegurar o exercício teórico do direito de ação, ou estudar-lhe doutrinariamente a extensão e a eficácia, se o ordenamento jurídico não proporcionar meios hábeis à obtenção da sentença em tempo razoável. Manter os litigantes à espera da sentença por mil e uma noites é forma indireta de lhes denegar justiça". Ou como coloca J. J. Calmon de Passos (Democracia, participação e processo. In: GRINOVER, Ada Pellegrini *et al.* (Coord.). *Participação e processo*. São Paulo: RT, 1988. p. 84): "... o problema primeiro, no que diz respeito ao ordenamento jurídico, é menos o que

processo legal ser lida sob o prisma da garantia do adequado acesso à Justiça, na forma já anteriormente esposada.

1.6.1.1 Proporcionalidade e razoabilidade

Para que se possa proporcionar eficácia aos direitos fundamentais e à Constituição como um todo é necessário interpretá-los, e a forma de interpretar a Constituição acompanhou as mutações da teoria constitucional, sendo que as mudanças da teoria constitucional acompanharam as mudanças do Estado.

Assim, é possível identificar diversos elementos para a interpretação do sistema jurídico decorrentes da evolução da teoria constitucional e do próprio conceito de constituição. Entre os princípios que cuidam da interpretação das demais normas jurídicas – por esse motivo também denominados *super-princípios* – destacam-se os da proporcionalidade e da razoabilidade, pois os estudos a respeito dos direitos fundamentais levam em conta, essencialmente, a utilização destes na ponderação de valores junto a todo o sistema jurídico.

Em sua teoria sobre os direitos fundamentais, Alexy[33] limita a aplicação da ponderação em relação aos direitos fundamentais constantes de princípios, por entender que apenas o caráter de princípio implica as *regras de proporcionalidade* e *razoabilidade*, e estas implicam aquela.

Assim, a busca por proporcionalidade e razoabilidade só ocorreria junto aos princípios, tornando-se racional apenas quando realizada por meio da análise procedimental de três critérios parciais: adequação ao fim pretendido, necessidade (postulado do meio mais benigno) e proporcionalidade em sentido estrito (o postulado da ponderação propriamente dito). Não é assim, no entanto, que o sistema brasileiro enxerga tais normas.

No Brasil, a *proporcionalidade* é considerada uma norma de natureza principiológica que versa sobre a interpretação dos direitos fundamentais, interpretação essa efetuada apenas por meio de um método racional e procedimental de sopesamento de valores segundo os critérios de adequação, necessidade e proporcionalidade em sentido estrito.[34]

---

formalmente ele se propõe realizar, e muito mais o que ele instrumentaliza para assegurar sua efetividade".

[33] ALEXY, Robert. *Teoria dos direitos fundamentais*. São Paulo: Malheiros, 2008.

[34] Neste texto temos, por essa razão, optado por nos referir ao método da proporcionalidade e não ao princípio da proporcionalidade, como poderá ser visto nos Capítulos 5 e 6 da Unidade V, neste mesmo volume.

Já a *razoabilidade* constitui um princípio vinculado à interpretação e à ponderação racional de valores no âmbito dos direitos fundamentais, mas que se diferencia da proporcionalidade na medida em que não depende do procedimento de análise de critérios distintos, mas apenas da análise de custo-benefício entre meios e fins; apenas da análise do critério da proporcionalidade em sentido estrito em cada caso concreto.

Percebe-se, nesse sentido, que a origem histórica, a estrutura e a função dos princípios da proporcionalidade e da razoabilidade são diferentes. Enquanto a proporcionalidade é oriunda da conscientização valorativa que transformou o positivismo jurídico após a Segunda Guerra Mundial, especialmente junto ao Direito alemão, a razoabilidade surgiu historicamente atrelada ao princípio do devido processo legal do Direito norte-americano, como explicita Gisele Santos Fernandes Góes.[35]

Enquanto a proporcionalidade está estruturada sobre o respeito procedimental a seus critérios de aplicação, a razoabilidade, muito embora também se proponha racional, não depende da *procedimentalização* para a garantia de uma argumentação prática racional não discricionária, cingindo-se apenas ao critério da proporcionalidade em sentido estrito segundo a concepção valorativa da sociedade a que serve.

Também no que diz respeito à função de cada princípio, é possível encontrar diferenças. Nesse sentido, o princípio da razoabilidade tem um traço de bloqueio aos excessos eventualmente efetuados pelo Estado: uma função eminentemente negativa; enquanto o método da proporcionalidade, embora também detenha tal objetivo negativo, possui, ainda, uma função positiva, de busca pela melhor forma de respeito aos direitos fundamentais, como salienta Tarcisio Geroleti da Silva.[36]

O mais importante, com efeito, é acreditar que tanto no campo da proporcionalidade quanto no campo da razoabilidade constata-se a possibilidade

---

[35] Diz Gisele Santos Fernandes Góes (*Princípio da proporcionalidade no processo civil*. São Paulo: Saraiva, 2004. p. 59): "Conclui-se, nesse tópico, que a raiz histórica da razoabilidade é o princípio do devido processo legal, enquanto a da proporcionalidade foram os anseios do Estado de Direito pós Segunda Guerra Mundial".

[36] Nas palavras de Tarcísio Geroleti Silva (*A efetividade do processo à luz do princípio da proporcionalidade*. Blumenau: Unerj/Furb, 2003. p. 62): "A razoabilidade atua negativamente determinando a ponderação e impedindo os abusos por parte do Estado em face dos direitos fundamentais, enquanto a proporcionalidade, além de evitar estes excessos, apresenta, concretamente, mecanismos para a solução dos conflitos pela utilização de seus subprincípios. Portanto atuaria o princípio da razoabilidade sem os subprincípios da necessidade e adequação que compõem o princípio da proporcionalidade".

de sopesarem-se valores de modo racional, seja no conflito de princípios, seja no conflito de regras.

Ocorre, entretanto, que tanto a teoria jurídica quanto a jurisprudência brasileiras confundem proporcionalidade e razoabilidade: acabam por equiparar tais normas. Isso ocorre inclusive no STF. Muito embora reconheça a importância da proporcionalidade para as situações de colisão de direitos fundamentais, o tribunal não a aplica de maneira estruturada, desrespeitando seus critérios e contentando-se com sua citação, como demonstra Luís Virgílio Afonso da Silva.[37]

Percebe-se ao analisar a jurisprudência do STF que o recurso à proporcionalidade nem sempre é sequer justificado pelo tribunal. Em muitos momentos, a fundamentação é apenas pressuposta, como se a proporcionalidade possuísse grande tradição junto à teoria jurídica e jurisprudência brasileiras. Normalmente, quando alguma fundamentação é levada a cabo, menciona-se apenas o devido processo legal em sentido material e o inc. LIV do art. 5º da Constituição Federal, que estabelece que "ninguém será privado da liberdade ou de seus bens sem o devido processo legal".

Dessa forma, a aplicação do método da proporcionalidade pelo STF tem consistido, essencialmente, em um apelo à norma da razoabilidade, nos moldes da ponderação normalmente efetuada pela Suprema Corte norte-americana. Isso porque o STF tem denominado a norma da razoabilidade como *princípio da proporcionalidade*, proporcionalidade essa que, na teoria de Alexy,[38] é uma regra que não se aplica às regras, contrariamente às opiniões de Günther[39] e Dworkin,[40] a serem expostas e trabalhadas no Capítulo 6 da Unidade V deste mesmo volume, opiniões essas que demonstram se encaixar melhor à realidade da nossa jurisprudência.

---

[37] Conforme Luís Virgílio Afonso da Silva (O proporcional e o razoável. *Revista dos Tribunais*, n. 798, p. 31, abr. 2002): "O recurso à regra da proporcionalidade na jurisprudência do STF pouco ou nada acrescenta à discussão e apenas solidifica a ideia de que o chamado princípio da razoabilidade e a regra da proporcionalidade seriam sinônimos. A invocação da proporcionalidade é, não raramente, um mero recurso a um *topos*, com caráter meramente retórico, e não sistemático. [...] Apesar de salientar a importância da proporcionalidade para o deslinde constitucional da colisão de direitos fundamentais, o Tribunal não parece disposto a aplicá-la de forma estruturada, limitando-se a citá-la".

[38] ALEXY. *Op. cit.*

[39] DWORKIN, Ronald. *Uma questão de princípio*. São Paulo: Martins Fontes, 2009.

[40] GÜNTHER, Klaus. *The sense of appropriateness*. Albany: State University of New York Press, 2003.

Enfim, na esteira do que afirma Luís Virgílio Afonso da Silva,[41] é o *princípio da razoabilidade* aquele efetivamente aplicado às situações em que os nossos tribunais afirmam estar fazendo uso do *método (ou princípio) da proporcionalidade.*

1.6.2 Isonomia

A garantia de isonomia, ou da igualdade processual, decorre da regra geral do *caput* do art. 5º do texto constitucional, que estabelece: "Todos são iguais perante a lei, sem distinção de qualquer natureza [...]".

A igualdade processual é vista como a *igualdade de armas*, na feliz expressão de Cappelletti e Garth.[42] A aceitação dessa concepção impõe necessariamente a igualdade de oportunidades. Por isso não pode ter como pressuposto a mera igualdade formal, mas sim a igualdade proporcional, que impõe tratamento desigual aos desiguais.

A mesma garantia levou ao delineamento dos traços iniciais de um sistema de precedentes para o direito brasileiro, a fim de que não se julgue diferentemente pessoas que estejam em situações idênticas.

É com isso que se preocupou o CPC de 2015, em seus arts. 926 e 927. Veja-se, a este respeito, que mesmo os processualistas das áreas penal e trabalhista admitem que o sistema de precedentes traçado pelo CPC de 2015 aplica-se a todo o sistema jurídico, pois, antes mesmo de constituir um sistema ligado à teoria do direito processual, o tema é inerente à teorização de todo o sistema jurídico; é assunto inerente à teoria do direito.

Também é com base nessa compreensão da garantia de isonomia que se estabelecem os foros privilegiados; a exigência, em determinadas situações, da intimação pessoal do advogado e da contagem de prazos em dobro; a assistência jurídica integral e gratuita aos necessitados; e outras prerrogativas contidas na legislação processual brasileira.

Coloca-se essa garantia em dois níveis diferenciados:

a) como garantia contra a atividade legislativa do estado, impedindo a elaboração de leis que, ao disciplinarem os procedimentos processuais, não garantam a possibilidade de participação em paridade de armas; e

---

[41] SILVA, L. V. A. *Op. cit.*, p. 33.

[42] CAPPELLETTI, Mauro; GARTH, Bryant. *Acesso à justiça.* Porto Alegre: Fabris, 1988. p. 15.

b)   como garantia, em nível jurisdicional, da efetividade do contraditório, o que só é possível levando-se em consideração a concepção de igualdade proporcional.

De outro lado, as prerrogativas atribuídas a uma das partes, visando proporcionar a paridade de armas, não podem superar o estritamente necessário para estabelecer o equilíbrio entre elas, sob pena de ferirem o princípio da isonomia. A finalidade dessa garantia é exatamente ser o instrumento efetivo de equilíbrio do contraditório.

1.6.3   Publicidade dos atos processuais

A garantia da publicidade dos atos processuais está prevista no art. 5º, inc. LX, do texto constitucional: "a lei só poderá restringir a publicidade dos atos processuais quando a defesa da intimidade ou o interesse social o exigirem".

No capítulo específico do Poder Judiciário, a Constituição Federal retoma essa garantia, no inc. IX do art. 93, que possui o seguinte texto:

> IX – todos os julgamentos dos órgãos do Poder Judiciário serão públicos, e fundamentadas todas as decisões, sob pena de nulidade, podendo a lei limitar a presença, em determinados atos, às próprias partes e a seus advogados, ou somente a estes, em casos nos quais a preservação do direito à intimidade do interessado no sigilo não prejudique o interesse público à informação.

A publicidade é ampla, quando qualquer pessoa pode ter acesso aos autos do processo e assistir aos julgamentos; é restrita quando apenas as partes e seus advogados, ou apenas estes, podem ter acesso aos atos processuais.

Essa garantia tem de ser vista sob dois prismas diferenciados. De um lado, é instrumento de fiscalização e controle do Poder Judiciário pela sociedade, constituindo-se, portanto, em garantia política. De outro lado, é instrumento de garantia de participação para as partes, proporcionando-lhes a efetividade do contraditório.

A garantia, em seu sentido amplo, abrange duas espécies de publicidade: a do ato presente e a do ato passado. Nessa última, inclui-se a publicidade dos autos dos processos. Os limites a essa garantia somente podem ser estabelecidos mediante lei, com base nas exigências expressamente constantes da Constituição Federal. Não podem, portanto, ser determinados pelo Poder Judiciário.

Especificamente com relação à publicidade dos julgamentos, segundo o art. 93, inc. IX, ela pode ser restrita para as partes e seus advogados, ou somente para esses, nos casos previstos em lei, desde que a preservação do direito à intimidade não prejudique o interesse público à informação. Ou seja, a regra geral é a publicidade de todos os atos processuais, incluindo o julgamento, podendo a lei limitá-la apenas com base na exigência da defesa da intimidade, nos casos em que essa defesa não prejudique o interesse público à informação. Nesse princípio, o próprio texto constitucional já estabeleceu qual o bem maior a ser considerado quando da existência de conflito.[43]

1.6.4   Contraditório

A garantia do contraditório está prevista no art. 5º, inc. LV, do texto constitucional, ao lado da ampla defesa: "aos litigantes, em processo judicial ou administrativo, e aos acusados em geral são assegurados o contraditório e ampla defesa, com os meios e recursos a ela inerentes".

O contraditório que a Constituição Federal insere no sistema jurídico não é, entretanto, um mandamento meramente formal, de dar vistas às partes para manifestação a respeito de cada ato processual, como numa conversa de portadores de necessidades especiais *auditivas*.

Trata-se de um contraditório material, substancial; um compromisso de atenção para com aquilo que está sendo dito, a fim de que a decisão ao final realmente seja a síntese daquilo que foi debatido e discutido durante todo o processo, não podendo haver, no processo civil, por exemplo, decisão a respeito de tema que não tenha sido debatido pelas partes (CPC de 2015, art. 10), ainda que se trate de matéria sobre a qual o juízo possa decidir de ofício.

Essa garantia dá ao processo uma estrutura dialética, tendo em vista que garante a participação efetiva das partes. Não é o exercício do contraditório, no entanto, uma imposição, pelo menos em nível do Direito Processual Civil. Ele dá aos litigantes, como regra geral, a ocasião e a possibilidade de intervirem, assim como o compromisso de serem efetivamente ouvidos. São exceções as situações que envolvam direitos indisponíveis ou em que o titular do direito seja incapaz, quando então a participação se torna compulsória, seja pessoalmente ou por meio de representante ou curador.

No Direito Processual Penal, a regra é oposta, sendo o exercício do contraditório efetivo obrigatório, tendo em vista ser a liberdade um direito

---

[43]   Daí a proteção de que cuida, a título de exemplo, o art. 189 do CPC de 2015, ao estabelecer as normas excepcionais de *segredo de justiça* nos casos de exigência do próprio interesse público e nos feitos que se refiram a ações de direito de família, tais como casamentos, filiação, separação dos cônjuges, divórcio, guarda dos filhos, entre outros.

indisponível e existir o impedimento legal de que qualquer pessoa seja condenada sem defesa.

São elementos do contraditório a informação e a reação. Em razão disso, impõem-se a comunicação de todos os atos processuais às partes, através da citação e das intimações,[44] e a bilateralidade das audiências. Sem isso ele não pode ser efetivo, pois pressupõe a criação de oportunidades para que tanto o autor como o réu se manifestem. Não admite exceções, sendo nulos os processos no quais ele não seja garantido.

São consequências práticas, em primeiro lugar, a fixação dos limites subjetivos da coisa julgada e, em segundo, o fato de que a relação jurídica processual só se completa, nos processos de jurisdição contenciosa, após a citação válida.[45-46]

Com relação à primeira dessas consequências, classicamente vinha-se entendendo que o princípio do contraditório impunha os efeitos da coisa julgada apenas às pessoas que efetivamente tivessem participado do processo. Contemporaneamente, diante do surgimento dos interesses e direitos individuais homogêneos, coletivos e difusos, a teoria jurídica e a legislação absorveram as denominadas coisas julgadas *erga omnes* e *ultra partes*.[47] Nessas, os efeitos da sentença estendem-se também a outros beneficiados que não participaram concretamente do processo. Têm elas, no entanto, aplicação apenas em relação à parte beneficiada pela decisão, não se aplicando nos casos em que o direito não é reconhecido.

1.6.5 Ampla defesa

A garantia da ampla defesa está prevista no art. 5º, inc. LV, do texto constitucional, ao lado do contraditório: "aos litigantes, em processo judicial

---

[44] A *citação* é a comunicação feita ao réu de que está sendo instaurado um processo, abrindo-lhe o prazo para apresentar a contestação (é denominada, na CLT, de notificação); a *intimação* é o instrumento pelo qual se faz todas as demais comunicações às partes, advogados e outras pessoas que venham a ser chamadas para praticar qualquer ato no processo.

[45] Idem à nota 45.

[46] Entendendo-se que o processo é composto da relação jurídica processual mais o procedimento, verifica-se a ausência de sintonia da legislação com a teoria jurídica processual, quando o CPC de 1973 define que o processo se inicia com o primeiro despacho do juiz ou com a distribuição.

[47] Sobre a coisa julgada, ver o item 1.7, deste mesmo capítulo. Sobre os conceitos de coisa julgada *erga omnes* e *ultra partes*, ver as notas de rodapé 66 e 67, também deste mesmo capítulo.

ou administrativo, e aos acusados em geral são assegurados o contraditório e ampla defesa, com os meios e recursos a ela inerentes".

Embora tratada constitucionalmente junto com o contraditório, com ele não se confunde. Aquele se refere à garantia da possibilidade da efetiva participação no processo, em nível da ação ou da defesa; essa, à amplitude do exercício dessa participação. No texto da norma que prevê ambas as garantias há um trecho que se encontra na sua parte final, após a vírgula, e que pode inclusive ser lido como se referindo apenas à ampla defesa, reforçando essa interpretação. Nesse trecho, a utilização do pronome ela (feminino) parece indicar claramente essa situação da previsão de duas diferentes garantias, interligadas e complementares entres si, em mesmo texto normativo.

Também é necessário salientar que a palavra *defesa*, presente na norma constitucional, não se confunde com o instituto fundamental do Direito Processual, denominado defesa, de que é titular o réu e que se contrapõe a outro instituto processual, igualmente fundamental, denominado ação, pertencente ao autor. O texto constitucional é claro ao estabelecer a ampla defesa como garantia dos *litigantes*.

A defesa a que se refere essa garantia constitucional inclui primeiramente o conjunto de provas que ambas as partes podem trazer ao processo (ou requerer que sejam produzidas, como no caso das perícias), buscando convencer o julgador de que sua posição é a correta. O direito às provas[48] necessárias para a demonstração do direito alegado ou questionado se encontra previsto na expressão *meios* a ela inerentes.

Ao lado das provas, inclui também os recursos processuais das decisões proferidas, sempre que uma das partes com elas não concordar. O dispositivo constitucional, após a expressão meios, utiliza literalmente a expressão *recursos*. O direito aos recursos necessários, em sentido processual, é indispensável para que as partes possam buscar a modificação de decisões proferidas em processos judiciais.

Sobre a possibilidade de recorrer das decisões jurisdicionais, retira-se da lição de Sérgio Gilberto Porto:

> O sistema recursal hodierno, portanto, consagrou o princípio de que todas as decisões judiciais – salvo as de mero expediente – são recorríveis. No sistema aparece, assim, o recurso como direito da parte, cabendo a esta – se sucumbente total ou parcialmente – interpô-lo.[49]

---

[48] Sobre o direito à prova, ver: ARAGÃO, Egas Dirceu Moniz de. Direito à prova. *Revista de Processo*, São Paulo: RT, ano X, n. 39, p. 98-118, jul.-set. 1985.

[49] PORTO, Sérgio Gilberto. *Coisa julgada civil*. Rio de Janeiro: Aide, 1996. p. 50-51.

Como se lê expressamente no texto constitucional, os meios e recursos são inerentes à ampla defesa, ou seja, ligados estruturalmente a ela e dela inseparáveis. Nesse sentido, todos os meios indispensáveis para o adequado exercício do direito de defesa podem ser utilizados. Normas que restrinjam o direito probatório são de constitucionalidade questionável.

Quanto aos recursos, o que é indispensável é que haja a sua previsão, de forma adequada, e não de forma ilimitada. Essa limitação decorre de outro princípio igualmente constitucional, qual seja a definitividade das decisões judiciais.

1.6.6 Licitude das provas

A garantia da inadmissibilidade no processo de provas obtidas por meios ilícitos, também denominada princípio da licitude das provas, está prevista no art. 5º, inc. LVI, do texto constitucional: "são inadmissíveis, no processo, as provas obtidas por meios ilícitos".

Essa garantia se coloca como limite à garantia da ampla defesa, devendo ser lida como seu contraponto. Se de um lado a Constituição Federal permite a ampla defesa, visando com isso chegar ao correto conhecimento dos fatos, de outro coloca um princípio ético, segundo o qual não se busca esse conhecimento a qualquer preço. Ao interesse de uma das partes sobrepõe-se a defesa da dignidade, da integridade e da privacidade da outra.

O que se busca com o processo é a resolução de conflitos concretos de interesses, pacificando com justiça. Não é objetivo do processo a certeza ou a verdade. Como será visto em capítulo posterior,[50] não há como saber, de forma definitiva, se chegamos ou não a ela. O adequado conhecimento dos fatos é meio para que o juiz possa decidir, atingindo os objetivos da jurisdição, não um fim em si mesmo. O que está colocado claramente, na garantia da licitude das provas, é o princípio ético de que os fins não justificam os meios.

Essa garantia constitucional foi construída fundamentalmente na busca de coibir o arbítrio, o abuso do poder e as torturas, patrocinadas essas, em muitas ocasiões, pelas autoridades policiais. A crítica que lhe é feita é que, buscando reprimir conduta delituosa, pode recusar ou negar a verdade.[51] Nesse sentido, conjuga-se com a ideia de verdade formal e não com a de verdade real, no sentido que essas expressões possuem no âmbito do direito.

---

[50] Sobre o problema da verdade na ciência e no processo, ver o Capítulo 1 da Unidade V deste mesmo volume.

[51] Sobre a questão da verdade, ver o Capítulo 1 da Unidade V, neste mesmo volume.

Como toda garantia, não é ela absoluta. Há princípios jurídicos e éticos maiores a impor-lhe limites, em especial no processo penal, contidos no princípio da proporcionalidade. Há situações em que, com base do princípio da proporcionalidade, se deve estabelecer uma ponderação entre os bens e valores envolvidos no ilícito que se busca provar e no ilícito praticado para a obtenção da prova, definindo níveis de ilicitude eticamente aceitáveis na obtenção da prova perante a gravidade do ilícito a ser provado. Deve-se ainda levar em consideração a qualidade dos valores em jogo, fixando-se quais devem ser privilegiados diante das opções axiológicas da sociedade e do respectivo estado.

Questão complexa, no que se refere às provas obtidas por meios ilícitos, diz respeito à inviolabilidade do sigilo da correspondência e das comunicações telegráficas, de dados e das comunicações telefônicas, prevista constitucionalmente no inc. XII do art. 5º:

> é inviolável o sigilo da correspondência e das comunicações telegráficas, de dados e das comunicações telefônicas, salvo, no último caso, por ordem judicial, nas hipóteses e na forma que a lei estabelecer para fins de investigação criminal ou instrução processual penal.

Esse dispositivo constitucional estabelece que a quebra da inviolabilidade só pode ocorrer com relação aos dados e às comunicações telefônicas, por meio de decisão judicial e com a finalidade específica de investigação criminal ou instrução processual penal. O texto constitucional, ao autorizar a quebra do sigilo, restringiu-a com a utilização da expressão *"salvo, no último caso"*. Com isso exclui, pelo menos em uma interpretação literal, a possibilidade de quebra de sigilo da correspondência e das comunicações telegráficas. Em função desse dispositivo, não há como se falar, a princípio, na possibilidade de obtenção de prova lícita por meio de quebra de sigilo, com relação à correspondência e às comunicações telegráficas.

É importante salientar que não há nada de ilícito na gravação dos próprios diálogos, inclusive quando efetivados por meio de telefone, desde que com instrumentos não proibidos, tais como as secretárias eletrônicas e mesmo gravadores acoplados aos aparelhos, como já é comum em vários celulares. O que não são permitidas são a escuta e a gravação não autorizadas das conversas telefônicas de terceiros.

Entretanto, mais complexa se torna a definição do lícito e do ilícito nessa matéria quando se trata das novas formas de comunicação eletrônica e virtual: *e-mails*, torpedos, mensagens em aplicativos (WhatsApp, por exemplo), recados em sites de relacionamento como o Facebook, postagens em *blogs* e no Twitter, conversas via Messenger, Skype e similares. O que é e o que não é inviolável nesse novo universo de comunicação?

Buscando identificar a melhor solução para essas e outras situações, o que se pode dizer é que, diante de situações nas quais ocorra a colisão entre o princípio da licitude das provas (que visa resguardar o direito individual à intimidade e à vida privada) e o direito à prova (que visa garantir o pleno acesso à Justiça e o devido processo legal), deve-se aplicar o princípio da proporcionalidade, sendo que a precedência de um ou de outro dependerá sempre das especificidades do caso concreto.

1.6.7   Fundamentação das decisões judiciais

A garantia da obrigatoriedade de fundamentação das decisões judiciais está contida no inc. IX do art. 93 do texto constitucional, quando estabelece que "todos os julgamentos dos órgãos do Poder Judiciário serão públicos, e fundamentadas todas as decisões, sob pena de nulidade". Pode-se ainda afirmar que essa garantia decorre também do princípio do devido processo legal.

O dever de motivação das decisões é garantia política contra a possibilidade de arbítrio por parte do Estado-juiz. Em respeito a ela todo aquele que exercer a atividade jurisdicional é obrigado a dizer as razões de suas decisões, fundamentando-as.

Veja-se que o CPC de 2015, em seu art. 489 – em dispositivo que, assim como o sistema de precedentes (arts. 926 e 927 do CPC de 2015), também merece ser aplicado a todo o direito processual – busca aperfeiçoar o respeito e o sentido do art. 93, IX, da CF.

Para tanto, o CPC de 2015 explicita quais são as espécies de decisões eivadas de nulidade por não se considerarem fundamentadas. Traduz, em suma, que é importante explicar com clareza por quais motivos a opinião do julgador é aquela; é importante, mais do que dizer ao vencedor o motivo de sua vitória, explicar ao perdedor por quais motivos os seus argumentos não foram suficientes. Tem haver uma síntese da comunicação processual decorrente de um contraditório efetivamente substancial.

O mesmo faz o Decreto 9.830/2019, ao regulamentar o disposto nos artigos 20 a 30 da Lei de Introdução às normas do Direito brasileiro, especialmente no tocante à motivação das decisões.

A fundamentação deve incluir a razões fáticas (provas constantes do processo) e jurídicas (normas, súmulas, jurisprudência, costume) de cada resposta dada a cada pedido constante do processo. Sem essa fundamentação, a decisão é nula. Além disso, sem ela ficaria aquele a quem foi negada a proteção de direito pleiteado, privado também de seu direito de recorrer, de forma adequada, da decisão proferida. Todo recurso se constitui em um questionamento de uma decisão; e a possibilidade de questioná-la pressupõe o conhecimento dos seus fundamentos.

O dever de fundamentação, que inclui as razões de fato e de direito, não pode ser meramente formal, pois está destinado a permitir o controle sobre o exercício da função jurisdicional em dois níveis. Em primeiro lugar, ao controle da sociedade sobre as atividades jurisdicionais do Estado, visando assegurar sua imparcialidade e legalidade. Esse primeiro nível é de natureza fundamentalmente política. Em segundo, pelas partes, por uma razão técnica, que é o poder de recurso, pelo qual se busca a reforma da decisão proferida.

Em função desses aspectos, é ele normalmente apresentado ou como garantia das partes ou como princípio processual. No entanto, em face da sua localização no texto constitucional, é necessário salientar que essa é uma norma destinada em primeiro lugar ao julgador, como um dever que lhe é imposto e que gera, como consequência, uma garantia para as partes e para a sociedade e um princípio orientador da elaboração e interpretação das normas processuais.

É desse dever constitucional que, segundo parte da teoria processual, decorre o princípio processual da livre motivação do juiz, também denominado princípio da persuasão racional ou do livre convencimento. Significa que o juiz tem liberdade de convencimento, dentro dos limites colocados pela lei e pelo que indica a realidade formal dos autos do processo (conjunto probatório). Ou seja, é livre convencimento diante do que é trazido ao processo e ao que consta da ordem jurídica nacional, lida à luz da Constituição Federal. Não significa, portanto, autorização para que o juiz decida como bem desejar, de acordo com sua subjetividade.

Quanto à amplitude da fundamentação da sentença, entende-se que deve ser proporcional à importância do caso julgado. No entanto, coloca-se nessa posição pelo menos um problema: como definir a importância de um caso? É muito difícil, talvez impossível, aferi-la perante os elementos subjetivos que envolvem cada situação em concreto e as grandes diferenças sociais, econômicas e culturais que separam a população brasileira em mundos totalmente diversos. É possível fazê-lo, entretanto, se considerarmos os efeitos sociais da sentença, o interesse público envolvido; mas esse tipo de valoração não se adequa à grande massa de processos.

Buscando dar uma resposta mais direta ao problema da amplitude da fundamentação, deve ela ser suficiente para que ambas as partes possam conhecer e compreender os motivos pelos quais a decisão foi dada naquele sentido. Deve, em especial, demonstrar para a parte vencida os motivos pelos quais ela não possui o direito alegado. Nesse sentido, deve ser a sentença o momento de materialização do processo de objetivação desenvolvido naquele processo.

1.6.8   Duplo grau de jurisdição

O duplo grau de jurisdição na teoria jurídica brasileira é entendido de pelo menos duas formas diferentes:

a)   como a necessária existência de uma primeira e de uma segunda instância de julgamento das demandas, cabendo à segunda analisar os recursos apresentados relativamente às decisões da primeira; e

b)   como a necessária análise das decisões proferidas em primeiro grau, por um segundo órgão jurisdicional. Nesse segundo sentido não se confunde com o direito ao recurso.

Os autores que defendem a previsão constitucional do duplo grau de jurisdição o veem como um princípio implícito decorrente da estrutura adotada pelo Poder Judiciário que, segundo o art. 92 da Constituição Federal, é formado, em todas as justiças, por juízos e tribunais. Essa duplicidade – juízos e tribunais – implicaria a adoção de uma estrutura processual baseada no duplo grau.

Há também autores que defendem a tese de que o duplo grau de jurisdição está previsto constitucionalmente como garantia no dispositivo que trata do contraditório e da ampla defesa (art. 5º, inc. LV), quando ele assegura os recursos inerentes à ampla defesa.

Outros veem esse princípio no plano internacional, mais especificamente na Convenção Interamericana de Direitos Humanos, da qual o Brasil é signatário. Segundo ela:

> Art. 8. Garantias judiciais
>
> 1. [...].
>
> 2. Toda pessoa acusada de delito tem direito a que se presuma sua inocência enquanto não se comprove legalmente sua culpa. Durante o processo, toda pessoa tem direito, em plena igualdade, às seguintes garantias mínimas: [...].
>
> h. direito de recorrer da sentença para juiz ou tribunal superior.[52]

---

[52]   Convenção Americana de Direitos Humanos. Disponível em: <http://www.cidh.org/Basicos/Portugues/c.Convencao_Americana.htm>.

Adotando o primeiro sentido entre os indicados, que aproxima o duplo grau de jurisdição do direito ao recurso, é possível ver nessa convenção internacional, ratificada e integrada ao ordenamento jurídico brasileiro por meio do procedimento de internalização dos atos internacionais, sua previsão legal, mas não constitucional.

De outro lado, há previsão infraconstitucional expressa do duplo grau de jurisdição, especificamente no art. 496 do CPC de 2015. Trata da situação da obrigatoriedade de análise pelo órgão de segundo grau das decisões proferidas em primeiro grau contra a Fazenda Pública. Nesse dispositivo legal encontra-se claramente o segundo dos sentidos atribuídos à expressão duplo grau de jurisdição.

Não está o duplo grau de jurisdição, entretanto, colocado de forma expressa em nenhum dispositivo da carta constitucional. Em razão disso, não é o duplo grau de jurisdição uma garantia absoluta, até pelo fato de constituir um princípio – norma que se concretiza na maior medida possível, conforme as circunstâncias – e não uma regra – norma de tudo ou nada.

O princípio do duplo grau de jurisdição, no sentido mais usual que lhe é atribuído, estabelece o controle hierárquico da aplicação do direito pela atividade jurisdicional, por meio dos órgãos de segundo grau e, excepcionalmente, dos órgãos de cúpula. Isto ocorre, normalmente, quando é interposto recurso por uma das partes, não satisfeita com a decisão proferida, e excepcionalmente, em caso de reexame necessário, ainda que não haja recurso, nos casos previstos em lei.[53-54]

---

[53] Como regra, o segundo grau de jurisdição só se efetiva quando houver a apresentação, por uma das partes, de recurso da decisão proferida. Ou seja, há a necessidade de nova provocação da atividade jurisdicional do estado, agora com relação a um órgão de segundo grau. Há, entretanto, situações excepcionais em que a lei estabelece que o duplo grau de jurisdição é obrigatório, denominando-as de devolução oficial ou remessa necessária (ou, impropriamente, de recurso de ofício). São exemplos dessa situação: (a) a remessa necessária dos autos ao Tribunal de Justiça, quando da absolvição sumária do réu em crime de delito doloso contra a vida, sem encaminhamento ao tribunal do júri; e (b) a remessa necessária, ao tribunal imediatamente superior, dos autos dos processos em que haja condenação na Fazenda Pública, nos termos do art. 496 do CPC de 2015.

[54] Nessa situação não cabe julgar a demanda desconsiderando o pronunciamento proferido, mas sim submeter à reanálise dos tribunais locais a decisão ou sentença recorrida. Os órgãos aos quais compete julgar os recursos ocupam posição de revisão ou anulação; não de mando. Isto significa que, exceto em caso de súmula vinculante – CF, art. 103-A e Lei nº 11.417/2006 – embora os tribunais possam alterar a decisão anteriormente proferida, não podem impor aos órgãos de primeiro grau que estes passem a adotar suas posições.

A justificativa técnica dada para a existência do princípio do duplo grau de jurisdição é a possibilidade de a decisão de primeiro grau estar desacertada, sendo necessária a existência de um mecanismo pelo qual se possa corrigi-la, normalmente mediante o denominado recurso de *apelação*, cabível em face das sentenças de primeiro grau tanto no processo civil quanto no sistema processual penal.

A razão política para a sua existência é submeter as decisões dos órgãos monocráticos a um controle colegiado e mais experiente, evitando decisões demasiadamente alternativas, destoantes daquelas comumente proferidas em casos similares ou idênticos. Configura-se, nesse sentido, um instrumento de controle interno – um filtro – da atividade jurisdicional construído em prol da segurança jurídica decorrente da previsibilidade, trazida pela paulatina uniformização e indexação da jurisprudência.

Contra esse princípio, pode-se dizer que também os órgãos de segundo grau e de cúpula cometem erros, sendo discutível a sua conveniência, dado o costume, nos tribunais brasileiros, de acompanhar-se o relator nos julgamentos colegiados. Também lhe servem de crítica os fatos de a sua existência protelar a solução final do litígio, bem como de o recurso de apelação normalmente possuir efeito suspensivo,[55] atrasando a execução provisória[56] e retirando a importância das sentenças de primeiro grau.

De qualquer forma, mesmo aceitas as teses que lhe são favoráveis, o duplo grau de jurisdição não é pleno no Direito Processual brasileiro, tendo em vista que o Supremo Tribunal Federal possui competências originárias, sendo que das matérias por ele apreciadas não cabe recurso a nenhum outro tribunal, haja vista ser ele o órgão máximo do Poder Judiciário brasileiro.

1.7 GARANTIA DE SEGURANÇA JURÍDICA PROCESSUAL (COISA JULGADA)

A garantia da definitividade (também denominada irrevogabilidade ou imutabilidade) das decisões judiciais, caracterizada juridicamente no conceito de *coisa julgada*[57] está prevista no inc. XXXVI do art. 5º da Constituição Federal: "a lei não prejudicará o direito adquirido, o ato jurídico perfeito e a coisa julgada".

---

[55] CPC de 2015, art. 1.012.

[56] CPC de 2015, art. 520.

[57] Para a redação desta seção foi de grande valia a pesquisa de Francielli Stadtlober Borges (*A desmistificação do instituto da coisa julgada no processo civil moderno*: hipóteses de relativização da coisa julgada inconstitucional. Florianópolis: UFSC, 2004).

Sua conceituação formal encontra-se, na legislação pátria, na Lei de Introdução às normas do Direito Brasileiro, em seu art. 6º, § 3º, que estabelece: "Chama-se coisa julgada ou caso julgado a decisão judicial de que já não caiba recurso".

No plano político, constitui-se esse princípio em garantia da segurança jurídica. É, de outro lado, limite ao exercício da própria atividade jurisdicional do Estado, bem como a suas atividades legislativa e administrativa.

Fala-se na teoria processual em *coisa julgada formal e coisa julgada material*. A primeira refere-se à imutabilidade da sentença de mérito ou não mérito no processo em que foi proferida. A coisa julgada formal é um pressuposto da coisa julgada material, mas torna a decisão imutável apenas dentro do processo específico, protegendo-a dos recursos já definitivamente preclusos.

A coisa julgada material refere-se à imutabilidade da sentença de mérito fora do processo em que foi prolatada. É a coisa julgada material que opera em relação a qualquer processo, qualifica apenas a sentença de mérito e impede a repropositura da ação. Ou seja, é ela que atribui à sentença a qualidade da imutabilidade em seu sentido maior, impedindo sua modificação em qualquer processo que envolva as mesmas partes e o mesmo objeto,[58] bem como por meio de lei. Impõe, dessa forma, limites ao legislador, ao juiz e às partes.

Saliente-se que apenas a sentença de mérito é suscetível de obter a autoridade da coisa julgada material. Com efeito, toda a sentença se sujeita à coisa julgada formal; mas apenas tendo solucionado definitivamente a lide, faz também coisa julgada material. No tocante às decisões interlocutórias, por sua vez, o que se produz é mera preclusão, o que as tornam imutáveis no processo em que foram proferidas.

A coisa julgada a que se refere o texto constitucional é a material, pois apenas ela impede a repropositura da ação, tendo em vista pressupor uma decisão de mérito, da qual não caiba mais recurso. Compreende-se ser objetivo do processo, por meio da decisão final de mérito, tornar certo o direito das partes. Esse escopo é inatingível se não for atribuída à sentença de mérito, da qual não caiba mais recurso, a qualidade da imutabilidade. Não havendo a segurança trazida pela coisa julgada, tão logo proferida a decisão final, a

---

[58]   Há as situações em que a legislação prevê a possibilidade de proposição de ação rescisória, dentro de determinados prazos expressamente estabelecidos, ou revisão criminal. A ação rescisória está disciplinada no CPC de 2015, arts. 966 e seguintes; a revisão criminal, no CPP de 1941, arts. 621 e seguintes.

parte insatisfeita poderia dar início a outro processo com o mesmo objetivo daquele já encerrado.

Para Humberto Theodoro Júnior:

> A Constituição Federal de 1998, ao contrário da Portuguesa, não se preocupou em dispensar tratamento constitucional ao instituto da coisa julgada em si. Muito menos quanto aos aspectos envolvendo a sua inconstitucionalidade. Apenas alude à coisa julgada em seu art. 5º, XXXVI, quando elenca entre as garantias fundamentais a de que estaria ela imune aos efeitos da lei nova. Ou seja, "a lei não prejudicará o direito adquirido, o ato jurídico perfeito e a coisa julgada".
>
> Como se observa, a preocupação do legislador constituinte foi apenas a de pôr a coisa julgada a salvo dos efeitos de lei nova que contemplasse regra diversa de normatização da relação jurídica objeto de decisão judicial não mais sujeita a recurso, como uma garantia dos jurisdicionados. Trata-se, pois, de tema de direito intertemporal em que se consagra o princípio da irretroatividade da lei nova. [...]
>
> Daí que a noção de intangibilidade da coisa julgada, no sistema jurídico brasileiro, não tem sede constitucional, mas resulta, antes, de norma contida no CPC [...], pelo que de modo algum pode estar imune ao princípio da constitucionalidade, hierarquicamente superior.[59]

Segundo Cândido Rangel Dinamarco:

> Na fórmula constitucional da garantia da coisa julgada está dito apenas que a lei não a prejudicará (art. 5º, XXXVI), mas é notório que o constituinte *minus dixit quam voluit*, tendo essa garantia uma amplitude maior do que as palavras nos fazem pensar. Por força da coisa julgada, não só o legislador carece de poderes para dar nova disciplina a uma situação concreta já definitivamente regrada em sentença irrecorrível, como também os juízes são proibidos de exercer a jurisdição outra vez sobre o caso e as partes já não dispõem do direito de ação ou de defesa como meio de voltar a veicular em juízo a matéria já decidida. [...]
>
> Com esses contornos, a coisa julgada é mais que um instituto de direito processual. Ela pertence ao direito constitucional, segundo Liebman, ou ao direito processual material, para quem acata a existência desse plano bifronte do ordenamento jurídico. Resolve-se em uma situação de

---

[59] THEODORO JÚNIOR, Humberto; FARIA, Juliana Cordeiro de. A coisa julgada inconstitucional e os instrumentos processuais para seu controle. *Revista dos Tribunais*, São Paulo, ano 91, v. 795, p. 30, jan. 2002.

estabilidade, definida pela lei, instituída mediante o processo, garantida constitucionalmente e destinada a proporcionar segurança e paz de espírito às pessoas.[60]

Para Liebman, "a autoridade da coisa julgada não é o efeito da sentença, mas uma qualidade, um modo de ser e de manifestar-se dos seus efeitos, quaisquer que sejam, vários e diversos, consoante as diferentes categorias das sentenças".[61] Nesse sentido, considera-se que a coisa julgada não é apenas mais um dos possíveis efeitos das sentenças, mas uma qualidade de que podem revestir-se tais efeitos, qual seja, a imutabilidade. Segundo ele:

> De fato, todos os efeitos possíveis da sentença [...] podem, de igual modo, imaginar-se, pelo menos em sentido hipotético, produzidos independentemente da autoridade da coisa julgada, sem que por isso se lhe desnature a essência. A coisa julgada é qualquer coisa mais que se ajunta para aumentar-lhes a estabilidade, e isso vale igualmente para todos os efeitos possíveis das sentenças.
>
> Identificar a declaração produzida pela sentença com a coisa julgada significa, portanto, confundir o efeito com um elemento novo que o qualifica.[62]

Acerca da impossibilidade de se considerar a coisa julgada como um efeito da sentença, Liebman assevera que:

> Hoje não se fala de coisa julgada senão para usar uma forma elíptica, a fim de designar a autoridade da coisa julgada [...]. Ora, essa expressão, assaz abstrata, não pode e não é de referir-se a um efeito autônomo que possa estar de qualquer modo sozinho; indica, pelo contrário, a força, a maneira com que certos efeitos se produzem, isto é, uma qualidade ou modo de ser deles. O mesmo se pode dizer das diversas palavras por que se procura explicar a fórmula legislativa tradicional: imutabilidade, definitividade, intangibilidade, incontestabilidade, termos que exprimem todos eles uma propriedade, uma qualidade particular, um atributo do objeto a que se referem, porque são, por si sós, expressões vazias, privadas de conteúdo e de sentido.[63]

---

[60] DINAMARCO, Cândido Rangel. Relativizar a coisa julgada material. *Revista Síntese de Direito Civil e Processual Civil*, São Paulo, n. 19, p. 17, set.-out. 2002.

[61] LIEBMAN, Enrico Tullio. *Eficácia e autoridade da sentença e outros escritos sobre a coisa julgada*. 2. ed. Rio de Janeiro: Forense, 1981. p. 6.

[62] *Idem, ibidem*, p. 19-20.

[63] *Idem, ibidem*, p. 5.

Não fosse o instituto da coisa julgada, a insatisfação dos homens perante uma sentença contrária a seus interesses provavelmente levaria à existência de demandas intermináveis, nas quais os infindáveis recursos opostos pela parte vencida impossibilitariam a prolação de uma decisão final, definitiva, ou seja, válida para ambos os litigantes, razão pela qual a estabilidade das relações jurídicas controvertidas jamais seria alcançada e, por conseguinte, a pacificação social restaria extremamente prejudicada.

Se a sentença de mérito tem a finalidade de tornar certos[64] os direitos e os deveres das partes no caso concreto, pode-se dizer que tal objetivo não estaria perfeitamente assegurado se os interessados pudessem deflagrar, logo após, ação idêntica tendente a revogá-la ou modificá-la.

Daí a importância da coisa julgada, que, destinada a garantir a certeza e a segurança das relações jurídicas concretas, caracteriza-se pela proibição imposta a todos os juízes de pronunciarem-se novamente sobre situação jurídica substancial já definida por sentença não mais sujeita a recurso. Assim, atribuindo o caráter de definitividade às decisões de mérito não mais subordinadas a recursos, resguarda a coisa julgada o direito constitucional à proteção jurisdicional efetiva.

Do exposto, não é difícil identificar o fundamento político da coisa julgada, posto que não é possível persistir na situação proposta indefinidamente, de forma que sejam cabíveis tantos recursos quantos desejem as partes. O fundamento político do instituto da coisa julgada reside no fato de que àquele que teve seu direito reconhecido deve ser garantida a segurança jurídica para o gozo dos bens decorrentes da decisão. E isso implica a limitação da possibilidade de recorrer atribuída àquele que não teve seu direito reconhecido. É necessário, em um determinado momento, dar fim definitivamente à controvérsia.

Do ponto de vista jurídico adota-se a teoria de Liebman, para quem a coisa julgada não é um efeito da sentença, mas sim uma qualidade que a ela se agrega, tornando-a definitiva. Acerca da distinção entre a eficácia de uma sentença e sua imutabilidade, assim se manifesta o mestre italiano:

> A eficácia da sentença deve, lógica e praticamente, distinguir-se da sua imutabilidade. Aquela pode definir-se genericamente como um comando, quer tenha o fim de declarar, quer tenha o de constituir ou modificar ou determinar uma relação jurídica. [...] A sentença vale como comando, pelo menos no sentido de que contém a formulação autoritativa duma vontade

---

64   CPC de 2015, art. 503.

de conteúdo imperativo; e basta isso para que se possa falar, ao menos do ponto de vista formal, do comando que nasce da sentença.

Esse comando, na verdade, ainda quando seja eficaz, não só é suscetível de reforma por causa da pluralidade das instâncias e do sistema dos recursos sobre que está o processo construído, mas está exposto ao risco de ser contraditado por outro comando, pronunciado também por um órgão do Estado. [...]

Assim, a eficácia de uma sentença não pode por si só impedir o juiz posterior, investido também ele da plenitude dos poderes exercidos pelo juiz que prolatou a sentença, de reexaminar o caso decidido e julgá-lo de modo diferente. Somente uma razão de utilidade política e social – o que já foi lembrado – intervém para evitar esta possibilidade, tornando o comando imutável quando o processo tenha chegado à sua conclusão, com a preclusão dos recursos contra a sentença nele pronunciada.

Nisso consiste, pois, a autoridade da coisa julgada, que se pode definir, com precisão, como a imutabilidade do comando emergente de uma sentença. Não se identifica ela simplesmente com a definitividade e intangibilidade do ato que pronuncia o comando; é, pelo contrário, uma qualidade, mais intensa e mais profunda, que reveste o ato também em seu conteúdo e torna assim imutáveis, além do ato em sua existência formal, os efeitos, quaisquer que sejam, do próprio ato.[65]

Nesse sentido, tem-se que eficácia e autoridade da sentença não se confundem. Com efeito, toda sentença é dotada de eficácia, razão pela qual ela só não produz efeitos antes do trânsito em julgado se e quando a lei outorgar efeito suspensivo ao recurso cabível interposto. Tal eficácia, contudo, não se confunde com autoridade da coisa julgada, a qual torna o comando imutável após o trânsito em julgado da decisão, tendo em vista os motivos políticos acima expostos.

A garantia da coisa julgada traz uma série de consequências práticas, tendo em vista que é a sentença final de mérito que estabelece o alcance e os limites da decisão. É o que se denomina *limites subjetivos* e *objetivos da coisa julgada*. Os primeiros se referem às pessoas (quem?) atingidas pela decisão; os segundos ao objeto (o quê?) sobre os quais incidem seus efeitos.

No tocante aos limites objetivos, têm eles origem no pedido e suas causas, indicados pelo próprio autor na inicial. É limitado por eles que o juiz profere, regra geral, a sua decisão, declarando o direito de ambas as partes. No entanto, não é a sentença como um todo que é qualificada pela garantia da

---

[65] LIEBMAN. *Op. cit.*, p. 51-54.

coisa julgada. Ela qualifica apenas a decisão em si, a norma concreta expedida pelo órgão jurisdicional, e não o relatório e a motivação.

Já com relação aos limites subjetivos, são eles definidos, regra geral, pela participação efetiva no processo. Só pode ser atingido pela coisa julgada quem foi parte, tendo podido exercer as garantias constitucionais do contraditório e da ampla defesa. Não pode então, a princípio, a coisa julgada atingir terceiros. Essa regra foi absoluta no Direito Processual por muito tempo. Contemporaneamente, no entanto, sofre ela algumas restrições, oriundas das denominadas coisas julgadas *erga omnes*[66] e *ultra partes*,[67] previstas em algumas leis brasileiras criadas a partir da década de 1980. Nessas situações, entende-se que a decisão de mérito, proferida em benefício de determinado sujeito de direito, estende-se também em favor de outros que pertençam à mesma classe, categoria ou grupo, ou se encontrem na mesma situação jurídica ou de fato, para beneficiá-los, tendo em vista tratar-se de interesses e direitos difusos, coletivos ou individuais homogêneos.

Contemporaneamente passou-se também a discutir a possibilidade de flexibilização da coisa julgada. O fato de a Constituição Federal ter protegido a coisa julgada[68] não dá ao instituto contornos ilimitados nem o coloca à frente de todos os outros princípios constitucionais. Assim como as outras garantias expressas na Lei Maior, a coisa julgada deve ser interpretada de forma a preservar a integração de todo o sistema, possibilitando ao Estado que propicie, por meio da sua função jurisdicional, a pacificação social mediante a realização da Justiça.

É nesse contexto que o instituto da coisa julgada deve ser compreendido, por meio de uma perspectiva crítica, dimensionando-o de acordo com sua finalidade e importância para a preservação da unidade do ordenamento jurídico. A coisa julgada não é uma garantia absoluta, prevalecendo sobre qualquer outra garantia, até mesmo porque não existem princípios absolutos.

---

[66] Coisa julgada *erga omnes* é aquela que vale para qualquer pessoa (do latim, para com todos). Está ela prevista nas Leis nº 7.347/1985 (Lei da Ação Civil Pública) e nº 8.078/1990 (Código de Defesa do Consumidor) para os direitos difusos e individuais homogêneos.

[67] Coisa julgada *ultra partes* é aquela que vale além dos limites subjetivos fixados no processo (fora das partes). Está ela prevista na Lei nº 8.078/1990 (Código de Defesa do Consumidor) para os direitos coletivos, mas limitadamente ao grupo, categoria ou classe.

[68] Sobre esse tema, ver RODRIGUES, Horácio Wanderlei e AGACCI, Francielli Stadtlober Borges. Sobre a relativização da coisa julgada, seus limites e suas possibilidades. *Revista de Processo*, São Paulo: RT, ano 37, n. 203, p. 15-38, jan. 2012.

Há sentenças cujos efeitos são juridicamente impossíveis, repelidos por razões de ordem constitucional. Não são sentenças juridicamente inexistentes,[69] mas sentenças cujos efeitos jamais serão acobertados pela coisa julgada, que é a qualidade que se agrega aos efeitos da sentença. São, em outras palavras, sentenças inaptas para a geração de efeitos, posto que contrárias a exigências fundamentais de ordem constitucional. Não seria coerente aceitar que uma lei, independentemente do tempo de entrada em vigor, possa ser declarada inconstitucional, e não se aplicasse o mesmo tratamento às sentenças judiciais. Torna-se evidente nessa argumentação a relevância da conceituação inicial do instituto da coisa julgada como um atributo dos efeitos da sentença, na esteira do pensamento de Liebman, não se confundindo, entretanto, com os próprios efeitos.

Diante do exposto, é importante destacar que parece não terminologicamente adequado falar em flexibilização da coisa julgada. Na realidade não há essa flexibilização, mas sim o reconhecimento de que determinadas sentenças não adquirem a qualidade de coisa julgada, o que é diverso.[70] É necessário então identificar aqueles casos em que uma sentença concreta não é suscetível de obter sua autoridade, haja vista a inaceitabilidade, pela ordem jurídica vigente, dos resultados práticos que ela produz.

É indispensável o reconhecimento de que, se de um lado a coisa julgada representa uma garantia de segurança às partes, estabilizando relações controvertidas, de outro, tal estabilização não pode ocorrer à custa de outras garantias ou valores igualmente protegidos pela Constituição Federal. Perante uma situação concreta em que isso tenha ocorrido, com o objetivo de manutenção da harmonia do ordenamento constitucional, far-se-á indispensável a interpretação e aplicação dos princípios constitucionais segundo o método da proporcionalidade, buscando propiciar o efetivo acesso à Justiça, não apenas em seu aspecto formal, mas sim em sua plenitude material.

Segundo Francielli Stadtlober Borges, a proposta de relativização da coisa julgada implica mudança de comportamento por parte do Poder Judiciário, vindo ao encontro das teses segundo as quais não existem princípios absolutos, razão pela qual a garantia constitucional da coisa julgada deve ser interpretada e aplicada de forma sistemática. Por conseguinte, possível afirmar que o caráter absoluto até então atribuído ao instituto da coisa jul-

---

[69]   Em sentido contrário, entendendo que são sentenças juridicamente inexistentes: WAMBIER, Teresa Arruda Alvim; MEDINA, José Miguel Garcia. *O dogma da coisa julgada*: hipóteses de relativização. São Paulo: RT, 2003.

[70]   Cf. BORGES. *Op. cit.*

gada é um dogma que precisa ser superado para dar legitimidade ao sistema jurídico-processual, o qual não pode ser tido como instrumento impotente, incapaz de corrigir decisões teratológicas, contrárias a toda a ordem jurídica vigente. A segurança jurídica visada deve estar sempre em harmonia com a justiça das decisões, de forma a evitar a eternização de injustiças flagrantes.[71]

Da mesma forma que as outras garantias expressas na Lei Fundamental, a coisa julgada deve ser interpretada de modo a melhor propiciar a integração de todo o ordenamento jurídico, possibilitando ao Estado, na sua função jurisdicional, proporcionar a pacificação social mediante a realização da Justiça. Tendo em vista a pluralidade de interesses consagrados pela Constituição Federal, não raro diferentes princípios podem apontar soluções igualmente diversas para um mesmo problema, razão pela qual é preciso realizar a adequação possível, observando-se os princípios da unidade, da efetividade e da proporcionalidade.

Existem, portanto, sentenças cujos efeitos são juridicamente impossíveis, eis que repelidos pela ordem constitucional, e que, portanto, não são protegidos pela coisa julgada, que é justamente a qualidade que se agrega aos efeitos da sentença. Da inexistência de efeitos juridicamente possíveis decorre como consequência a não incidência da coisa julgada material sobre eles, razão pela qual tais sentenças jamais estarão imunes a novo pronunciamento judicial.

Segundo Francielli Stadtlober Borges, nesse contexto, tem-se que sentenças juridicamente impossíveis podem ser desconstituídas a qualquer momento, eis que apenas aparentemente acobertadas pela autoridade da coisa julgada, sendo que o vício insanável de que padecem pode ser reconhecido até mesmo de ofício pelo juiz. Inviável, portanto, o estabelecimento de prazos preclusivos (que uma ultrapassados, impedem o exercício do ato que se pretendida praticar) para o manejo de ações de cunho rescisório contra as referidas decisões, posto que essas, como já foi dito, jamais serão qualificadas pela coisa julgada.[72] De fato, o instituto da coisa julgada não tem o condão de sanar o insanável, tornar irremediável o que é, simplesmente, juridicamente impossível.

No sistema atual de controle da constitucionalidade dos atos do Poder Público não é possível aceitar o mito da imutabilidade de decisões manifestamente contrárias a valores sufragados pela ordem constitucional, eis que o Poder Judiciário, muito embora seja independente dos demais, não detém a soberania estatal, não podendo fazer prevalecer tais decisões em detrimento de toda a estrutura jurídica e política do Estado, que é uno.

---

[71]   Cf. BORGES. *Op. cit.*
[72]   Cf. BORGES. *Op. cit.*

As hipóteses em que a coisa julgada não atinge os efeitos decorrentes das sentenças são excepcionais, devendo ser analisadas com muita cautela, sob pena de pôr em xeque a estabilidade social proveniente da sentença transitada em julgado. É a coisa julgada uma garantia de ordem constitucional, só podendo ter sua autoridade afastada quando em confronto com outro princípio constitucional que, em determinada situação concreta, deva ser preservado, segundo critérios de ponderação dos princípios constitucionais.

> Sendo assim, percebe-se que o que se pretende com essa nova abordagem do instituto da coisa julgada não é propriamente sua relativização, termo que vem ganhando força na doutrina, mas, tão somente, sua desmistificação. Isso porque, se entre as condições da ação encontra-se a possibilidade jurídica do pedido, tem-se que frente ao deferimento de pedidos juridicamente impossíveis, inexistem efeitos a serem imunizados pela coisa julgada material, razão pela qual sua autoridade não se verifica.[73]

É preciso adotar uma postura mais aberta e crítica, no sentido de que não deve o juiz, ao se deparar com situação concreta em que a sentença não esteja coberta pela coisa julgada, esquivar-se por detrás do formalismo excessivo, impedindo a revisão de tal decisão. É preciso tomar consciência de que o instituto da coisa julgada não é um fim em si mesmo, devendo, pois, ser aplicado em consonância com os demais valores resguardados pela Constituição Federal.

A desconstituição da coisa julgada inconstitucional pode ser feita por diversos meios processuais, tais como a ação rescisória, os embargos à execução ou a ação autônoma, que seria a ação declaratória de nulidade absoluta e insanável da sentença.

Nesse sentido, decisões que ferem os princípios da legalidade, da isonomia, do justo valor em caso de indenizações expropriatórias, da moralidade administrativa, da dignidade da pessoa humana afrontam o direito à intimidade, à vida, à honra, à imagem das pessoas, ao meio ambiente ecologicamente equilibrado; decorrem de fraude ou erro grosseiro; permitem a desnaturação de laços familiares em demandas investigatórias de paternidade;[74] enfim, sen-

---

[73] RODRIGUES, Horácio Wanderlei; AGACCI, Francielli Stadtlober Borges. Sobre a regularização da coisa julgada, seus limites e suas possibilidades. *Revista de Processo*, São Paulo: RT, ano 37, n. 203, p. 27, jan. 2012.

[74] Em 2 de junho de 2011, o STF concedeu a um jovem o direito de voltar a pleitear de seu suposto pai a realização de exame de DNA, depois que um primeiro processo de investigação de paternidade foi extinto na primeira instância sem a realização do

tenças que vão contra a ordem jurídica protegida pelo Estado Democrático de Direito por meio da Lei Fundamental não podem ser qualificadas pela imunidade decorrente da coisa julgada, sob pena de se legitimar a injustiça e fomentar a descrença em relação à estrutura jurisdicional estatal.

Por fim, necessário ressaltar novamente que a proposta de relativização da coisa julgada visa à correção de situações excepcionais, teratológicas, em que limites devem ser severamente observados, eis que se reconhece a grande utilidade do instituto para o bom funcionamento do sistema processual. Não é possível negar a grande importância para as partes que, ao final do processo, tenham a certeza de que a decisão proferida, transcorridos todos os prazos e utilizados todos os recursos, é definitiva.[75]

---

exame. A decisão foi tomada no julgamento do Recurso Extraordinário nº 363.889, dando provimento ao recurso para afastar o óbice da coisa julgada e determinar o seguimento do processo de investigação de paternidade na Justiça de primeiro grau. Foi também reconhecida a repercussão geral do tema, mas restrita, em sua abrangência, aos casos específicos de investigação de paternidade em situação equivalente. O relator do processo foi o Ministro José Antonio Dias Toffoli, mas a decisão final ocorreu quando veio ao plenário o voto de vista do Ministro Luiz Fux, que acompanhou o relator. Utilizando-se da ponderação de direitos, cotejou diferentes princípios constitucionais, em especial, o da definitividade (intangibilidade da coisa julgada) e o da dignidade da pessoa humana (no caso, o direito de saber quem é seu pai). No confronto entre ambos entendeu haver a precedência do segundo, por constituir-se em um dos princípios nucleares da Constituição de 1988. No julgamento foi também lembrado que o Pacto de San José da Costa Rica, do qual o Brasil é signatário, prevê o direito do ser humano a conhecer sua história e suas origens. Também foram lembrados o direito fundamental à informação genética, o direito à identidade e o direito à verdade real (o direito do filho de saber quem é seu pai). E o princípio da dignidade da pessoa humana inclui todos eles (Brasil. STF. Recurso Extraordinário nº 363.889).

[75]   O que ocorreu com o instituto da coisa julgada é um excelente exemplo para demonstrar o que será visto no Capítulo 1 da Unidade V deste volume, sobre subjetivação e objetivação do direito. Durante muito tempo a teoria corroborada sobre a coisa julgada manteve-se praticamente inatacável. Mas novos problemas trazidos ao Poder Judiciário levaram à construção de novas hipóteses explicativas. E o que parecia um dogma imutável teve de ceder diante da refutação de parte de seus enunciados. A mudança ocorrida no sentido atribuído classicamente à coisa julgada decorre de um intenso processo de DCA. O resultado foi uma maior aproximação da verdade no âmbito do processo de objetivação do direito.

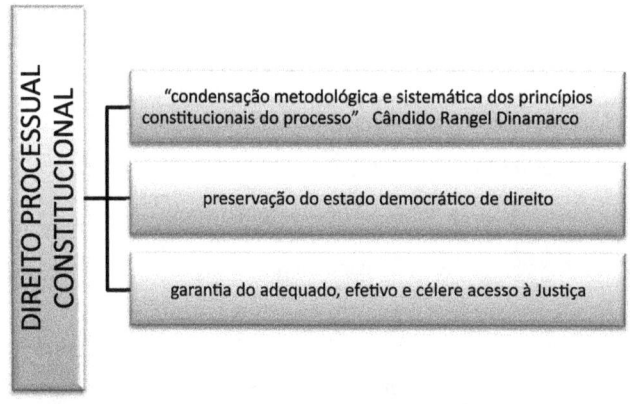

DIREITO PROCESSUAL CONSTITUCIONAL
- "condensação metodológica e sistemática dos princípios constitucionais do processo" Cândido Rangel Dinamarco
- preservação do estado democrático de direito
- garantia do adequado, efetivo e célere acesso à Justiça

JURISDIÇÃO CONSTITUCIONAL

controle de constitucionalidade	instrumentos da jurisdição constitucional das liberdades	instrumentos
•impedem a prevalência de legislação infraconstitucional em detrimento da CF	•tem o objetivo de dar efetividade a determinados direitos e garantias estabelecidos na CF	• *habeas corpus* •mandado de segurança •ação popular •mandado de segurança coletivo •mandado de injunção • *habeas data*

GARANTIAS CONSTITUCIONAIS DO DIREITO PROCESSUAL

relativas ao ingresso em juízo	celeridade	adequação dos procedimentos e de objetivação e efetividade da prestação jurisdicional	segurança jurídica processual

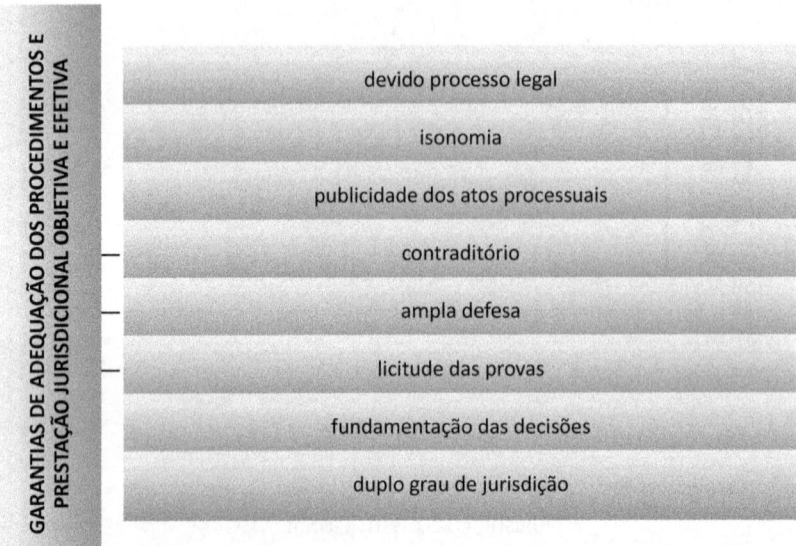

GARANTIAS DE ADEQUAÇÃO DOS PROCEDIMENTOS E PRESTAÇÃO JURISDICIONAL OBJETIVA E EFETIVA

- devido processo legal
- isonomia
- publicidade dos atos processuais
- contraditório
- ampla defesa
- licitude das provas
- fundamentação das decisões
- duplo grau de jurisdição

COISA JULGADA

"a lei não prejudicará o direito adquirido, o ato jurídico perfeito e a coisa julgada" (CF, Art. 5º, XXXVI)

"Chama-se coisa julgada ou caso julgado a decisão judicial de que já não caiba recurso" (CC, Art. 6º, § 3º)

---

coisa julgada formal	imutabilidade da sentença com ou sem resolução de mérito ou apenas mérito, no processo em que foi proferida

---

coisa julgada material → Maior objetivo do Processo Civil Clássico	imutabilidade da sentença de mérito também fora do processo em que foi prolatada

Capítulo 2

PODER JUDICIÁRIO BRASILEIRO: ESTRUTURA E CARACTERÍSTICAS ELEMENTARES

2.1 INDEPENDÊNCIA DO PODER JUDICIÁRIO

O *Poder Judiciário* é a organização criada com o objetivo de viabilizar concretamente a jurisdição, composta pelo conjunto de juízes e tribunais destinados ao exercício dessa função estatal. A Constituição Federal de 1988, dentro do Título IV, que trata da organização dos poderes estatais, dedica ao Poder Judiciário o Capítulo III.

A estrutura do Poder Judiciário é formada por juízes e tribunais. *Juízos* são os órgãos que exercem o primeiro grau de jurisdição, das justiças da União e dos Estados-Membros e são monocráticos (singulares). Exceções são o Tribunal do Júri e as Juntas Eleitorais, órgãos coletivos de primeiro grau.

O termo *juízos de direito*, em sentido estrito, corresponde aos juízos monocráticos de primeiro grau e diferencia-se dos *juízos*, em sentido amplo, expressão cujo significado engloba os órgãos judiciários individuais e coletivos, do primeiro e do segundo graus de jurisdição. No entanto, a Constituição Federal, ao utilizar, no inc. XXXVII do art. 5º, as expressões juízo e tribunal, parece fazê-lo atribuindo à expressão juízo o sentido mais restrito, atinente às primeiras instâncias.

Os *tribunais* são, necessariamente, órgãos coletivos,[1] embora deles também possam em diversas situações emanar decisões monocráticas.[2] São eles os órgãos que exercem, ordinariamente, o segundo grau de jurisdição, mas também podem julgar ações de competência originária.

Os tribunais podem, ainda, constituir órgãos de cúpula, como o Superior Tribunal de Justiça e o Supremo Tribunal Federal, casos esses em que julgam tanto os procedimentos e ações de sua competência originária (CF, arts. 105 e 102, respectivamente) quanto os *recursos de estrito direito*: mormente o recurso especial e o recurso extraordinário. Exceções são o Tribunal do Júri e as Juntas Militares, que exercem o primeiro grau de jurisdição, mas que assim são denominados por serem órgãos coletivos.

2.1.1 Independência política do Poder Judiciário

O Estado, para atingir seus objetivos, necessita criar instituições encarregadas de realizá-los. Classicamente tem-se entendido que três são suas funções: administrativa, legislativa e jurisdicional. Para o exercício de cada uma delas criou-se um conjunto de órgãos,[3] denominado poder.[4] Têm-se então os Poderes Executivo, Legislativo e Judiciário.

A criação de diferentes órgãos para exercerem funções estatais diversas decorre de duas necessidades básicas:

a) evitar a concentração de todo o poder do Estado em um único órgão ou conjunto de órgãos que exercem a mesma função estatal; e

b) descentralizar e especializar os órgãos encarregados do exercício das diversas atividades estatais com vistas a sua maior eficiência.

---

[1] Em razão do *princípio da colegialidade,* as partes têm direito à análise do mérito, nos casos de recursos, por órgãos colegiados.

[2] Tais como aquelas fundadas no art. 932, incs. III, IV e V, do CPC de 2015.

[3] *Órgãos* são complexos formados de pessoas, atribuições que a lei lhes confia e meios materiais de que se utilizam para desempenhá-las.

[4] É imprópria a denominação *poderes* para se referir aos órgãos que dentro do Estado são encarregados de realizar concretamente suas funções administrativa, legislativa e jurisdicional. A denominada divisão dos poderes é, em realidade, a divisão em órgãos, para que cada um deles exercite, de forma preponderante, as distintas funções do Estado. É ela uma técnica de divisão de funções e atividades. O poder do Estado, oriundo de sua soberania, é uno, não podendo ser dividido. No entanto, como é essa a denominação tradicionalmente utilizada e presente no texto constitucional brasileiro, utilizar-se-á também dela no decorrer deste capítulo.

É importante salientar que a vinculação entre as funções estatais e os poderes encarregados de executá-las não é absoluta. O Poder Legislativo, por questões de ordem política, mantém uma pequena parcela de atividade jurisdicional, bem como as atividades administrativas necessárias à manutenção de sua independência política. Já o Poder Executivo, ao lado de suas atividades administrativas, possui também algumas de ordem legislativa. De outro lado, o Poder Judiciário, além de suas atividades jurisdicionais, exerce também algumas atividades normativas e administrativas, como forma de garantia de sua independência em relação aos demais poderes. Apenas predominam, desse modo, as funções de julgar, legislar e administrar em sentido estrito, junto aos Poderes Judiciário, Legislativo e Executivo, respectivamente.

A *independência política do Poder Judiciário* constitui-se na garantia de não intervenção dos demais poderes em suas atividades. Ela se manifesta por meio de garantias que buscam efetivar seu autogoverno, previstas no art. 96 da Constituição Federal e seus incisos:

a) competência[5] privativa dada aos tribunais para elegerem seus órgãos diretivos e elaborarem seus regimentos internos, dispondo sobre a competência e o funcionamento dos respectivos órgãos jurisdicionais e administrativos; para organizar suas secretarias e serviços auxiliares e os dos juízos que lhes forem vinculados; prover os cargos de juiz de carreira da respectiva jurisdição; propor a criação de novas varas judiciárias; prover, por concurso público de provas e títulos, os cargos necessários à administração da Justiça e conceder licença, férias e demais afastamentos aos seus membros e aos juízes e servidores que lhes forem imediatamente vinculados; e

b) competência privativa dada ao Supremo Tribunal Federal, aos Tribunais Superiores e aos Tribunais de Justiça para proporem, aos respectivos poderes legislativos, a alteração no número de membros dos tribunais inferiores (ou do próprio tribunal, no caso das Justiças Estaduais), a criação e a extinção de cargos e a fixação de vencimentos de seus membros, dos juízes, dos serviços auxiliares e dos juízos que

---

[5] Trata-se aqui da *competência administrativa interna* do Poder Judiciário. Não se refere à *competência* como poder atribuído a um órgão para exercer a atividade jurisdicional, nos limites fixados em lei, que é uma questão processual, sentido no qual o conceito de competência refere-se especificamente à competência no âmbito da atividade jurisdicional do Estado. No Direito Constitucional também utiliza o termo *competência* em sentido mais amplo, quando se refere, por exemplo, à divisão de competências entre a União, os Estados-Membros e os Municípios.

lhes forem vinculados; a criação ou extinção dos tribunais inferiores e a alteração da organização e da divisão judiciárias.

Ao lado dessas garantias, é dada ao STF a iniciativa da lei complementar que disporá sobre o Estatuto da Magistratura,[6] observados os princípios estabelecidos pela Constituição Federal. Para que essas garantias sejam efetivas, o art. 99 da Constituição Federal estabelece que ao Poder Judiciário é assegurada *autonomia administrativa e financeira*, definindo seu § 1º que os tribunais elaborarão, dentro dos limites estipulados conjuntamente com os demais poderes na lei de diretrizes orçamentárias, suas propostas de orçamento.

A organização dos poderes do Estado brasileiro, presente no texto constitucional, leva à percepção de que é atribuída ao Poder Judiciário, mediante provocação, a tarefa de controlar a legalidade dos atos praticados pelos demais poderes. Além de julgar as lides individuais e as lides coletivas, compete ao Poder Judiciário tanto o controle da constitucionalidade das leis quanto o controle da constitucionalidade e da legalidade *lato sensu*, dos atos administrativos.[7]

O Poder Judiciário também pode interpretar a legislação vigente de modo a atribuir-lhe sentidos diversos do que pretendeu o legislador. Pode, do mesmo modo, preencher as lacunas do ordenamento jurídico consoante as demais fontes do direito, bem como suprir a ausência de normas regulamentadoras da Constituição Federal, conforme a hipótese.[8]

Há, ainda, o fato de que as decisões jurisdicionais, após transitarem em julgado, constituem *coisa julgada*,[9] não podendo mais ser alteradas nem pelo próprio Poder Judiciário, exceto na excepcionalidade do julgamento de procedência de ações rescisórias ou de revisões criminais.[10] Por esses motivos, Galeno Lacerda chega a afirmar que "os juízes e tribunais brasileiros, como

---

[6] O projeto de Estatuto da Magistratura encontra-se atualmente no Congresso Nacional, em fase final de discussão. Até a sua aprovação continua em vigor, naquilo que não fere o texto constitucional, a Lei Complementar nº 35/1979, que dispõe sobre a Lei Orgânica da Magistratura Nacional (Loman).

[7] Isto significa que ao Poder Judiciário compete, em última instância, o controle das atividades dos demais poderes públicos: Executivo e Legislativo, bem como do próprio Ministério Público, quando for chamado a fazê-lo, por meio dos instrumentos processuais disponíveis.

[8] LINDB, art. 4º, e CF, art. 5º, inc. LXXI.

[9] Sobre a coisa julgada, ver Capítulo 1 da Unidade IV, neste mesmo volume.

[10] A ação rescisória está disciplinada no CPC de 2015, arts. 966 e seguintes, com redação final complementada pela Lei nº 13.256/2016, alteração essa efetuada ainda no prazo da *vacatio legis* da Lei nº 13.105/2015; a revisão criminal está regulada no CPP de 1941, arts. 621 e seguintes.

poder, situam-se acima dos demais poderes do Estado e gozam de notável autonomia de decisão" (grifo do autor).[11]

2.2 ESTRUTURA DO PODER JUDICIÁRIO

Entende-se por estrutura do Poder Judiciário a sua forma de organização. Para que se possa melhor compreendê-la, buscar-se-á sua análise em quatro diferentes níveis:

a)   os princípios gerais orientadores dessa estrutura;

b)   sua organização federativa, oriunda da forma de estado adotada constitucionalmente;

c)   sua organização horizontal, ou seja, a divisão do Poder Judiciário em justiças, nos níveis da União e dos Estados-Membros, que acarreta a distribuição de competência pelos critérios da matéria, da qualidade dos titulares dos interesses em conflito e do valor; e

d)   sua organização vertical, ou seja, a divisão hierárquica do Poder Judiciário, que gera a distribuição funcional de competências.

Far-se-á também uma análise em separado das questões referentes aos juizados especiais e aos juízes de paz.

Para que se possa entender a estrutura do Poder Judiciário é importante elucidar os seguintes conceitos:

a)   *justiça*: é o conjunto de órgãos de 1º e 2º graus que forma uma determinada divisão do Poder Judiciário, prevista na Constituição Federal.[12] Vale lembrar que são consideradas justiças apenas aquelas organizações que recebem este *status* da Constituição Federal, dividindo-se em justiças especializadas, quais sejam a Justiça Eleitoral, a Justiça do Trabalho e a Justiça Militar, e Justiças comuns, quais sejam a Justiça Federal e as Justiças Estaduais;[13-14]

---

[11]   LACERDA, Galeno. O juiz e a justiça no Brasil. *Revista de Processo*, São Paulo: RT, ano 16, n. 61, p. 177, jan.-mar. 1991.

[12]   CF, arts. 92 e seguintes.

[13]   O Estatuto da Criança e do Adolescente, no Título VI, Capítulo II, utiliza impropriamente o termo ao referir-se à *Justiça da Infância e da Juventude* – a legislação brasileira utiliza a denominação *juizados* para referir-se a determinados órgãos da justiça comum de primeiro grau que exercem a atividade jurisdicional em matérias específicas, tais como os juizados especiais – teria sido mais adequada também a utilização dessa expressão para se referir ao órgão encarregado da tutela jurisdicional da criança e do adolescente.

[14]   Quanto à classificação da Justiça Federal como justiça comum há posições divergentes, como será visto em outro tópico deste capítulo.

b) *região*: corresponde a cada um dos espaços geográficos em que se divide o território nacional para fins de implantação dos órgãos de primeiro e de segundo grau das Justiças da União, denominados esses de tribunais regionais. Essas regiões variam de justiça para justiça e não se confundem com a divisão territorial dos estados federados nem com as cinco regiões geográficas em que se divide o Brasil;[15]

c) *seção judiciária*: é a parcela de uma determinada justiça que atua em um espaço territorial delimitado, dentro de uma região específica; no âmbito da Justiça Federal correspondem a cada uma das unidades em que se divide o território nacional (Estados-Membros e Distrito Federal), consideradas essas como organizadas, em primeiro plano, em regiões;

d) *comarca*: cada uma das unidades em que se divide o território dos Estados-Membros para fins da administração da Justiça; é o limite espacial para o exercício da jurisdição e, nesse sentido, delimita o âmbito de atuação de cada magistrado; é a designação da circunscrição territorial (divisão territorial para fim especial, parte de um território) sobre a qual determinado juiz exerce a jurisdição. No âmbito da Justiça Federal, também é denominada de subseção;

e) *distrito*: divisão territorial interna das comarcas, na qual um determinado juiz exerce a jurisdição; tem por objetivo descentralizar a administração da Justiça e normalmente dá-se por meio da criação de fóruns ou varas distritais;

f) *foro*: cada seção judiciária, comarca e distrito constituem o foro, designação dada ao território dentro do qual o juiz ou tribunal exerce sua atividade jurisdicional; revela o limite territorial em que um determinado juiz ou tribunal exerce a jurisdição; em determinadas situações é utilizado no sentido de juízo[16] (como na

---

[15] No plano da Justiça do Trabalho – que é justiça da União –, por exemplo, a maioria dos estados brasileiros corresponde a uma região. Por outro lado, os estados de São Paulo e do Mato Grosso do Sul, também a título de exemplo, geograficamente pertencentes às regiões sudeste e centro-oeste do País, respectivamente, correspondem, hoje, à terceira região da Justiça Federal.

[16] Entretanto, só há realmente juízo, de forma concreta, quando o foro é o competente; nesse sentido, o foro diz respeito ao limite territorial e o juízo à competência.

expressão *foro privilegiado*); não se confunde com o *fórum*, que é o prédio que sedia as dependências dos órgãos do Poder Judiciário;

g)   *vara*: cada uma das unidades jurisdicionais de uma mesma comarca, nas Justiças Estaduais, e de uma mesma seção judiciária, nas Justiças da União; a divisão das comarcas e seções judiciárias em varas obedece, regra geral, o critério de divisão de competências em razão da matéria (há situações nas quais a criação de varas obedece a outros critérios que não o da matéria,[17] embora seja menos comum);

h)   *câmara*: cada uma das unidades em que se desmembram os tribunais para fins de divisão do trabalho; também nesse sentido é utilizada a expressão *turma*;[18] normalmente são formadas por três magistrados e especializadas em razão da matéria; dependendo da organização judiciária de cada Estado-Membro, pode também o respectivo Tribunal de Justiça dividir-se em câmaras reunidas e conjuntas, além do tribunal pleno;[19]

i)   *entrância*: classificação hierárquica das comarcas, de caráter meramente administrativo, com a finalidade de estabelecer a sequência para as promoções dos juízes e membros do Ministério Público; nesse sentido, as entrâncias são etapas das carreiras, assumidas gradativamente por promoções, por antiguidade ou merecimento, segundo os critérios administrativos específicos; e

j)   *instância*: termo que indica o número de graus jurisdicionais pelos quais os feitos estão ou podem vir a tramitar em cada situação concreta, como, por exemplo, a primeira instância e a segunda instância. Não se equipara necessariamente a cada grau de jurisdição, pois nas ações de competência originária dos tribunais, esses órgãos jurisdicionais corresponderão à primeira instância. Existe um segundo significado para o termo instância, que também equivale, classicamente, à relação jurídica processual; a formação da instância também é concebida como a formação da relação jurídica processual.

---

[17]   Exemplos são as varas de assistência judiciária (critério do valor) e as varas da Fazenda Pública (critério da pessoa).

[18]   É o caso dos tribunais federais.

[19]   Também é possível os tribunais constituírem órgão especial, encarregado de substituir o tribunal pleno em uma parcela de suas funções.

2.2.1 Princípios gerais de organização do Poder Judiciário

Entre os princípios gerais, presentes no texto constitucional, referentes à organização do Poder Judiciário, o primeiro é o do duplo grau de jurisdição, anteriormente estudado entre os princípios constitucionais do processo. Como foi visto naquele momento, na enumeração constante do art. 92 da Constituição Federal, que lista as diversas justiças existentes no País, há a indicação de órgãos de primeiro – juízos – e de segundo graus – tribunais.[20]

A Constituição Federal estabelece, também, a *divisão federativa de justiças comuns (da União e dos Estados-Membros)* e a distribuição territorial de seus órgãos. No âmbito da União, define a *especialização das justiças,* tendo por base os critérios da matéria e da qualidade dos titulares dos direitos em conflito. Para as justiças dos estados fica a competência residual. Essa divisão de justiças e de competências se dá de acordo com o *princípio da desconcentração.*

Com base no princípio da desconcentração repartem-se as atividades entre os vários órgãos do Poder Judiciário ou de uma determinada justiça. Essa desconcentração leva em consideração dois critérios básicos:

a) *territorialidade:* define que a desconcentração deve levar em consideração o critério de distribuição desses órgãos em todo o território nacional e, no caso dos Estados-Membros, no respectivo território; e

b) *adequação:* estabelece a consideração, na desconcentração, da qualidade dos titulares da relação posta em juízo (critério da pessoa); da qualificação jurídica da matéria sobre a qual versa a ação (critério da matéria), ou outros critérios definidos em lei, como, por exemplo, o critério do valor da causa.[21] Também é denominado de *critério da especialização.*

2.2.2 Unidade e dualidade do Poder Judiciário: Justiças da União e Justiças dos Estados-Membros

Desde a Proclamação da República, o Brasil divide o Poder Judiciário em Justiças da União e Justiças dos Estados-Membros, com o objetivo de definir as competências para a organização e a manutenção dos órgãos do Poder Judiciário. Em nível da União se tem, contemporaneamente, a justiça

---

[20] Sobre essa questão, ver o Capítulo 1 da Unidade IV, neste mesmo volume.
[21] CPC de 2015, arts. 319 e 293.

comum Federal (CF, arts. 106 a 110) e as justiças especiais do Trabalho, Eleitoral e Militar (CF, arts. 111 a 124).

No âmbito dos Estados-Membros há, necessariamente, a denominada justiça comum estadual. Estes podem também constituir justiças militares estaduais, com juízes de primeiro grau e tribunais, obedecidos os requisitos estabelecidos na Constituição Federal (CF, art. 125)[22] e nas respectivas constituições estaduais.

Essa divisão é, de certa forma, apenas aparente, tendo em vista que o sistema hierárquico de controle da constitucionalidade das leis e atos da administração coloca como órgão de cúpula de todo o Poder Judiciário, incluindo as Justiças da União e dos Estados-Membros, o Supremo Tribunal Federal (STF).

A Constituição Federal de 1988 criou, ainda, o Superior Tribunal de Justiça (STJ), órgão de cúpula encarregado de zelar, em última instância, pela atuação da legislação federal e pela uniformização de sua interpretação em todos os estados da Federação. Isso se deve ao fato de que embora o Brasil adote, em tese, uma organização federativa, hegemonicamente a legislação material e processual em vigor nos Estados-Membros é imposta nacionalmente.

O fato de a legislação federal ser ampla e única para todo o País desrespeita as realidades e diferenças regionais. Traz como consequência a existência de um Poder Judiciário cujo trabalho é dificultado pela incidência das variáveis regionais sobre a jurisprudência. Também provoca a repartição constitucional de competências jurisdicionais entre as denominadas Justiças da União e as Justiças Estaduais, ficando as últimas com a competência residual.

2.2.3 Estrutura horizontal do Poder Judiciário: justiças especializadas e justiça comum

O texto constitucional cria três justiças, em nível da União, especializadas, tendo por base o critério da matéria: Justiças do Trabalho (CF, arts. 111 a 116), Eleitoral (CF, arts. 118 a 121) e Militar (CF, arts. 122 a 124).

No âmbito federal há, ainda, a Justiça Federal (CF, arts. 106 a 110), que representa a justiça comum no âmbito da União, ou justiça comum federal.

A competência residual fica para a justiça comum, em nível dos Estados-Membros. Nesses também há a possibilidade da criação de pelo menos uma justiça especializada, com competência fixada em razão da matéria: a justiça militar estadual.

---

[22] Qual seja um ativo superior a 20 (vinte) mil membros nas polícias militares estaduais.

Entre essas justiças não há hierarquia, mas sim distribuição de competências.

A *Justiça Federal* é a competente para julgar todas as causas em que a União, entidade autárquica ou empresa pública federal for interessada na condição de parte, assistente ou oponente. Excetuam-se da sua competência originária os processos de falência, acidentes do trabalho e os sujeitos às justiças Eleitoral, do Trabalho e Militar.

É exatamente essa forma de fixação da competência, que não se dá com base no critério da matéria como nas demais Justiças da União, que empresta à Justiça Federal a aparência de justiça comum, justificando a posição, nesse sentido, amplamente majoritária entre os autores que tratam desse tema.[23]

No entanto, essa classificação pode ser questionada, tendo em vista que a fixação de sua competência leva em consideração, fundamentalmente, a qualidade dos titulares dos interesses em conflito, podendo, segundo José de Albuquerque Rocha, ser vista como justiça especializada pelo critério da pessoa.[24] Nesse sentido, seria ela especializada em razão da pessoa e não justiça comum. A dificuldade para aceitar essa posição é que a Justiça Federal possui também outras competências específicas, enumeradas no texto constitucional, entre as quais cabe destacar as causas relativas a direitos humanos.

No que se refere à *Justiça do Trabalho*, é ela certamente especializada em razão da matéria, tendo sua competência claramente determinada no art. 114 do texto constitucional e seus incisos. De forma resumida, pode-se dizer que são de sua competência as ações que versam sobre relações de trabalho ou de danos delas decorrentes, direito de greve e direito sindical.

Entre as justiças especializadas em razão da matéria, ainda em nível da União, há a *Justiça Militar*, que possui competência para processar e julgar os crimes militares definidos em lei, e a *Justiça Eleitoral*, que possui competência para se pronunciar exclusivamente em matéria eleitoral, definida em lei complementar.

A Constituição Federal permite, também, a criação, em nível dos Estados-Membros, de *Justiças Militares Estaduais*. Para essas justiças a própria lei maior estabelece, em seu art. 125, § 4º, a competência para processar e

---

[23] É o caso de Marcus Orione Gonçalves Correia (*Teoria geral do processo*. 3. ed. São Paulo: Saraiva, 2005. p. 57), ao explicitar que a Justiça Federal possui, ainda, competência para julgar crimes praticados contra a organização do trabalho, bem como para resolver disputas indígenas.

[24] ROCHA, José de Albuquerque. *Teoria geral do processo*. São Paulo: Atlas, 2006. p. 92.

julgar os policiais militares, nos crimes militares definidos em lei, ressalvada a competência do Tribunal do Júri, quando a vítima for civil.

A *justiça comum*, formada pelas justiças dos Estados-Membros, tem sua competência fixada por exclusão. Cabe-lhe julgar todas as ações que não forem de competência de uma das justiças especializadas anteriormente referidas, sejam da União ou dos estados, ou da Justiça Federal. É o que se denomina competência residual.

Em sua estrutura horizontal interna de primeiro grau, tratando-se de competência em função da matéria, estabelece o art. 126 do texto constitucional que os tribunais de justiça dos estados proporão a criação de varas especializadas para dirimir conflitos fundiários, com *competência exclusiva para questões agrárias*.

Também prevê a Constituição Federal, no seu art. 98, incs. I e II, os *juizados especiais* e a *justiça de paz*. Há, ainda, disposição referente ao *tribunal do júri*, formado por juízes leigos, expressamente previsto no inc. XXXVIII do art. 5º.

É importante destacar, também no âmbito da estrutura horizontal do Poder Judiciário, as possibilidades trazidas pela Emenda Constitucional nº 45/2004, concernentes à descentralização do Poder Judiciário e da justiça itinerante. A esse respeito, os parágrafos do art. 107 da Constituição Federal atualmente explicitam o seguinte:

> § 2º Os Tribunais Regionais Federais instalarão a justiça itinerante, com a realização de audiências e demais funções da atividade jurisdicional, nos limites territoriais da respectiva jurisdição, servindo-se de equipamentos públicos e comunitários.
>
> § 3º Os Tribunais Regionais Federais poderão funcionar descentralizadamente, constituindo Câmaras regionais, a fim de assegurar o pleno acesso do jurisdicionado à justiça em todas as fases do processo.

São, no mesmo sentido, as disposições do art. 115 da CF:

> § 1º Os Tribunais Regionais do Trabalho instalarão a justiça itinerante, com a realização de audiências e demais funções de atividade jurisdicional, nos limites territoriais da respectiva jurisdição, servindo-se de equipamentos públicos e comunitários.
>
> § 2º Os Tribunais Regionais do Trabalho poderão funcionar descentralizadamente, constituindo Câmaras regionais, a fim de assegurar o pleno acesso do jurisdicionado à justiça em todas as fases do processo.

No art. 125 da CF, a respeito dos tribunais de justiça estaduais, constam, no que interessa a este capítulo, os seguintes parágrafos:

§ 6º O Tribunal de Justiça poderá funcionar descentralizadamente, constituindo Câmaras regionais, a fim de assegurar o pleno acesso do jurisdicionado à justiça em todas as fases do processo.

§ 7º O Tribunal de Justiça instalará a justiça itinerante, com a realização de audiências e demais funções da atividade jurisdicional, nos limites territoriais da respectiva jurisdição, servindo-se de equipamentos públicos e comunitários.

Essas disposições constitucionalizam realidades importantes em nível da estrutura do Poder Judiciário, permitindo a descentralização da segunda instância e criando a justiça itinerante. Ambas as medidas propiciam maior racionalização na utilização do tempo, agilizando a tramitação dos feitos e efetivando o direito à prestação jurisdicional em um prazo razoável (CF, art. 5º, inc. LXXVIII).

2.2.4 Estrutura vertical do Poder Judiciário: órgãos de primeiro e segundo graus de jurisdição e órgãos de cúpula

No que se refere à estrutura vertical do Poder Judiciário, para que se possa melhor compreendê-la, é necessário realizar duas classificações: (a) separar os órgãos das justiças dos estados dos órgãos das Justiças da União; e (b) diferenciar o que são órgãos de primeiro grau e de segundo grau e órgãos de cúpula.

Com relação aos denominados órgãos de cúpula, permitem a seguinte divisão:

a) Supremo Tribunal Federal (STF), corte constitucional competente para julgar feitos em competência originária e recursal proveniente de todas as justiças comuns e especiais, quando houver ofensa à Constituição Federal e repercussão geral política, jurídica, econômica ou social da matéria discutida, para a sociedade brasileira;[25]

b) Superior Tribunal de Justiça (STJ), corte infraconstitucional que possui competências originárias e a quem compete a uniformização da jurisprudência nas ações e recursos referentes às leis federais aplicadas pelas justiças comuns Federal e dos Estados-Membros;

---

[25] CPC de 2015, art. 1.035, e Lei nº 11.418/2006, art. 3º.

esse Tribunal entretanto não pertence a nenhuma dessas justiças, mas se sobrepõe a elas; e

c) órgãos de cúpula específicos, pertencentes às justiças especializadas da União, quais sejam o Superior Tribunal Militar (que é em realidade o órgão de segundo grau da Justiça Militar Federal), o Tribunal Superior Eleitoral e o Tribunal Superior do Trabalho (Militar, Eleitoral e do Trabalho), nas ações de sua competência originária e nos respectivos recursos.

O mais importante órgão de cúpula do sistema judiciário brasileiro é o *Supremo Tribunal Federal* (STF), que passou a ser, após a Constituição Federal de 1988, preponderantemente uma corte constitucional (CF, *caput* do art. 102), deixando de julgar questões de natureza infraconstitucional.

Compete ao STF julgar originariamente, no *controle da constitucionalidade em abstrato* (CF, art. 102, inc. I, alínea "a"), mediante processo objetivo – em que não há interesse jurídico das partes, mas apenas se protege a coerência do ordenamento – as Ações Diretas de Inconstitucionalidade, as Ações Declaratórias de Constitucionalidade e as Arguições de Descumprimento de Preceito Fundamental (CF, art. 102, inc. II, alínea "a", § 1º). É o denominado controle concentrado.

Compete-lhe, ainda, julgar os *recursos extraordinários* – controle difuso –, pois estes são interpostos (CF, art. 102, inc. III) contra decisões dos tribunais locais federais ou estaduais ou das turmas recursais dos juizados especiais federais ou estaduais que:

a) contrariem dispositivo da Constituição Federal (controle da constitucionalidade em concreto);

b) declarem a inconstitucionalidade de tratado ou lei federal;

c) julguem válida lei ou ato de governo estadual, contestados em face de dispositivo constitucional federal; e

d) julguem válida lei ou ato de governo local, contestados em face de dispositivo federal infraconstitucional, neste caso por questão de desrespeito às competências legislativas constitucionalmente traçadas (CF, arts. 21 a 24).

O Supremo Tribunal Federal mantém, ao lado dessas, algumas competências específicas para processar e julgar originariamente (CF, art. 102, inc. I, alíneas "a" a "r"). É o caso, por exemplo, das ações rescisórias propostas em face dos seus julgados, bem como dos recursos ordinários (CF, art. 102, inc. II), interpostos nas hipóteses excepcionais em que a lei os disponibiliza à parte, a fim de garantir o duplo grau de jurisdição em situações nas quais, em razão da competência dos tribunais locais, tal princípio não seria aplicado.

Importante realidade relativamente às decisões do STF diz respeito ao efeito vinculante de algumas de suas decisões e súmulas. O art. 102 da CF estabelece que as decisões no controle concentrado (Ações Diretas de Inconstitucionalidade, Ações Declaratórias de Constitucionalidade e Arguições de Descumprimento de Preceito Fundamental) *"produzirão eficácia contra todos e efeito vinculante"*. Ao lado disso, por meio da inclusão do art. 103-A, a Emenda Constitucional nº 45/2004 criou a possibilidade de o STF, no controle difuso, editar Súmula Vinculante tanto para o Poder Judiciário quanto para os órgãos da Administração Pública em todas as suas esferas.[26]

O *Superior Tribunal de Justiça* (STJ)[27] também possui competência para processar e julgar originariamente em situações específicas (CF, art. 105, inc. I), competência para julgar determinados recursos ordinários (CF, art. 105, inc. II) e competência fundamental para julgar os recursos especiais oriundos das justiças comuns estaduais e federais contra decisões que:

a)   contrariem tratados ou leis federais;

b)   julguem válido ato de governo estadual contestado em face de lei federal, independente das respectivas competências constitucionais; e

c)   visem eliminar interpretação divergente, de lei federal, existente entre tribunais estaduais ou federais (CF, art. 105, inc. III).

No âmbito da *União*, no que se refere aos órgãos de primeiro e de segundo graus, têm-se realidades diferenciadas de justiça para justiça, dadas as suas especialidades.

A *Justiça do Trabalho* tem o seu primeiro grau de jurisdição formado pelos Juízes do Trabalho, podendo a lei, nas comarcas onde não forem instituídas, atribuir sua jurisdição aos juízes da justiça estadual comum (CF, art. 112). O segundo grau de jurisdição é exercido pelos tribunais regionais

---

[26]   Anteriormente à Emenda Constitucional nº 45/2004, apenas as decisões proferidas nas Ações Declaratórias de Constitucionalidade possuíam efeito vinculante e não havia a previsão da súmula vinculante.

[27]   Foram criados junto ao STJ, pela Emenda Constitucional nº 45/2004, o Conselho da Justiça Federal e a Escola Nacional de Formação e Aperfeiçoamento de Magistrados, que não possuem função jurisdicional.

do trabalho e pelo *Tribunal Superior do Trabalho* (TST),[28] órgão de cúpula específico, com sede em Brasília. A distribuição de competências entre os órgãos da Justiça do Trabalho é definida em lei, conforme determinação da própria Constituição Federal.

Em se tratando da *Justiça Eleitoral*, o primeiro grau de jurisdição é exercido pelas juntas e juízes eleitorais. Já o segundo grau de jurisdição se exerce por meio dos tribunais regionais eleitorais, um na capital de cada estado e no Distrito Federal, e do *Tribunal Superior Eleitoral* (TSE), órgão de cúpula específico, com sede em Brasília. A distribuição de competências entre os órgãos dessa Justiça é feita, por determinação constitucional, em lei complementar.

Finalmente, ainda em nível da União, há a *Justiça Militar*. Nela o primeiro grau de jurisdição é exercido pelos juízes e tribunais militares instituídos por lei, sendo o segundo grau de jurisdição exercido pelo Superior Tribunal Militar (STM), órgão de cúpula específico (CF, art. 123). Segundo a Lei de Organização Judiciária Militar,[29] a primeira instância dessa Justiça é exercida pelos Auditores (juízes) e Conselhos de Justiça (tribunais).

No que se refere à *Justiça Federal*, o primeiro grau de jurisdição é desempenhado pelos juízes federais, sendo que cada Estado-Membro e o Distrito Federal constituem uma seção judiciária, tendo por sede a respectiva capital e varas localizadas segundo o estabelecido em lei. Já o segundo grau de jurisdição é exercido pelos tribunais regionais.[30] A Justiça Federal conta também com os Juizados Especiais Federais, criados por lei específica,[31] que possuem órgãos recursais e de uniformização da jurisprudência específicos.

No âmbito dos *Estados-Membros*, tem-se, na *justiça comum*, o exercício do primeiro grau de jurisdição por meio dos juízes dos estados (substitutos e de direito) e, nos crimes dolosos contra a vida, por julgamento do tribunal do júri. O segundo grau de jurisdição é exercido pelos tribunais de justiça dos respectivos estados. Também constituem órgãos da justiça comum estadual os juizados especiais, criados por lei;[32] para o julgamento dos recursos das

---

[28] Foram criados junto ao TST, pela Emenda Constitucional nº 45/2004, o Conselho Superior da Justiça do Trabalho Federal e a Escola Nacional de Formação e Aperfeiçoamento de Magistrados do Trabalho, que não possuem função jurisdicional.

[29] Lei nº 8.457/1992.

[30] Atualmente em número de cinco, sediados em Porto Alegre, São Paulo, Rio de Janeiro, Recife e Brasília.

[31] Lei nº 10.259/2001.

[32] Lei nº 9.099/1995.

decisões desses juizados, a lei criou as turmas recursais de juízes de primeiro grau, possibilidade prevista em nível constitucional.

No que se refere à *justiça militar estadual*, quando essa existir – dado que sua criação é permitida nos estados em que o efetivo da polícia militar seja superior a vinte mil integrantes – seu primeiro grau de jurisdição será exercido pelos juízes de direito e pelos conselhos de justiça. Já o segundo grau de jurisdição será exercido pelo Tribunal de Justiça do respectivo estado, ou por Tribunal de Justiça Militar.

2.2.5 Juizados especiais e de pequenas causas

Ponto de destaque dentro do texto constitucional de 1988 foi a previsão dos juizados especiais. Com efeito, assim estabelece o seu texto:

> Art. 98. A União, no Distrito Federal e nos Territórios, e os Estados criarão:
> I – juizados especiais, providos por juízes togados, ou togados e leigos, competentes para a conciliação, o julgamento e a execução de causas cíveis de menor complexidade e infrações penais de menor potencial ofensivo, mediante os procedimentos oral e sumaríssimo, permitidos, nas hipóteses previstas em lei, a transação e o julgamento de recursos por turmas de juízes de primeiro grau.

Esse dispositivo constitucional traz uma série de avanços em relação aos juizados especiais de pequenas causas. Tais juizados foram criados pela Lei nº 7.244/1984, posteriormente revogada pela Lei nº 9.099/1995, referente aos *juizados especiais estaduais*. Por sua vez, a Lei nº 9.099/1995 foi complementada pela Lei nº 10.259/2001, regulamentadora dos *juizados especiais federais*, sendo que ambas foram alteradas pela Lei nº 11.313/2006 Posteriormente foi editada a Lei nº 12.153/2009, que criou os *juizados especiais da Fazenda Pública*, no âmbito da União e dos Estados-Membros.[33] Entre os avanços proporcionados pelo texto constitucional, cumpre destacar:

---

[33] Não é unânime na teoria jurídica brasileira o apoio a esses juizados. Em sentido dissidente pode ser destacada a posição de Moniz de Aragão (O Código de Processo Civil e a crise processual. *Revista do Instituto dos Advogados do Paraná*, Curitiba, n. 19, p. 89, 1992), para quem: "Solução recebida por muitos com intensos louvores foi a instituição dos Juizados Especiais de Pequenas Causas; todavia podem tornar-se perigosos, o que não aconteceria se apenas encaminhassem conciliações. Tais juizados, sem cautelas em sua composição e atribuições, podem desservir o Direito; agravar iniquidades sociais; conduzir à divisão da justiça em categorias, ficando para os mais humildes a inferior. Em regime democrático é imperioso examinar com muito cuidado solução de tal tipo".

a) a obrigatoriedade da criação dos juizados especiais, decorrente da utilização do verbo criarão no *caput* do artigo transcrito;

b) torná-los órgãos necessários da estrutura do Poder Judiciário, excluindo-se, consequentemente, a possibilidade de opção do autor quanto a submeter-lhes ou não a sua demanda, tendo em vista o princípio constitucional do juiz natural;[34]

c) a ampliação do espectro de causas cíveis cuja competência para conciliação, julgamento e execução passa para os juizados especiais, tendo em vista a utilização do termo causas de menor complexidade no art. 98, inc. I, embora tenha mantido a expressão pequenas causas no art. 24, inc. X, ambos da Constituição Federal;

d) a criação dos juizados especiais competentes para a conciliação, o julgamento e a execução referentes a infrações penais de menor potencial ofensivo;

e) a possibilidade da existência de juízes leigos; e

f) a permissão, agora constitucional, de julgamento dos recursos por turmas de juízes de primeiro grau.

O texto constitucional, além de se referir à criação dos juizados especiais, manteve referência expressa aos *juizados de pequenas causas*, no art. 24, inc. X:

> 24. Compete à União, aos Estados e ao Distrito Federal legislar concorrentemente sobre:
>
> [...]
>
> X – criação, funcionamento e processo do juizado de pequenas causas.

Esse texto atribui competência concorrente para legislar em matéria de juizados especiais, abrangendo a criação, o funcionamento e o processo.[35] Disso decorre uma competência ampliada para o exercício legislativo dos Estados-Membros nessa matéria.

Embora o texto constitucional utilize nos dispositivos citados duas expressões parcialmente diferentes, *juizados de pequenas causas* e *juizados*

---

[34] Nessa matéria há profunda divergência na teoria jurídica e na jurisprudência. Há estados, como Santa Catarina, onde a competência dos Juizados Especiais é considerada absoluta; em outros, como São Paulo, a competência é considerada relativa.

[35] Especificamente neste inciso a Constituição Federal refere-se a *processo*, termo técnico que designa uma realidade mais ampla do que o termo *procedimentos*, utilizado no inc. XI do mesmo artigo.

especiais, os juizados de pequenas causas equivalem, hoje, aos juizados especiais. A primeira dessas expressões foi a utilizada quando do surgimento desses órgãos jurisdicionais, na década de 1980, antes mesmo da edição da Constituição Federal de 1988.[36]

Entretanto, a expressão *juizados de pequenas causas* não consta do capítulo da Constituição Federal destinado ao Poder Judiciário. A interpretação que estabelece serem ambos os juizados (de pequenas causas e especiais) a mesma instituição traz também como consequência a ampliação da competência legislativa estadual, relativamente aos Juizados Especiais, tendo em vista que a Constituição Federal define que, para os juizados de pequenas causas, os Estados-Membros têm competência concorrente em matéria de processo e não apenas em matéria de procedimento.

A Lei nº 9.099/1995, que criou os juizados especiais junto às Justiças Estaduais,[37] revogou a Lei nº 7.244/1984, que disciplinava os juizados de pequenas causas. E essa lei determina que são causas de pequena complexidade aquelas cujo valor não ultrapasse 40 (quarenta) salários mínimos, eliminando a diferenciação entre as pequenas causas e as causas de menor complexidade, fazendo opção pela leitura que unifica os juizados. A Lei nº 10.259/2001 manteve essa mesma opção ao fixar a competência dos juizados especiais federais para julgar causas até o valor de 60 (sessenta) salários mínimos.

Parece, olhando-se sob o aspecto do acesso à Justiça e da efetividade do processo, que o legislador ordinário foi infeliz ao estabelecer na nova legislação uma equiparação entre as pequenas causas e as causas de pequena complexidade, tendo em vista configurarem situações bastante diversas.

As pequenas causas são aquelas de pequeno valor econômico – até 40 (quarenta) salários mínimos da Justiça Estadual e até 60 (sessenta) salários

---

[36] Em uma segunda, leitura poder-se-ia concluir pela existência de duas espécies de juizados: (a) os especiais, com competência em razão da matéria, podendo ser cíveis, destinados a causas de menor complexidade, ou penais, referentes a infrações de menor potencial ofensivo (art. 98, inc. I); e (b) os de pequenas causas, com competência civil em razão do valor da causa (art. 24, inc. X). Nesse sentido, se forem considerados como distintos dos juizados especiais, continuarão os Juizados Especiais de Pequenas Causas, consequentemente, com competência por opção do autor, bem como sua criação pelos estados não será obrigatória. Entretanto, atualmente essa discussão já caiu em desuso, servindo esta nota apenas como referência histórica.

[37] Uma análise aprofundada dos problemas de ordem constitucional presentes nessa lei pode ser obtida em: RODRIGUES, Horácio Wanderlei. Juizados especiais cíveis: inconstitucionalidades, impropriedades e outras questões pertinentes. *Gênesis – Revista de Direito Processual Civil*, Curitiba: Gênesis, n. 1, p. 22-42, jan.-abr. 1996.

mínimos na Justiça Federal – mas que podem, em determinadas situações, ser extremamente complexas. Em contrapartida, a pequena complexidade não está ligada ao valor da causa, mas sim ao seu conteúdo (matéria). Uma causa pode ser de elevado valor e de pequena complexidade. Ao estabelecer que são de pequena complexidade as ações que se encontram dentro de um determinado patamar de salários mínimos o legislador aglutinou, em uma única, duas realidades absolutamente diversas.

O legislador constituinte permitiu diferenciar essas duas realidades (CF, art. 98, inc. I, e art. 24, inc. X). E só as diferenciando é que se pode compreender a norma permissiva da participação de juízes leigos nos juizados especiais. Esse fato decorre da pequena complexidade, a não exigir formação técnica específica. É dele que também advém a possibilidade de a própria parte participar do processo, sem a presença de advogado, na forma definida em lei.

2.2.6 Juízes de paz

Uma questão importante trazida pela Constituição Federal de 1988, embora não constitua na totalidade uma inovação desse texto, e que vem recebendo, regra geral, pouca atenção da teoria jurídica e do legislador, refere-se à justiça de paz. Com efeito, assim dispõe a Constituição Federal:

> Art. 98. A União, no Distrito Federal e nos Territórios, e os Estados criarão:
>
> [...]
>
> II – justiça de paz, remunerada, composta de cidadãos eleitos pelo voto direto, universal e secreto, com mandato de quatro anos e competência para, na forma da lei, celebrar casamentos, verificar, de ofício ou em face de impugnação apresentada, o processo de habilitação e exercer atribuições conciliatórias, sem caráter jurisdicional, além de outras previstas na legislação.

Em primeiro lugar, é fundamental destacar que a justiça de paz não possui caráter jurisdicional. A justiça de paz não se inclui, dessa forma, entre os instrumentos processuais clássicos, em sentido estrito, de eliminação das lides e suposta resolução dos conflitos.

No entanto, o fato de que a justiça de paz deve obrigatoriamente ser criada, somado à eletividade de seus membros e à possibilidade de exercer atribuições conciliatórias, faz deste órgão uma instituição que, se bem regulamentada, pode ser extremamente útil à efetiva solução de conflitos no mundo dos fatos, independentemente da declaração a respeito de qual das partes possui razão no âmbito do direito.

Com a legitimidade popular oriunda da eletividade de seus membros, a justiça de paz seria um importante canal para a prevenção e resolução de pequenos conflitos, reduzindo a sobrecarga do Poder Judiciário com questões que possam ser resolvidas extrajudicialmente, por meio de instrumentos eficazes de conciliação.

No atual momento de evolução do Direito Processual, em que inúmeras e novas iniciativas têm despontado, o estudo da administração da justiça vem se intensificando. Tem havido, portanto, grande valorização dos meios alternativos de solução de conflitos, em especial os de caráter autocompositivo. Nesse contexto, seria bastante conveniente a implementação e o efetivo desenvolvimento de juizados de paz, com atribuições conciliatórias.

2.2.7 Os Conselhos de Justiça

Importante modificação trazida pela Emenda Constitucional nº 45/2004 foi a criação dos Conselhos de Justiça. O principal entre esses órgãos é o Conselho Nacional de Justiça (CNJ), incluído na própria estrutura no Poder Judiciário, no art. 92, inc. I-A.

Também foram criados, no plano constitucional, o Conselho da Justiça Federal (CF, art. 105, § 1º, inc. II), que funcionará junto ao STJ, e o Conselho Superior da Justiça do Trabalho (CF, art. 111-A, § 2º, inc. II), que funcionará junto ao TST.

Relativamente ao CNJ, sua composição inclui 15 (quinze) conselheiros aprovados pelo Senado e, então, nomeados pelo Presidente da República.

Suas competências estão expressamente previstas no art. 103-B da Constituição Federal, incluído pela emenda já referida. São elas:

a) zelar pela autonomia do Poder Judiciário e pelo cumprimento do Estatuto da Magistratura, expedindo atos normativos e recomendações;

b) definir o planejamento estratégico, os planos de metas e os programas de avaliação institucional do Poder Judiciário;

c) receber reclamações contra membros ou órgãos do Poder Judiciário,[38] inclusive contra seus serviços auxiliares, serventias e

---

[38] O Supremo Tribunal Federal, em 2 de fevereiro de 2012, decidiu que essa competência do CNJ é concorrente com a competência das corregedorias. Ou seja, a Corregedoria Nacional de Justiça do CNJ tem poderes para investigar magistrados, independentemente de idênticas prerrogativas das Corregedorias locais. A decisão

órgãos prestadores de serviços notariais e de registro que atuem por delegação do poder público ou oficializados; e

d) julgar processos disciplinares, assegurada ampla defesa, podendo determinar a remoção, a disponibilidade ou a aposentadoria com subsídios ou proventos proporcionais ao tempo de serviço, e aplicar outras sanções administrativas.

De modo preponderante, o controle administrativo externo do Poder Judiciário possibilitado pelo Conselho Nacional de Justiça tem trazido avanços para a administração da Justiça. Importantes avanços podem ser creditados a competências assumidas pelo CNJ, em sua primeira composição, entre as quais se podem destacar:

a) dar aplicação, imediata, ao dispositivo introduzido pela Emenda Constitucional nº 45 (CF, art. 103-B, § 4º, inc. II), que deu fim às férias coletivas no Poder Judiciário (Res. CNJ nº 3/2005);

b) criar o sistema de estatística do Poder Judiciário (Res. nº 4/2005, posteriormente revogada pela Res. nº 326/2020);

c) proibir o nepotismo direto e cruzado (Res. CNJ nº 7/2005, com a alteração introduzida pelas Res. CNJ nº 9, nº 21 e nº 181);

d) vedar o exercício, pelos membros do Poder Judiciário, de funções nos Tribunais de Justiça Desportiva e Comissões Disciplinares (Res. CNJ nº 10/2005);

e) criar o banco de soluções do Poder Judiciário (Res. CNJ nº 12/2006);

f) definir percentuais e regras relativos à aplicação do teto remuneratório constitucional e subsídios mensais dos membros da magistratura (Res. CNJ nº 13/2006, com alterações introduzidas pelas Resoluções nº 27/2006 e nº 42/2007) e servidores do Poder Judiciário (Res. CNJ nº 14/2006, com alterações efetuadas pelas Resoluções nº 42/2007 e nº 326/2020);

g) definir parâmetros a serem observados na escolha de magistrados para substituição dos membros dos tribunais (Res. CNJ nº 17/2006, posteriormente revogada pela Res. nº 326/2020); e

h) fixar regras para o trâmite de processos disciplinares contra juízes que devem ser obedecidas pelos tribunais (Res. CNJ nº 135/2011).

---

foi tomada na Ação Direta de Inconstitucionalidade (ADI nº 4.638/2011) ajuizada pela AMB contra a Resolução nº 135/2011 do CNJ, que fixou regras para o trâmite de processos disciplinares contra juízes que devem ser obedecidas pelos tribunais.

2.3 ORGANOGRAMA DO PODER JUDICIÁRIO

Considerando o que foi exposto até aqui, é possível visualizar da seguinte forma a estrutura do Poder Judiciário:

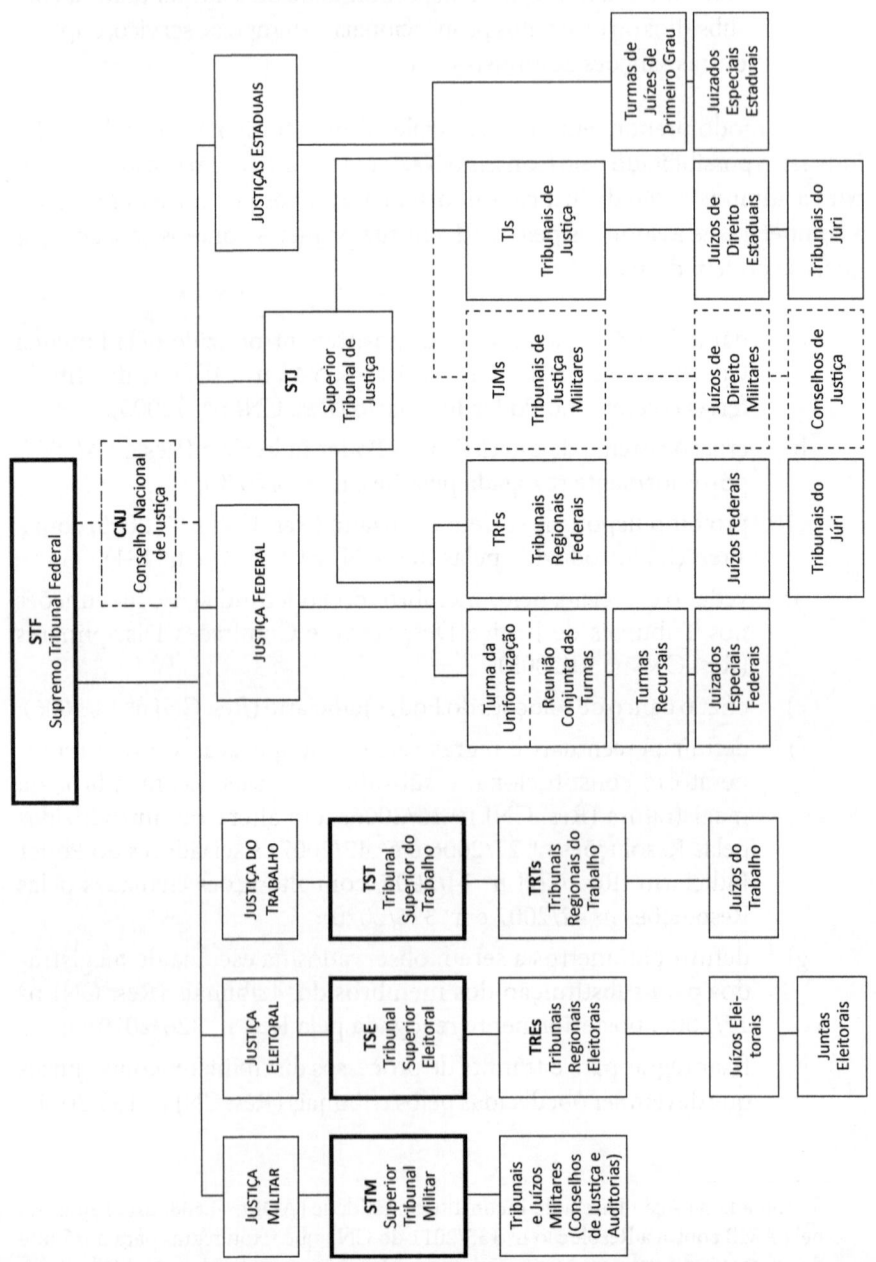

2.4 COMPOSIÇÃO DOS TRIBUNAIS

Os ministros do *Supremo Tribunal Federal* (STF) necessitam ser brasileiros natos (CF, art. 12, § 3º, inc. IV), escolhidos e nomeados pelo Presidente da República, na forma do art. 101 da Constituição Federal e seu parágrafo único, entre cidadãos com mais de 35 e menos de 70 anos de idade, que possuam notável saber jurídico, reputação ilibada e tenham aprovada sua escolha pelo Senado.

Embora a Constituição Federal não faça referência expressa à necessidade de que os indicados, quando oriundos do Ministério Público ou da advocacia, possuam mais de dez anos de carreira ou de efetiva atividade profissional, essa interpretação tende a ser a mais correta perante a leitura sistemática e teleológica do texto constitucional.[39]

Não se pode interpretar a Constituição Federal de forma tal que as exigências para ocupar o cargo de ministro do STF sejam menores do que aquelas previstas para que se possa ocupar outros órgãos do Poder Judiciário, estruturalmente inferiores tanto na sua estrutura vertical quanto na sua importância política. Já a necessidade de que sejam bacharéis em direito decorre da exigência de notável saber jurídico.

Por sua vez, o *Superior Tribunal de Justiça* (STJ) é formado por ministros oriundos: um terço dentre os desembargadores federais dos Tribunais Regionais Federais, um terço dentre desembargadores dos Tribunais de Justiça Estaduais e um terço, em partes iguais – portanto um sexto para cada órgão – entre membros do Ministério Público e da Advocacia. São, no mínimo, 33 ministros, o que indica a possibilidade de aumento no número de ministros por lei infraconstitucional.

Todos devem ser brasileiros com mais de 35 e menos de 70 anos de idade, de notável saber jurídico – portanto bacharéis em direito – e de reputação ilibada (CF, art. 104, parágrafo único). Com relação aos membros oriundos do Ministério Público e da Advocacia, exigem-se deles, ainda, mais de dez anos de carreira ou de efetiva atividade profissional.

Os ministros do STJ são indicados com base em listas sêxtuplas, decorrentes de um processo eleitoral interno inicial, apresentadas pelos tribunais

---

[39] Neste sentido, vale informar que no final do século XIX o médico Candido Barata Ribeiro chegou a ser ministro do Supremo Tribunal Federal. Além de não possuir dez anos de atividade jurídica profissional, o ex-ministro sequer obteve o grau de bacharel em Direito. Por esse motivo, Barata Ribeiro exerceu a judicatura junto ao STF por apenas dez meses, entre 22 de novembro de 1893 a 22 de setembro de 1894, dado que o seu nome não foi referendado pelo Senado Federal, exigência que o ordenamento jurídico já fazia à época.

locais – Tribunais de Justiça e Tribunais Regionais Federais –, e nas vagas do Ministério Público e da Advocacia, também com base em listas sêxtuplas apresentadas pelos órgãos de representação das respectivas classes, na forma definida no art. 94 e seu parágrafo único.

As listas sêxtuplas encaminhadas pelos órgãos de classe e pelos tribunais locais serão, então, votadas junto ao tribunal superior – listas essas que necessitam ser aprovadas por ao menos um terço dos seus ministros – formando listas tríplices. Ato contínuo, os ministros são escolhidos pelo Presidente da República e, depois de aprovada a escolha pelo Senado Federal, na forma prevista no art. 104 e seu parágrafo único, são nomeados pelo Presidente da República, que terá o prazo de 20 dias para fazê-lo (CF, arts. 104, parágrafo único, inc. II, e 94, parágrafo único).

No que se refere ao *Superior Tribunal Militar* (STM), este se compõe de ministros escolhidos pelo Presidente da República e por ele nomeados, após aprovação pelo Senado Federal, incluindo civis e oficiais-generais do Exército, da Marinha e da Aeronáutica, na proporção definida no art. 123 da Constituição Federal.

O STM tem 15 ministros vitalícios, devendo todos ser brasileiros com mais de 35 e menos de 70 anos de idade: três são nomeados dentre oficiais-generais da Marinha; quatro são nomeados dentre oficiais-generais do Exército; outros três são nomeados dentre oficiais-generais da Aeronáutica. Todos os ministros militares são necessariamente da ativa e do posto mais elevado da carreira. Os outros cinco ministros são nomeados dentre civis.

Entre os ministros civis: três dos nomeados serão advogados de notório saber jurídico e conduta ilibada, com mais de dez anos de atividade profissional; dois deles são paritariamente escolhidos junto a duas classes – havendo, portanto, o mesmo número de ministros do STM oriundos de cada classe – quais sejam, os juízes auditores e membros do Ministério Público da Justiça Militar (inc. II do parágrafo único do art. 123 da CF).

O *Tribunal Superior do Trabalho* (TST) tem todos os seus 27 membros nomeados pelo Presidente da República, na forma prevista nos parágrafos no art. 111-A da Constituição Federal, entre membros dos Tribunais Regionais do Trabalho (oriundos da magistratura de carreira), da Advocacia e do Ministério Público do Trabalho.

O número de ministros do TST só pode ser alterado por emenda constitucional, dado que o texto legal, ao contrário do que dispõe a respeito de outros tribunais, como, por exemplo, o Superior Tribunal de Justiça e os Tribunais Regionais Federais, não afirma serem, *no mínimo*, 27 o número de ministros daquele tribunal. Na ausência da expressão no mínimo, o número de ministros passa a ser exatamente o fixado no texto constitucional.

O fato é que a Emenda Constitucional nº 45/2004 aumentou de 17 para 27 o número de ministros daquele tribunal, reconhecendo a necessidade de um número maior de ministros, mas não inseriu o termo no mínimo, impossibilitando que um eventual novo aumento no número de ministros pudesse vir a ser realizado, no futuro, por norma infraconstitucional.

Com relação aos *Tribunais Regionais da Justiça do Trabalho* (TRTs), os seus juízes também são nomeados pelo Presidente da República, após escolha decorrente de listas tríplices enviadas pelos próprios tribunais e pelos órgãos de classe, na forma expressa no art. 115, *caput*, da Constituição Federal e seus parágrafos.

A nomeação ocorrerá entre os magistrados da respectiva Justiça, promovidos por merecimento e antiguidade, alternadamente, garantida a participação de membros oriundos do Ministério Público do Trabalho e da Advocacia, seguindo a regra do quinto constitucional, consoante o mesmo procedimento anteriormente descrito no tocante a essa escolha, conforme indicado no art. 94 da Constituição Federal.

O *Tribunal Superior Eleitoral* (TSE) compõe-se, por seu turno, na forma prevista no art. 119 da Constituição Federal, de ministros do STF e do STJ, eleitos pelos seus pares, e de juízes nomeados pelo Presidente da República, entre membros da Advocacia, com base em lista sêxtupla elaborada pelo STF.

O TSE possui, no mínimo, sete ministros. São três ministros oriundos do STF, em decorrência de eleição interna, por voto secreto, entre os ministros daquele tribunal; outros dois são oriundos do STJ, também escolhidos em eleição interna e por voto secreto, junto àquele tribunal. Os ministros do STJ e do STF que compõem o TSE exercem, simultaneamente ao cargo de ministro do Tribunal Superior Eleitoral, as mesmas funções que já possuíam, tanto no STF quanto no STJ, acumulando-as temporariamente.

Os últimos dois ministros do TSE são nomeados pelo Presidente da República dentre seis juristas de notável saber jurídico e idoneidade moral, indicados pelo STF, sem a participação dos órgãos de classe constituídos pelo Ministério Público e pela Ordem dos Advogados do Brasil: uma exceção à regra do quinto constitucional (CF, art. 119, II).

Os *Tribunais Regionais Eleitorais* (TREs), por sua vez, também possuem sete juízes, estando sediados na capital de cada estado e no Distrito Federal, nos termos do art. 120 da Constituição Federal.

São compostos por dois desembargadores e dois juízes de direito das respectivas Justiças estaduais, eleitos pelos Tribunais de Justiça, bem como por um juiz do Tribunal Regional Federal que possua sede no estado ou, na ausência deste, de um juiz federal, em qualquer caso indicado pelo respectivo tribunal. É formado, ainda, por juízes nomeados, pelo Presidente da República, entre membros da Advocacia, com base em lista elaborada pelo respectivo Tribunal de Justiça estadual.

Na elaboração das listas de juristas não pertencentes à magistratura, as exceções são, portanto, os tribunais eleitorais – TSE e TRE – em cuja composição não há a participação de órgãos de classe, mas apenas a escolha, pelo Presidente da República, com base em listas sêxtuplas elaboradas pelo STF, para as vagas do TSE, e pelos Tribunais de Justiça, no tocante aos respectivos Tribunais Regionais Eleitorais, dado que esses tribunais se organizam por estados e não por regiões.

Com relação aos *Tribunais Regionais da Justiça Federal* (TRFs), estes se compõem de, no mínimo, sete juízes. Exige-se, também, que sejam brasileiros e possuam idade mínima de 30 e máxima de 70 anos, sendo recrutados, sempre que possível, na respectiva região da Justiça Federal.

Com a exceção de Tribunais Regionais Federais como o da 2ª Região, onde os respectivos juízes são muitas vezes denominados de *desembargadores* federais, os juízes dos Tribunais Regionais Federais não são regra geral, chamados de *desembargadores* – como normalmente se dá na Justiça Estadual – mas sim de *juízes federais de segundo grau*.

Os juízes do TRF também são nomeados pelo Presidente da República, na forma do art. 107 da Constituição Federal, entre os magistrados da respectiva justiça, promovidos por merecimento e antiguidade, alternadamente, garantida a participação de membros oriundos do Ministério Público e da Advocacia, mais uma vez na razão de um quinto.

Para os membros dos tribunais das justiças pertencentes à União, oriundos do Ministério Público, exige-se como regra mais de dez anos de carreira. Já para os oriundos da Advocacia, que possuam notório saber jurídico, reputação ilibada e mais de dez anos de efetiva atividade profissional. São exceções os Tribunais Regionais Eleitorais, para os quais se exige dos advogados apenas notável saber jurídico e idoneidade moral.

No que se refere à indicação dos representantes dessas categorias, a regra geral é que seus órgãos de representação de classe apresentem listas sêxtuplas, a partir das quais os respectivos tribunais elaborem listas tríplices, sendo essas encaminhadas ao Presidente da República para escolha e nomeação. Na elaboração das listas de advogados, não é demais relembrar que as exceções são os tribunais eleitorais, em cuja composição não há a participação de órgãos de classe.

Por fim, quatro quintos dos *Tribunais de Justiça dos Estados* (TJs) são compostos por juízes de carreira promovidos a *desembargadores*, alternadamente, segundo os critérios de antiguidade e de merecimento; o referido mérito decorre após a Emenda Constitucional nº 45, da análise da produtividade e da presteza demonstradas pelo magistrado no exercício da função.

O outro quinto das vagas dos tribunais dos estados cabe aos membros do Ministério Público estadual e da Advocacia, indicados na forma do art. 94 da Constituição Federal e seu parágrafo único. Exige-se dos membros do Ministério Público mais de dez anos de carreira e dos membros da Advocacia, notório saber jurídico, reputação ilibada e mais de dez anos de efetiva atividade profissional.

2.5 MAGISTRATURA

Para que a função jurisdicional do Estado possa ser cumprida concretamente, foi necessária a criação de um conjunto de órgãos encarregados de executá-la: o Poder Judiciário. Para que esse conjunto de órgãos possa funcionar, é necessário que haja pessoas humanas encarregadas de exercer as atividades que lhe competem.

Essas pessoas, segundo a nomenclatura utilizada pela Constituição Federal, também constituem órgãos (CF, art. 92, incs. IV a VII). Os próprios juízes são *órgãos*, dado que constituem unidades desse conjunto que forma o Poder Judiciário. Ainda no tocante à nomenclatura, os juízes também são denominados *magistrados*. Daí o termo *magistratura*, para referir-se ao conjunto desses profissionais.

Como o exercício da função jurisdicional do Estado depende diretamente do trabalho dos magistrados, buscou a Constituição Federal conceder-lhes algumas garantias e proibir-lhes algumas atividades, com vistas à proteção da própria função por eles exercida e dos direitos daqueles que buscam a proteção do Estado, por meio do Poder Judiciário.

Inicialmente, é importante ressaltar que o acesso à *magistratura* de carreira, para o primeiro grau de jurisdição, cujo cargo inicial é o de juiz substituto, dá-se exclusivamente por meio de concurso público de provas e títulos, sendo requisito, a partir da Emenda Constitucional nº 45, três anos de atividade jurídica[40] (CF, art. 93, inc. I). Já o acesso aos tribunais, tribunais superiores e órgãos de cúpula dá-se mediante formas específicas e diferenciadas, previstas no próprio texto constitucional.

---

[40] Em que pese ser discutível a sua constitucionalidade, no que concerne à legitimidade do CNJ para o exercício da função regulamentadora, a referida norma foi regulamentada pela Resolução nº 11 do Conselho Nacional de Justiça. A referida resolução foi, entretanto, revogada posteriormente.

A Constituição Federal garante a participação, nos demais tribunais, à exceção dos pertencentes à Justiça Eleitoral, de juízes não temporários *oriundos do Ministério Público e da Advocacia*, nos percentuais por ela expressamente fixados. Há ainda, oriundos de outras carreiras que não a própria magistratura, os *juízes militares* do Superior Tribunal Militar, escolhidos pelo Presidente da República dentre oficiais-generais do Exército, da Marinha e da Aeronáutica.

Na Justiça Eleitoral, tem-se a figura dos *juízes temporários*, enquanto integrantes dessa justiça, especificamente nos tribunais: Tribunais Regionais Eleitorais e Tribunal Superior Eleitoral. São eles nomeados pelo Presidente da República, com base em listas apresentadas, para o Tribunal Superior Eleitoral, pelo STF e, para os Tribunais Regionais, pelos respectivos Tribunais de Justiça, entre advogados de notório saber jurídico e idoneidade moral. Há ainda aqueles membros das juntas eleitorais que não são juízes de direito, designados na forma da legislação eleitoral.

A Constituição Federal fala, finalmente, em *juízes leigos*. Na justiça estadual há, expressamente previstos no inc. XXXVIII do art. 5º do texto constitucional, os tribunais do júri, formados por essa espécie de juízes. O art. 98, inc. I, da Constituição Federal, que prevê os juizados especiais, também estabelece a possibilidade de juízes leigos. Essa categoria de juízes é formada por pessoas que não possuam formação jurídica.[41] O leigo é aquele que não detém o conhecimento técnico específico. São também denominados *juízes de fato*, em contraposição aos *juízes de direito (togados)*, que são os que possuem a formação específica.

Aos juízes temporários e leigos só se aplicam as garantias e vedações constitucionais da magistratura, no que couberem e apenas durante o período em que estiverem investidos na função jurisdicional. Já os denominados juízes de paz não são propriamente juízes, tendo em vista que não exercem função jurisdicional, não se lhes aplicando qualquer dessas garantias e vedações.

É assegurada aos juízes a *promoção*, entrância por entrância, alternadamente, por antiguidade e merecimento. No que se refere à promoção por merecimento, ela se dá pelos critérios objetivos de produtividade e presteza no exercício da jurisdição e pela frequência e aproveitamento em cursos reconhecidos de aperfeiçoamento. A Emenda Constitucional nº 45 incluiu também regra segundo a qual "não será promovido o juiz que, injustificadamente, retiver autos em seu poder além do prazo legal" (CF, art. 93, inc. II, alínea "e"). Importa salientar, ainda, que dos juízes titulares é exigido que

---

[41] Contraditoriamente, o art. 7º da Lei nº 9.099/1995 exige cinco anos de Advocacia para o desempenho do cargo de juiz leigo junto aos Juizados Especiais estaduais.

fixem *residência* nas respectivas comarcas, salvo nos casos em que tiverem autorização do respectivo tribunal para não fazê-lo.

Goza a magistratura, de acordo com o art. 95 da Constituição Federal, das seguintes *garantias*:

a) vitaliciedade, que significa que seus membros não podem perder o cargo a não ser por sentença transitada em julgado;

b) inamovibilidade, que impede que eles sejam transferidos, ou mesmo promovidos, sem sua expressa concordância; e

c) irredutibilidade de vencimentos, com as ressalvas expressas no texto constitucional.

Ao lado disso, *é-lhes vedado*, conforme determina o art. 95, parágrafo único, da Constituição Federal:

a) exercer outro cargo ou função, salvo uma de magistério;

b) receber custas ou participações em processos;

c) dedicar-se à atividade político-partidária;

d) receber auxílios ou contribuições, a qualquer título ou pretexto, ressalvadas as exceções previstas em lei; e

e) exercer, durante o período de três anos, a Advocacia no juízo ou tribunal do qual se afastou.

Possuem os juízes o que se denomina *independência jurídica*, que significa sua liberdade para decidirem em todos os casos sob sua competência, nos limites do pedido e dos fatos e provas trazidos ao processo, com plena liberdade de consciência. Em outras palavras, não há hierarquia de mando entre os órgãos do Poder Judiciário. Cada juiz, dentro de sua competência, exerce a totalidade do poder estatal. Suas decisões podem ser alteradas em grau de recurso, mas não pode ser imposto a eles que decidam de forma diferente.[42]

Entre as alterações e acréscimos trazidos nessa matéria pela Emenda Constitucional nº 45, merecem destaque os incs. XII e XIII do art. 93, a saber:

> XII – atividade jurisdicional será ininterrupta, sendo vedado férias coletivas nos juízos e tribunais de segundo grau, funcionando, nos dias em que não houver expediente forense normal, juízes em plantão permanente;

---

[42] Com exceção das situações em que o STF tenha editado súmula vinculante no controle difuso ou proferido decisão com efeito vinculante no controle concentrado.

XIII – o número de juízes na unidade jurisdicional será proporcional à efetiva demanda judicial e à respectiva população.

Em especial a norma estabelecida no inc. XIII do art. 93, que determina a necessidade de proporcionalidade entre o número de juízes, a demanda e a população, se efetivamente implementada, terá grande repercussão na duração dos feitos.

2.6 PODER JUDICIÁRIO E PROCESSO

Entre os ônus e deveres dos magistrados no processo, tem-se como fundamental a imposição que lhes é feita de decidirem todos os conflitos que lhes sejam levados, decorrente da garantia da inafastabilidade do Poder Judiciário, presente no inc. XXXV do art. 5º da Constituição Federal.[43]

No entanto, no capítulo que trata do Poder Judiciário, a preocupação específica do legislador constitucional em matéria processual foi, inicialmente, com a publicidade dos julgamentos e o dever de fundamentação (motivação) das decisões por parte dos órgãos do Poder Judiciário, prevista expressamente no art. 93, inc. IX.[44]

Já a Emenda Constitucional nº 45/2004 teve preocupação concentrada na questão da efetividade, vista como componente necessário para a plena realização do acesso à Justiça. Nesse sentido, diversos dispositivos foram inseridos no capítulo do Poder Judiciário visando tornar mais célere a prestação jurisdicional.

Entre eles, podem-se destacar a súmula vinculante (CF, art. 103-A), e os incs. XI a XIV, inseridos no art. 93 da Constituição Federal, a respeito da descentralização dos órgãos jurisdicionais e da criação das justiças itinerantes. Essa preocupação também levou à constitucionalização do prazo razoável para a duração do processo, inserido no inc. LXXVIII do art. 5º do diploma constitucional.

2.7 DIFICULDADES E PROBLEMAS DO PODER JUDICIÁRIO E DA MAGISTRATURA

São apresentados como problemas estruturais históricos ligados ao Poder Judiciário, que interferem diretamente na questão do acesso à Justiça: a morosidade existente na prestação jurisdicional; a carência de recursos materiais e humanos; a centralização geográfica de suas instalações, dificultando o acesso

---

43 Sobre esse princípio constitucional, ver o Capítulo 1 da Unidade IV, neste mesmo volume.

44 *Idem.*

de quem mora nas periferias; o corporativismo de seus membros; a corrupção muitas vezes vigente entre os funcionários dos cartórios e os oficiais de justiça, bem como entre os próprios membros da magistratura; o nepotismo; a ausência de autonomia efetiva em relação ao Executivo e ao Legislativo; a inexistência de instrumentos de controle externo por parte da sociedade; e a má qualidade da formação jurídico-dogmática e teórica de muitos magistrados.

Desses, as dificuldades e problemas mais citados dizem respeito à falta de condições materiais de trabalho (a remuneração de juízes e serventuários, a inadequação espacial das edificações, a precariedade no número de servidores e de juízes, a lenta informatização, o excesso de trabalho etc.) e à morosidade do Poder Judiciário na prestação jurisdicional.

Merecem destaque, desta feita, neste capítulo, em um primeiro momento, as seguintes questões:

a)   a dependência em relação aos demais poderes no que concerne à constituição de tribunais locais e superiores;

b)   os critérios para ascensão na carreira; e

c)   a insuficiência dos órgãos de controle existentes, que não permitem um controle mais próximo da própria sociedade.

Relativamente à *primeira* delas, a nomeação de uma parcela de seus membros (ou até da totalidade, em determinados órgãos) pelo Executivo (com ou sem a chancela do Legislativo, dependendo do órgão) pode comprometer, em parte, sua imparcialidade e independência política. Entretanto, considerando-se que os membros dos Poderes Executivo e Legislativo são eleitos diretamente pelo povo, enquanto os magistrados de carreira são selecionados pela própria categoria, via concurso público, pode-se também defender essa nomeação como instrumento de eleição indireta dos membros das cortes mais elevadas do Poder Judiciário, o que, em tese, seria mais democrático do que a eleição pelos pares ou o concurso público.

Nesse aspecto, o problema não é a forma de eleição em si, mas sim sua utilização como instrumento de premiação de aliados políticos. Ainda no que se refere ao problema da (in)dependência em relação aos demais poderes, é bom lembrar que o Executivo mantém em suas mãos a arrecadação e o repasse dos recursos econômicos, além de estar a polícia judiciária a ele vinculada.

A interdependência entre os Poderes Judiciário e Executivo é relevante, mas também não pode ser considerada como uma quebra definitiva da independência do primeiro, sob pena de se ter de entender, da mesma forma, que o julgamento de atos dos demais poderes, pelo Poder Judiciário, seria quebra de independência ou interferência. Nas democracias modernas não há mais espaço para a completa e absoluta separação dos poderes, tal como pensada por Montesquieu.[45]

Relativamente à *segunda* questão, a ascensão na carreira, um dos primeiros aspectos que chama a atenção é o fato de que a ascensão profissional por merecimento se faz exatamente por meio da vontade dos tribunais de segundo grau, colocando os juízes de primeiro grau, em determinados momentos, na condição de seguirem a orientação das cortes de segundo grau para poderem fazer carreira, pondo em risco sua independência jurídica.

Em contrapartida a esses dois problemas levantados, e é aí que surge a terceira questão, hoje, no Brasil, o Judiciário é o único Poder absoluto em relação à sociedade. A ela não são dados mecanismos eficientes para fiscalizá-lo. Os magistrados, uma vez concursados e cumprido o estágio probatório, ou nomeados nos casos previstos em lei, tornam-se soberanos – carece o Poder Judiciário de órgão externo de fiscalização.[46]

Relativamente a esse controle externo é importante destacar que é inadmissível que ele seja feito pelos outros poderes, ou exclusivamente pelo Ministério Público ou pela OAB – haveria aí, com certeza, um choque de interesses. Também não pode esse controle ser efetuado sobre a atividade jurisdicional – o controle que se pensa deve ser exercido sobre as atividades administrativas e normativas do Poder Judiciário e contar com a participação da sociedade civil.

Embora possa parecer haver contradição entre as duas observações (não possuir autonomia e ao mesmo tempo ser soberano), ela não existe. O Poder Judiciário, em termos de estrutura legal, não possui a autonomia de que necessitaria[47] perante os demais poderes. Em compensação, é absolutamente soberano em relação à sociedade, a quem, regra geral, não presta contas de suas atividades e decisões. Esse é um dos principais motivos de sua crise contemporânea.

É necessária, na luta pelo acesso à Justiça e pelo resgate da cidadania e do controle do estado pela sociedade, a tomada de três ordens de medidas com relação ao Poder Judiciário:

---

45 MONTESQUIEU, Charles Louis de Secondat, baron de la Brède et de. *Do espírito das leis*. São Paulo: Abril Cultural, 2009.

46 O CNJ não pode ser considerado propriamente um órgão de controle externo; a maioria de seus membros é oriunda da própria magistratura.

47 Em realidade há dúvidas, por parte dos autores deste livro, se realmente a ampliação da autonomia do Poder Judiciário geraria bons resultados, ou apenas ampliaria o *autoritarismo judicial* já existente em alguns espaços temporais e locais.

a) estabelecer critérios mais claros e legítimos para a escolha, pelo Executivo (e Legislativo, quando for o caso), de parte dos membros dos tribunais e, em especial, da sua totalidade, nos órgãos de cúpula – entende-se que o problema, nesse aspecto, não está no procedimento, mas nos critérios estabelecidos para definir quem pode ser indicado;

b) modificar a atual sistemática de concursos públicos, tirando do Poder Judiciário o poder de selecionar seus próprios quadros (em nível de início de carreira). Tem-se aqui uma contradição absoluta em relação aos demais poderes: relativamente ao Executivo e ao Legislativo é a sociedade, por meio do voto, que escolhe seus representantes; em nível do Poder Judiciário, é o próprio poder que escolhe quem poderá e quem não poderá julgar os cidadãos que compõem essa sociedade; e

c) criar órgãos de controle externo[48] das atividades administrativas e normativas do Poder Judiciário, com a participação da sociedade civil.

Há outro aspecto a ser destacado, não mais pertinente às questões relativas aos aspectos da independência, da ascensão na carreira e da insuficiência de um controle externo. Trata-se da imaturidade ideológica de muitos juízes, associada ao conhecimento superficial do fenômeno jurídico, comumente exigido nos concursos públicos, oriundo da má qualidade do ensino nas escolas de direito,[49] e que leva os magistrados, em diversos momentos, a agirem como servos da lei, omitindo ou encobrindo os conflitos valorativos existentes entre o direito e os dogmas que efetivamente aplicam.

A falta de maturidade ideológica conduz à ausência de respostas – ou a presença de respostas insuficientes ou equivocadas – por parte do Poder

---

[48] Muitas discussões sobre essa questão foram travadas durante a Constituinte de 2007-8, tendo existido inclusive proposta de criação de órgão de controle externo da magistratura, o Conselho Nacional de Justiça (CNJ), incluindo também o controle externo do Ministério Público. O tema voltou à discussão no âmbito das propostas de reforma do Poder Judiciário, sendo o CNJ criado através da Emenda Constitucional nº 45/2004. Muito embora a Emenda Constitucional nº 45 tenha criado o CNJ com esta finalidade, esse Conselho, com a formação que lhe foi atribuída, não pode ser considerado como um autêntico órgão de controle externo, mas sim como um órgão do próprio Poder Judiciário, com a participação de representantes da OAB, do Ministério Público e participantes indicados pela Câmara dos Deputados e pelo Senado Federal. E a maioria dos membros do CNJ é de juízes.

[49] Para aprofundar a questão do ensino do direito, consultar: RODRIGUES, Horácio Wanderlei. *Pensando o ensino do direito no século XXI*: diretrizes curriculares, projeto pedagógico e outras questões pertinentes. Florianópolis: Fundação Boiteux, 2005.

Judiciário, para muitos dos conflitos existentes e emergentes. Consiste num problema de mentalidade, que não pode ser resolvido por meio de normas processuais, e que gera um Poder Judiciário burocratizado e formalista. Exemplo disso é a não utilização e a deturpação, por muitos juízes, de uma infinidade de opções que a legislação processual lhes confere, e que poderia servir como instrumento de agilização dos feitos.[50]

A solução para esse problema, da formação dos juízes, está sendo buscada, em parte, pela criação, por meio da Emenda Constitucional nº 45, das Escolas Nacionais de Formação e Aperfeiçoamento de Magistrados e de Magistrados Trabalhistas, respectivamente junto ao STJ (CF, art. 105, § 1º, inc. I) e TST (CF, art. 111-A, § 2º, inc. I).

As escolas nacionais servirão seus propósitos apenas se estiverem dirigidas preponderantemente aos juízes, não repetindo a experiência das Escolas da Magistratura já existentes em todo o País, que têm funcionado como cursos de preparação para os concursos da magistratura.[51] A melhor forma de utilizar a estrutura já existente das escolas, bem como de eliminar seu caráter de *cursinho* preparatório, seria utilizá-las para qualificar os aprovados nos concursos para magistratura, transformando-as em escolas judiciais.

Finalmente, é importante destacar que não se deve culpar apenas a estrutura do Poder Judiciário, a legislação processual, o ensino do direito e a

---

[50] O CPC de 2015, como já ocorria com o CPC de 1973, oferece uma série de poderes ao juiz, permitindo-lhe razoável margem de manobra na busca da realização de uma prestação jurisdicional célere e justa. Entre eles cumpre destacar: (a) para a direção do processo (art. 139); (b) para determinar a produção de provas (art. 370) e apreciá-las fundamentadamente (art. 371); (c) para a fixação de prazos quando não expressamente determinados na lei (art. 218, § 1º); (d) para extinguir o processo (art. 354), julgar antecipadamente a lide (art. 355) e sanear o processo (art. 357) nos casos previstos no Código; (e) para determinar as medidas provisórias que julgar adequadas (art. 297), oriundo de seu poder cautelar geral; (f) para minimizar o formalismo (arts. 188, 277 e 283, parágrafo único); e (g) para considerar fato posterior à propositura da ação e que tenha influência no julgamento da lide (art. 493). A legislação nacional também atribui ao magistrado o poder de preenchimento das lacunas da lei: (a) CPC de 2015, art. 140; (b) CPP de 1941, art. 3º; (c) CLT, art. 8º; e (d) LINDB, art. 4º. Paralelamente, a Constituição Federal confere ao Poder Judiciário a competência para suprir lacunas normativas de direitos consagrados pela própria lei maior, nos casos em que couber o mandado de injunção. Esses aspectos levam à conclusão de que a lentidão dos processos e a existência de decisões judiciais equivocadas, com a consequente não efetividade plena do direito de acesso à Justiça, é também culpa do Poder Judiciário e da própria magistratura.

[51] De certa forma, essa situação foi mantida, quando o CNJ reconheceu o tempo de escola como tempo de prática jurídica para os concursos da magistratura.

magistratura pelos problemas do Poder Judiciário. A sociedade também tem sua parcela de culpa nesta situação. Do magistrado tem-se exigido a isenção e a neutralidade (confundindo a necessária imparcialidade com a impossível neutralidade), fazendo com que ele, ao assumir a função jurisdicional, busque se despir da sua condição de cidadão (dissociando-a da figura do profissional), passando a agir apenas tecnicamente.

Comportando-se dessa forma, o juiz acaba se transformado em um burocrata distante dos anseios sociais, ou em um mero braço do poder político de plantão. Isso leva ao agravamento da crise do Poder Judiciário, dando origem a alguns movimentos críticos no seu próprio seio,[52] entre os quais se destacam no Brasil o dos *juízes para a democracia e o da magistratura alternativa*.[53] A desconsideração dessas questões gera a crise contemporânea do Poder Judiciário.[54]

Dentro desse quadro, o objeto de preocupação do Poder Judiciário deve ser fundamentalmente a justiça, pensada dentro de critérios de legitimidade e legalidade – essa necessariamente a partir do respeito à ordem constitucional. O Poder Judiciário é um instrumento do Estado para a concretização de seus objetivos, por meio do exercício da atividade jurisdicional; não um fim em si mesmo. Para que haja realmente efetividade processual, faz-se necessário repensá-lo. Segundo Watanabe, "sem dúvida alguma, a organização da Justiça em nosso País está, em muitos pontos, dissociada dessa realidade social que nos cerca".[55] E como destaca Teixeira:

> O Estado Democrático de Direito não se contenta mais com uma ação passiva. O Judiciário não mais é visto como mero Poder equidistante, mas como efetivo participante dos destinos da Nação e responsável pelo bem comum. [...] Foi-se o tempo do Judiciário dependente, encastelado e inerte. O povo, espoliado e desencantado, está a nele confiar e a reclamar

---

[52] O Ministro Sálvio de Figueiredo Teixeira (O aprimoramento do processo civil como garantia da cidadania. In: TEIXEIRA, Sálvio de Figueiredo (Coord.). *As garantias do cidadão na justiça*. São Paulo: Saraiva, 1993. p. 89), do Superior Tribunal de Justiça, inclusive destaca que se deve olhar "sob uma perspectiva axiológica, os movimentos culturais e ideológicos que eclodem na magistratura, naquilo que têm de idealismo e justo inconformismo. Mesmo porque soberana é a vida, não a lei".

[53] Sobre a magistratura alternativa, ver: ANDRADE, Lédio Rosa de. *Juiz alternativo e Poder Judiciário*. São Paulo: Acadêmica, 1992. CARVALHO, Amilton Bueno de. *Magistratura e direito alternativo*. São Paulo: Acadêmica, 1992.

[54] Sobre a crise do Poder Judiciário, ver também Capítulo 2 da Unidade II, neste mesmo volume.

[55] WATANABE, Kazuo. Acesso à justiça e sociedade moderna. In: GRINOVER, Ada Pellegrini *et al.* (Coord.). *Participação e processo*. São Paulo: RT, 1988. p. 131.

sua efetiva atuação através dessa garantia democrática que é o processo, instrumento da jurisdição.[56]

Sem um Poder Judiciário independente, célere, devidamente aparelhado e com um corpo de pessoal técnico-administrativo e de magistrados adequadamente qualificados e remunerados – um Poder Judiciário que seja realmente instrumento para o acesso à Justiça – não há possibilidade de efetividade da jurisdição como instrumento de legítima atuação do direito.

2.8 CONSIDERAÇÕES REFERENTES À REFORMA DO PODER JUDICIÁRIO

Tendo em vista o exposto neste capítulo, pontua-se, em suma, com relação à reforma do Poder Judiciário, que:

a) os problemas centrais não se encontram na atual estrutura formal do Poder Judiciário. Alguns aspectos dessa estrutura poderiam ser modificados, mas não são eles os causadores dos atuais problemas encontrados na prestação jurisdicional;

b) é preciso implementar os Juizados de Paz e reformar os Juizados Especiais. Os primeiros podem ser um potente instrumento de implementação da mediação no País. Já a correção da legislação que trata dos Juizados Especiais, pode adequá-los à realização de uma Justiça que consiga enfrentar, efetivamente, as causas de menor complexidade;

c) especificamente no que se refere aos cargos da magistratura preenchidos por indicação, faz-se absolutamente necessária a definição de critérios objetivos para a sua efetivação, como forma de impedir sua utilização como prêmio, quer no plano político, o que é comum na nomeação dos ministros do STF, quer no plano corporativo, como ocorre no quinto constitucional, em especial nas vagas da OAB;

d) é preciso melhorar a qualificação dos magistrados, o que passa por três diferentes esferas: melhorar a qualidade do ensino do direito ministrado no País; modificar a sistemática de seleção de quadros – muitos dos atuais concursos são corporativistas, não estando, regra geral, voltados à seleção por mérito acadêmico ou profissional; e transformar as atuais escolas da magistratura em escolas judiciais;

e) há problemas concretos a serem ainda enfrentados no âmbito da legislação processual, reduzindo o número de recursos (em especial os recursos em cascata), unificando atos, simplificando procedimen-

---

[56] TEIXEIRA. *Op. cit.*, p. 91-92.

tos e mesmo transferindo competências (inclusive para os cartórios extrajudiciais) e incentivando a mediação e a arbitragem; e

f) a Emenda Constitucional nº 45/2004 trouxe um conjunto de elementos importantes para a melhoria da prestação jurisdicional, entre os quais se pode destacar os atinentes ao efeito vinculante das decisões no controle concentrado e a possibilidade da súmula vinculante no âmbito do controle difuso de constitucionalidade. Também com a criação do Conselho Nacional de Justiça, introduziu na estrutura do Poder Judiciário um órgão que, neste início de funcionamento, tem possibilitado um controle bem mais efetivo das atividades normativas e administrativas dos tribunais.

Finalizando, pode-se afirmar, ainda, que a Emenda Constitucional nº 45/2004 foi um passo importante na reforma do Poder Judiciário e do Direito Processual brasileiro; mas essa reforma é também um processo, naturalmente dialético e permanente, tal como a própria vida, as relações humanas e sociais de poder.

A maior reforma que o processo e o Poder Judiciário precisam sofrer é a cultural; é a reforma valorativa que transformará os operadores do direito em sujeitos ideológica e tecnicamente conscientes da importância de sua atuação cotidiana; conscientes da responsabilidade, das possibilidades e dos limites existentes para a prática de cada um de seus atos no cotidiano forense.

PRINCÍPIOS GERAIS
- duplo grau de jurisdição
- desconcentração
  - territorialidade
  - adequação

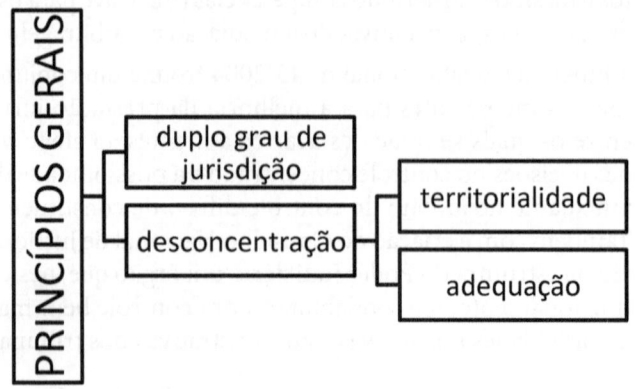

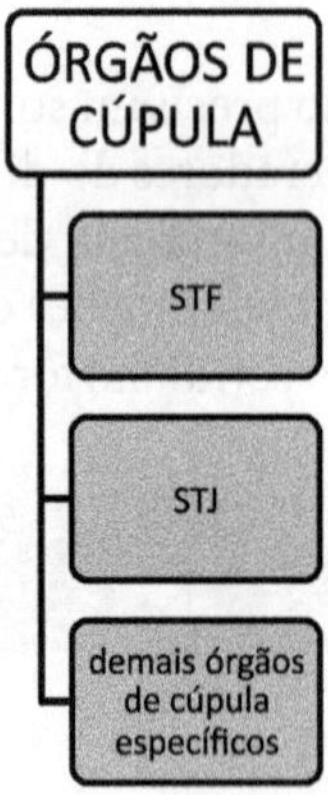

ÓRGÃOS DE CÚPULA
- STF
- STJ
- demais órgãos de cúpula específicos

JUIZADOS ESTADUAIS — CF (Art. 98) — Lei n. 9.099/1995 — Lei n. 10.259/2001

CONSELHOS DE JUSTIÇA

EC n. 45/2009

Controle administrativo externo do Poder Judiciário

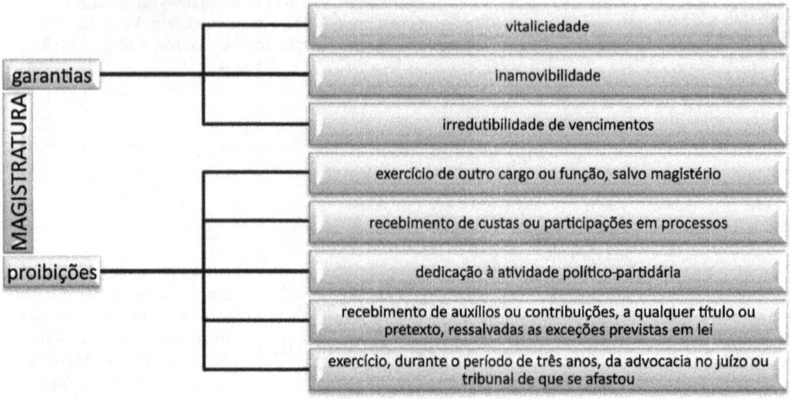

MAGISTRATURA

garantias
- vitaliciedade
- inamovibilidade
- irredutibilidade de vencimentos

proibições
- exercício de outro cargo ou função, salvo magistério
- recebimento de custas ou participações em processos
- dedicação à atividade político-partidária
- recebimento de auxílios ou contribuições, a qualquer título ou pretexto, ressalvadas as exceções previstas em lei
- exercício, durante o período de três anos, da advocacia no juízo ou tribunal de que se afastou

Capítulo 3
FUNÇÕES ESSENCIAIS À JUSTIÇA: MINISTÉRIO PÚBLICO, DEFENSORIA PÚBLICA E ADVOCACIA

3.1 FUNÇÕES ESSENCIAIS À JUSTIÇA

A função primordial do Poder Judiciário é julgar e executar seus julgados. Entretanto, para que as decisões sejam acertadas, e para que o processo jurisdicional se desenvolva da melhor maneira possível, é necessário que outras funções essenciais sejam desempenhadas: o *Ministério Público*, a *Defensoria Pública* e a *Advocacia*, em todos os seus níveis e formas.

Desse modo, a Constituição Federal de 1988 dedica o Capítulo IV do Título IV (Da organização dos poderes) às *funções essenciais à Justiça*,[1] consideradas como as demais funções necessárias ao funcionamento do processo, sem as quais a jurisdição não poderia atingir todos os seus objetivos.

Tendo em vista a relevância do serviço público e a função social desempenhada pelos profissionais que exercem essas funções, a legislação

---

[1] O Título III refere-se à organização dos poderes; no entanto o seu Título IV trata das funções essenciais à Justiça, quebrando a sequência lógica dos outros três que o antecedem: Poder Legislativo, Poder Executivo e Poder Judiciário. Fosse esse título destinado às funções do Estado e não aos seus poderes, como seria correto tecnicamente, não se teria essa situação, na qual o Ministério Público e a Advocacia (incluindo a Defensoria Pública) aparecem em um capítulo específico do título destinado aos poderes. Essa impropriedade tem inclusive levado alguns juristas a ver o Ministério Público como quarto poder, o que é uma impropriedade.

infraconstitucional estabelece expressamente não haver hierarquia nem subordinação entre os magistrados e os membros do Ministério Público e advogados, sejam públicos ou privados, sejam defensores públicos ou não, devendo todos se tratar com consideração e respeito recíprocos.

3.2 MINISTÉRIO PÚBLICO

O *Ministério Público*, segundo o texto constitucional, é a instituição permanente, essencial à função jurisdicional do Estado, à qual incumbe a defesa da ordem jurídica, do regime democrático e dos interesses sociais e individuais indisponíveis (CF, arts. 127 a 130-A) tanto na esfera federal quanto nos âmbitos estaduais. Dedica-lhe a Constituição a Seção I do Capítulo IV, que trata das funções essenciais à Justiça.

3.2.1 Caracterização

Em muitos países, o Ministério Público faz parte da carreira da magistratura, como é o caso da Itália. A origem histórica próxima do Ministério Público é a dos juízes em pé do antigo sistema jurisdicional francês; juízes que defendiam a sociedade, sem o dever da imparcialidade, mas respeitando sempre a sua convicção íntima: a chamada magistratura em pé.

Naquele sistema, quando o magistrado falava, de pé, sobre um assoalho formado de tacos de madeira, denominado *parquet*, não estava a julgar os casos, mas a defender o interesse público. Daí a origem histórica segundo a qual os membros do Ministério Público até hoje ainda são denominados de membros do *Parquet*. Isso porque os procuradores do rei exerciam a função da defesa do suposto interesse público.

O Ministério Público hoje defende preponderantemente o interesse público primário dado que, em caso de colisão entre este e o secundário, cabe ao Ministério Público defender o interesse da sociedade. Ou seja, o interesse defendido pelo Ministério Público é tanto o primário (da sociedade coletivamente considerada) quanto o secundário (do Estado e da Administração Pública), mas no choque entre ambos lhe compete a defesa do primeiro.

Muito embora se compreenda há séculos a distinção entre as espécies de interesse público, até bem pouco tempo confundiam-se os interesses primários e os secundários no que tange à tutela do Ministério Público. Até o advento da CF de 1988, o Ministério Público defendia, essencialmente, a Fazenda Pública, ou seja, o interesse público secundário, ao lado de seu trabalho tradicional no âmbito do Processo Penal.

Apenas após a entrada em vigor da Constituição Federal de 1988, o Ministério Público passou a defender primordial e prioritariamente o interesse público primário, não lhe cabendo mais defender a Fazenda Pública federal, estadual ou municipal (interesse público secundário) nem ser curador especial de réus revéis citados por edital.[2]

Tais tarefas foram repassadas aos Defensores Públicos (CF, art. 134), no que tange aos réus revéis citados por edital, bem como aos procuradores das Fazendas federais, estaduais e municipais, tanto no âmbito federal – Procuradoria da Fazenda Nacional e Advocacia-Geral da União – quanto no âmbito estadual e municipal – Procuradorias-Gerais dos Estados e dos Municípios (CF, arts. 131 e 132).

Dessa feita, o Ministério Público tornou-se uma instituição permanente (CF, arts. 127 a 130-A), não apenas essencial ao desempenho da função estatal jurisdicional, mas detentora de autonomia administrativa e independência funcional, que defende preponderantemente, tanto judicial quanto extrajudicialmente, o interesse público primário (da sociedade) e apenas subsidiariamente o interesse público secundário (da Administração Pública estatal). Uma instituição autônoma que defende, ainda, os interesses sociais e individuais indisponíveis, a ordem jurídica e o regime democrático.

No ano de 1988, o Ministério Público brasileiro mobilizou-se com vistas à elaboração da Constituição Federal. Os membros da instituição entregaram a Ulisses Guimarães, então presidente da Assembleia Constituinte, a denominada *Carta de Curitiba*, documento esse oriundo de um encontro nacional, realizado naquele mesmo ano.

Na Carta de Curitiba estavam as bases dos arts. 127 e seguintes da Constituição Federal de 1988; os fundamentos da instituição que o Ministério Público se tornou a partir de então. Os promotores, procuradores da República e procuradores de justiça passaram a ser defensores da sociedade, do interesse público primário, instituição imprescindível a uma sociedade civil ainda não organizada. Gradativamente, à medida que a sociedade se organize, a atual estrutura do Ministério Público pode perder sentido, fora do âmbito penal.

Atua com as mesmas garantias dos magistrados: equiparação de vencimentos, autonomia financeira, embora o chefe do Poder Executivo ainda escolha os chefes do Ministério Público; não se vincula diretamente a nenhum dos três poderes.

---

[2]   CPC de 2015, art. 72.

Atualmente, ao Ministério Público é assegurada *autonomia funcional* e *administrativa*, podendo propor ao Poder Legislativo a criação e a extinção de seus cargos e serviços auxiliares, provendo-os por concurso público de provas e títulos. Cabe-lhe também elaborar sua proposta orçamentária, dentro dos limites estabelecidos na lei de diretrizes orçamentárias. De outro lado, é-lhe facultado apresentar, por meio dos respectivos procuradores-gerais, os projetos das leis complementares da União e dos estados, destinados a estabelecer a organização e o estatuto de cada Ministério Público,[3] observadas as regras gerais contidas na Constituição Federal.

São seus *princípios institucionais*:

a) *independência funcional*: significa que cada um dos seus membros tem liberdade para agir de acordo com sua consciência jurídica, sem ingerência interna ou externa – seus limites são a lei e os fatos trazidos e provados durante o processo;

b) *unidade*: significa que as funções atribuídas à instituição são desempenhadas por um único corpo de agentes, impedindo-se o seu exercício por qualquer pessoa que não pertença a esse corpo; e

c) *indivisibilidade*: determina que as pessoas que integram a instituição não são distintas dela, quando no exercício de suas funções institucionais. Seus membros, no exercício dessas funções, exprimem a vontade da instituição e não a sua pessoal; agem como se fossem a própria instituição.

Há, na teoria jurídica, divergência sobre as consequências práticas da aplicação desses princípios. De um lado há a posição segundo a qual os princípios da unidade e da indivisibilidade manifestam a possibilidade que possui o chefe da instituição de avocar inquéritos, substituir membros do Ministério Público em suas funções, bem como delegá-las. Em sentido contrário o entendimento de que a presença constitucional do princípio da independência funcional, como também da inamovibilidade, impede a avocação.

Essa segunda posição é a dominante, levando inclusive Nery Jr. a afirmar a existência do *princípio do promotor natural*, estabelecendo a garantia fundamental de todo cidadão de ser acusado, nos crimes de ação penal pública, apenas pelo membro do Ministério Público competente para fazê-lo,

---

[3] A organização do Ministério Público, em nível da União, está regulamentada na Lei nº 8.625/1993, que institui a Lei Orgânica do Ministério Público Nacional e dispõe sobre normas gerais para a organização do Ministério Público dos Estados-Membros.

sendo proibida a sua designação arbitrária pelo procurador-geral de justiça. Segundo ele:

> Para que seja respeitado, o princípio exige a presença de quatro requisitos: a) investidura no cargo de promotor de justiça; b) a existência de órgão de execução; c) a lotação por titularidade e inamovibilidade do promotor de justiça no órgão de execução, exceto as hipóteses legais de substituição e remoção; d) a definição em lei das atribuições do órgão.[4]

A *estrutura* do Ministério Público abrange:

a)   o Ministério Público da União, que compreende os Ministérios Públicos Federal, do Trabalho, Militar e do Distrito Federal e Territórios; e

b)   os Ministérios Públicos dos estados.

Seus membros *ingressam na carreira* mediante concurso público de provas e títulos, sendo requisito, a partir da Emenda Constitucional nº 45/2004, três anos de atividade jurídica (CF, art. 129, § 3º), e devem residir na comarca da respectiva lotação, salvo autorização do chefe da instituição. A sua promoção se dá de entrância para entrância, alternadamente, por antiguidade e merecimento, adotando-se, no que couber, as normas constitucionais aplicáveis à magistratura.

Aos membros do Ministério Público são dadas as mesmas garantias proporcionadas aos magistrados, ou seja, vitaliciedade, inamovibilidade e irredutibilidade de vencimentos (CF, art. 128, inc. I).

Relativamente à inamovibilidade, a Emenda Constitucional nº 46 alterou a redação da alínea "b" do § 5º, inc. I, do art. 128 da Constituição Federal, que passou a ter o seguinte texto: *"inamovibilidade, salvo por motivo de interesse público, mediante decisão do órgão colegiado competente do Ministério Público, pelo voto da maioria absoluta de seus membros, assegurada ampla defesa".*

Essa exceção introduzida é temerária, tendo em vista que pode, em determinadas situações, ser utilizada para afastar, por interesses políticos, membros do Ministério Público encarregados de investigações e processos específicos.

---

[4]   NERY JR., Nelson. *Princípios do processo civil na Constituição Federal.* São Paulo: RT, 1992. p. 79-82.

No que se refere às vedações, são elas as seguintes (CF, art. 128, § 5º, inc. II, § 6º):

a) receber honorários, percentuais ou custas processuais;

b) exercer a advocacia;

c) participar de sociedade comercial;

d) exercer qualquer outra função pública, salvo uma de magistério;

e) exercer atividade político-partidária;

f) receber auxílios ou contribuições, a qualquer título ou pretexto, ressalvadas as exceções previstas em lei; e

g) exercer, durante o período de três anos, a advocacia no juízo ou tribunal junto ao qual exercia suas atividades quando de seu afastamento da carreira.

Vale lembrar, ainda, que a denominada Reforma do Poder Judiciário também atingiu o Ministério Público. Nesse sentido, a Emenda Constitucional nº 45/2004 criou, em seu art. 130-A, ao lado do Conselho Nacional de Justiça – CNJ, o Conselho Nacional do Ministério Público – CNMP, também com sede na capital federal, visando tanto o aperfeiçoamento administrativo quanto à fiscalização da atuação dos Ministérios Públicos em âmbito nacional.

3.2.2 Atuação do Ministério Público nos processos civil e penal

Dentre as *funções institucionais* do Ministério Público, previstas pela Constituição Federal no art. 129 e seus incisos, que só podem ser exercidas por integrantes da carreira, cumpre destacar, em nível do Direito Processual:

a) promover, privativamente a ação penal pública; e

b) promover o inquérito civil e a ação civil pública, para a proteção do patrimônio público e social, do meio ambiente e de outros interesses difusos e coletivos.

Com relação aos interesses que podem ter sua proteção buscada processualmente pelo Ministério Público, é fundamental lembrar que o art. 127 da Constituição Federal estabelece incumbir-lhe a defesa dos interesses sociais e individuais indisponíveis. Também é esse mesmo artigo que diz incumbir--lhe, de forma genérica, a defesa da ordem jurídica e do regime democrático.

Das funções institucionais específicas decorrem duas das possíveis *formas de atuação* do Ministério Público nos processos jurisdicionais: como autor e como *substituto processual*. A terceira forma de atuação, como *fiscal da ordem jurídica* (ou órgão interveniente), decorre da sua incumbência geral de defesa da ordem jurídica.

O Ministério Público atua no processo penal como autor da ação penal pública, da qual é titular em decorrência do disposto no art. 129, inc. I, da Constituição Federal. No processo civil, atua ora como autor e substituto processual,[5] em havendo direitos indisponíveis evidenciados pela natureza da lide ou pela qualidade da parte (CF, art. 129, incisos, e § 1º),[6] ora como fiscal da ordem jurídica (custos legis), em decorrência do que dispõe o art. 127, *caput*, da Constituição Federal, ao incumbir-lhe da defesa da ordem jurídica.

A Emenda Constitucional nº 45/2004 introduziu, no art. 129 da Constituição Federal, o § 5º, com a seguinte redação: *"A distribuição de processos no Ministério Público será imediata"*. Essa é uma regra que busca realizar o princípio da celeridade processual, presente na garantia do prazo razoável.

Na ação penal pública, o órgão do Ministério Público atua como autor. Nela, ocorre a inversão da titularidade do direito de ação. Isto significa que, em decorrência de autorização legal conferida pelo Código de Processo Penal[7] a representação dos direitos em juízo é realizada por uma parte diversa daquela que possui a titularidade do direito material.

Em outras palavras, pode-se afirmar que, na ação penal pública, o Ministério Público se torna autor sem ser a vítima. Essa inversão de titularidade possui outros dois sinônimos: também é denominada de *substituição processual* e de *legitimação extraordinária*.

No âmbito do processo civil, o Ministério Público pode mover ação nos casos previstos em lei, bem como possui o dever de intervir como fiscal nos casos em que houver interesse público evidenciado pela qualidade da parte ou pela natureza da lide,[8] sob pena de nulidade do processo.[9]

Os casos mais comuns são os de direito de família, mas são bastante diversificados, tais como disputas por guarda de crianças e adolescentes, interesses de incapazes, interdições, disputas pela posse da terra, ações de investigação de paternidade,[10] bem como demais ações que versem sobre direitos indisponíveis.

---

5   CPC de 2015, art. 18.
6   CPC de 2015, arts. 178 e 179.
7   CPP atual, arts. 24, 42 e seguintes.
8   CPC de 2015, art. 178, I.
9   CPC de 2015, art. 279.
10 Que pode, inclusive, ser proposta pelo Ministério Público, quando a *averiguação oficiosa* não tem êxito. Tal averiguação consiste em procedimento que se inicia quando uma mãe registra sozinha a criança e o suposto pai, intimado, não aparece

No processo civil coletivo, o Ministério Público é o principal legitimado a propor ações, muito embora outros entes também tenham legitimidade[11] para propor ações coletivas, que protejam direitos difusos, direito coletivos e direitos individuais homogêneos. De qualquer forma, nos casos em que o Ministério Público não é o autor da ação coletiva, necessariamente será fiscal da ordem jurídica, pois em todas elas existe interesse público evidenciado pela indisponibilidade dos direitos envolvidos.

No âmbito civil, o Ministério Público como autor recebe o mesmo tratamento que qualquer demandante receberia, com a diferença de que é intimado pessoalmente e que os prazos são dobrados para manifestar-se nos autos; as mesmas regras estabelecidas, a esse respeito, para a Fazenda Pública.[12]

Quando o Ministério Público atua como fiscal no processo civil, também é intimado pessoalmente, no gabinete do promotor de justiça, enquanto o costume é a realização de intimações das partes mediante publicação no diário da justiça, ou por meio eletrônico nos casos autorizados em lei.

Fora do processo jurisdicional, a instituição atua mediante procedimento preparatório para a instauração do inquérito civil; no inquérito civil propriamente dito, e demais sindicâncias administrativas, especialmente junto às promotorias das coletividades: direito do consumidor, do contribuinte e ambiental, entre outras.

O promotor de justiça pode atuar em várias áreas, especialmente em algumas comarcas do interior dos estados, que frequentemente possuem varas únicas. Também pode haver, principalmente nas maiores comarcas ou subseções, especialização nas áreas de atuação, pois a divisão das funções obedece às normas internas da instituição e às normas de organização judiciária, conforme a divisão das comarcas, na justiça estadual, e conforme a divisão das circunscrições judiciárias, na justiça federal.

Deve-se explicitar a existência, ainda, de promotorias institucionalmente dedicadas à defesa dos direitos da coletividade, cada uma com suas áreas específicas de atuação: direito do consumidor, direito ambiental, direito da criança e do adolescente, direito ao patrimônio histórico e cultural e assim por diante.

---

ao cartório para assumir o filho. Neste caso, o oficial do registro civil envia os dados e documentos fornecidos pela mãe ao juízo competente. O juiz ouve a mãe e notifica o provável pai. Caso o suposto pai não responda a notificação em 30 (trinta dias) ou simplesmente negue a paternidade infundadamente, o juiz remete os autos ao Ministério Público. Caso o órgão do Ministério Público considere possuir informações suficientes, propõe a ação de investigação de paternidade, o que não impede a iniciativa da própria criança, representada pela mãe (Lei nº 8.560/1992, art. 2º, §§ 1º a 5º).

[11] Lei nº 7.347/1985, art. 5º.

[12] CPC de 2015, art. 180.

É importante destacar novamente o aspecto fundamental de que, a partir da vigência da nova carta constitucional, não mais compete ao Ministério Público a representação dos interesses do Estado, mas sim da sociedade. Esse grande avanço impede seus membros de exercerem a representação judicial e a consultoria jurídica de entidades públicas. Com essa nova autonomia, o Ministério Público pode agora enfrentar de forma mais decisiva o próprio Estado, quando ele não cumprir o direito vigente, por ele mesmo criado.

Enfim, relativamente às dificuldades e problemas do Ministério Público, são elas fundamentalmente as mesmas que atingem todas as demais instituições constituídas por operadores jurídicos, com as peculiaridades que decorrem de sua própria especificidade.[13] Entre elas se destacam principalmente os problemas de formação profissional, oriundos da má qualidade do ensino jurídico vigente no País. Também os problemas referentes à carência de recursos materiais e humanos, da mesma forma já referida para o Poder Judiciário.

3.2.3   Princípios da unidade, da indivisibilidade e do promotor natural

O princípio da unidade e o princípio da indivisibilidade do Ministério Público possuem conceitos distintos.

Ao contrário do que se poderia imaginar, a unidade do Ministério Público não indica uma unicidade orgânica, formada por um órgão e seus supostos subórgãos (Ministérios Públicos da União e Ministérios Públicos Estaduais).

Unidade significa que o Ministério Público possui autonomia dentro de cada um dos seus órgãos. Diz respeito, desse modo, ao fato de cada Ministério Público possuir um único Procurador-Geral, detendo um único chefe.

Constitui, assim, unidade de comando. Logo, a característica ou *princípio da unidade* não diz respeito a todos os Ministérios Públicos. Refere-se a cada uma das espécies de Ministério Público; cada espécie de Ministério Público é uma e possui um único procurador-geral. Assim, para fins de unidade não se analisa, como um todo, o Ministério Público nacional.

Enquanto o princípio da unidade diz respeito a essa unicidade de comando, o *princípio da indivisibilidade* constitui a característica segundo a qual os membros do Ministério Público podem ser substituídos uns pelos

---

[13]   É de salientar, entretanto, que as ações movidas no passado pelo Ministério Público contra determinadas decisões do governo federal, como aquelas em favor dos mutuários do BNH, dos aposentados e pensionistas da Previdência Social, lhe renderam muito em termos de legitimidade popular, principalmente em razão da divulgação que recebem dos meios de comunicação. Esse fator afastou dessa instituição uma série de críticas dirigidas à Advocacia e ao Poder Judiciário.

outros, sem que, com isso, a instituição venha a se fragmentar. Isso porque se supõe que o Ministério Público é uma instituição impessoal.

O princípio da indivisibilidade decorre, portanto, da aplicação do princípio da impessoalidade (CF, art. 37, *caput*) no âmbito do Ministério Público: não interessa quem são os promotores de justiça e os procuradores da República, mas apenas a função que exercem.

Isso significa afirmar que não há membro do Ministério Público insubstituível. Todo promotor possui seu substituto legal, assim como acontece com os Juízes de Direito. Não há fragmentação do Ministério Público se um promotor de justiça ou procurador da República for substituído por outro.

O *princípio do promotor natural* é aquele segundo o qual a atribuição para atuar é sempre anterior ao surgimento dos casos em que o Ministério Público funciona. Assim, um promotor não pode ser designado para atuar em um determinado feito após o seu surgimento. Assim como não se pode criar tribunal de exceção não se pode criar promotoria de exceção.

Não se pode confundir, da mesma forma, o princípio da indivisibilidade com uma possível ofensa ao princípio do promotor natural. A substituição entre membros do Ministério Público somente acontece por vontade do promotor ou por motivo de força maior, jamais por ordem do procurador-geral. Desse modo, a substituição acontece em casos de promoção, de aposentadoria, de férias, de licença, de morte, entre outros.

Deve-se lembrar, ainda, que, ao contrário do que ocorre no Poder Judiciário, os membros do Ministério Público não possuem *competência* (esta se vincula ao poder-dever de julgar e resolver casos concretos), mas sim a *atribuição* de opinar na defesa do interesse público, conforme a independência da instituição e seu convencimento pessoal lhes permitam.

3.3 DEFENSORIA PÚBLICA

A Defensoria Pública é o órgão essencial à prestação da justiça que, tanto na órbita federal quanto na estadual, está incumbido de assistir juridicamente, de forma integral e gratuita, em todos os graus da jurisdição e da Administração Pública, tanto em juízo quanto fora dele, as pessoas que não puderem pagar honorários advocatícios sem se privar das quantias necessárias à sua subsistência ou à subsistência de sua família.[14]

Deve-se entender, antes de tudo, que a assistência jurídica gratuita, prestada pela Defensoria Pública, inclui a denominada assistência judiciária

---

[14]   Lei nº 1.060/1950, parágrafo único do art. 2º; CF, arts. 5º, inc. LXXIV, e 134, regulamentados pela Lei Complementar nº 80/1994.

gratuita. A assistência judiciária gratuita consiste na assistência jurídica conferida pela Defensoria Pública, ao advogar integral e gratuitamente, somada à assistência financeira conferida pelo próprio Poder Judiciário, ao liberar do pagamento das custas judiciais e das perícias os denominados necessitados.[15]

Nesse sentido, são *necessitados* – expressão utilizada pelo art. 134, *caput*, da CF de 1988 – os indivíduos cuja situação econômica não lhes permita pagar honorários de advogado nem custas e demais despesas judiciais sem se privar das quantias imprescindíveis à sua subsistência ou à subsistência de sua família.[16]

Existem parâmetros jurisprudenciais diversos para a fixação do montante consistente na *insuficiência* de recursos exigida pelo texto constitucional (CF, art. 5º, LXXIV) que tornaria *necessitado* o cidadão.

Uma vez aceito pela triagem da própria Defensoria Pública como necessitado, o indivíduo gozará dos benefícios da assistência pública gratuita em juízo por meio de simples afirmação, na própria petição inicial, de que não possui condições de pagar as custas do processo e os honorários de advogado sem prejuízo próprio ou de sua família.

Trata-se de uma presunção relativa de pobreza em favor de quem a afirma. Como toda presunção relativa, de direito e de fato, *juris tantum*, admite prova em contrário pela parte adversa em juízo. Tal impugnação, no entanto, não suspende o curso do processo, acontecendo em autos apartados. Assim, caso a parte contrária impugne a renda e os gastos do cidadão, se este não comprovar a insuficiência de recursos, o juiz, no caso concreto, poderá indeferir a assistência pública gratuita.

Dessa maneira, considerando-se as necessidades da população e o número de feitos que assolam o Poder Judiciário diariamente, quando se imagina a atuação do Defensor Público, vislumbra-se um profissional que enfrenta quantidades enormes de trabalho e possui prazos peremptórios a serem cumpridos.

É necessário destacar, desse modo, a obrigatoriedade de sua criação, tanto no âmbito da União quanto em todos os estados. Nesse sentido, a Constituição Federal, no § 1º do art. 134 determina que:

> Lei Complementar organizará a Defensoria Pública da União e do Distrito Federal e dos Territórios e prescreverá normas gerais para sua organização nos Estados, em cargos de carreira, providos, na classe inicial, mediante

---

[15] Lei nº 1.060/1950, art. 3º.
[16] Segundo o parágrafo único do art. 2º da Lei nº 1.060/1950.

concurso público de provas e títulos, assegurada a seus integrantes a garantia da inamovibilidade e vedado o exercício da advocacia fora das atribuições institucionais.

A Lei Complementar nº 80, de 12 de janeiro de 1994, deu cumprimento ao mandamento constitucional e fixou, em seu art. 142, o prazo de 180 dias para que os Estados-Membros se adaptassem aos preceitos da legislação federal, o que em realidade não ocorreu em diversos estados brasileiros.[17]

Em 2012, o Supremo Tribunal Federal julgou um conjunto de ADIs[18] que tinham como objeto Defensorias Públicas Estaduais. O resultado final desses julgamentos pode assim ser sintetizado:

a)   é obrigatória a implantação das Defensorias Públicas por parte de todos os Estados-Membros da Federação;

b)   as Defensorias Públicas possuem autonomia e não podem ficar diretamente vinculadas ao Poder Executivo; e

c)   as Defensorias Públicas podem realizar convênios com outras instituições para a prestação da assistência jurídica gratuita e integral, mas a lei que permite os convênios, não pode restringir a sua realização a apenas uma instituição, por exemplo, a Ordem dos Advogados do Brasil.

3.3.1   Espécies de Defensoria Pública

A *Defensoria Pública da União* é aquela que atua perante a Justiça Federal nas causas em que, muito embora o cidadão seja parte, também existe interesse da União, de Entidade Autárquica Federal ou de Empresa Pública Federal como autora, ré, ou terceiro interveniente (CF, art. 109, I). Vale lembrar que o fato de uma sociedade de economia mista ser parte ou interveniente não desloca a competência para a Justiça Federal.

Por sua vez, as *Defensorias Públicas dos Estados* são aquelas que atuam junto à justiça estadual das unidades da Federação, sendo criadas por cada um dos estados, a partir das diretrizes constantes da Lei complementar nº 80/1994.

---

[17]   Como exemplos podem ser citados os estados de Minas Gerais (2003), Goiás (2005) e São Paulo (2006). O Estado do Paraná criou a Defensoria em 1994, mas até 2010 não a havia regulamentado. O Estado de Santa Catarina no início de 2012 ainda não possuía lei que criasse a Defensoria Pública, sendo que em 14 de março desse ano o STF, no julgamento da ADI nº 3.892 fixou prazo de 12 meses para o cumprimento da obrigação constitucional.

[18]   ADIS nº 3.892, nº 3.965, nº 4.056, nº 4.163 e nº 4.270.

Enfim, a Defensoria Pública é instituição estatal, federal e estadual, organizada em carreira, na forma prevista na Lei Complementar Federal nº 80/1994 e nas respectivas leis estaduais.

A Emenda Constitucional nº 45/2004 assegurou às Defensorias Públicas autonomia funcional e administrativa e a iniciativa de sua proposta orçamentária. Logo, sua não criação, bem como a atribuição de seu exercício a outras instituições ou a profissionais liberais, de forma exclusiva, fere o dispositivo constitucional (CF, art. 134). Entretanto, não é inconstitucional a existência de convênios da Defensoria Pública, com outras instituições e profissionais, para a prestação de assistência jurídica.

A Defensoria Pública possui, inclusive, legitimidade para a propositura de Ação Civil Pública, afim de buscar a tutela de interesses da coletividade, a teor do art. 5º, II, da Lei nº 7.347/85.

É importante destacar que, para que a Defensoria Pública concretize sua função social, é importante que os Defensores Públicos não realizem mero assistencialismo, mas procurem auxiliar na construção da cidadania, agindo coletiva e individualmente como efetivos assessores jurídicos populares.

3.4 ADVOCACIA

Neste tópico do capítulo, realiza-se uma análise da Advocacia, priorizando a discussão sobre o compromisso ético do advogado, na sociedade e no processo. Seu objetivo central é realizar uma reflexão crítica e operativa sobre a Advocacia, a partir de sua presença expressa no texto constitucional de 1988.

Inicia-se pela análise das atividades privativas da Advocacia, passando pela descrição de suas crises e problemas contemporâneos, pela indispensabilidade e inviolabilidade no exercício da profissão, pela possibilidade da Advocacia contra legis e por aspectos operativos diários da função, pela sua importância e missão no processo atual, destacando sua caracterização como serviço público e exercício de função social.

3.4.1 Atividades privativas e abrangência da Advocacia

Importante ressaltar inicialmente que a atividade de Advocacia e a utilização da denominação de *advogado*[19] são privativas dos inscritos na Ordem

---

[19] Com relação a esse aspecto, é importante salientar as observações de Paulo Luiz Neto Lôbo em seu *Comentários ao Novo Estatuto da Advocacia e da OAB* (Brasília: Brasília Jurídica, 1994): "Por hábito bastante difundido, no Brasil, costuma-se tratar o advogado de *doutor*. No entanto, são situações distintas. Doutor é o que obteve título de doutor em direito, conferido por instituição de pós-graduação credenciada

dos Advogados do Brasil (OAB);[20] só são advogados os bacharéis em direito[21] inscritos na OAB. Para obter essa inscrição necessitam, pela legislação vigente, ser aprovados em Exame de Ordem.[22-23]

O art. 1º da Lei nº 8.906/1994 (Estatuto da Advocacia e da Ordem dos Advogados do Brasil – OAB), posteriormente alterada pela Lei 14.365/22, enquadra como atividades privativas da Advocacia, em território brasileiro, a postulação em juízo, em qualquer de suas formas e as atividades de consultoria, a assessoria e a direção jurídicas.

Também determina o Estatuto da OAB que os atos e contratos constitutivos de pessoas jurídicas só podem ser admitidos para registro, nos órgãos competentes, se visados por advogado.[24] Excepciona-se, em nível jurisdicional, segundo essa lei, apenas o *habeas corpus*.[25] A legislação infraconstitucional brasileira, entretanto, também dispensa a presença do advogado nos Juizados Especiais, nas causas de até 20 (vinte) salários mínimos, e na Justiça do Trabalho.[26-27]

São assim reconhecidas duas formas de Advocacia:

a) *judicial*: exercida perante os órgãos do Poder Judiciário, por meio do exercício da capacidade postulatória que, regra geral, é privativa dos advogados; e

---

para tanto, com defesa de tese. Embora não se possa evitar o tratamento social, o uso indevido do título de doutor em documentos profissionais e nos meios de publicidade configura infração ética".

[20] Conforme art. 3º do Estatuto da Advocacia e da OAB.

[21] É bacharel em direito todo o portador de diploma de curso superior em Direito.

[22] A exigência da aprovação em exame de ordem, como requisito para a obtenção da inscrição junto à OAB, não é nova na legislação nacional. No entanto, como a Lei nº 5.842/1972, que criou o Estágio de Prática Forense e Organização Judiciária atribuiu a tal estágio o mesmo valor do referido exame, esse praticamente inexistiu da década de 70 até meados da década de 90 do século XX. Com a edição do Estatuto da Advocacia e da OAB (Lei nº 8.906/1994), a Lei nº 5.842/1978 foi revogada, tornando-se obrigatório o exame de ordem, e sendo a aprovação nele a única forma legal de obter a inscrição na OAB e o direito de exercer a profissão de advogado.

[23] STF decide que regras do Estatuto da Advocacia se aplicam aos advogados de estatais que atuam sem monopólio. Disponível em: https://portal.stf.jus.br/noticias/verNoticiaDetalhe.asp?idConteudo=489432&ori=1. Acesso em: 28.12.2022.

[24] Lei nº 8.906/1994, art. 1º, § 2º.

[25] Lei nº 8.906/1994, art. 1º, § 1º.

[26] Art. 9º, *caput*, da Lei nº 9.099/1995. Dispõe o texto legal: "Nas causas de valor até vinte salários mínimos, as partes comparecerão pessoalmente, podendo ser assistidas por advogado; nas de valor superior, a assistência é obrigatória".

[27] Tais dispensas foram mantidas pelo STF ao decidir a ADI nº 1.127-8.

b) *extrajudicial*: inclui todas as demais atividades advocatícias que não sejam aquelas praticadas perante o Poder Judiciário.

Integram a Advocacia extrajudicial as seguintes atividades:

a) *consultoria jurídica*, que expressa, de um lado, a denominada Advocacia preventiva, no que se refere ao aconselhamento técnico que busque evitar o litígio judicial e, de outro, a atividade de elaboração de pareceres, visando, nesse caso, instrumentalizar ações ou defesas, em juízo ou fora dele;

b) a *assessoria jurídica*, que se refere à Advocacia preventiva, no mesmo sentido anteriormente emprestado à consultoria jurídica, incluindo ao lado daquele também a busca de soluções extrajudiciais negociadas para conflitos já existentes, bem como o acompanhamento de negociações, realização de contratos etc.; e

c) a *direção jurídica*, significando que os cargos de direção, coordenação e chefia de qualquer serviço que envolva atividade advocatícia só podem ser desempenhados por advogados legalmente habilitados, tanto no setor privado como no público.

Relativamente às duas primeiras, a consultoria é prestada, regra geral, por profissionais liberais, enquanto a assessoria é uma função desempenhada, normalmente, por advogados empregados, o que não impede de a assessoria jurídica também ser prestada por profissionais liberais. Há, no primeiro caso, o trabalho eventual; no segundo, apenas o hábito de estabelecer vínculo empregatício nas relações comumente denominadas como de *assessoria jurídica*.

Segundo a Constituição Federal, arts. 131 a 134, e a Lei nº 8.906/2004, art. 3º, § 1º, exercem atividade de Advocacia:

a) os advogados, profissionais liberais, que desempenhem qualquer das atividades anteriormente enumeradas;

b) os advogados empregados que, da mesma forma, pratiquem qualquer dessas atividades;

c) os integrantes da Advocacia-Geral da União,[28] da Procuradoria da Fazenda Nacional, da Defensoria Pública[29] e das procuradorias e consultorias jurídicas dos Estados, do Distrito Federal, dos Municípios e das respectivas entidades de administração indireta e fundacional.

---

[28] A Lei Orgânica da Advocacia-Geral da União foi instituída pela Lei Complementar nº 73/2003.

[29] A Defensoria Pública da União, do Distrito Federal e dos Territórios foi organizada pela Lei Complementar nº 80/2004, que também prescreve as normas gerais para a sua organização nos Estados-Membros.

A Advocacia-Geral da União é encarregada de representar a União, judicial e extrajudicialmente, cabendo-lhe também as atividades de consultoria e assessoramento jurídico do Poder Executivo.[30] Nos casos de execução da dívida ativa de natureza tributária é a Procuradoria-Geral da Fazenda Nacional a encarregada da representação da União.[31] Os Estados-Membros e o Distrito Federal têm como órgãos de representação judicial e consultoria jurídica as suas respectivas procuradorias.[32]

Com relação à Defensoria Pública, conforme já visto em tópico específico deste capítulo, foi ela criada a partir da Constituição Federal de 1988, para efetuar orientação jurídica extrajudicial, bem como exercer a defesa administrativa e jurisdicional, em todos os graus, dos cidadãos que não possam pagar os serviços de um profissional liberal sem se privarem do essencial à sua subsistência, cumprindo dessa forma a garantia fundamental de assistência jurídica integral e gratuita aos necessitados, estatuída no inc. LXXIV do art. 5º da Constituição Federal.[33]

3.4.2 Crises, dificuldades e problemas da Advocacia

Para que se possa compreender plenamente a questão do exercício da atividade advocatícia, é necessário ter pelo menos uma breve noção do que se denomina contemporaneamente crise da Advocacia. Roberto Aguiar, referindo-se a ela, diz que no Brasil tal crise possui várias faces e envolve diversos problemas e dificuldades:

a) conceituais;

b) políticos;

c) estruturais;

d) de exercício profissional; e

e) de legitimação.[34]

A *questão conceitual* é fundamental e refere-se à dissociação entre o conhecimento jurídico e as necessidades do mundo contemporâneo. Já o principal *problema político* da advocacia reside na dissociação efetuada entre

---

[30] Cf. CF, art. 131.

[31] Cf. CF, art. 131, § 3º.

[32] Cf. CF, art. 132.

[33] Cf. CF, art. 134.

[34] Sobre os níveis da crise da Advocacia no Brasil, ver AGUIAR, Roberto A. R. de. *A crise da advocacia no Brasil*. São Paulo: Alfa-Ômega, 1991.

a atuação profissional e o exercício da cidadania,[35] sendo a dependência do Poder Judiciário o seu principal *problema estrutural*.

Como *problemas de exercício profissional* destacam-se algumas questões operativas fundamentais da profissão, tais como: a inexistência de uma divisão racional do trabalho, a prática do trabalho a varejo, o exercício plural de profissões e o desconhecimento em relação aos conflitos da contemporaneidade.

Esse conjunto de problemas deságua na *crise de legitimidade* da Advocacia, que se caracteriza pela dissociação entre muitos dos valores presentes no universo jurídico e aqueles que a sociedade efetivamente vivencia. Decorre ela da dissociação entre a juridicidade concreta, emergente na sociedade, e o conhecimento produzido pelas teorias jurídicas e reproduzido pelo ensino do Direito.[36]

A crise de legitimidade da Advocacia é fruto, pois, em grande parte, da (de)formação jurídica produzida pelas escolas de legalidade, nas quais o conhecimento interdisciplinar e crítico e a adequada formação teórica, dogmática e prática estão muito distantes daqueles necessários para habilitar o operador jurídico a compreender a complexa realidade do mundo em que vive e dos conflitos nos quais tem de atuar.

Além dos níveis da crise apontados por Aguiar, há também a crise de identidade. Decorre essa do ideal histórico-imaginário do profissional liberal. O advogado continua cultivando essa imagem, projetando-a como meta a ser alcançada. No entanto, a realidade demonstra ser ele, hoje, um sonho descontextualizado; o mercado de trabalho e a estrutura social contemporâneos exigem outro tipo de profissional.

Do choque da realidade da profissão com o sonho acalentado nos bancos escolares, reprodutor de um imaginário liberal ultrapassado, muitos bacharéis em Direito, ao ingressarem na Advocacia, veem-se tomados pela crise de identidade, a qual pouco compreendem. Passam a perceber que a

---

[35] O trabalho do advogado possui, ainda, aspectos muitas vezes esquecidos. Ele é também pedagógico, tendo em vista que esse profissional possui um lugar da fala socialmente privilegiado. O que ele diz tem valor de verdade para a maioria daqueles que não têm formação jurídica. Nesse sentido, o advogado que não concilia seu trabalho técnico com suas opções ideológicas ajuda, regra geral, a desacreditar ainda mais a profissão, hoje já fortemente atingida em sua imagem pública: contemporaneamente, para uma grande parte da população brasileira, advogado é sinônimo de "picareta". Isso se deve muito à crença generalizada dentro da categoria de que é possível separar o cidadão do profissional, os valores da técnica.

[36] Para aprofundar a questão do ensino jurídico, consultar: RODRIGUES, Horácio Wanderlei. *Pensando o ensino do direito no século XXI*: diretrizes curriculares, projeto pedagógico e outras questões pertinentes. Florianópolis: Fundação Boiteux, 2005.

conquista do espaço profissional não depende só da competência; ela envolve uma série de elementos supraindividuais.

Poder-se-ia falar, ainda, de outro lado, da denominada *crise do mercado de trabalho*,[37] oriunda, pelo menos em parte, da absurda quantidade de advogados existentes no País. Atualmente o número de cursos de Direito no País já ultrapassa em muito o milhar, formando, anualmente, mais de uma centena de milhares de novos bacharéis. Isso acarreta uma oferta de profissionais acima da demanda do mercado, mesmo considerando os baixos percentuais de aprovação nos exames de ordem.[38]

Essa situação demonstra, em certo sentido, a saturação quantitativa dos quadros da Advocacia brasileira. Retrata, no entanto, apenas uma realidade parcial. Muitos dos inscritos na OAB não exercem a profissão. Uma série de outros a desempenha apenas subsidiariamente, como uma atividade paralela à principal e que visa complementar a sua renda. Isso significa que a situação apresentada não é absoluta em termos de mercado de trabalho. De qualquer forma, essa realidade demonstra a existência de uma quantidade de profissionais muito elevada, em algumas regiões muito superior à necessária para atender às demandas atuais.

Segundo Falcão, a questão do mercado de trabalho pode ser resolvida de duas formas: ampliando-o, ou controlando a oferta de novos advogados no mercado. A segunda deve ser feita, direta ou indiretamente, via OAB.[39] A primeira pode se dar por meio de outra série de medidas, entre as quais:

a) A ampliação de acesso da população ao Direito e à Justiça, através da desconcentração da renda nacional, da modernização administrativa do

---

[37] Sobre a questão do mercado de trabalho, ver: ARRUDA JR., Edmundo Lima de. *Advogado e mercado de trabalho.* Campinas: Julex, 1988; e FALCÃO, Joaquim. *Os advogados:* ensino jurídico e mercado de trabalho. Recife: Fundação J. Nabuco/ Massangana, 1984.

[38] "Com mais de 713 mil inscritos na Ordem dos Advogados do Brasil (OAB) federal, o País está em terceiro lugar no *ranking* das nações que mais formam advogados no mundo. Os dados foram atualizados até 27 de julho de 2010. O primeiro lugar é dos Estados Unidos, com mais de 1 milhão de advogados, seguido pela Índia, que está quase atingindo a marca obtida em terras norte-americanas." Cf. Brasil é o 3º colocado em advogados no mundo. Disponível em: <http://colunistas.ig.com.br/leisenegocios/2010/10/06/ brasil-e-o-3%C2%BA-colocado-em-numero-de-advogados-no-mundo/>.

[39] Essa preocupação está presente no texto do novo Estatuto da Advocacia e da OAB, em seus arts. 8º, inc. IV (torna o exame de ordem obrigatório) e 54, inc. XV (estabelece que compete ao Conselho Federal da OAB opinar, previamente, nos pedidos de criação, reconhecimento ou credenciamento de cursos jurídicos).

Judiciário, da doutrinária reforma do Direito Processual a permitir que conflitos coletivos tenham acesso à prestação jurisdicional; b) A retomada pelo legislativo dos poderes de legislar apropriados pelo Executivo; c) A retomada pelo Judiciário do controle dos atos do Poder Executivo e consequente reformulação doutrinária do Direito Administrativo.[40]

Essas proposições, à exceção da desconcentração da renda nacional e da modernização administrativa do Judiciário, foram, pelo menos em parte, efetivadas pela Constituição de 1988, pela Emenda Constitucional nº 45/2004 e legislação processual das últimas décadas,[41] não trazendo, no entanto, até o momento, nenhum efeito sensível para solução dessa crise específica.

O conjunto de crises que atinge diretamente o exercício profissional da Advocacia acaba desembocando em duas outras questões fundamentais, vinculadas ao Direito Processual:

a) a criação da reserva de mercado de trabalho que gera, de forma quase absoluta, a detenção pelos advogados da capacidade postulatória perante o Poder Judiciário; e

b) a crise ética da categoria, que gera a prática profissional dissociada das vinculações instrumentais do Direito e, em particular, do Direito Processual, bem como dos escopos sociais e políticos da jurisdição, conduzindo, internamente ao processo, à prática de atos de litigância de má-fé, que ofendem os princípios da lealdade e da boa-fé.[42]

3.4.3   Indispensabilidade e inviolabilidade do advogado

A Constituição de 1988 introduziu em seu texto o princípio da indispensabilidade do advogado à administração da justiça, dentro dos limites fixados em lei. Também outorgou-lhe a garantia da inviolabilidade no exercício da profissão.

> Art. 133. O advogado é indispensável à administração da justiça, sendo inviolável por seus atos e manifestações no exercício da profissão, nos limites da lei.

---

[40]   FALCÃO, Joaquim. *Os advogados*: ensino jurídico e mercado de trabalho. Recife: Fundação J. Nabuco/Massangana, 1984. p. 108.

[41]   Sobre essa questão, ver: RODRIGUES, Horácio Wanderlei. *Acesso à justiça no direito processual brasileiro*. São Paulo: Acadêmica, 1994.

[42]   CPC de 2015, arts. 77 a 80.

Como decorrência desse dispositivo constitucional, a capacidade postulatória, que constitui a capacidade de peticionar de forma válida junto ao Poder Judiciário em feitos processuais, é privativa dos advogados, com as exceções que a legislação infraconstitucional especificar.

Dessa matéria já cuidamos, no capítulo que tem por objeto os princípios constitucionais do processo. Nele está inserido o estudo do princípio da indispensabilidade e inviolabilidade do advogado.

3.4.4 Advocacia e legalidade

A obediência cega da lei por parte dos advogados, muitos dos quais confundem ainda legalidade e legitimidade, em nome do estado de direito e da segurança jurídica, não se justifica diante do texto do Estatuto da Advocacia e da OAB. Diz o art. 34, *caput* e inc. VI, do citado diploma legal:

> Art. 34. Constitui infração disciplinar:
>
> [...]
>
> VI – advogar contra literal disposição de lei, presumindo-se a boa-fé quando fundamentado na inconstitucionalidade, na injustiça da lei ou em pronunciamento judicial anterior.

Como se depreende da leitura do citado dispositivo legal, não constitui infração disciplinar advogar contra lei inconstitucional ou injusta. Em outras palavras, é o próprio ordenamento jurídico brasileiro que prevê e autoriza a Advocacia (e consequentemente também a decisão) *contra legis*, desde que fundamentada na inconstitucionalidade ou injustiça da lei, ou em pronunciamento judicial anterior.[43] São nesse sentido as palavras de Paulo Lôbo, ao comentar o Estatuto da Advocacia e da OAB:

> São presunções de boa-fé, e até mesmo diretrizes que recomendam o afastamento da literalidade da lei ou de reação a ela, quando o advogado estiver convencido de sua inconstitucionalidade, de sua inerente injustiça ou quando a jurisprudência impregná-la de sentido diferente. O combate à lei inconstitucional ou injusta não é apenas um direito do advogado; é um dever.[44]

---

[43] O antigo Estatuto da OAB (Lei nº 4.215/1963), em seu art. 103, inc. VII, já autorizava expressamente a Advocacia *contra legis* nas situações hoje previstas no novo texto legal.

[44] LÔBO. *Op. cit.*, p. 129.

Essa interpretação do texto do Estatuto da Advocacia e da OAB bem demonstra que o compromisso do advogado é com o direito e com a justiça, não com o estrito texto da lei. Pontes de Miranda esclarece que não se pode confundir lei com direito:

> A regra extralegal (no sentido de não escrita nos textos), assente com fixidez e inequivocidade, é direito, ao passo que não o é a regra legal, a que a interpretação fez dizer outra coisa ou o substituiu. Pouco importa, ou nada importa, que a letra seja clara, que a lei seja clara: a lei pode ser clara, e obscuro o direito que, diante dela, se deve aplicar.[45]

Ao lado disso, não se pode esquecer que todo o ordenamento jurídico nacional tem de ser lido, interpretado e aplicado à luz da Constituição. E ela, quando trata dos princípios fundamentais, enumera entre os alicerces do estado de direito a cidadania e a dignidade da pessoa humana.[46] Entre os objetivos fundamentais da República inclui a construção de uma sociedade livre, justa e solidária, a erradicação da pobreza e da marginalização, a redução das desigualdades sociais e regionais, e a promoção do bem comum, sem qualquer forma de discriminação.[47] Destaca, igualmente, como um dos princípios norteadores do País nas suas relações internacionais a prevalência dos direitos humanos.[48]

Com absoluta certeza, muitas normas jurídicas nacionais não resistem à análise mais detida no plano da constitucionalidade, considerados os princípios acima referidos. Nessas situações e naquelas em que as normas infraconstitucionais forem flagrantemente injustas, não podem os advogados desconhecer esse fato.

3.4.5   Advocacia como serviço público e exercício de função social

Segundo o Estatuto da Advocacia e da OAB, art. 2º, §§ 1º e 2º, mesmo no exercício de seu ministério privado, o advogado presta serviço público e exerce função social:

---

[45] PONTES DE MIRANDA, Francisco Cavalcanti. *Comentários ao Código de Processo Civil*. Rio de Janeiro: Forense, 1975. t. VI, p. 291. Essa diferenciação é realizada por Pontes de Miranda ao analisar o art. 485, inc. VII, do CPC de 1973 (ação rescisória em casos de decisão *contra legis*).
[46] Cf. CF, art. 1º, incs. II e III.
[47] Cf. CF, art. 3º, incs. I, III e IV.
[48] Cf. CF, art. 4º, inc. II.

Art. 2º O Advogado é indispensável à administração da justiça.

§ 1º No seu ministério privado, o advogado presta serviço público e exerce função social.

§ 2º No processo judicial, o advogado contribui, na postulação de decisão favorável ao seu constituinte, ao convencimento do julgador, e seus atos constituem munus público.

§ 2º-A. No processo administrativo, o advogado contribui com a postulação de decisão favorável ao seu constituinte, e os seus atos constituem múnus público. (Incluído pela Lei nº 14.365, de 2022)

§ 3º No exercício da profissão, o advogado é inviolável por seus atos e manifestações, nos limites desta Lei.

E, mesmo que não houvesse essa expressa previsão legal, o tratamento constitucional dispensado à Advocacia impõe vê-la como serviço público e exercício de função social, devendo, portanto, ser exercida teleologicamente, em busca da concretização do direito e da justiça. O advogado, à luz da Constituição Federal, não pode ser visto como um mero defensor de interesses privados, mas fundamentalmente como um dos sujeitos indispensáveis para que o estado possa cumprir legitimamente sua função jurisdicional. Infelizmente a leitura que vem sendo feita do texto da lei maior é puramente corporativa, em defesa do mercado de trabalho profissional.

É em razão dessa natureza jurídica da sua atividade que se justifica a existência do exame de ordem, como instrumento de seleção para admissão nos quadros da OAB.

Também fruto da Advocacia ser considerada serviço público e exercício de função social, busca-se dar ao advogado uma série de garantias, para que possa ele exercer, de forma plena, a defesa dos interesses de seus clientes, entre as quais cumpre destacar:

a) sua inviolabilidade no exercício da profissão,[49] vista essa como uma garantia da própria parte para a proteção do seu direito e não do advogado em si;

b) a autorização para que, no exercício da profissão, possa ele até mesmo advogar contra literal disposição de lei, quando entender que a lei é injusta ou inconstitucional, ou quando existir decisão judicial anterior – questão já anteriormente referida;[50] e

---

[49]   Cf. CF, art. 133, e Estatuto da Advocacia e da OAB, art. 2º, *caput* e § 3º.

[50]   Cf. Estatuto da Advocacia e da OAB, art. 34, inc. VI.

c)   a inexistência de hierarquia ou subordinação entre advogados, magistrados e membros do Ministério Público.[51]

O exercício profissional da Advocacia exige, portanto, fundamentalmente, uma profunda postura ética. Só assim o exercício privado dessa atividade pública, essencial à justiça, poderá atingir os seus objetivos maiores. Segundo Aguiar:

> Numa sociedade onde o Poder Judiciário se deslegitima, onde a fragmentação social é uma realidade, onde os juízos arbitrais substituem a justiça nos conflitos em torno de alta tecnologia, a tarefa do advogado ganha outras cores, pois sua indispensabilidade se amplia. Ele não é só indispensável nas tarefas a ele atribuídas pela lei, ele é indispensável enquanto agente criador e estimulador de direitos, seja levando o Judiciário a decisões mais justas e à reforma de sua estrutura, seja participando das novas formas emergentes de prestação da justiça, que a sociedade vai engendrando enquanto o Judiciário se mantiver enclausurado.[52]

O juiz, no processo, está vinculado, regra geral, ao pedido. É ao advogado, nesse sentido, que cabe, principalmente, o trabalho criativo. É ele que deve buscar novas possibilidades jurídicas e novas interpretações dos diplomas legais. É a ele que compete lutar pelo direito, bem como demonstrar ao órgão jurisdicional, quando for o caso, a injustiça, a ilegitimidade ou a inconstitucionalidade de determinadas normas, ou sua ineficácia perante o direito emergente, legítimo, justo e materialmente constitucional.

Advogar não pode ser e não é uma atividade neutra, descomprometida e desinteressada. Ela surge sempre na intermediação de conflitos. A mera atividade técnica, desapaixonada, é insuficiente para a defesa dos interesses em jogo.

Advocacia é militância; é também instrumento de construção e efetivação da cidadania. Exige, portanto, paixão e cumplicidade axiológica e ideológica com os interesses a serem defendidos; exige também a consciência do comprometimento social que se impõe ao exercício dessa profissão no mundo contemporâneo.

A Advocacia não é apenas uma atividade técnica, como querem demonstrar alguns. Não é possível cindir o cidadão do profissional. O direito é ordem coercitiva e as leis são elaboradas tendo por base determinados interesses. Ver a

---

[51]   Cf. Estatuto da Advocacia e da OAB, art. 6º.

[52]   A crise da advocacia no Brasil. In: 13ª CONFERÊNCIA NACIONAL DA OAB. Belo Horizonte, 1990. *Anais...* Brasília: OAB, 1991. p. 455.

Advocacia apenas como atividade técnica é ver o advogado como uma *biruta*[53] que oscila conforme sopra o vento do poder; é pensá-lo como um barco que muda a direção de sua rota de acordo com a ideologia do timoneiro; é considerá-lo um ventríloquo do poder de plantão.

Parece ser esse um papel demasiado pequeno para uma categoria que vê a si mesma como defensora do direito e do estado de direito. Essa postura não pode se confundir com defender a legislação e o poder de plantão. O direito deve ser buscado sim nas leis, lidas com base na Constituição; mas a sua fonte material é, antes de tudo, a sociedade e os valores que ela legitima. E essa busca compete prioritariamente ao advogado, pois é majoritariamente seu o papel de levar as reivindicações dos indivíduos e coletividades aos poderes do Estado, em especial o Judiciário.

3.5 AUXILIARES DA JUSTIÇA

O Poder Judiciário, para funcionar adequadamente, precisa mais do que juízes, desembargadores e ministros ocupando a função jurisdicional. As funções essenciais à Justiça – Ministério Público, Defensoria Pública e Advocacia –, como a própria denominação indica, são essenciais para que o Estado preste adequadamente a jurisdição, mas também não são suficientes. A máquina judiciária para funcionar necessita de todo um corpo de servidores, denominados auxiliares da Justiça.

É necessário esclarecer que os auxiliares da Justiça não integram as funções essenciais à Justiça indicadas expressamente pela Constituição Federal.

Entre os auxiliares da Justiça cumpre destacar inicialmente os indicados expressamente na legislação processual: o escrivão,[54] o oficial de Justiça, o perito, o depositário, o administrador, o intérprete, o mediador, o distribuidor e o avaliador.[55-56-57] Além deles, é possível indicar, com atividades técnicas, o contador, o partidor e o leiloeiro.[58]

---

[53] Instrumento utilizado para indicar a direção dos ventos, que oscila conforme estes sopram.

[54] A CLT, em seus arts. 710 a 712, trata do secretário das juntas de conciliação e julgamento, ao qual são atribuídas fundamentalmente as mesmas atividades dos escrivães da justiça comum.

[55] CPC de 2015, arts. 149 a 164.

[56] CLT, arts. 710 a 721.

[57] CPP de 1941, arts. 274 a 281.

[58] Também cumpre destacar ainda o mediador e o conciliador, que passaram a integrar essa categoria no CPC de 2015 (arts. 165 e seguintes).

O *escrivão* é o servidor permanente do Poder Judiciário que exerce as atividades relacionadas com a coordenação e supervisão dos serviços de cartório, de natureza administrativa, bem como o acompanhamento e execução de serviços inerentes aos processos judiciais.

O *oficial de Justiça* é o servidor permanente do Poder Judiciário que tem como função executar mandados judiciais, que são ordens dadas pelos juízes de direito. É ele quem executa as determinações do juiz que devem ser realizadas externamente, tais como as citações, as intimações, as penhoras e as prisões, entre outros atos processuais.

O *distribuidor* é o servidor permanente do Poder Judiciário existente onde houver mais de um juízo. Sua função é realizar a distribuição dos processos entre os diferentes juízos.

O *contador* é aquele a quem compete a atividade de realizar as contas das despesas judiciais e demais cálculos que sejam necessários no âmbito dos processos que tramitam no Poder Judiciário.

O *perito judicial* é o técnico ou especialista que opina sobre questões que lhe são submetidas pelas partes ou pelo juiz, com o objetivo de esclarecer determinadas situações e, dessa forma, auxiliar o juiz a formar sua convicção.

O *intérprete* é aquele que realiza o trabalho de converter para o português documentos escritos em outra língua e declarações das partes ou testemunhas estrangeiras que não se comuniquem na língua nacional; ou mesmo brasileiros que não consigam se expressar de forma regular pelos meios comuns de comunicação.[59]

Há um conjunto de auxiliares da Justiça cujas atividades estão diretamente ligadas aos bens envolvidos no processo. O *depositário* e o *administrador* são os responsáveis pela sua guarda e conservação, estando eles sob a responsabilidade da justiça em decorrência de decisões proferidas nos processos. O *avaliador* é o encarregado da avaliação desses bens, quando isso for necessário. O *partidor* é aquele a quem compete realizar as partilhas judiciais, a divisão dos bens objeto do processo. Já o *leiloeiro* é o encarregado de levar os bens à praça pública para que sejam vendidos por meio de leilão, sempre que isso se fizer necessário.

Há que lembrar a existência dos *cartórios extrajudiciais*. Atualmente esses cartórios receberam novas atribuições, podendo nas situações previstas na lei realizar partilhas de bens e divórcios por escritura pública.[60]

---

[59] Como, a título de exemplo, os surdos-mudos que utilizem a linguagem de sinais.
[60] CPC de 2015, arts. 610 e 733.

Necessário lembrar ainda que determinadas entidades ou instituições também exercem, mesmo que não de forma permanente, atividades de auxiliares da Justiça. É o caso em empresa de correios, pela qual são praticados alguns atos de comunicação às partes, em substituição aos oficiais de justiça. É também a situação da *polícia militar*, que em muitas situações acompanha os oficiais de justiça para garantir a efetividade de determinadas decisões judiciais.

Finalmente, temos a figura do *amicus curiae*,[61] que é uma pessoa, entidade ou órgão que se envolve como um terceiro em uma questão jurídica, por profundo interesse na mesma. Não se confunde com os litigantes e é movido por um interesse maior que o das partes envolvidas no processo. Seu papel como *amigo da corte* é chamar a atenção do órgão jurisdicional para fatos ou circunstâncias que poderiam não ser notados. Serve, nesse sentido, como fonte de conhecimento em assuntos de seu interesse, ampliando a discussão antes da decisão dos juízes ou tribunais.

Ainda sobre o *amicus curiae*, ele é um terceiro que intervém diretamente no processo, a fim de democratizá-lo em questões de interesse público. Trata-se de um sujeito processual secundário, um auxiliar da justiça que constitui uma forma de intervenção de terceiros. O *amicus curiae* pode produzir prova, se manifestar e, consequentemente, influir a opinião do julgador, sendo que a decisão que o admite é irrecorrível, a fim de que não se promovam tumultos e delongas processuais por sua causa (consequência negativa esta que nem sempre se consegue evitar).

A indicação de todas essas pessoas, órgãos e instituições que participam de forma direta ou indireta do processo, possibilitando que a prestação jurisdicional se dê de forma adequada e efetiva, tem por objetivo demonstrar que as atividades do Poder Judiciário envolvem, em termos de recursos humanos, muito mais do que magistrados, promotores de justiça e advogados. Todos os auxiliares de justiça são fundamentais para o funcionamento da justiça e o desenvolvimento do processo.

---

[61] O *amicus curiae* já estava previsto nas Leis nº 6.385/1976, nº 12.529/2011 e nº 9.868/1999. Todas essas leis tratam de temas com relevância e repercussão social. A Lei nº 6.385 (dispõe sobre o mercado de valores mobiliários e cria a Comissão de Valores Mobiliários). A Lei nº 12.529 transforma o Conselho Administrativo de Defesa Econômica – CADE – em Autarquia, dispõe sobre a prevenção e a repressão às infrações contra a ordem econômica e dá outras providências). Por sua vez, a Lei nº 9.868 (dispõe sobre o processo e julgamento da ação direta de inconstitucionalidade e da ação declaratória de constitucionalidade perante o Supremo Tribunal Federal). O *amicus curiae* foi generalizado para todos os demais feitos, entretanto, por advento do art. 138 do CPC de 2015, podendo ser admitida a sua participação, desde que exista relevância e repercussão social na matéria sob julgamento.

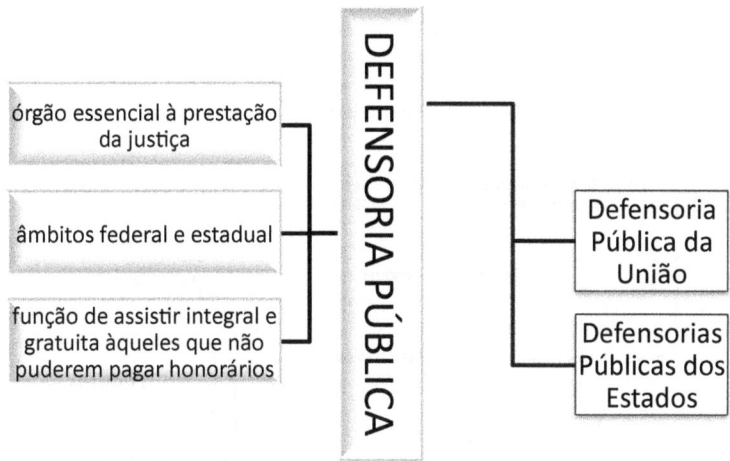

DEFENSORIA PÚBLICA

- órgão essencial à prestação da justiça
- âmbitos federal e estadual
- função de assistir integral e gratuita àqueles que não puderem pagar honorários

Defensoria Pública da União

Defensorias Públicas dos Estados

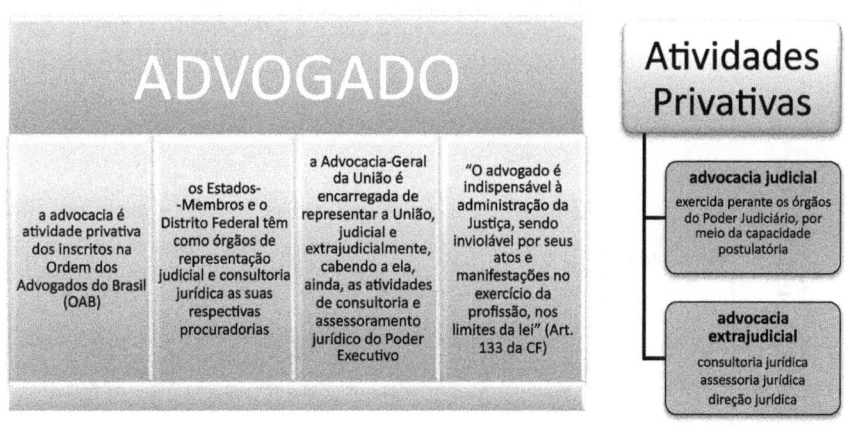

ADVOGADO

- a advocacia é atividade privativa dos inscritos na Ordem dos Advogados do Brasil (OAB)
- os Estados-Membros e o Distrito Federal têm como órgãos de representação judicial e consultoria jurídica as suas respectivas procuradorias
- a Advocacia-Geral da União é encarregada de representar a União, judicial e extrajudicialmente, cabendo a ela, ainda, as atividades de consultoria e assessoramento jurídico do Poder Executivo
- "O advogado é indispensável à administração da Justiça, sendo inviolável por seus atos e manifestações no exercício da profissão, nos limites da lei" (Art. 133 da CF)

Atividades Privativas

- advocacia judicial
  exercida perante os órgãos do Poder Judiciário, por meio da capacidade postulatória
- advocacia extrajudicial
  consultoria jurídica
  assessoria jurídica
  direção jurídica

FUNÇÕES ESSENCIAIS À JUSTIÇA → legislação infraconstitucional → não há hierarquia ou subordinação entre magistrados, membros do Ministério Público e advogados

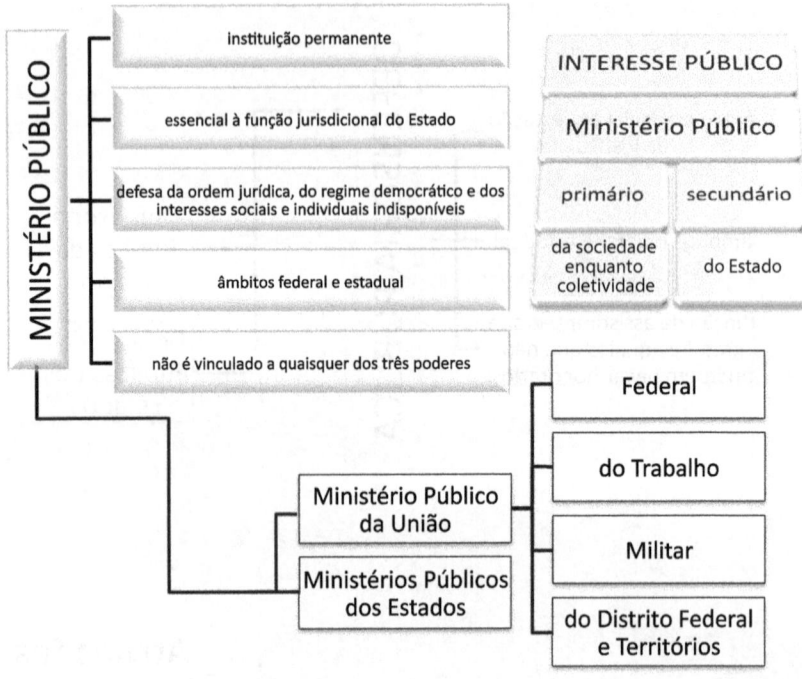

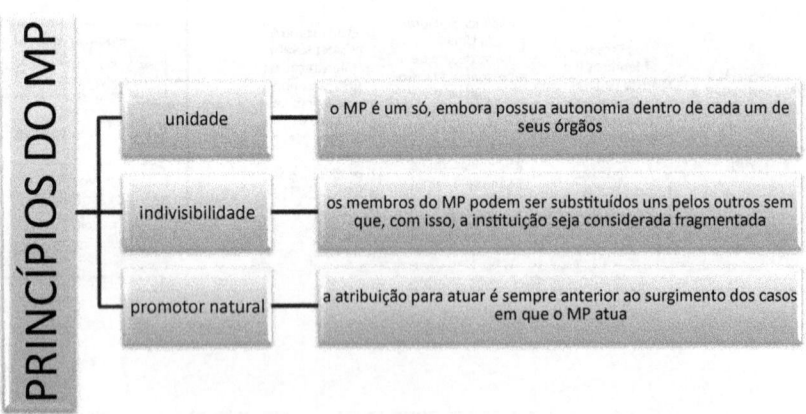

Capítulo 1

SUBJETIVIDADE E OBJETIVIDADE
NO ÂMBITO DO PROCESSO

1.1 A SUBJETIVIDADE NA INTERPRETAÇÃO E APLICAÇÃO DO DIREITO

Na *Teoria pura do direito*, de Hans Kelsen, encontramos as ideias de imprecisão significativa das palavras da lei e de pluralidade de sentidos das normas, acompanhadas de uma leitura da produção do conhecimento que separa a interpretação da *Ciência do Direito* da interpretação dos *aplicadores* do direito. A primeira seria pura ou avalorativa[1] por expressar todas as possibilidades interpretativas das normas, oriundas de imprecisão significativa, sem, entretanto, realizar qualquer juízo de valor ou hierarquização. A segunda seria subjetiva.[2]

Por sua vez, Luis Alberto Warat e Nilo Bairros de Brum assumem as posições kelsenianas sobre a plurissignificação das palavras e conceitos contidos nas normas jurídicas. Mas possuem uma visão crítica da separação entre produção de conhecimento científico e aplicação técnica do direito. Para ambos, tanto na ciência como na prática judicial, as interpretações

---

[1] Essa pureza kelseniana não se confunde com o processo de objetivação apresentado neste trabalho.

[2] Cf. KELSEN, Hans. *Teoria pura do Direito.* São Paulo: Martins Fontes, 2006.

são valorativas e o que há é apenas uma utilização retórica da ciência e dos instrumentos hermenêuticos para justificar a atuação concreta de uma determinada leitura do direito.[3]

1.1.1 O ato interpretativo como ato redefinitório

Partindo da premissa de que as normas jurídicas possuem imprecisão significativa, Luis Alberto Warat afirma que todo ato interpretativo não passa de uma redefinição direta ou indireta das palavras da lei.

Sob este prisma, interpretar o direito em cada julgamento concreto não significa aplicar a norma ao caso, mas sim criá-la caso a caso. A atividade de julgar não é preponderantemente declaratória, mas sim criativa.

Toda definição é uma forma de explicitar os critérios segundo os quais se pode efetuar um processo de classificação, delimitando quais os objetos que pertencem e quais os que não pertencem a uma determinada classe. Quando se estabelece que X, e não Y, é critério definitório de uma determinada classe de objetos, se está nela incluindo determinados objetos e excluindo outros. Pode-se dizer, então, que definir é criar os critérios segundo os quais um signo pode ser utilizado para se referir a um determinado grupo de objetos.

Quando se utiliza a expressão redefinir, se está pensando no processo pelo qual se criam os critérios de utilização de um signo (sua designação), possibilitando, dessa forma, uma alteração no conjunto de objetos que ele passa a incluir (sua denotação). Ou seja, há a alteração do seu significado, permitindo sua aplicação a objetos antes não considerados, ou a exclusão de objetos antes considerados.[4]

Não se pode confundir o conteúdo das normas com os meros textos legais que as exprimem. O que o intérprete faz é buscar o sentido das normas em cada situação concreta, e não apenas aplicar o sentido que o legislador supostamente quis dar ao texto normativo.

Segundo Luis Alberto Warat, os denominados métodos de interpretação da lei estudados pela hermenêutica tradicional são, na realidade, recursos tópicos para a produção de redefinições das palavras da lei, sempre determinados por fatores axiológicos:

---

[3] Cf. WARAT, Luis Alberto. *Mitos e teorias na interpretação da lei*. Porto Alegre: Síntese, 1979; BRUM, Nilo Bairros de. *Requisitos retóricos da sentença penal*. São Paulo: RT, 1980.

[4] WARAT, Luis Alberto. *Mitos e teorias na interpretação da lei*. Porto Alegre: Síntese, 1979.

De forma mais ampla podemos dizer que toda vez que no uso contextual de um termo são alterados os critérios de relevância regularmente explicitados, isto é, a significação de base do aludido termo, ocorre uma redefinição.[5]

Para redefinir os juristas interferem diretamente sobre as significações dos termos, propondo novas regras designativas, ou realizando uma forma indireta de interferência. Na segunda hipótese, pode este modo redefinitório aparecer como um conjunto de argumentos retóricos [...]; impõem-se nos contextos onde as propostas de novas significações são consideradas arbitrárias ou linguisticamente impossíveis.[6]

A redefinição pode dar-se, então, de forma direta ou indireta. A vagueza e a ambiguidade, vistas como imprecisões significativas da linguagem, permitem a primeira dessas formas. Há vagueza quando um signo ou palavra não possui um sentido claro e unívoco, quando permite mais de uma leitura. Já a ambiguidade ocorre quando um termo ou texto possui mais de um significado, mas todos razoavelmente claros.

Há, através da redefinição direta, uma mudança expressa na definição do termo, incluindo ou excluindo critérios de sua aplicação. Essa atitude tem consequências diretas para o mundo do direito:

> Generalizando, é possível afirmar que ao se estabelecer que A, e não B, é característica definitória de um termo contido na norma, está-se alterando as consequências jurídicas da mesma.
>
> Quando se decide mudar os critérios de relevância para a formação de uma classe, a definição explicativa produz um verdadeiro processo de redefinição do termo.[7]

Os valores jurídicos segurança e equidade, fundamentais para o mundo do direito, são, segundo Warat, os elementos utilizados retoricamente para demonstrar a procedência dessas (re)leituras das normas.

No que se refere à *redefinição indireta*, segundo Warat, ela se utiliza das variáveis axiológicas, da adjetivação desqualificadora, do recurso às teorias, da análise retórica dos fatos e das alterações sintáticas.[8]

---

5   *Idem, ibidem*, p. 95.
6   *Idem, ibidem*, p. 100.
7   *Idem, ibidem*, p. 42.
8   *Idem, ibidem*.

As *variáveis axiológicas* são expressões que não possuem uma significação descritiva clara. Sua utilização, em determinadas situações concretas, associadas aos termos utilizados para descrevê-las, geram uma alteração no sentido tradicional desses termos. Quando se diz que uma sentença é injusta ou uma lei não é legítima, se está utilizando variáveis axiológicas.

Os *adjetivos desqualificadores* são aquelas expressões que anulam propriedades normalmente emprestadas a um substantivo. São adjetivos como, por exemplo, inépcia e incompetência. Uma petição inicial inepta e uma sentença proferida por juiz incompetente já não possuem os mesmos sentidos que teriam sem a sua presença. Também uma sentença nula já não é uma sentença, e uma lei ilegítima pode ser considerada como não direito. Saliente-se, no entanto, que a adjetivação desqualificadora, em muitas situações, aproxima-se e até mesmo confunde-se com a utilização das variáveis axiológicas.

As *teorias jurídicas* também são formas de alteração do sentido da lei. Na área do Direito Processual, a adoção na leitura e interpretação da legislação processual, de uma visão procedimentalista ou de uma visão fundada na busca de acesso à Justiça, leva a atribuir-lhe sentidos e consequências diferenciados.

A *análise retórica dos fatos* é uma forma de redefinição dos dados e não da lei. Por meio dela, expõem-se os fatos valorando determinados aspectos em detrimento de outros, atribuindo-lhes, assim, determinado sentido. Ou seja, o juízo de valor utilizado na exposição, para valorar alguns aspectos e não outros, busca demonstrar como real uma determinada leitura dos fatos, mostrando-a inclusive como oriunda de uma comprovação empírica. A valorização de um exame de DNA, por ser uma prova científica, em detrimento de outras provas, é uma situação em que isso ocorre. A definição sobre qual o momento em que inicia a vida e em que momento ocorre a morte tem efeitos diretos sobre o enquadramento de determinados fatos no âmbito dos crimes contra a vida.

Por último, as *alterações sintáticas*. A redação legislativa é, em muitos momentos, falha no que se refere à correção sintática dos textos legais. Esse fato pode levar à utilização retórica dessas imperfeições, buscando com isso redefinir seu sentido teleológico.

Segundo Warat, a lei, por ser construída em linguagem natural,[9] pode ser redefinida, direta ou indiretamente. Também para ele, os métodos de inter-

---

[9] Entende-se por linguagem natural aquela que é utilizada ordinariamente na comunicação comum e cujos signos possuem imprecisões significativas. Contrapõe-se ela às linguagens técnicas e unívocas, como a da matemática.

pretação e as teorias jurídicas são, na realidade, instrumentos redefinitórios do conteúdo das normas jurídicas, servindo para atribuir-lhes o sentido desejado pelo intérprete. Ou seja, a hermenêutica e as teorias jurídicas produzem um instrumental persuasivo que auxilia o intérprete e o aplicador do direito a convencerem os destinatários da norma de que a decisão tomada é a correta. Sua função é política e não científica, pois não levam ao descobrimento da verdade jurídica.[10] É função argumentativa e não função descritiva.

Essa tese defendida por Warat é extremamente importante, pois demonstra que o ato interpretativo não é um ato de descoberta, mas sim um ato de atribuição de sentido, de construção do conteúdo do ordenamento jurídico. Nessa linha de raciocínio, não apenas a interpretação dos aplicadores cria direito, mas também as demais formas de produção de conhecimento que o tem por objeto o fazem, mesmo que indiretamente. A consciência desse fato é fundamental, pois permite compreender que o ato de interpretação não é um ato meramente técnico, mas contém elementos axiológicos e mesmo ideológicos.

Tendo como ponto de partida as posições de Warat, é possível afirmar que:

a) o direito positivo é composto por normas que possuem um conteúdo impreciso – em outras palavras, as normas jurídicas não possuem univocidade significativa, como já afirma Kelsen em sua Teoria Pura do Direito;[11]

b) os métodos de interpretação não são instrumentos suficientes para eliminar as imprecisões e descobrir o real conteúdo normativo – são em realidade instrumentos retóricos para atribuir sentido às normas;

c) a atribuição de sentidos unívocos às normas jurídicas é uma ficção que busca convencer o interlocutor de que a interpretação aplicada é o próprio direito – tese já presente na Teoria Pura do Direito, na qual Kelsen afirma que esse tipo de ficção é utilizado pelas teorias tradicionais na busca de consolidação do ideal de segurança jurídica;[12] e

d) todo ato de interpretação jurídica é um ato de atribuição de sentido, de criação jurídica, e não simples elucidação do seu conteúdo intrínseco.

---

[10] WARAT. *Mitos e teorias na interpretação da lei.*
[11] Cf. KELSEN, Hans. *Op. cit.*, p. 387-397.
[12] Cf. KELSEN, Hans. *Op. cit.*, p. 396.

É, no entanto, necessário destacar algumas observações críticas sobre essa visão do ato interpretativo defendida por Warat:

a) a redefinição dos textos legais, em especial a direta, possui limites de aceitação; esses limites estabelecem um significado de base mínimo, oriundo, de um lado, do próprio sentido textual das expressões utilizadas e, de outro, do processo de objetivação do direito;

b) o desrespeito a esses limites inviabiliza, na prática, a aceitação da nova interpretação dada à norma; e

c) a Hermenêutica Jurídica clássica e a Teoria do Direito oferecem um farto instrumental tópico-retórico que permite que as redefinições se façam de forma indireta – o que é correto afirmar; mas de outro lado, essa forma de redefinir faz parte do próprio processo de objetivação do direito e de adequação do sentido das normas aos valores sociais, culturais e políticos, bem como de adequação às novas descobertas ocorridas nas mais diversas áreas da ciência e do conhecimento em geral.

1.1.2 Os requisitos axiológicos do ato interpretativo

É exatamente em razão da imprecisão dos textos legais e da possibilidade de sua redefinição que o ato interpretativo necessita, ao lado do cumprimento dos requisitos formais, cumprir também, no que se refere ao conhecimento produzido, determinados requisitos axiológicos. São eles que geram a legitimação da interpretação e do sentido atribuído a uma determinada norma.

Utilizar-se-á, para indicá-los, uma classificação construída tendo como ponto partida a classificação utilizada por Nilo Bairros de Brum para referir--se ao que denomina requisitos retóricos da sentença[13] sem, entretanto, com ela se identificar plenamente. Em seu conjunto esses requisitos expressam os elementos necessários no campo argumentativo para conciliar os valores segurança e equidade.

O primeiro requisito, da *verossimilhança fática*, exige que se demonstre a relação entre os fatos mesmos e a descrição que deles se faz. Busca dar à interpretação um efeito de verdade.[14] Esse requisito tem uma vinculação

---

[13] BRUM. *Requisitos retóricos da sentença penal.*

[14] Em razão dos avanços na área da teoria do conhecimento, sabe-se hoje que tanto em matéria de Direito como de provas, seja no cível ou no crime, só se pode chegar à aproximação da verdade e, em alguns casos, apenas à verdade formal, como nos casos de revelia.

muito forte com o elemento probatório. Na descrição dos fatos o intérprete utiliza o conjunto das provas existentes como um topos,[15] buscando dessa forma estabelecer o convencimento de que os fatos ocorreram exatamente da forma que ele está descrevendo. Uma vez firmada a leitura dos fatos, a aplicação do direito torna-se bem mais simples.

O segundo requisito, da *legalidade*, busca dar à interpretação um efeito de segurança. Parte-se do princípio de que não é boa estratégia argumentativa colocar-se contra a legalidade. A aspiração de segurança jurídica deve ser atendida, sob pena de ser a interpretação considerada ilegal ou arbitrária. Ou seja, qualquer que seja o sentido atribuído à lei, deve-se demonstrar que ele está contido, de alguma forma, na previsão genérica do legislador ou do constituinte; em outras palavras, deve apresentar-se como decorrente da previsão legal.

O terceiro requisito, da *adequação axiológica*, busca demonstrar que a interpretação atende aos valores jurídicos e sociais, cumprindo, portanto, sua finalidade. Procura, dessa forma, dar à interpretação um efeito de justiça. Na dimensão axiológica está um momento extremamente importante e delicado, porque os valores contidos na significação de base da norma podem estar em conflito com os valores hegemônicos na sociedade.[16] A exigência de que a interpretação, além de legal, deva ser justa, coloca o intérprete, em muitos momentos, diante do dilema de optar entre a segurança e a equidade, devendo, no entanto, demonstrar que não houve tal opção valorativa e que a interpretação concilia os dois valores.

O quarto e último requisito é o da *imparcialidade*[17] do intérprete. Esse requisito visa consolidar simbolicamente a interpretação, atribuindo caráter de cientificidade aos três efeitos alcançados pelos requisitos anteriores: de

---

[15] O significante *topos* é o singular de *topoi*. Os *topoi* são diretrizes, lugares comuns revelados pela experiência e aptos a resolver questões vinculadas a círculos problemáticos concretos. Operam como fio condutor para toda a sequência de argumentos que determinam o efeito de verossimilhança da conclusão. São elementos nos quais se buscam pontos de convergência e derivação para justificar um determinado ponto de vista. Operam, dessa forma, como ponto de referência de todos os argumentos e provas utilizados.

[16] Ocorre, nessa situação, uma lacuna axiológica. Essa ocorre quando há uma norma legal aplicável a um caso concreto, mas sua aplicação àquela situação específica leva a uma decisão injusta, que não está de acordo com os valores sociais hegemônicos.

[17] Nilo Bairros de Brum (*op. cit.*) utiliza o termo neutralidade para caracterizar esse requisito, visto que, em nível simbólico, o que se busca, segundo ele, é demonstrar a inexistência de escolhas axiológicas ou ideológicas na interpretação atribuída à lei. Entretanto, diante dos avanços ocorridos no campo da Epistemologia no século XX entendemos não possuir sentido, nem no campo simbólico ou mesmo retórico,

verdade, de segurança e de justiça. Ele transporta para o ato interpretativo as ideias de objetividade e racionalidade da ciência do Direito.

Esses requisitos podem, de um lado, esconder retoricamente as escolhas interpretativas, mas, de outro lado, cumprem uma importante função no processo de objetivação do direito, que é a de ideia reguladora, conforme será visto mais à frente.

1.2   O PROCESSO DE OBJETIVAÇÃO DO DIREITO

Na primeira parte deste capítulo foram expostos posicionamentos que demonstram o reconhecimento da imprecisão dos textos legais, a impossibilidade de desvendar seu sentido verdadeiro, e também que os instrumentos hermenêuticos e demais estratégias utilizadas na teoria e na prática do direito possuem, em grande parte, caráter argumentativo, buscando refutar interpretações ou convencer sobre o sentido correto a atribuir e a aplicar.

Entendemos, entretanto, que o sistema jurídico não funcionaria se essa forma de atribuição de sentido e aplicação fosse majoritária ou totalmente subjetiva. Entretanto, a realidade mostra que de fato ele – o sistema jurídico – funciona, mesmo que com falhas, como todo sistema criado pelo ser humano.

No campo do Direito, como em outras áreas das Ciências Humanas e Sociais, há sempre uma forte presença valorativa na adoção de hipóteses, teorias e interpretações. Isso não significa, entretanto, que inexista um processo de objetivação. Valores sociais não são naturais, senão não seriam valores. Eles são construídos historicamente, como as instituições sociais. E essa construção ocorre no conflito entre hipóteses, teorias e interpretações que se apresentam como soluções no campo da existência concreta. A crítica intersubjetiva corrobora em diferentes espaços geográficos e momentos históricos aquelas que lhe são mais aderentes, que possuem maior verossimilitude. Valores também decorrem de hipóteses e teorias explicativas, bem como de interpretações, e como tais são passíveis de crítica, de refutação e de corroboração.[18]

Em regimes democráticos sempre existem processos de objetivação jurídica, que podem ser mais ou menos eficientes. Sua inexistência só ocorre em situações onde não há liberdade de expressão e onde a crítica intersubjetiva não é permitida – esses são os reais pressupostos do processo de objetivação: a liberdade e a crítica.

---

utilizar essa expressão perante a aceitação contemporânea, em todas as áreas, de que a neutralidade mesma inexista.

[18]   As ideias de crítica intersubjetiva, verossimilitude, refutação e corroboração foram buscadas na obra de Karl Popper, como será demonstrado na sequência deste capítulo. Entretanto, a hipótese aqui apresentada não é uma posição presente na obra de Popper, mas uma leitura dos autores deste texto.

O funcionamento do sistema jurídico, tal como ocorre, pressupõe um processo de objetivação que faz com que determinados sentidos se tornem hegemônicos ou mesmo paradigmáticos; não há como construir hegemonias e paradigmas dominantes apenas pela soma de subjetividades. A objetivação ocorre pela transcendência das subjetividades.

Há mecanismos pelos quais se uniformizam interpretações e aplicações, e pelos quais gradativamente se adéquam os sentidos das normas aos valores sociais (históricos, culturais, políticos, econômicos etc.).

Na busca de elucidação do que entendemos por processo de objetivação do direito, vamos utilizar alguns conceitos, classificações e ideias do *racionalismo crítico* de Karl Popper. Não será propriamente uma leitura popperiana do sistema jurídico, mas sim uma construção sobre a interpretação do direito que surgiu do estudo da obra desse autor. Inclui posições originais suas, interpretações, releituras e adaptações de sua obra e mesmo intuições decorrentes da sua leitura. Popper não escreveu sobre o Direito. Sua preocupação central sempre foi com a produção do conhecimento científico, inclusive nas ciências sociais.[19]

Nossa preocupação neste texto não é com a Ciência do Direito – ou com a possibilidade de produção de conhecimento científico no âmbito do processo, hipótese que rejeitamos; não há no processo produção de conhecimento científico, embora nele se utilizem conhecimentos científicos produzidos em diversas ciências. O que buscamos é simplesmente mostrar como ocorre o processo de objetivação do direito via interpretação. É possível que Popper não endossasse a utilização de alguns de seus conceitos da forma aqui utilizada, mas, como ele mesmo sempre defendeu, as hipóteses e teorias possuem autonomia em relação aos seus criadores.

1.2.1   O mundo 3 e o conhecimento objetivo

Segundo Karl Popper, os objetos materiais e ideais se situam em três mundos distintos, que denomina mundos 1, 2 e 3.

a)   o *mundo 1* é o dos corpos físicos e dos seus estados físicos e fisiológicos – é o mundo material;

b)   o *mundo 2* é dos estados mentais, das vivências subjetivas ou pessoais – é o mundo psicológico; e

---

[19]   Como Popper não trabalhava com interpretações, mas sim com teoria e hipóteses científicas, é bem provável que não endossasse algumas das utilizações que fiz da sua teoria neste capítulo. Mas elas decorrem do Debate Crítico Apreciativo de sua própria teoria, realizado na busca de explicações para o que ocorre no mundo do Direito.

c)   o *mundo 3*, em grande parte constituído de registros, é o das ideias no sentido objetivo, dos produtos da mente humana. É, em sentido amplo, o mundo da cultura humana objetivada.[20]

Há objetos, como as obras de arte e as construções que pertencem tanto ao mundo 1 quanto ao mundo 3; e há objetos, como os livros, cujo elemento material pertence ao mundo 1, mas cujo conteúdo pertence ao mundo 3. Popper acredita que nossa humanidade se encontra enraizada na existência do mundo 3, que pode apenas ser entendida em sua relação com um Mundo 3 objetivo e com ideia da verdade objetiva.[21]

O conhecimento objetivo pertence ao mundo 3, constitui sua parte mais importante, é a que tem as repercussões mais significativas sobre o mundo 1.

> O conhecimento objetivo consiste em suposições, hipóteses ou teorias, habitualmente publicadas sob a forma de livros, revistas ou palestras. Consiste também de *problemas* não resolvidos e em argumentos pró ou contra diversas teorias rivais.[22]

Para Popper, as teorias humanas, como conhecimento objetivo, se assemelham a uma mutação externa ao corpo, exossomática. Sendo externa, não pertence à subjetividade individual, mas à espécie como um todo, à humanidade.[23]

Também integra o mundo 3 a linguagem. O conhecimento objetivo é possível pela existência da função argumentativa ou crítica da linguagem que, juntamente com a sua função descritiva ou informativa,[24] constitui a base do mundo 3.[25]

---

[20]   "No sentido lato 'Mundo 3' é o mundo dos produtos da mente humana; em sentido estrito é o mundo das teorias, incluindo as teorias falsas, e o mundo dos problemas científicos, incluindo questões relacionadas com a veracidade ou falsidade das várias teorias" (POPPER, Karl. *A vida é aprendizagem*. Epistemologia evolutiva e sociedade aberta. Lisboa: Edições 70, 2001. p. 43).

[21]   POPPER, Karl. *Conhecimento objetivo*. Belo Horizonte: Itatiaia: Edusp, 1975; POPPER, Karl. *O conhecimento e o problema corpo-mente*. Lisboa: Edições 70, 2002; POPPER, Karl. *Em busca de um mundo melhor*. São Paulo: Martins Fontes, 2006.

[22]   POPPER. *O conhecimento e o problema corpo-mente*, p. 22 (grifo do autor).

[23]   *Idem, ibidem*.

[24]   Além dessas duas funções da linguagem, denominadas por Popper funções superiores, ele indica, em sua obra *O conhecimento e o problema corpo-mente*, duas funções inferiores, a expressiva e a comunicativa.

[25]   POPPER, Karl. *O conhecimento e o problema corpo-mente*.

A função descritiva da linguagem é a que nos permite construir enunciados – verdadeiros ou falsos – sobre a realidade. Seu pleno desenvolvimento pressupõe a função crítica, entendida como a argumentação crítica na busca da verdade. Enquanto a descrição pode ser ou não verdadeira, a crítica pode ser ou não válida.[26]

O mundo 3, ao mesmo tempo em que é criação humana, é também autônomo. Isso significa que ele contém elementos que não foram produzidos de forma direta, que são consequências não intencionais do que foi gerado. Ele nos dá mais do que aquilo que damos a ele; é a obra oferecendo sugestões ao criador. Mas ele não é apenas autônomo, é também real; as teorias em si, as coisas abstratas, são reais porque podemos interagir com elas.[27]

> Não obstante os vários domínios ou áreas do mundo 3 surgirem como invenções humanas, aparecem também, na qualidade de consequências involuntárias destas, os problemas autônomos e suas possíveis soluções. Tais problemas existem independentemente da consciência que temos deles, mas podemos descobri-los no mesmo sentido em que descobrimos outras coisas, novas partículas elementares ou montanhas e rios desconhecidos, por exemplo.
>
> Quer dizer que temos possibilidades de extrair mais do mundo 3 do que aquilo que introduzimos nele. Ocorre uma acção de dádiva e recebimento entre nós próprios e o mundo 3, recebendo-se muito mais do que aquilo que se dá.[28]

O mundo 3 tem uma influência muito forte sobre o mundo 1; é um grande amplificador dos efeitos do mundo 2 sobre o mundo 1 – todos os atos realizados no mundo 1 sofrem a influência de como o mundo 2, o mundo da subjetividade, compreende o mundo 3. Ou seja, é por meio do mundo 2 que o mundo 3 atua sobre o mundo 1. Segundo Popper, o *eu* está ancorado no mundo 3. Há um circuito permanente de transferência de energia entre nós e o mundo 3, e a relação que mantemos com o mundo 3 não pode ser compreendida sem considerarmos o fato de que possuímos liberdade. Não há interação direta entre o mundo 1 e o mundo 3; as relações entre eles sempre ocorrem tendo a mediação do mundo 2.[29]

> Não é possível compreender o mundo 2, isto é, o mundo povoado pelos nossos próprios estados mentais, sem que se entenda que a sua principal

---

[26]   *Idem, ibidem.*
[27]   *Idem, ibidem.*
[28]   *Idem, ibidem,* p. 46.
[29]   *Idem, ibidem.*

função é *produzir* os objectos do mundo 3 e ser *influenciado* pelos objectos deste último. Com efeito, o mundo 2 interage não só com o mundo *1*, como Descartes pensava, mas também com o mundo 3; e os objectos deste exercem influência sobre o mundo 1 apenas por meio do mundo 2, que actua como intermediário.[30]

Considerando a relativa autonomia do mundo 3, a teoria popperiana dos três mundos abre um campo bastante amplo para o estudo e busca de compreensão dos processos de interpretação e mesmo de atuação e aplicação do direito, e de todos os problemas atinentes à argumentação e à Hermenêutica Jurídica. Situando o direito na teoria dos três mundos de Popper, podemos dizer:

a) *mundo 1* – nele ficam situados os códigos, diários oficiais e outros meios de divulgação nos quais estão impressos os textos normativos, bem como aqueles nos quais estão publicados os atos de aplicação do direito, como os autos dos processos judiciais;

b) *mundo 2* – nele ficam os valores e decisões individuais sobre relações, comportamentos e outras atividades regradas pelo direito; é onde são valoradas as normas e decididas as consequências do direito a serem realizadas no mundo 1;

c) *mundo 3* – nele está situado o conteúdo do direito – as hipóteses, conjecturas e teorias que serão aplicadas no mundo 1 pela mediação do mundo 2; nele também estão os problemas jurídicos e os problemas de todas as ordens que necessitam de uma solução por meio do Direito; é possível até mesmo dizer que nele estão as normas jurídicas, que são a positivação de hipóteses e teorias da área do Direito; é nele que se encontra o Direito mesmo, enquanto conhecimento objetivo.

Para Popper, conhecimento objetivo é aquele que está exposto à crítica intersubjetiva – como integrante do mundo 3 autônomo – e que é passível de refutação e corroboração; não é mais mera proposição subjetiva do seu autor, já adquiriu autonomia em relação a ele. E subjetivo é o conhecimento que não pode ser objeto de crítica intersubjetiva, não pode ser testado e refutado ou corroborado.

Estando as teorias jurídicas no mundo 3 e não nos mundos 1 e 2, nos mundos físico e da subjetividade, são elas conhecimento objetivo. São criações da subjetividade do mundo 2, mas, uma vez publicizadas, passam a integrar o mundo 3. Ao aplicar o direito no mundo 1, interpretado no mundo 2 pelas

---

[30] *Idem, ibidem*, p. 19. Grifos do autor.

lentes dessas teorias, a subjetividade recebe do mundo 3 conhecimentos que lhe são externos. Essa aplicação, embora subjetiva, não é mais puramente subjetiva. Faz parte de um processo de objetivação do Direito. Nesse processo não chegamos à verdade, mas gradativamente nos aproximamos dela.

1.2.2 Verdade e verossimilhança

Segundo Popper, "denominamos uma proposição 'verdadeira' quando ela concorda com os fatos ou corresponde aos fatos, ou quando as coisas são tais como a proposição descreve".[31] Esse conceito é chamado de conceito objetivo ou absoluto de verdade e pressupõe uma visão realista de mundo.

Para ele, a verdade é e deve ser a meta da pesquisa científica, mas com a consciência de que nunca saberemos se a atingimos ou não – todo conhecimento é hipotético, conjectural. A verdade é algo que buscamos, não algo que possuímos. Não há critérios de verdade, não há uma operação que permita descobrir se uma coisa é verdade.[32]

No entanto, há critérios de falsidade e podemos saber onde ela não está. É possível, portanto, um critério racional de progresso na busca da verdade, pela eliminação de lugares onde ela não está. Nesse contexto, a verdade ocupa na teoria popperiana o lugar de ideia reguladora da produção do conhecimento por meio da crítica intersubjetiva. A ideia de verdade diz respeito à descrição e à informação, mas surge apenas na presença de argumentos e da crítica.[33]

Surge então o que Popper denomina ideia de conteúdo de verdade de uma teoria e sua aproximação à verdade. Essa aproximação da verdade ele denomina *verossimilhança* ou *verossimilitude*. À medida que aprendemos sobre o mundo pela refutação das teorias falsas e eliminação dos erros, por meio do processo de tentativa e erro, aumentamos o conteúdo de verdade das novas teorias, elas se aproximam mais da verdade do que as anteriores porque delas foi expurgado um maior número de erros.[34]

> Que a ideia de verdade rege a discussão crítica pode ver-se no facto de se discutir criticamente uma teoria na esperança de eliminar teorias falsas. Isto prova que somos guiados pela ideia de procurar teorias *verdadeiras*.[35]

---

[31]   POPPER, Karl. *Em busca de um mundo melhor*, p. 109.
[32]   POPPER, Karl. *A lógica da pesquisa científica*. São Paulo: Cultrix, [197-a]; POPPER, Karl. A. *O conhecimento e o problema corpo-mente*; POPPER, Karl. A. *Em busca de um mundo melhor*.
[33]   *Idem, ibidem.*
[34]   POPPER, Karl. *A vida é aprendizagem.*
[35]   *Idem, ibidem*, p. 36. Destaques do autor.

A ideia de aproximação à verdade – tal como a ideia de verdade enquanto princípio regulador – pressupõe uma visão *realista de mundo*. Não pressupõe que a realidade seja como as nossas teorias científicas a descrevem, mas pressupõe que existe uma realidade e que nós e as nossas teorias – que são ideias que nós próprios criamos e por isso são sempre idealizações – podemos nos aproximar cada vez mais de uma descrição adequada da realidade, se empregarmos o modelo de quatro fases de tentativa e erro.[36]

O processo de objetivação pelo qual se pode aproximar da verdade só pode ser compreendido dentro do contexto de aceitação da existência do mundo 3 autônomo e objetivo. É na relação de trocas entre os mundos 2 e 3 e de mediação entre o mundo 3 e o mundo 1 pelo mundo 2 que refutamos hipóteses e teorias – e também interpretações – que não possuem aderência com a realidade e corroboramos determinadas hipóteses, teorias e interpretações que possuem mais verossimilitude do que outras.

E isso não é diferente no âmbito da interpretação e da aplicação do direito. Também no mundo jurídico há processo de aproximação da verdade pela refutação de hipóteses, teorias e interpretações.

1.2.3 Refutabilidade e eliminação do erro

Segundo Popper, todos os seres vivos, das plantas ao ser humano, aprendem por tentativa e erro – essa é a base de sua *epistemologia evolutiva*.[37] Nesse contexto geral de aprendizado e evolução ele apresenta um modelo de três fases:[38]

a) o problema;

b) as tentativas de solução; e

c) a solução.[39]

---

36 *Idem, ibidem*, p. 39. Destaques do autor.

37 "Obviamente que no sentido biológico e evolutivo em que falo do conhecimento, não só os animais e os homens têm expectativas e, portanto, conhecimento (inconsciente), mas também as plantas; e na realidade todos os organismos" (POPPER, Karl. *A vida é aprendizagem*, p. 88). "[...] este esquema de como o novo conhecimento é adquirido se aplica desde a amiba a Einstein" (*Idem, ibidem*, p. 24).

38 Afirma Popper (*idem, ibidem*) que esse modelo pode ser entendido como o esquema geral da teoria da evolução de Darwin. Entretanto, Popper (*O conhecimento e problema corpo-mente*) critica vários pontos da teoria de Darwin, propondo aperfeiçoamentos com base no seu esquema quadripartido.

39 POPPER, Karl. *A vida é aprendizagem*.

Segundo Popper, esse modelo também é aplicável à ciência. O que distingue a ciência humana do conhecimento biológico é a aplicação consciente do método crítico, possível pelo desenvolvimento da linguagem humana – a ciência nasce com a invenção da discussão crítica. É essa linguagem que permite a exteriorização do pensamento do indivíduo, propiciando sua objetivação. Com isso, o erro, que na evolução biológica eliminava o indivíduo ou a espécie, na evolução do conhecimento humano elimina as teorias, mas preserva seu autor.[40]

Do modelo de três fases, característico do aprendizado biológico, Popper avança para o modelo de quatro fases, característico da ciência, e que apresenta da seguinte forma:

$$P1 \rightarrow TE \rightarrow EE \rightarrow P2^{41}$$

Nele, **P1** é o *problema inicial*, **TE** é a *teoria explicativa*, hipótese ou conjectura, **EE** é a *fase de testes*, na busca de refutação da teoria (é onde buscamos testar a hipótese por meio da crítica),[42] e **P2** é *novo problema* oriundo dos resultados da experiência (na realidade podem ser vários novos problemas, P2, P3, P4, e assim sucessivamente).[43] Traduzido em quatro categorias: *pro-*

---

[40] "Os cientistas, como todos os organismos, trabalham com o método da tentativa e erro. A tentativa é uma solução para um problema. Na evolução do reino animal ou vegetal o erro ou, para ser mais preciso, a correção do erro, normalmente significa a erradicação do organismo; em ciência geralmente significa a erradicação da hipótese ou teoria" (*Idem, ibidem*, p. 60).

[41] Esse esquema pode ser encontrado no livro de Popper intitulado *O conhecimento e o problema corpo-mente* (p. 23 e 25), bem como em várias outras de suas obras, inclusive com algumas variações nos símbolos utilizados.

[42] EE, na obra de Popper, significa Experiência Empírica. Substituímos aqui esse significado clássico em sua obra, tendo em vista que no processo de tentativa e erro, na área do Direito, talvez não seja possível realizá-la sempre através de experiências empíricas, mesmo consideradas essas como o processo de observação. Talvez porque há uma proposta de redefinição de como fazer Ciência do Direito adotando o modelo popperiano, que pode ser encontrada em: RODRIGUES, Horácio Wanderlei. A Ciência do Direito pensada a partir de Karl Popper. *Intuitio*, v. II, n. 2, p. 10-15, 2009. Disponível em: <http://revistaseletronicas.pucrs.br/ojs/index.php/intuitio/article/view/5931>.

[43] "O esquema global indica que partimos de um problema, quer de natureza prática, quer teórica; tentamos resolvê-lo elaborando uma teoria possível na qualidade de solução possível – é o nosso ensaio; em seguida, ensaiamos a teoria, procurando fazê-la abortar – é o método crítico de eliminação de erros; em resultado desse processo surge um novo problema, P2 (ou, quem sabe, vários novos problemas). [...]. Resumindo, o esquema diz-nos que *o conhecimento parte de problemas e desemboca*

blemas, teorias, críticas, novos problemas. Dessas quatro categorias, a *mais importante é eliminação de erros pela crítica.*[44]

Com esse modelo, Popper substitui a tradicional busca pelas fontes do conhecimento, pelo processo de solução de problemas por tentativa e eliminação de erros. Esse método é regra geral referido pelos autores de metodologia científica como *hipotético-dedutivo.*[45]

Quando se parte de um problema, que pode ser teórico ou prático, e se constroem hipóteses explicativas (teorias, conjecturas), se estabelecem possibilidades das quais são deduzidas as consequências práticas – esse processo permite refutar as hipóteses que, se aceitas, levariam a resultados inadequados ou indesejáveis, ou rever aquelas que já foram adotadas. Por esses testes – tentativa e erro, nova tentativa, e assim sucessivamente – é possível uma aproximação da verdade – que Popper chama de verossimilitude –, permitindo a refutação das hipóteses inadequadas e a corroboração[46] da melhor hipótese entre as testadas.

Para Popper, o método de tentativa e erro permite enfrentar todos os denominados *problemas epistemológicos* – sua utilização não afirma a *verdade* de teorias com base em *enunciados singulares*, ou seja, não são generalizados os resultados de conclusões verificadas em experiências; mas sua utilização permite a refutação de teorias falsas. Além disso, segundo ele, a utilização do método materializado no esquema quadripartido apresentado permite nos elevarmos por nossas próprias forças. É ele um instrumento de autotranscendência por meio da seleção e da crítica racional.[47]

O método de tentativa e erro é o mecanismo pelo qual as teorias construídas subjetivamente no mundo 2, uma vez publicizadas e incorporadas ao

---

em problemas (até onde for possível ir)" (POPPER, Karl. *O conhecimento e o problema corpo-mente*, p. 23, destaque do autor).

[44] POPPER, Karl. *O mito do contexto*. Em defesa da ciência e da racionalidade. Lisboa: Edições 70, 2009. p. 255.

[45] A expressão *método hipotético-dedutivo* aparece na obra de Popper, no livro *A miséria do historicismo* (São Paulo: Cultrix, Edusp, 1980. p. 102. Destaque nosso): "A isso tem-se dado o nome, por vezes, de *método hipotético-dedutivo* ou, mais frequentemente, o nome de método da hipótese [...]".

[46] Popper utilizou a expressão corroboração para descrever o grau de qualidade de uma hipótese submetida a testes. O que Popper (*A lógica da pesquisa científica*, p. 309) denomina "grau de corroboração de uma teoria é um relato sumário em que se registra a forma pela qual a teoria resistiu aos testes a que foi submetida e a severidade dos testes".

[47] POPPER, Karl. *A lógica da pesquisa científica*; POPPER, Karl. *Conhecimento objetivo*.

mundo 3, retornam por meio do mundo 2 para serem testadas no mundo 1. Por esse método de refutação e corroboração de teorias integrantes do mundo 3 ocorre o processo de objetivação do conhecimento por meio da crítica intersubjetiva, o que não é exclusivo das ciências da natureza, pois ocorre também nas ciências sociais e mesmo nas áreas do conhecimento de questionável cientificidade.

A possibilidade de utilizar-se ou não testes empíricos para refutar ou corroborar uma hipótese ou teoria não retira do processo de crítica ao qual ela é submetida o resultado de objetivação do conhecimento que é inerente à crítica intersubjetiva.[48] E é por essa razão que o seu método é aplicável às interpretações jurídicas, mesmo que elas não sejam científicas, adotada como critério de cientificidade a possibilidade de teste empírico.

1.2.4   Debate crítico apreciativo e objetivação do direito

Embora possa existir a tentativa de justificar ou provar a verdade de determinadas interpretações com base em experiências pessoais, sua publicidade permite a crítica intersubjetiva, e a consequente refutação. Experiências subjetivas, convicções, crenças, sentimentos, não podem em nenhuma circunstância justificar um enunciado, as relações lógicas existentes dentro de cada sistema de enunciados, ou aquelas existentes entre vários sistemas de enunciados.

Para Popper, existindo objetividade dos enunciados básicos, poderá ocorrer uma crítica racional. Em toda *discussão racional*, segundo Popper, o método que deve ser utilizado "é o de enunciar claramente o problema e examinar, criticamente, as várias soluções propostas".[49]

No âmbito dos processos de produção do conhecimento, é nossa tarefa buscar sempre hipóteses que melhor expliquem os problemas, indicando assim novas alternativas de solução. Para isso é necessário reconhecer e eliminar os erros. O instrumento do progresso é a crítica. O impacto das teorias sobre nossas vidas pode ser devastador – por isso é necessário testá--las por meio da crítica. A atitude crítica exigida no processo de produção

---

[48]   Nessa situação o que ocorrerá, adotado o critério de demarcação proposto por Popper, é que esse conhecimento, mesmo decorrente de um processo de objetivação, não será considerado científico por não ser passível de teste empírico.

[49]   "A crítica, porém, só será frutífera se enunciarmos o problema tão precisamente quanto nos seja possível, colocando a solução por nós proposta em forma suficientemente definida – forma suscetível de ser criticamente examinada" (POPPER, Karl. *A lógica da pesquisa científica*, p. 536).

do conhecimento é caracterizada pela disposição de modificar a hipótese, testá-la e mesmo refutá-la.[50]

Na área do direito, como em qualquer outra, a objetividade e a racionalidade não decorrem da objetividade e da racionalidade das pessoas dos juristas, que são seres humanos, e como tais subjetivos, irracionais e algumas vezes passionais; mas sim da racionalidade, identificada na atitude crítica face aos problemas – a busca da eliminação de erros por meio da crítica intersubjetiva é que permite a gradativa construção do conhecimento objetivo.

> Mas, tal como todos os racionalistas pensantes, não afirmo que o homem *seja racional*. É óbvio, pelo contrário, que mesmo o homem mais racional é altamente irracional em muitos aspectos. A racionalidade não é patrimônio do homem nem um facto acerca dele. Trata-se de uma *tarefa que o homem tem de realizar*, uma tarefa dificultosa e cheia de restrições; mesmo que parcial, será difícil conseguir a racionalidade.[51]

Para Popper, como visto anteriormente, a discussão crítica é regida por ideias reguladoras.[52] Isso não é diferente na área do Direito. São ideias reguladoras fundamentais para a produção do conhecimento na área do direito: *verdade, segurança* (presente especialmente na ideia de *legalidade*) e *justiça*, entre outras; a essas, no campo do Direito Processual, pode-se acrescentar a ideia de *acesso à Justiça*.

Toda interpretação jurídica é realizada na busca de justiça e de segurança. No discurso individual, subjetivo, isso até pode ser retórico, mas no conjunto dos debates acadêmicos e mesmo na prática profissional há a transcendência do puramente subjetivo, por meio da crítica intersubjetiva. Os problemas, as hipóteses, teorias e interpretações jurídicas passam a habitar o mundo 3 autônomo, deslocados da pura subjetividade.

Exemplo que pode ser dado na área do Direito de como o conhecimento produzido subjetivamente, uma vez publicizado, passa a habitar o mundo 3, adquirindo autonomia e podendo voltar para atuar no mundo 1, relido pelo mundo 2, em situações não previstas pelo seu autor, é a caracterização

---

50   POPPER, Karl. *A miséria do historicismo.*
51   POPPER, Karl. *O conhecimento e o problema corpo-mente*, p. 156. Grifos do autor.
52   Segundo Popper (*A vida é aprendizagem*), a discussão crítica é regida por ideias reguladoras, entre as quais é necessário destacar: (a) a ideia de verdade; (b) a ideia de conteúdo lógico e empírico; e (c) a ideia de conteúdo de verdade de uma teoria e sua aproximação à verdade.

da coisa julgada como qualidade da sentença, teoria desenvolvida por Liebman. O autor que construiu essa hipótese provavelmente nunca pensou na sua aplicação, décadas depois, para justificar a possibilidade da adoção da denominada flexibilização ou relativização da coisa julgada – mas isso ocorreu exatamente porque as teorias jurídicas, presentes no mundo 3, transcendem seus criadores, podendo, aliás, oferecer ao mundo 2 mais do que dele receberam. Esse processo, realizado por meio da crítica intersubjetiva, é o processo pelo qual o direito se objetiva.

O instrumento de progresso e expansão do conhecimento é a crítica – a atitude crítica como processo de escolha, de decisão. Se não podemos justificar racionalmente uma teoria, podemos justificar racionalmente uma escolha. Por meio da crítica – autocrítica e crítica intersubjetiva – analisamos a validade ou não dos argumentos. O Debate Crítico Apreciativo (DCA) – denominação utilizada por Popper – permite decidir quais explicações e soluções devem ser inteiramente eliminadas, quais devem ser parcialmente eliminadas e quais sobrevivem, mesmo que provisoriamente.[53]

Em oposição à atitude crítica, há a atitude dogmática, que se caracteriza por buscar confirmar sempre uma hipótese, teoria ou interpretação e afastar todas as tentativas de refutá-la. Popper, referindo-se especificamente ao conhecimento científico, destaca que é necessário não descartar integralmente a atitude dogmática; sem a defesa da velha teoria não haveria como testar adequadamente a força explicativa da teoria apresentada em sua substituição.[54]

> A atitude dogmática de aderir a uma teoria enquanto é possível é muito significativa. Sem ela nunca poderíamos descobrir o que existe numa teoria – precisaríamos abandoná-la antes de ter tido uma oportunidade real de verificar sua força; em consequência, nenhuma teoria poderia jamais funcionar no sentido da ordenação do mundo, preparando-nos para eventos futuros, chamando nossa atenção para acontecimentos que de outro modo nunca observaríamos.[55]
>
> [...] um montante limitado de dogmatismo é necessário ao progresso; sem um esforço sério pela sobrevivência no qual as velhas teorias são defendidas tenazmente, nenhuma das teorias concorrentes pode mostrar seu vigor,

---

[53] POPPER, Karl. *Conhecimento objetivo*. POPPER, Karl. *O conhecimento e o problema corpo-mente*.

[54] POPPER, Karl. *Conhecimento objetivo*.

[55] POPPER, Karl. *Conjecturas e refutações*. Brasília: UnB, [197-b]. p. 343.

isto é, seu poder explanatório e seu conteúdo de verdade. O dogmatismo intolerante, porém, é um dos principais obstáculos à ciência.[56]

Nesse sentido, uma dose moderada de atitude dogmática é fundamental, pois permite o aprofundamento do Debate Crítico Apreciativo e maior aproximação da verdade – maior objetivação do conhecimento.

O processo de objetivação pelo qual passa o Direito, por meio do Debate Crítico Apreciativo, faz parte – com os processos de objetivação presentes em todas as áreas – do projeto humano, alicerçado na capacidade de se transcender que caracteriza a humanidade e cada um dos indivíduos que a integram – mesmo que esses sejam naturalmente irracionais e subjetivos.

A cultura humana, em sentido lato, incluindo o Direito, é uma mutação exossomática que possibilita ao ser humano realizar escolhas. Em regimes democráticos não deriva de mera violência simbólica ou física, mas da objetivação do conhecimento.

1.3 CONSTITUIÇÃO E PROCESSO DE OBJETIVAÇÃO

Para que se possa ampliar o processo de objetivação na área do Direito, é necessária a eliminação de leituras dogmáticas dos institutos e normas jurídicas. É necessário que se aceite a crítica e a possibilidade de refutação dos denominados marcos teóricos.

De outro lado, a inexistência de base empírica (pelo menos direta) não impede o processo de crítica, refutação e corroboração, mas exige a adoção de elementos que permitam uma referência de teste das hipóteses, teorias e interpretações propostas para a solução de problemas. Entendemos que esse elemento que permite a refutação e a corroboração está presente nos valores positivados na Constituição e, portanto, na ilegitimidade ou legitimidade das normas infraconstitucionais e dos atos de aplicação do direito – mas conscientes de que o processo de objetivação do direito pode levar à redefinição de normas contidas na própria Constituição para adequá-las às mutações ocorridas na sociedade à qual serve.

Também é necessário destacar que valores constitucionais como a liberdade e a igualdade foram historicamente corroborados pela refutação empírica ocorrida no processo histórico da humanidade. A gradativa refutação dos determinismos, de um lado, e a refutação de ideias como a de superioridade

---

56   POPPER, Karl. *A lógica das ciências sociais*. Rio de Janeiro: Tempo Brasileiro; Brasília: UnB, 1978. p. 73-74.

racial e diferença de qualidade pela origem de classe ou casta, de outro, afirmaram historicamente os valores liberdade e igualdade. Da mesma forma, a corroboração da democracia como melhor regime de governo[57] decorre das consequências empíricas das diversas formas de centralismo, autoritarismo e totalitarismo presentes na história da humanidade.

Esses exemplos permitem perceber que mesmo valores podem ser refutados e corroborados por experiência empírica. É o que também ocorre contemporaneamente com a crescente legitimação da ideia de preservação do meio ambiente e a refutação da ideia de utilização desregrada dos recursos naturais.

A Constituição não é um mero texto em branco ao qual pode ser atribuído qualquer sentido. Ela expressa valores claros dentro de um Estado Democrático de Direito. Mas é também um texto que possui imprecisão significativa, sendo seus sentidos emprestados pelo momento histórico em que foi escrita e pelo contexto na qual possui vigência. Também ela se objetiva no processo geral de objetivação do direito.

Os valores e princípios constitucionais são referenciais suficientes – em cada momento histórico – para o processo de objetivação, permitindo a refutação e corroboração de hipóteses e teorias, bem como das interpretações realizadas pelos órgãos aplicadores do direito. Eles funcionam como diretrizes das ideias reguladoras de verdade, segurança e justiça.

Esses valores exigem adequada regulamentação infraconstitucional, adequada interpretação teórica das normas que integram o sistema jurídico e adequada utilização pelos órgãos aplicadores.

Nesse sentido, a Constituição coloca limites reais, quer à interpretação teórica do Direito (Ciência Jurídica, Teoria do Direito), quer na sua aplicação pelo Poder Judiciário. Ela contém as diretrizes dos principais elementos regulares do processo de objetivação do direito.

1.4 O PROCESSO COMO *LOCUS* DE PRODUÇÃO DE CONHECIMENTO

Há a imprecisão dos textos legais e a impossibilidade de lhes atribuir sentidos unívocos ou verdadeiros; mas isso não implica a aceitação de que a

---

[57] Corroboração, não comprovação. Lembremo-nos de que não temos como provar verdades, apenas como nos aproximar delas através de refutações pelo reconhecimento dos erros. Nesse sentido, todo conhecimento corroborado é provisório e pode ser superado.

interpretação e a aplicação do direito sejam atividades meramente subjetivas; há por meio dessas atividades um processo de objetivação do direito, como já visto.

Embora o processo de objetivação do direito e do Direito Processual se dê em grande parte por meio do Debate Crítico Apreciativo existente no mundo acadêmico, mediante a teoria jurídica e a construção de hipóteses explicativas e modelos teóricos, não há como negar que o processo jurisdicional empírico, onde também há crítica intersubjetiva, mesmo que restrita às partes, também é espaço de objetivação.

O direito, ao ser aplicado no mundo 1, mediado pela subjetividade do mundo 2, não é mais a mera subjetividade desse mundo, mas a objetivação oriunda do embate das subjetividades, que retorna por meio de um ato de aplicação, ato esse que já estará limitado na sua subjetividade pelas possibilidades constituídas no mundo 3, o mundo objetivo.

1.4.1 Processo e verdade

Questão de grande interesse quando se trata da interpretação da lei e da sua aplicação, refere-se ao problema da verdade. No campo processual torna-se ela ainda mais atraente, tendo em vista ser o processo um lugar privilegiado de produção de conhecimento,[58] em especial o jurídico, mas também um espaço com maiores possibilidades de presença de elementos subjetivos.

Se o objetivo do processo fosse atingir a verdade, então ter-se-ia um problema, tendo em vista a impossibilidade de alcançá-la, mesmo por meio do Debate Crítico Apreciativo. Mas esse, com certeza, não o é. A busca da verdade é ideia reguladora, mas o objetivo do processo é resolver conflitos de interesses, com justiça, mantendo dessa forma a ordem social mediante a afirmação do direito, mas não de qualquer direito.

Quanto mais efetivo for o Debate Crítico Apreciativo, mais próxima da realidade poderá ser a aplicação do direito por parte do juiz. No entanto, a subjetividade do ato de interpretação da lei e dos fatos, vinculada à inexistência, na prática, da neutralidade judicial, demonstram a impossibilidade de se garantir, de forma peremptória, que essa aplicação se dará exatamente de

---

[58] Não se está aqui falando de conhecimento científico. A produção de conhecimento no processo é valorativa, escolha entre soluções possíveis; não é produção científica, embora na atividade jurisdicional processual se possa e deva utilizar dos conhecimentos produzidos pelas mais diversas ciências.

acordo com a realidade. Ao lado disso, é necessário reconhecer que a crítica intersubjetiva em muitos momentos inexiste, como nas situações de revelia.

Para minimizar a presença da subjetividade e ampliar a aproximação da verdade, por meio da crítica intersubjetiva, é necessário, quando da elaboração e da interpretação da legislação processual, sempre privilegiar a construção que proporcione um sistema capaz de garantir um contraditório eficaz e de produzir um conhecimento que seja o mais adequado para que o processo atinja seus objetivos.

Um processo com as mais amplas garantias de manifestação das partes e de produção de provas – portanto com Debate Crítico Apreciativo – certamente pode produzir um conhecimento de melhor qualidade e mais próximo da realidade, trazendo maior segurança.

A constatação de que não é possível o conhecimento da verdade no âmbito do processo – como de resto em qualquer espaço de produção do conhecimento humano – mas apenas a verossimilhança, aliada à consciência de que a verdade não é em si o objetivo do processo, não impede que nele ocorra processo de objetivação. É certo que há processos nos quais há decisões preponderantemente subjetivas; isso faz parte da realidade. Mas o mesmo ocorre até na Ciência, mesmo nas ciências mais objetivas, como a Física.

1.4.1.1   O que se entende por verdade no âmbito do processo

É necessário no contexto em que estamos trabalhando esclarecer que a expressão verdade vem sendo utilizada no sentido em que é emprestado no campo da Teoria do Conhecimento ou Epistemologia, em especial aquele utilizado na obra de Karl Popper. Nesse sentido, não se confunde com os sentidos usualmente utilizados no campo do Direito, em especial do Direito Processual.

No campo da Epistemologia, como na Lógica, a verdade só pode ser atribuída a enunciados, assim como a falsidade. Trata-se da verdade ou falsidade de uma descrição dos fatos. Não se utiliza essa expressão, nessas áreas, para se referir a fatos em si.

Visando deixar claros os sentidos que essa expressão adquire no campo do processo, vamos, na sequência, explicitá-los, para que não sejam confundidos com o sentido emprestado à palavra verdade neste capítulo, de forma geral.

1.4.1.1.1   A verdade no âmbito do processo em sentido lato

No âmbito do processo, a verdade pode versar sobre provas – a respeito de fatos ou de direitos – ou sobre a verdade da interpretação jurídica processual mais adequada à aplicação da norma processual, conforme a evolução do sistema jurídico naquele momento histórico.

Desse modo, fora do direito probatório, mas ainda no âmbito do Direito Processual, a verdade pode versar, conforme critérios atuais de objetivação jurisprudencial, sobre o acerto da interpretação jurídica conforme um determinado entendimento, em um dado momento da evolução da jurisprudência a respeito de certo tema. Trataremos adiante exatamente de fundamentos para a busca dessa espécie de verdade: a verdade no âmbito do processo em sentido estrito.

1.4.1.1.2 A verdade no âmbito do processo em sentido estrito: direito probatório

Há diversos significados para o termo verdade no âmbito do processo. Por via de regra, a verdade é aquela demonstrada pelos fatos da causa, dado que, salvo as exceções legais,[59] o juiz conhece o direito a ser aplicado: *iura novit curia*; ou ainda, *narra me factum dabo tibi jus*: dai-me os fatos que eu lhes darei o direito.

Desse modo, salvo raras exceções, a verdade que as partes necessitam demonstrar não versará sobre a prova do direito a ser aplicado, mas sim sobre a forma como os fatos que interessam ao julgamento da causa realmente aconteceram: versará sobre a prova dos fatos da causa. Assim, no âmbito do direito a verdade normalmente diz respeito à versão dos fatos em determinado processo.

1.4.1.1.3 A verdade real

A verdade real, por sua vez, consiste na verdade que revela a forma pela qual os fatos que interessam ao julgamento do feito efetivamente aconteceram. Trata-se da verdade que o juiz deveria ter ciência; da verdade a ser atingida: o grande objetivo de todo o direito probatório.

A verdade real é um norte. Não se confunde com a verdade sabida, pois a verdade sabida é a fofoca, a notícia de jornal etc. A verdade apenas sabida pode não corresponder à forma como os fatos realmente aconteceram; pode não corresponder à efetiva verdade a respeito dos fatos.

Muito embora se busque a verdade real em detrimento da verdade formal, o fato é que no universo do processo toda verdade é formal, de modo que a verdade real surge apenas como um objetivo, como um princípio, cujo aparecimento depende, por vezes, do sucesso ou do insucesso dos operadores

---

[59] CPC de 2015, art. 376 – direito municipal, estadual, estrangeiro ou consuetudinário.

do direito, da sua habilidade em comprovar ou impedir a comprovação dos fatos no universo probatório.

1.4.1.1.4 A verdade formal

O juiz só julga de acordo com a realidade que os autos do processo refletem. É por isso que se costuma dizer que aquilo que não está nos autos não está no mundo, segundo o brocardo latino *quod non est in actis non est in mundo*. Definitivamente, fatos que não estão descritos nem comprovados nos autos do processo não constam dos elementos que podem ser utilizados pelo magistrado para fundamentar seu convencimento.

Desse modo, por mais que o processo se esforce para atingir a verdade real, para refletir a verdade daquilo que efetivamente aconteceu e que interessa ao processo, o magistrado não pode julgar segundo a *verdade sabida*; segundo a verdade ouvida ou lida nos jornais, ou mesmo vista pelo próprio magistrado, mas não descrita nem comprovada nos autos do processo. Isso porque a realidade dos autos do processo necessitará ser analisada pelos juízes de forma objetiva em todos os graus de jurisdição e não apenas por aquele que a conhece por motivos de ordem pessoal ou regional.

Daí se conclui que toda a verdade analisada no âmbito do processo é, na realidade, uma verdade formal. Existe apenas um esforço para que esta verdade formal reflita os fatos da forma como eles efetivamente aconteceram, esforço esse que reflete importante princípio do direito probatório, denominado *princípio da busca pela verdade real em detrimento da verdade formal*.

1.4.2 Objetivação do direito via processo

Em toda relação cognoscente individual, como nas situações de aplicação do direito via processo, o produto final – o conhecimento produzido – sempre será fruto da subjetividade do mundo 2, mas também da objetividade do mundo 3.

O processo jurisdicional, embora normalmente não seja analisado nem visto sob esse prisma pelos processualistas, é um método (instrumento) de produção de conhecimento. Tanto é assim que o processo jurisdicional, em sua espécie mais característica, denomina-se processo de conhecimento. Há, portanto, uma relação cognoscente.

A legislação e os fatos trazidos ao processo podem ser lidos e interpretados de diversas formas. Autor e réu têm, com certeza, análises diferenciadas de um mesmo fato e propostas de soluções jurídicas não coincidentes para o problema a ser solucionado. Nesse sentido, o processo funciona como um espaço no qual há Debate Crítico Apreciativo – mesmo que circunscrito às partes –, presente na efetivação do contraditório e da ampla defesa. Isso permite chegar ao conhecimento mais próximo possível da realidade.

No processo jurisdicional, a objetivação ocorre duplamente. Em primeiro lugar é a objetivação do próprio Direito Processual, que passa pelo processo de crítica intersubjetiva, no campo teórico, na discussão acadêmica e, de forma concreta, na sua aplicação, quando muitas vezes diferentes posições acadêmicas novamente se contrapõem. Em segundo lugar é espaço de objetivação, no caso concreto, do próprio direito material, visto que nesse momento as diferentes posições acadêmicas serão contrapostas novamente, para a refutação de uma ou mais e a escolha, pelos órgãos aplicadores, de outra que, naquele momento histórico, espaço geográfico e contexto cultural, social, político e econômico, seja vista como a mais adequada para a solução do conflito.

E há o sistema recursal, pelo qual o Debate Crítico Apreciativo é aprofundado. Por meio da apreciação de argumentos apresentados nos recursos se refutam e corroboram teses. A construção da jurisprudência é resultado do processo de objetivação. Mas não é a verdade sobre o direito. Uma vez publicizadas as decisões, passam elas também a integrar o mundo 3 e se tornam objeto da crítica intersubjetiva, podendo ter seu conteúdo refutado, não mais no campo do caso específico, mas no campo geral do conhecimento e na aplicação do direito em novos processos semelhantes ou idênticos.

Há diversas situações em que a interpretação dos órgãos aplicadores do direito se torna objeto de intenso Debate Crítico Apreciativo, gerando em grande parte avanços no processo de objetivação do direito. São exemplos contemporâneos as decisões que aplicam a tese da flexibilização ou relativização da coisa julgada[60] e as relativas às uniões homoafetivas.

Há ainda aquelas situações em que o Debate Crítico Apreciativo é aberto à comunidade em geral para que os tribunais possam ser mais bem esclarecidos da situação em análise, mediante a análise de argumentos, hipóteses e teorias. Também neles há profundo avanço no processo de objetivação, tal como ocorreu no julgamento pelo STF de demanda sobre a possibilidade de utilização de células-tronco de embriões sobrantes em experiências científicas.

---

[60] Sobre esse tema, ver o item 1.7, Capítulo 1, Unidade IV, deste volume. Também RODRIGUES, Horácio Wanderlei e AGACCI, Francielli Stadtlober Borges. Sobre a relativização da coisa julgada, seus limites e suas possibilidades. *Revista de Processo*, São Paulo: RT, ano 37, n. 203, p. 15-38, jan. 2012.

E mesmo no campo do direito probatório há situações de objetivação, como aquelas nas quais a utilização de determinadas espécies de prova deixa de ser aceita ou tem seu valor probatório reduzido – são refutadas integral ou parcialmente – e outras passam a ser permitidas ou recebem maior valoração por possibilitarem maior verossimilhança, como é o caso dos exames de DNA em processos de investigação de paternidade. Essa objetivação no campo das provas é mais comum em demandas que requerem perícias técnicas.

Mas é necessário reconhecer que essa objetivação é imensamente maior em demandas repetitivas, como as que tratam de direitos individuais homogêneos, coletivos e difusos. Nos processos em que envolvem demandas individuais, não repetitivas, a presença da subjetividade é ainda muito forte.

Em todas essas situações o direito, ao ser aplicado no mundo 1, mediado pela subjetividade do mundo 2, não é mais a mera subjetividade desse mundo, mas a objetivação oriunda do embate das subjetividades, que retorna por meio de um ato de aplicação, ato esse que já estará limitado na sua subjetividade pelas possibilidades constituídas no mundo 3, o mundo objetivo.

Em última instância sabemos que será sempre necessário decidir entre diferentes possibilidades – decidir é inevitável. No entanto, devemos chegar a decisões por meio de argumentos racionais e não de apelos emocionais, da retórica ou da força. São os argumentos racionais que nos podem ajudar a chegar a uma decisão baseada na verossimilitude.

No campo do processo, como em todos os campos do direito, a Constituição nos oferece elementos para esse processo de objetivação. Os direitos fundamentais e os princípios constitucionais do processo são elementos fundamentais para a interpretação do direito, inclusive do Direito Processual. A interpretação do Direito Processual com base na ideia de acesso à Justiça e do direito a aplicar com base nos direitos fundamentais permite a redução da subjetividade e o aumento da objetividade. A Constituição oferece os elementos necessários à objetivação da produção do conhecimento do direito, no processo e fora dele.

Não podemos justificar racionalmente uma hipótese (ou teoria), mas podemos justificar racionalmente uma preferência – é o que deve ocorrer no processo quando da fundamentação da decisão. Não há fontes autorizadas do conhecimento – argumentos de autoridade não são argumentos válidos, quer com base em autores, quer com base em decisões de cortes superiores; os argumentos apresentados devem ser passíveis de análise crítica, racional.

Os pessimistas preferem realizar uma leitura totalmente subjetiva; dessa forma endossam visões relativistas, onde tudo, ou quase tudo, é possível. E com isso muito pouco realizam de produtivo para os avanços das instituições jurídico-políticas e para o crescimento da objetividade e efetividade da prestação jurisdicional. É evidente que do Debate Crítico Apreciativo todas as visões devem participar; mas visões que negam os próprios resultados da crítica e se intitulam como as únicas visões críticas nada mais fazem do que, tentando monopolizar o discurso crítico, tornarem-se mais dogmáticas do que a visão dogmática que dizem combater.

A presença da subjetividade no ato de criação das teorias, no Debate Crítico Apreciativo e no ato de aplicação do direito é um fato. Não há como contestar. Mas disso não resulta que a aplicação do direito seja uma atividade puramente subjetiva. Recuperando Kelsen:

> [...] na aplicação do Direito por um órgão jurídico, a interpretação cognoscitiva (obtida por uma operação de conhecimento) do Direito a aplicar combina-se com um ato de vontade em que o órgão aplicador do Direito efetua uma escolha entre as possibilidades reveladas através daquela mesma interpretação cognoscitiva.[61]

Nesse trecho da *Teoria pura do direito*, a primeira interpretação é a da Ciência do Direito – integrante do mundo 3 popperiano – e a segunda é a do aplicador – é o mundo 2 realizando a mediação entre o mundo 3 e o mundo 1. O conhecimento produzido pela Ciência é conhecimento objetivo porque fruto da crítica intersubjetiva – mas não neutro, como quer Kelsen. O ato de aplicação é subjetivo, mas, como já dito anteriormente, não puramente subjetivo, porque sobre ele já atua o mundo 3, do conhecimento objetivo.[62]

O processo jurisdicional, por todos os fundamentos apresentados, é espaço de objetivação do direito – mesmo reconhecendo as limitações que lhe são inerentes. É papel da Teoria do Processo, nesse contexto, buscar por meio de um intenso Debate Crítico Apreciativo encontrar mecanismos mais efetivos para que essa objetivação se amplie.

---

[61] KELSEN. *Op. cit.*, p. 394.

[62] É preciso que se diga que em situações em que o Direito seja inadequadamente aplicado de forma consciente e deliberada, com o objetivo de se obter vantagem ou de prejudicar a outrem, o problema não é de ausência de objetivação derivada da subjetividade do ato de aplicação. O que há nessa situação é a prática de um crime. Também não há falha do processo de objetivação quando o aplicador é induzido em erro pelas partes, como ocorre em situações de falsificação de provas. Fraudes e má-fé não estão restritas às áreas do Direito e da política. Elas ocorrem em todas as áreas e atividades, em menor ou maior grau. São inclusive públicas e conhecidas mesmo em áreas tradicionais como a Física, a Biologia e a Arqueologia, entre outras.

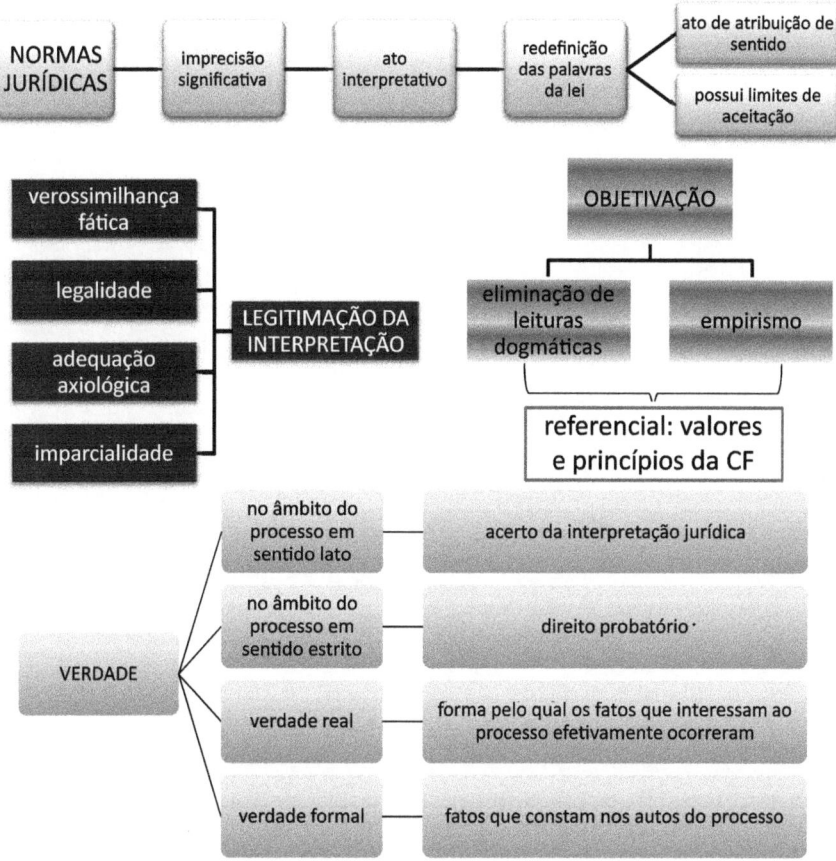

Capítulo 2
LEI PROCESSUAL NO ESPAÇO E NO TEMPO

2.1   A LEI PROCESSUAL NO ESPAÇO

Cumpre aqui analisar o âmbito de vigência espacial das normas jurídicas, no tocante aos limites territoriais dentro dos quais a norma vige.

Quando se fala de lei processual no espaço, duas situações diferenciadas devem ser levadas em consideração:

a)   aplicação das normas dos Estados-Membros em relação às normas da União; e

b)   a aplicação das normas nacionais em relação às normas estrangeiras e às normas internacionais.

2.1.1   O espaço interno: normas dos Estados-Membros *versus* normas da União

Com relação à questão da aplicação das normas da União e dos Estados-Membros, a regra é que devem ser aplicadas as normas legais válidas em razão da competência legislativa atribuída pela Constituição Federal. A Constituição brasileira define competências diferenciadas para as diferentes espécies de normas processuais:

a)   de organização judiciária e de competência;

b)   processuais em sentido estrito; e

c)   de procedimento.

No que se refere às normas de organização judiciária e de competência, a própria Constituição estabelece regras e princípios gerais a serem obedecidos pela legislação complementar e ordinária, quer em nível federal, quer em nível estadual.

Estabelece também a competência da União para legislar sobre suas justiças (CF, art. 21, inc. XIII, e art. 22, inc. XVII) e a competência dos Estados-Membros para legislar sobre a justiça estadual (CF, art. 125), sempre respeitados os princípios constitucionalmente fixados, bem como sobre as custas dos serviços forenses (CF, art. 24, inc. IV). No que se refere especificamente aos juizados de pequenas causas, estabelece a lei maior a competência legislativa concorrente entre União e Estados-Membros (CF, art. 24, inc. X).

Tratando-se das normas processuais em sentido estrito, a competência é privativa da União (CF, art. 22, inc. I). Já no que se refere aos procedimentos em matéria processual, a regra fixada é a da competência concorrente entre a União e os Estados-Membros (CF, art. 24, inc. XI).

Diante do exposto, têm-se três situações distintas:

a) a competência é exclusiva da União, situação na qual a legislação estadual que tratar da matéria é inconstitucional;

b) a competência é exclusiva dos Estados-Membros, quando inconstitucional é a legislação federal; e

c) a competência é concorrente entre a União e os Estados-Membros.

Nessa última situação, estabelece a Constituição Federal, em seu art. 24, §§ 1º e 2º, que a União, no âmbito da legislação concorrente, limitar-se-á a estabelecer normas gerais e que essa competência não exclui a competência suplementar dos Estados-Membros. Esse dispositivo adota a opção mais compatível com o ideal federativo, segundo a qual a fixação das regras gerais seria de competência da União, cabendo aos Estados-Membros elaborar a legislação que as suplemente.[1] Há então uma divisão de competências dentro da competência concorrente.[2]

---

[1] Nesse sentido: MALACHINI, Edson Ribas. A Constituição Federal e a legislação concorrente dos estados e do Distrito Federal em matéria de procedimentos. *Revista Forense*, Rio de Janeiro: Forense, v. 324, p. 49-54.

[2] Entretanto, não tem sido essa a orientação seguida pelos tribunais brasileiros na aplicação das leis estaduais em matéria em que existe legislação federal; regra geral preferem simplesmente aplicar a legislação federal em detrimento da estadual. Exemplo disso é a lei dos Juizados Especiais; com a sua edição os estados simplesmente deixaram de aplicar as leis estaduais, mesmo quando essas contêm normas

2.1.2   O espaço internacional: normas dos Estados-Partes *versus* normas estrangeiras e internacionais

Não há muito que falar sobre o âmbito de vigência espacial em se tratando de conflito entre norma processual nacional e normas estrangeiras ou internacionais. O princípio que o regula é o da territorialidade.[3]

A aplicação desse princípio justifica-se, em especial, por uma razão política, qual seja: a atividade jurisdicional do Estado é uma manifestação do seu poder soberano não podendo, por conseguinte, ser regulada por legislação alienígena.

Quando ocorrer que determinados atos processuais devam ser praticados no exterior, por meio de carta rogatória, a lei processual aplicável será a do país onde esses atos devam ser realizados, situação indevidamente denominada por parte da teoria jurídica de aplicação indireta de norma processual estrangeira. A mesma situação prevalece quando a justiça brasileira praticar ato processual em atenção a pedido de estado estrangeiro, sendo, nesse caso, o ato praticado no Brasil de acordo com a legislação brasileira. O que ocorre nessas situações é a cooperação jurisdicional entre os estados e que decorre, via de regra, da existência de tratados ou convenções dos quais ambos são signatários.

Essa espécie de cooperação é também denominada de judicial e de interjurisdicional. Esses mecanismos de cooperação não modificam, regra geral, a legislação interna dos países e, sim, criam mecanismos de agilização dos procedimentos de comunicação entre os estados signatários, visando desburocratizar a tramitação dos documentos. No que se refere à execução dos atos processuais a serem praticados em cada um dos países, esses serão realizados de acordo com sua própria legislação. Mesmo quando um tratado ou conven-

---

que suplementam a lei federal. É o caso de Santa Catarina, onde a lei estadual prevê o recurso de divergência ao Tribunal de Justiça, inexistente na lei federal.

[3]   O princípio da territorialidade do Direito Processual aparece expressamente tanto no Código de Processo Civil como no Código de Processo Penal brasileiros. O art. 16 do CPC de 2015 assim dispõe: "A jurisdição civil é exercida pelos juízes e pelos tribunais em todo o território nacional, conforme as disposições deste Código". No que se refere ao CPP de 1941, assim dispõe o *caput* do seu art. 1º: "O processo penal reger-se-á, em todo o território brasileiro, por este Código...". Os incs. I a V desse artigo do CPP de 1941 enumeram ressalvas ao conteúdo do *caput*. Essas se referem, entretanto, à aplicação do Código para determinadas situações específicas que não ferem a adoção do princípio da territorialidade. Como regra geral, todos os processos que tiverem como objeto delitos penais cuja competência para julgar seja da justiça brasileira ocorrerão de acordo com a lei pátria.

ção modificar a lei processual nacional, não é correto falar em aplicação de legislação estrangeira, tendo em vista que as normas de direito internacional só passam a ser obrigatórias em relação aos demais estados após a sua ratificação, o que, no caso do Brasil, depende de prévia aprovação pelo Poder Legislativo. Para obrigar internamente e ser de aplicação obrigatória pelo juiz nacional, é necessária também a promulgação por meio de decreto presidencial.

Em função dessa situação, o princípio da territorialidade, em matéria do âmbito de validade das normas de Direito Processual, é praticamente absoluto, excluindo a possibilidade da aplicação de Direito Processual estrangeiro e mesmo a existência de normas de direito internacional atinentes a esse objeto, com exceção daquelas decorrentes de tratado ou convenção internacional da qual o país seja signatário. De qualquer modo, nas situações atinentes ao direito internacional clássico, bem como naquelas que se enquadram dentro do direito da cooperação (como o Mercosul),[4] não há por que falar em exceção ao princípio da territorialidade, tendo em vista que os tratados e convenções que o compõem necessitam ser aprovados pelos poderes legislativos dos respectivos Estados-Partes, sendo obrigatórios internamente somente após sua promulgação por decreto presidencial, como já destacado anteriormente.

2.2 A LEI PROCESSUAL NO TEMPO

O estudo das questões atinentes à aplicação das leis no tempo é objeto do denominado Direito Intertemporal. No entanto, o Direito Intertemporal não é formado, no que se refere às normas de direito material e Direito Processual, exatamente pelos mesmos princípios e regras. Neste manual interessa-nos apenas estudar a forma pela qual devem ser resolvidos os conflitos de normas processuais no tempo.

2.2.1 Princípios gerais

No que se refere especificamente à aplicação das normas processuais no tempo, dois são os princípios fundamentais:

a) o da irretroatividade (ou da não retroatividade), que busca tutelar a segurança e a certeza das situações jurídicas pretéritas, quais sejam os atos jurídicos perfeitos, os direitos adquiridos e a coisa julgada; e

---

4   Exceção ocorre no caso da União Europeia, onde existe um direito comunitário, de índole supranacional, aplicável a todos os países-membros, independentemente do que dispõem as normas de direito interno, tendo em vista sua superioridade hierárquica.

b) o da imediata aplicação da lei nova, que busca garantir a eficácia imediata da nova lei para os feitos em curso, presumivelmente melhor do que a anterior, tal como explicitam os arts. 14 e 1.046 do CPC de 2015.

É importante também deixar clara a diferença entre irretroatividade e aplicação imediata. A irretroatividade da lei distingue-se de sua aplicação imediata porque a primeira é a não aplicação de uma lei a fatos passados ou a situações consumadas antes da sua vigência, enquanto a aplicação imediata se dá relativamente a conflitos ainda não resolvidos.

Esses princípios fundamentais levam à conclusão geral de que as normas de Direito Processual devem ter aplicação imediata, não podendo, entretanto, retroagir para alcançar atos praticados na vigência da lei anterior. Isso se deve ao fato de que seu conteúdo é de direito público e regra geral imperativo. Impõe-se também perante as garantias inscritas no inc. XXXVI do art. 5º da Constituição Federal: "a lei não prejudicará o direito adquirido, o ato jurídico perfeito e a coisa julgada".

A conceituação dessas garantias encontra-se, na legislação pátria, na Lei de Introdução às Normas do Direito Brasileiro. Essa estabelece nos §§ 1º, 2º e 3º de seu art. 6º:

§ 1º Reputa-se ato jurídico perfeito o já consumado segundo a lei vigente ao tempo em que se efetuou.

§ 2º Consideram-se adquiridos assim os direitos que o seu titular, ou alguém por ele, possa exercer, como aqueles cujo começo do exercício tenha termo pré-fixo, ou condição preestabelecida inalterável, a arbítrio de outrem.

§ 3º Chama-se coisa julgada ou caso julgado a decisão judicial de que já não caiba recurso.

De outro lado, a aplicação da regra geral da irretroatividade e a imediata aplicação da lei nova não podem ser vistas como absolutas. A nova lei, em suas disposições transitórias, pode prever regra diferente dessa, mantendo a vigência da lei antiga em determinadas situações ou, inclusive, para todos os processos já iniciados.

Também pode prever sua própria retroatividade a situações específicas, desde que não atinja coisa julgada, ato jurídico perfeito ou direito adquirido, garantias constitucionais que se sobrepõem a qualquer determinação presente na legislação infraconstitucional. No entanto, o silêncio da nova legislação sobre a aplicação de seu conteúdo pressupõe a adesão aos preceitos gerais do direito intertemporal e a aplicação das regras presentes na Lei de Introdução às Normas do Direito Brasileiro.

A aplicação dos princípios da irretroatividade e a imediata aplicação da lei nova não são, na área do Direito Processual, tão simples como parecem à primeira vista. Há pelo menos três situações diferenciadas a serem consideradas:

a)   os processos findos durante a vigência da lei velha;

b)   os processos a serem iniciados já na vigência da nova lei; e

c)   os processos pendentes (em curso) quando da entrada em vigor da lei nova.

Nas duas primeiras situações, a simples aplicação dos princípios gerais anteriormente referidos soluciona a questão. Os processos findos na vigência da lei anterior não podem mais ser modificados, tendo em vista o princípio da irretroatividade da lei nova. Há a proteger-lhes também a garantia constitucional da coisa julgada. Com relação aos processos novos também não há dúvidas. A eles se aplica a nova lei, tendo em vista o princípio da sua imediata aplicação.

A questão controvertida se coloca em nível dos processos pendentes. Diante dela três sistemas poderiam, em tese, ser aplicados:

a)   o primeiro é o da unidade processual, segundo o qual o processo apresenta uma unidade, embora se desdobre em uma série de atos, devendo ser regido por uma única lei;

b)   o segundo é o das fases processuais, segundo o qual o processo se divide em fases processuais autônomas, podendo cada uma delas ser regulada por uma lei diferente; e

c)   o terceiro é o isolamento dos atos processuais, segundo o qual o processo, por ser divido em diferentes atos, independentemente da fase em que se encontrem, pode ser regido, em cada um deles, por norma diferente.

Adotada essa última posição, os atos já praticados pela lei antiga são plenamente válidos; aos atos que já iniciaram pela antiga deve a mesma ser aplicada até o final; e os novos atos devem ser praticados de acordo com a nova lei.

O direito brasileiro adota o sistema do isolamento dos atos processuais como forma de delimitar a imediata aplicação da lei nova aos processos em andamento. Ou seja, a lei nova aplica-se imediatamente aos processos em curso, com a única condição de respeitar os atos jurídicos praticados sob a égide da lei anterior e que tenham valor próprio, independente.[5]

A aplicação desse princípio não significa retroatividade, pois a aplicação da lei nova não atinge os atos já praticados na vigência da lei anterior, bem como os efeitos por eles produzidos. Essa aplicação apenas alcança os atos futuros, aqueles que tiverem de ser praticados no processo a partir da vigência da nova lei. A adoção desse sistema respeita, assim, as garantias constitucionais do ato jurídico perfeito e do direito adquirido.

Tem-se então como regra geral que, nos casos em que não exista expressa disposição em contrário, as normas processuais se aplicam imediatamente aos atos processuais que estão por cumprir-se, pouco importando se o processo iniciou ou não na vigência da lei anterior e se ela é mais severa ou mais branda.

Cabe ao Estado disciplinar e efetuar a administração da Justiça, considerando o interesse público, os interesses coletivos e difusos e os interesses individuais. Deve-se então presumir que, ao editar uma nova lei, tenham sido considerados todos eles, e que seja ela melhor que a anterior.

Galeno Lacerda observa que, quando se estuda a aplicação da lei nova a processos já em curso, três momentos devem ser diferenciados na situação jurídica:

a)   o da constituição;

b)   o da extinção; e

c)   o dos efeitos.

Assim se manifesta expressamente:

> Quando a *constituição* (ou *extinção*) da situação jurídica se operou pela lei antiga, a ela será estranha a lei nova, salvo disposição retroativa, se permitida pelo sistema jurídico.
>
> Quando a *constituição* estiver pendente, a regra será a aplicação imediata, respeitado o período de vigência da lei anterior.

---

[5]   O princípio geral da imediata aplicação da lei nova aos processos pendentes consta do art. 1.046 do CPC de 2015, negando assim a aplicação do sistema da unidade processual: "Ao entrar em vigor esse Código, suas disposições se aplicarão desde logo aos processos pendentes, ficando revogada a Lei nº 5.869, de 11 de janeiro de 1973". Já o art. 2º do CPP de 1941 possui uma redação mais expressa, adotando claramente o sistema do isolamento dos atos processuais: "A lei processual penal aplicar-se-á desde logo, sem prejuízo da validade dos atos realizados sob a vigência da lei anterior".

Quanto aos *efeitos* da situação jurídica constituída, a norma é que a lei nova não pode, sem retroatividade, atingir os já produzidos sob a lei anterior.[6]

É importante mais uma vez salientar que, apesar das justificativas de interesse público, plenamente cabíveis, a aplicação imediata da lei nova aos processos pendentes não é uma regra absoluta, cabendo exceções.

2.2.2 Exceções à aplicação dos princípios gerais

Sobre a questão da aplicação imediata da norma processual nova, há pelo menos duas situações possíveis em que esse princípio poderá não ser aplicado:

a) na área do processo penal, quando a norma processual nova for, em tese, mais severa; e

b) na área cível, quando a eficácia imediata da nova lei processual possa extinguir a possibilidade de levar determinado conflito de interesses a juízo.

No primeiro caso, a lei tem que garantir ao acusado os meios e procedimentos necessários para que possa provar sua inocência. Mas compete ao Legislativo determinar quais são eles. Tratando-se de norma processual penal propriamente dita, a aplicação será imediata, seja ou não mais severa, a não ser que exista disposição expressa em sentido contrário. Em algumas circunstâncias, em uma norma podem coexistir características de direito material com características de Direito Processual. Nesses casos, deve-se aplicar o princípio específico do Direito Penal e não do Direito Processual Penal, qual seja o da aplicação da norma mais benéfica.[7]

Com relação à segunda situação, é necessário impedir a aplicação imediata de lei processual nova que seja capaz de eliminar direitos antes suscetíveis de satisfação pela via do processo. Se a alteração legislativa bloquear o próprio acesso à Justiça, garantido pela Constituição Federal, ocorrerá situação em que a nova norma deve ser considerada inconstitucional. No mesmo sentido, se a alteração eliminar a única forma processual capaz de garantir efetivamente o direito, o que ocorre em determinadas situações em que a lei proíbe as liminares e cautelares. Mas é suficiente para legitimar a

---

[6] LACERDA, Galeno. *O novo direito processual civil e os feitos pendentes*. Rio de Janeiro: Forense, 1974. p. 12. Grifo nosso.

[7] Cf. TOURINHO FILHO, Fernando da Costa. *Processo penal*. São Paulo: Saraiva, 1990. v. 1.

aplicação da lei nova que ao titular do eventual direito reste alguma outra via processual a percorrer, pois inexiste direito adquirido a uma determinada categoria de ação.

Galeno Lacerda,[8] tratando da matéria, salienta que, quando a nova norma criar ou agravar sanção processual, ela não se aplica aos atos praticados antes de sua entrada em vigência. Denomina esse princípio, aplicável quando se tratar de normas de caráter penitencial, de *princípio da irretroatividade das sanções agravadas ou inovadas.*

De forma resumida, pode-se dizer que, inexistindo disposição expressa na própria lei, são de duas ordens as exceções existentes relativamente à imediata aplicação da lei nova aos processos pendentes:

a) quando houver Direito Processual adquirido, ato processual juridicamente perfeito ou coisa julgada; e

b) quando a nova lei atingir a própria garantia de acesso à Justiça.

Essas exceções são absolutas, pois constituem garantias constitucionais, não podendo ser sonegadas por norma infraconstitucional.

2.2.3 Situações específicas

Há algumas situações que, pelas suas especificidades e complexidade, exigem uma análise mais detida sobre a aplicação dos princípios gerais da irretroatividade e imediata aplicação da lei nova, tendo por base o sistema do isolamento dos atos processuais. A elas serão dedicados os próximos parágrafos.

Quando se trata de normas relativas à *competência*, desde que não seja atingida a garantia do juiz natural, vige o princípio de que não há direito adquirido quando ela for absoluta. Já o princípio é o oposto quando se tratar de competência relativa. A adoção desses critérios significa que, quando a lei nova trouxer alterações nas normas de competência, pode haver transferência dos processos pendentes, se a competência for absoluta; se a competência for relativa, inversa é a regra.

Em matéria de *organização judiciária*, o princípio é também de que não há direito adquirido. A aplicação imediata das regras atinentes à competência absoluta e à organização judiciária tem por base o fato de serem essas normas imperativas e impostas em razão do interesse público.

---

[8] *Idem, ibidem,* p. 59.

Quando a nova norma tratar dos *poderes de ação* ou *de defesa*, tem-se a observar que, se a alteração puder ferir o próprio direito material, a lei sobre sua admissibilidade deve ser a do dia do surgimento do direito material e não a do dia do seu ingresso em juízo, tendo em vista as garantias constitucionais de acesso à Justiça e do direito adquirido. A regra geral, entretanto, é sua aplicação imediata. Já no que se refere às *condições da ação* e à *capacidade processual*, a lei que as rege é, em regra, a da data da propositura da ação.

Tratando a nova norma de matéria atinente aos recursos, a regra geral é a de que a lei do recurso é a lei do dia da publicação da sentença. Essa publicação não dever ser considerada, no entanto, como a publicação na imprensa oficial,[9] mas sim como a data da audiência ou sessão de julgamento, quando nela proferida, ou da sua intimação nos demais casos. Segundo Galeno Lacerda, "a lei do recurso é a mesma lei da sentença".[10] A fixação dessa regra ocorre porque, segundo esse mesmo autor:

> [...] proferida a decisão, a partir desse momento nasce o direito subjetivo à impugnação, ou seja, o direito ao recurso autorizado pela lei *vigente nesse momento*. Estamos, assim, em presença de verdadeiro *direito adquirido processual*, que não pode ser ferido por lei nova, sob pena de ofensa à proteção que a Constituição assegura a todo e qualquer direito adquirido.[11]
>
> Quer tenha sido interposta pela lei antiga, mas ainda não julgada, quer não se tenha ainda manifestado contra decisão proferida na vigência daquela, embora não publicada sob a mesma vigência, deve a impugnação ser recebida e julgada, em respeito ao direito adquirido.[12]

De outro lado, quando a nova norma trouxer alterações no campo do *procedimento*, a regra geral é a da sua aplicação imediata, respeitados os atos já praticados sob a égide da lei anterior, independentemente de referirem-se a atos a serem praticados no primeiro ou no segundo grau de jurisdição. Dois aspectos devem, no entanto, ser levados em consideração:

a) o acréscimo de atos pela nova lei; e

b) a supressão de atos pela nova lei.

---

9   Segundo Galeno Lacerda (*op. cit.*, p. 71): "A publicação na imprensa oficial representa, apenas, a condição ou termo inicial de exercício de um direito – o de impugnar – que preexiste, nascido no dia em que se proferiu o julgado. [...] É evidente que o direito subjetivo à impugnação preexiste ao mero ato de divulgação pela imprensa".

10 LACERDA, Galeno. *Op. cit.*, p. 72.

11 LACERDA, Galeno. *Op. cit.*, p. 68. Destaque do autor.

12 *Idem, ibidem*, p. 72.

Com relação ao primeiro deles, assim se manifesta Galeno Lacerda:

> [...] os fatos que não integram a constituição (ou extinção) de uma situa-ção jurídica, segundo a lei em vigor no dia em que se verificaram, não podem, pela lei nova, sob pena de retroatividade, ser considerados como elementos causadores dessa constituição (ou extinção). O mesmo vale para as situações jurídicas criadas pela nova lei.[13]

No que se refere à eliminação de atos, em regra aplica-se imediatamente a lei nova. Essa regra não é, no entanto, absoluta. Deve-se analisar cada situação específica, levando em consideração pelo menos alguns aspectos, tais como se já foi efetivada a citação sob a vigência da lei anterior ou se existe ou não revelia, em especial quando houver uma sumarização geral do rito.

Em matéria de *prazos*, é importante salientar, em primeiro lugar, que, quando eles já correram integralmente na vigência da lei velha, mesmo que ampliados, não podem ser reabertos. Sendo o prazo um fato produtor de consequências jurídicas, uma vez iniciado seu curso sob a égide de uma lei, deve ele ser regulado até o final por essa mesma lei.[14]

A adoção desse critério pode ser justificada inclusive com a alegação de direito adquirido das partes ao prazo preclusivo constante da lei antiga.

No que se refere às normas que tratem da *nulidade dos atos processuais*, são sempre aplicáveis aquelas do tempo da prática dos atos. Isso significa

---

[13] *Idem, ibidem*, p. 31.

[14] Há autores que, em matéria de prazos, entendem haver duas situações diferenciadas: (a) se houve a ampliação dos prazos; e (b) se houve a diminuição dos prazos. Nesse sentido, entende Galeno Lacerda (*op. cit.*, p. 91) que, quando o prazo alongado está ainda em curso, ele se conta desde logo, aproveitando-se na sua integralização o lapso de tempo já decorrido sob a lei antiga. No que se refere aos prazos diminuídos, entende esse mesmo autor (*op. cit.*, p. 100) que a regra aplicável é diversa, devendo-se contá-lo integralmente por apenas uma das leis: "A regra para os prazos diminuídos é inversa da vigorante para os dilatados. Nestes, como vimos, soma-se o período da lei antiga ao saldo, ampliado, pela lei nova. Quando se trata de redução, porém, não se podem misturar períodos regidos por leis diferentes: ou se conta o prazo, todo ele, pela lei antiga, ou todo, pela regra nova, a partir, porém, da vigência desta. Qual o critério para identificar, no caso concreto, a orientação a seguir? A resposta é simples. Basta que se verifique qual o saldo a fluir pela lei antiga. Se ele for inferior à totalidade do prazo da nova lei, continua-se a contar dito saldo pela regra antiga. Se superior, despreza-se o período já decorrido, para computar-se, exclusivamente, o prazo da lei nova, na sua totalidade, a partir da entrada em vigor desta". Essa tese não parece, entretanto, compatível com os princípios adotados no âmbito do direito intertemporal brasileiro, motivo pelo qual se opta aqui por privilegiar a posição esposada no corpo do texto.

que os atos praticados pela lei antiga, embora reputados nulos pela nova lei, continuam válidos, e que os atos considerados nulos pela antiga, assim continuam, embora a lei nova possa julgá-los válidos.

Tratando-se de norma referente à *prova*, mais complexa torna-se a situação. Como regra prevalece a lei do dia da prática do ato em juízo quando for norma referente especificamente ao procedimento a ser obedecido na sua produção. Em outro sentido, prevalece a lei do dia em que o ato a provar se realizou no que se refere à admissibilidade e ao ônus da prova.

Cabe lembrar novamente que, na dúvida sobre a imediata aplicação de nova lei processual aos processos pendentes, deve-se sempre buscar compatibilizar esse princípio e o da irretroatividade da lei nova com as garantias constitucionais de acesso à Justiça, do direito adquirido, do ato jurídico perfeito e da coisa julgada, além de levar em consideração a coerência da opção adotada com o sistema jurídico como um todo. Essa compatibilização permitirá a obtenção de respostas mais adequadas aos problemas que surgirem.

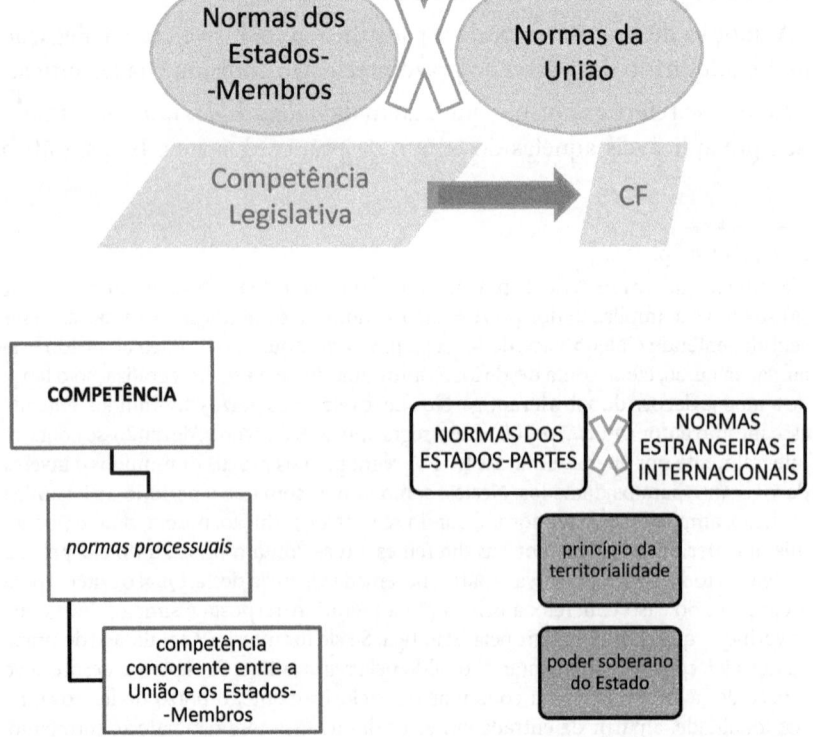

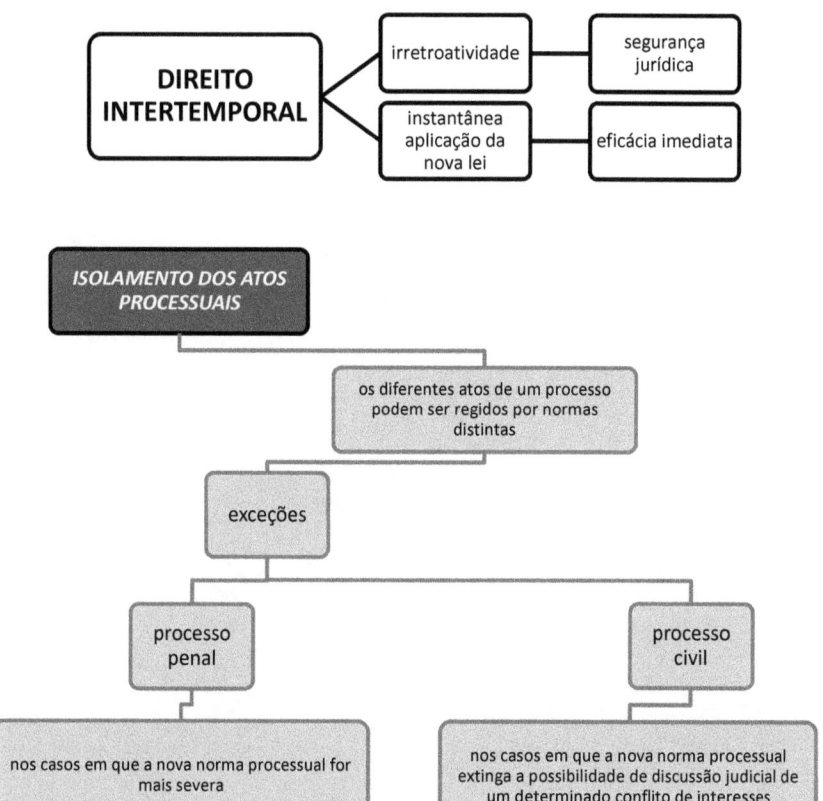

Capítulo 3

INTERPRETAÇÃO DO DIREITO PROCESSUAL

3.1 HERMENÊUTICA JURÍDICA, INTERPRETAÇÃO E APLICAÇÃO DO DIREITO

A expressão *Hermenêutica Jurídica* é utilizada na área do Direito para, regra geral, indicar o estudo das questões vinculadas à interpretação da lei, à integração do Direito e à resolução de antinomias jurídicas. É nesse sentido que se usa a expressão *Hermenêutica Jurídica* neste capítulo e no livro como um todo. Já a expressão *hermenêutica*, no campo da Filosofia, é empregada, regra geral, como a *teoria da interpretação*.

A palavra *interpretação* possui um sentido amplo e um sentido estrito. Em sentido estrito, refere-se ao ato de descoberta do sentido da norma. Em sentido amplo, inclui os mecanismos de integração do Direito e de resolução de antinomias jurídicas, tendo em vista que também nessas situações se busca descobrir o direito aplicável a cada hipótese.

Já a expressão *aplicação* refere-se à atividade prática de incidência da norma ao caso concreto. Essa aplicação pode ocorrer de forma espontânea, quando se cumpre voluntariamente o direito, ou coercitivamente, quando decorre de uma decisão judicial proferida em um determinado feito processual.

É importante relembrar, como exposto ao final do Capítulo 1 desta unidade – subjetividade e objetividade no âmbito do processo –, que a Hermenêutica Jurídica não garante a descoberta da verdade, quer no que respeita às normas, quer no que diz respeito aos fatos. Também não garante a certeza de que a aplicação do direito ao caso concreto, com base no sentido atribuído por meio de suas técnicas e métodos, é a mais adequada e justa.

De outro lado, como também indicado no capítulo anteriormente referido, a Hermenêutica Jurídica funciona como um importante instrumento do Debate Crítico Apreciativo, quer na discussão teórica, quer na discussão do caso concreto. Ela oferece conceitos e modelos para serem utilizados pelos diversos atores no processo de crítica intersubjetiva, possibilitando a refutação de hipóteses e a construção de acordos que permitem uma aplicação do direito pelos órgãos competentes, de forma mais uniforme, o que, no campo político, é de suma importância, considerando a garantia de tratamento isonômico e a atuação do direito, via processo, como um mecanismo de pacificação social.

3.2   A INTERPRETAÇÃO DO DIREITO PROCESSUAL

É importante salientar que, de forma geral, adotam-se para a interpretação do Direito Processual os mesmos princípios e métodos adotados para o direito material.

É também necessário relembrar, com Kelsen, que "todos os métodos de interpretação até o momento elaborados conduzem sempre a um resultado apenas possível, nunca a um resultado que seja o único correto".[1]

3.2.1   O que é interpretar?

Deixe-se expresso de início, mesmo sendo repetitivo, que não existe a norma clara; os textos que formalizam as normas jurídicas possuem imprecisão significativa. Há a pluralidade de significações das palavras e das sequências de palavras: *o sentido verbal da norma não é unívoco*. Toda norma tem de ser interpretada quando de sua aplicação.[2] Segundo Carlos Maximiliano, "até o *silêncio* se interpreta; até ele traduz alguma coisa, constitui um índice do direito, um modo de dar a entender o que constitui, ou não, o conteúdo da norma".[3]

Segundo Eduardo J. Couture, "a interpretação consiste em extrair o sentido, desenterrar o conteúdo, que o texto encerra com relação à realidade". Nesse sentido, "o intérprete é um intermediário entre o texto e realidade".[4]

---

[1]   KELSEN, Hans. *Teoria pura do direito*. São Paulo: Martins Fontes, 2006. p. 392.

[2]   *Idem, ibidem*, p. 389.

[3]   MAXIMILIANO, Carlos. *Hermenêutica e aplicação do direito*. Rio de Janeiro: Forense, 1979. p. 208. Destaque do autor.

[4]   COUTURE, Eduardo J. *Interpretação das leis processuais*. Rio de Janeiro: Forense, 1993. p. 1.

Para esse autor, há algumas proposições fundamentais que devem ser levadas em consideração quando se fala de interpretação na área do Direito. São elas:

a) interpretar a lei não se confunde com interpretar o direito. O direito é o todo; a lei a parte;

b) a tarefa interpretativa não pode se esgotar na determinação do sentido das palavras e dos conceitos da lei;

c) a interpretação não deve se preocupar em revelar o pensamento do legislador e, sim, a extensão da eficácia contemporânea da norma; e

d) interpretar não é um ato neutro:

> Interpretar é, ainda que inconscientemente, tomar partido por uma concepção do Direito, o que significa dizer, por uma concepção do mundo e da vida. Interpretar é dar vida a uma norma. [...] Todo intérprete é, embora não o queira, um filósofo e um político da lei.[5]

Hans Kelsen, em sentido diverso diferencia a interpretação teórica da interpretação pelo órgão aplicador do direito. "A interpretação jurídico-científica não pode fazer outra coisa senão estabelecer as possíveis significações de uma norma jurídica."[6] Já a interpretação do órgão aplicador cria direito, é política jurídica, não Ciência do Direito.[7] Nessa perspectiva, a interpretação teórica seria (ou deveria ser) a valorativa (neutra, no sentido de que seria exposição de todas as interpretações técnica e valorativamente possíveis, sem realizar nenhuma opção ou atribuição de precedência a qualquer uma delas), enquanto a interpretação existente no ato de aplicação seria uma escolha axiológica, uma escolha entre as possibilidades existentes. São suas as seguintes palavras:

> Se por "interpretação" se entende a fixação por via cognoscitiva do sentido do objeto a interpretar, o resultado de uma interpretação jurídica somente pode ser a fixação da moldura que representa o Direito a interpretar e, consequentemente, o conhecimento das várias possibilidades que dentro desta moldura existem. Sendo assim, a interpretação de uma lei não deve necessariamente conduzir a uma única solução como a única correta, mas

---

[5] *Idem, ibidem*, p. 10-12.
[6] KELSEN, Hans. *Op. cit.*, p. 395.
[7] *Idem, ibidem*.

possivelmente a várias soluções que – na medida em que apenas sejam aferidas pela lei a aplicar – têm igual valor, se bem que apenas uma delas se torne Direito positivo no ato do órgão aplicador do Direito – no ato do tribunal, especialmente. Dizer que uma sentença judicial é fundada na lei, não significa, na verdade, senão que ela se contém dentro da moldura ou quadro que a lei representa – não significa que ela é a norma individual, mas apenas que é *uma* das normas individuais que podem ser produzidas dentro da moldura da norma geral.[8]

Essas observações de Kelsen, de Maximiliano e de Couture demonstram não apenas a necessidade, mas também a importância que possui o ato interpretativo para que se possa ter, em cada caso concreto, a adequada aplicação do direito. Também é necessário lembrar as posições de Warat e Brum presentes no primeiro capítulo desta unidade, bem como o que nele foi dito relativamente ao Debate Crítico Apreciativo, à verossimilhança e ao processo de objetivação do direito. Todo esse conteúdo já apresentado nos permite perceber os limites, as possibilidades e a complexidade das atividades de interpretação e aplicação jurídicas.

Em resposta à pergunta constante do título desta seção, com base em tudo o que foi dito até agora neste e no primeiro capítulo desta unidade, é possível afirmar que interpretar é atribuir sentido a uma norma jurídica. Essa atribuição de sentido contém elementos subjetivos, decorrentes dos valores pessoais do intérprete e também do ambiente sociocultural e político-econômico em que se situa o ordenamento jurídico. Ao mesmo tempo o processo interpretativo faz parte de um processo de objetivação do direito por meio do Debate Crítico Apreciativo, corroborando os sentidos que possuem maior verossimilitude.

Além disso, é possível afirmar que não se pode separar de forma clara a interpretação jurídico-científica da interpretação dos órgãos aplicadores do direito, considerando a constante interação existente entre os mundos 3 e 1, com a mediação do mundo 2, na forma indicada no primeiro capítulo desta unidade. Nesse processo de interação, no qual ocorre o fenômeno da objetivação do direito, há uma troca constante de interpretações, de atribuição de sentidos.

3.3   A INTERPRETAÇÃO JURÍDICA E SUAS FONTES

Costuma-se classificar a interpretação jurídica quanto às suas fontes (também denominada de quanto aos sujeitos) em:

---

[8]   *Idem, ibidem*, p. 390-391.

a) *legislativa*, para referir-se à interpretação de uma norma, realizada pelo legislador, por meio de outra norma, buscando esclarecer o sentido da primeira; é também denominada de autêntica;

b) *judicial*, para referir-se à interpretação da norma realizada pelo Poder Judiciário no exercício de sua função jurisdicional; e

c) *teórica*,[9] para referir-se à interpretação realizada pela Teoria do Direito, pelos estudiosos do Direito em suas obras.

Hans Kelsen, em sua *Teoria Pura do Direito*, propõe classificação diversa. Para ele tanto a de origem legislativa quanto a de origem judicial são *interpretações autênticas* porque ambas criam direito. E são *não autênticas* as interpretações realizadas pelos particulares e em especial pela Teoria do Direito, por não criarem direito.[10]

3.4   A INTERPRETAÇÃO JURÍDICA E SEUS RESULTADOS

Quanto ao resultado do ato interpretativo, a doutrina classifica a interpretação jurídica em:

a) *declarativa*, quando seu resultado coincide com o sentido literal do texto da lei;

b) *restritiva*, quando seu resultado implica dar à norma um sentido menos abrangente do que aquele que literalmente expressa o seu texto; diz-se, nessa situação, que a norma diz mais do que queria ou deveria dizer; e

c) *extensiva*, quando seu resultado implica dar à norma um sentido mais abrangente do que aquele que literalmente expressa o seu texto; diz-se então que a norma diz menos do que queria ou deveria dizer.

Tanto a interpretação restritiva como a extensiva são, em última análise, formas de interpretação corretiva.

---

[9]   A expressão utilizada é, regra geral, *interpretação doutrinária*. Mas a utilização dessa expressão é inadequada. A expressão doutrina remete a um corpo de conhecimentos fechado sobre ele mesmo, certo de sua verdade, e por consequência com dificuldade de dialogar com a crítica e com as posições divergentes; serve muito mais para designar os saberes e crenças religiosos do que os saberes e teorias acadêmicos.

[10] Kelsen (*op. cit.*) utiliza em sua obra a expressão *Ciência do Direito*, e não Teoria do Direito.

3.5 ELEMENTOS DA INTERPRETAÇÃO JURÍDICA

A divisão do ato interpretativo é um hábito presente em toda a Teoria do Direito. Alguns falam de métodos, outros em processos. Também se utilizam as expressões fases, etapas e momentos.

Algumas dessas denominações, em especial as do primeiro grupo, dão a impressão de que cada uma das formas de interpretação é um ato isolado e que pode ou deve assim ser praticado. Nesse sentido, poder-se-ia escolher apenas uma delas e ter-se-ia o significado da lei.

Outras oferecem uma visão diferenciada, de que o ato interpretativo é uno, embora formado por diferentes elementos. Tendo-se optado por essa segunda concepção, utilizar-se-á simplesmente a denominação elementos da interpretação jurídica.

Adota-se no texto que segue uma classificação que inclui como elementos da interpretação jurídica o gramatical, o lógico, o histórico (histórico propriamente dito e histórico-evolutivo), o sistemático, o teleológico (ou finalístico) e o sociológico.

A apresentação desses elementos separadamente atende exclusivamente a critérios didáticos, objetivando uma melhor compreensão de seus conteúdos. No ato interpretativo concreto não há essa separação, pois a interpretação é uma atividade complexa e dinâmica, e como tal não pode ser realizada de forma estanque, levando em consideração apenas um elemento.

3.5.1 Interpretação gramatical

Por interpretação gramatical entende-se aquela que busca a compreensão do texto da lei a partir de sua construção e sentido lexicográfico. Ela procura descobrir o sentido da lei tendo por base o texto escrito, a letra da lei. Como destaca Eduardo J. Couture, "o chamado *método gramatical* nada mais é do que o reconhecimento de que a lei é expressa em palavras e que sempre é necessário começar pelo conhecimento delas".[11]

É fundamental, no entanto, considerar, nessa interpretação, que as palavras não possuem sentido unívoco.[12] Elas são geralmente vagas e em alguns casos também ambíguas. Considera-se que há vagueza quando um signo ou palavra carrega em si uma imprecisão significativa. Ou seja, um signo ou uma palavra é vago quando não possui um sentido claro e unívoco, quando permite mais de uma leitura. Já a ambiguidade ocorre quando um termo ou

---

[11]   COUTURE. *Op. cit.*, p. 4.
[12]   Cf. KELSEN. *Op. cit.*

texto possui mais de um sentido, mais de um significado, todos razoavelmente claros.[13] Essas questões já foram vistas no capítulo anterior, não sendo necessário agora retornar a elas.

Além disso, como destaca Couture, a lei não se exprime apenas em palavras, mas também em conceitos. E neles, "combinações quase misteriosas de vocábulos, os possíveis significados são ilimitados. À incerteza natural de cada termo se junta a incerteza natural de suas combinações recíprocas".[14]

Isso leva à conclusão de que a denominada interpretação gramatical é absolutamente insuficiente como instrumento de fixação do conteúdo da lei, necessitando ser complementada pelos demais elementos, para que então cada norma adquira seu real sentido. Não se pode, entretanto, prescindir da compreensão gramatical do texto da lei como ponto de partida, tendo em vista que são as palavras e os conceitos as formas de expressão do Direito contemporâneo.

A interpretação gramatical tem de levar em consideração pelo menos duas espécies de questões:

a) de ordem semântica, referente à relação entre os signos e os objetos a que eles se referem, ao conteúdo das palavras e dos conceitos; e

b) de ordem sintática, que trata das relações dos signos entre si, da construção do texto.[15]

Com relação à questão semântica é necessário ter alguns cuidados específicos:

a) se o sentido lexicográfico das palavras à época da edição da lei é o mesmo que se atribui contemporaneamente; uma alteração dessa espécie pode levar à alteração do sentido originário da norma; e

---

[13] Cf. WARAT, Luis Alberto. *O direito e sua linguagem*. 2ª versão. Porto Alegre: Fabris, 1984.

[14] *Idem, ibidem*, p. 5.

[15] Ainda no campo da semiologia, mas fugindo um pouco da interpretação gramatical e ingressando na interpretação sociológica, tem-se a pragmática, que é o estudo da relação dos signos com os seus usuários. Esse nível de análise do discurso permite uma compreensão mais adequada do mundo do direito, em especial o discurso da lei, tendo em vista que o contextualiza. Não se encontra a pragmática, no entanto, dentro daquilo que a teoria jurídica classicamente denomina interpretação gramatical, estando essa adstrita ao sentido lexicográfico das palavras e à compreensão da estrutura formal dos textos.

b)   se a palavra possui um sentido técnico e um popular, ou se tem sentidos técnicos diferenciados de área para área do conhecimento ou do próprio direito; o sentido técnico deve prevalecer em relação ao popular e o sentido técnico da área em que se situa a norma em detrimento do de outra área.

No tocante à questão sintática, devem-se observar na leitura do texto as regras da língua portuguesa, entre as quais a que se refere à pontuação.

3.5.2   Interpretação lógica

O elemento lógico, em sua forma pura, segundo Carlos Maximiliano:

> [...] consiste em procurar descobrir o sentido e o alcance das expressões do Direito sem o auxílio de nenhum elemento exterior, aplicando ao dispositivo em apreço um conjunto de regras tradicionais e precisas, tomadas de empréstimo à Lógica geral. Pretende do simples estudo das normas em si, ou em conjunto, por meio do raciocínio dedutivo, obter a interpretação correta.[16]

O reconhecimento do direito como fato social não permite essa busca da sua compreensão apenas em nível interno do próprio sistema, como aparece nessa conceituação. Não se nega, entretanto, a importância da lógica para o conhecimento do direito. Ela está presente, por exemplo, por meio da utilização dos princípios de não contradição e terceiro excluído. Além disso, a lógica está presente, de forma direta ou indireta, nos elementos sistemático e teleológico.

3.5.3   Interpretação histórica

Sob a denominação interpretação histórica encontram-se na teoria jurídica pelo menos duas situações diferenciadas:

a)   a interpretação histórica propriamente dita; e

b)   a interpretação histórico-evolutiva.

A interpretação histórica, em seu sentido clássico, inclui a análise dos antecedentes remotos (direito anterior ao vigente e institutos que lhe

---

[16]   MAXIMILIANO. *Op. cit.*, p. 123.

tenham dado origem) e os antecedentes imediatos (materiais preparatórios e legislativos) que deram origem ao texto legal. Os materiais preparatórios e legislativos incluem os anteprojetos, projetos, exposições de motivos, justificativas, pareceres, emendas aceitas e rejeitadas, anais dos debates sobre o tema no âmbito do parlamento, as justificativas de votos e outros documentos que precederam o texto definitivo aprovado. Toda lei surge em um determinado momento para suprir uma determinada necessidade e cumprir um determinado objetivo – para solucionar um problema. A interpretação histórica busca compreender a lei levando em consideração esses aspectos.

Já a denominada interpretação histórico-evolutiva leva em consideração a interpretação progressiva da lei – seu processo de objetivação –, desde a sua edição até o momento de sua aplicação. Segundo Couture, "o certo é que a lei, uma vez nascida, segue vivendo ao longo do tempo e muito mais além da significação originária que lhe emprestou o legislador [...]".[17]

É também o mesmo autor que critica a interpretação histórica propriamente dita, salientado que: "interpretar a lei, descobrindo o ambiente vital em que se processou sua gestação, significa restringir o sentido da mesma à época histórica em que foi plasmada". A partir dessa constatação afirma que "a interpretação histórica do tempo da sanção deve, então, ser substituída pela interpretação progressiva".[18]

Sobre essa questão, cabem três observações:

a) a interpretação histórico-evolutiva não impõe, necessariamente, o abandono da interpretação histórica propriamente dita; pelo contrário; ambas podem perfeitamente coexistir e complementar-se;

b) a interpretação histórica propriamente dita, que se refere aos seus antecedentes imediatos, guarda grande importância sempre que se tratar de legislação nova; e

c) a interpretação histórico-evolutiva tem sentido concreto quando a lei, devido ao decurso do tempo, passa a assumir conteúdos diferenciados daqueles que se tinha como objetivo atribuir-lhe quando de sua criação ou quando os valores sociais que lhe deram origem não forem mais o paradigma hegemônico – quando o problema para o qual se buscou solução adquiriu novos contornos.

---

[17] COUTURE. *Op. cit.*, p. 7.
[18] *Idem, ibidem*, p. 7.

3.5.4   Interpretação sistemática

A interpretação sistemática visa garantir que cada parte da lei (cada norma, capítulo etc.) conserve a devida harmonia com o todo. Segundo Norberto Bobbio:

> Chama-se "interpretação sistemática" aquela forma de interpretação que tira os seus argumentos do pressuposto de que as normas de um ordenamento, ou, mais exatamente, de uma parte do ordenamento [...] constituam uma totalidade ordenada [...], e, portanto, seja lícito esclarecer uma norma obscura ou diretamente integrar uma norma deficiente recorrendo ao chamado "espírito do sistema", mesmo indo contra aquilo que resultaria de uma interpretação meramente literal.[19]

Como se percebe, a denominada interpretação sistemática parte do princípio de que o Direito é um sistema, e como tal cada uma das suas partes apenas adquire sentido em função do todo. Segundo Carlos Maximiliano:

> A verdade inteira resulta do contexto, e não de uma parte truncada, quiçá defeituosa, mal redigida; examine-se a norma na íntegra, e mais ainda: o Direito todo, referente ao assunto. Além de comparar o dispositivo com outros afins, que formam o mesmo instituto jurídico, e com os referentes a institutos análogos; força é, também, afinal, pôr tudo em relação com os princípios gerais, o conjunto do sistema em vigor.[20]

A interpretação sistemática deve sempre levar em consideração o fato de a Constituição ocupar o ápice do ordenamento jurídico. Esse aspecto é ainda mais importante em sistemas jurídicos que possuam uma Constituição rígida e detalhista, como o brasileiro. Com relação à interpretação da própria Constituição, guarda ela algumas especificidades, as quais não cabe aqui analisar.

É também a interpretação sistemática que impõe a interpretação da Constituição e dos demais textos legais perante ela, em dois níveis diferenciados, tendo em vista o disposto no seu art. 60, § 4º, que cria as denominadas *cláusulas pétreas* (dispositivos constitucionais que não podem ser alterados por meio de emenda). Portanto, quando da interpretação constitucional, deve-se sempre levar em consideração dois níveis valorativos diferenciados:

---

[19]   BOBBIO, Norberto. *Teoria do ordenamento jurídico*. São Paulo: Polis; Brasília: UnB, 1989. p. 76.

[20]   MAXIMILIANO. *Op. cit.*, p. 129-130.

a) as cláusulas pétreas, que possuem um valor maior, tendo em vista que não podem ser modificadas, a não ser por meio de Assembleia Nacional Constituinte; e

b) as demais normas constitucionais, que possuem valor superior às demais normas legais nacionais, mas inferior às cláusulas pétreas, tendo em vista que são normas que podem ser emendadas.

Outra questão presente no sistema jurídico, no âmbito de sua estrutura, e que deve ser levada em consideração nessa forma de interpretação, são as denominadas *normas de sobredireito* ou *de superdireito*. Pontes de Miranda refere-se às normas de sobredireito processual como "regras por sobre regras de direito processual".[21] Para Galeno Lacerda, "o sobredireito se define como o conjunto de 'regras sobre a incidência das leis'". Inclui entre elas as normas referentes às nulidades "porque se sobrepõem às demais, por interesse público eminente, condicionando-lhes, sempre que possível, a imperatividade".[22] De forma geral podem ser entendidas como normas que tratam da aplicação do direito.

Existem normas de sobredireito que são gerais, aplicáveis a todo o sistema, como, por exemplo, aquelas contidas na LINDB, e também normas de sobredireito específicas, previstas em cada código ou lei, aplicáveis apenas a essa legislação. Há também normas de sobredireito não escritas, que constituem princípios gerais historicamente aceitos.

São normas de sobredireito as que tratam da interpretação (em sentido amplo, incluindo a integração do direito e a resolução de suas antinomias), da aplicação, da validade e da vigência das demais normas. São, de certa forma, metanormas. Devem elas ser levadas em consideração para a atribuição de sentido às demais normas do ordenamento.

Deve-se, ainda, tratando de interpretação sistemática, considerar que a lei mesma possui internamente uma hierarquia. Nesse sentido, primeiro vem o *caput* do artigo, depois os parágrafos, os incisos e as alíneas. Na interpretação sistemática deve-se considerar que a norma de maior valor é que dá sentido à de menor valor, e não o contrário. Também é fundamental interpretar cada dispositivo levando em consideração a seção, o capítulo e o título dentro do qual ele se encontra.

---

[21] PONTES DE MIRANDA, Francisco Cavalcanti. *Comentários ao Código de Processo Civil*. Rio de Janeiro: Forense, 1995. v. I, p. 3.

[22] LACERDA, Galeno. O código e o formalismo processual. *Ajuris*, Porto Alegre: Ajuris, v. X, n. 28, p. 11, jul. 1983.

A interpretação sistemática tem um valor extremamente grande no campo do Direito Processual contemporâneo, principalmente diante de sua forte vinculação com os valores e princípios inseridos nos textos constitucionais. Juntamente com a interpretação finalística, que será vista a seguir, compõe ela o conjunto dos principais elementos interpretativos na área processual.

3.5.5   Interpretação teleológica ou finalística

A interpretação teleológica (ou finalística) visa descobrir o sentido da norma levando em consideração sua finalidade. João Baptista Herkenhoff salienta que essa interpretação tem como objetivo, a princípio, descobrir os valores a que a lei visa servir, tendo em vista que "o fim da lei, numa primeira abordagem, é garantir interesses, com base em valorações econômicas, políticas, sociais e morais dominantes".[23]

O direito brasileiro adota expressamente a interpretação finalística no art. 5º da LINDB: "Na aplicação da lei, o juiz atenderá aos fins sociais a que ela se destina e às exigências do bem comum". Como essa lei estabelece normas gerais de sobredireito, esse preceito aplica-se a todo o ordenamento jurídico nacional, no que cada legislação específica não trouxer disposição própria.

Questão que chama a atenção na redação do dispositivo legal transcrito é o fato de que o legislador não apenas impôs a interpretação teleológica como um ônus do aplicador, mas ainda estabeleceu serem os fins sociais (e não os individuais) que lhe dão sentido. Ao lado desses, estabeleceu serem as exigências do bem comum o outro parâmetro hermenêutico a ser considerado na aplicação da norma.

Na área processual, é necessário considerar os fins específicos para os quais se destina. Pontes de Miranda, referindo-se à interpretação das regras de Direito Processual destaca que "nunca se deve perder de vista que são regras para realização do direito objetivo e resolução de conflitos, de modo que esse caráter há de inspirar o legislador".[24] Essa inspiração não deve, entretanto, ser apenas do legislador, mas também do intérprete e do aplicador do Direito Processual. Segundo ele:

> Na interpretação mesma da regra de direito processual não se deve adotar a que lhe atribua dificultar ou diminuir eficácia das regras de

---

[23]   HERKENHOFF, João Baptista. *Como aplicar o direito*. Rio de Janeiro: Forense, 1986. p. 25.

[24]   PONTES DE MIRANDA. *Op. cit.*, v. I, p. 68.

direito material, como se ela criasse óbice ou empecilho à prestação de direito material.[25]

Para Galeno Lacerda, há interesse público maior na área do Direito Processual do que a determinação do rito: "o de que o processo sirva, como instrumento, à justiça humana e concreta, a que se reduz, na verdade, sua única e fundamental razão de ser".[26] E continua ele:

> Cabe, portanto, ao intérprete e ao aplicador do Código, antes de afoitar-se a uma solução drástica e frustrante, perquirir se, acaso, acima do interesse formal que lhe parece imperativo, não se sobrepõe outro interesse público mais alto, que lhe desbrave o caminho para o justo e para o humano.
>
> No momento em que se descobre a verdadeira hierarquia de interesses tutelados pelos textos de um Código, desvenda-se o sentido profundo e vital do sistema que o anima. Neste sentido, tratando-se de um Código de Processo, o interesse público superior, que o inspira e justifica, é que se preste ele a meio eficaz para definição e realização concreta do direito material. Não há outro interesse público mais alto, para o processo, do que o de cumprir sua destinação de veículo, de instrumento de integração da ordem jurídica mediante a concretização do direito material.[27]

Nesse sentido, em matéria de Direito Processual a interpretação teleológica é o momento privilegiado para a compreensão das disposições processuais. Todo o sistema processual deve ser interpretado levando-se em consideração:

a) que por meio dele se manifesta o poder do Estado na busca da concretização de seus objetivos; toda norma processual deve ser lida levando-se em consideração os objetivos da atividade jurisdicional do Estado e do próprio sistema jurídico, que materializa opções sociais, políticas e econômicas; e

b) que por meio dele se busca garantir os valores contidos no direito material, ao qual não deve sobrepor-se; deve ser interpretado como meio para a realização do direito e não como o próprio direito; nas palavras de Galeno Lacerda: "a lei que rege a forma deve ser interpretada em função de seu fim."[28]

---

[25] *Idem, ibidem*, v. I, p. 69.

[26] LACERDA. *Op. cit.*, p. 10.

[27] *Idem, ibidem*, p. 10-1.

[28] *Idem, ibidem*, p. 8.

3.5.6   Interpretação sociológica

Neste texto, para fins didáticos, considera-se a interpretação sociológica como um elemento interpretativo distinto da interpretação teleológica, embora a redação dada ao dispositivo da Lei de Introdução às Normas do Direito Brasileiro anteriormente referido possa levar a uma identificação entre os elementos finalístico e sociológico.

Compreender a interpretação sociológica como a busca dos motivos, efeitos e finalidades sociais da lei, equipara-a à interpretação teleológica, na forma prevista no art. 5º da LINDB, anteriormente referida. Deve-se também ter o cuidado de não confundi-la, no sentido aqui exposto, com a interpretação histórico-evolutiva.

Não se considera, neste texto, interpretação sociológica essa última concepção, de certa forma clássica na Teoria do Direito. Entende-se, isso sim, que a interpretação sociológica ocorre em dois níveis diferenciados:

a) na busca de compreensão do Direito como fenômeno sócio-cultural-político-econômico, procurando compreender suas relações e interações com o sistema social em sua complexidade; é ela uma busca de compreensão interdisciplinar do objeto Direito; é a busca de compreensão do jurídico enquanto elemento situado dentro de uma determinada realidade social, cultural, política, econômica e simbólica, que lhe empresta sentido; e

b) na busca da adequação da norma geral ao caso concreto, contextualizando-a; é quando se analisa o caso e suas peculiaridades que é possível realizar, de forma adequada, uma interpretação que possa efetivamente ser denominada sociológica.

Enquanto no primeiro nível busca-se atribuir à norma um sentido geral, a partir de uma visão do todo, no segundo nível busca-se lhe atribuir o significado adequado ao caso concreto, em razão do contexto específico em que vai ser aplicada. Em relação ao segundo nível da interpretação sociológica, sua presença e importância maior se dá na área do direito material, em especial no que se refere àqueles direitos que possuem uma base sociológica mais forte, como são os casos do Direito Penal e do Direito de Família.

A interpretação sociológica é uma imposição da própria evolução da Teoria do Direito, reconhecendo-a como integrante do campo das ciências sociais.

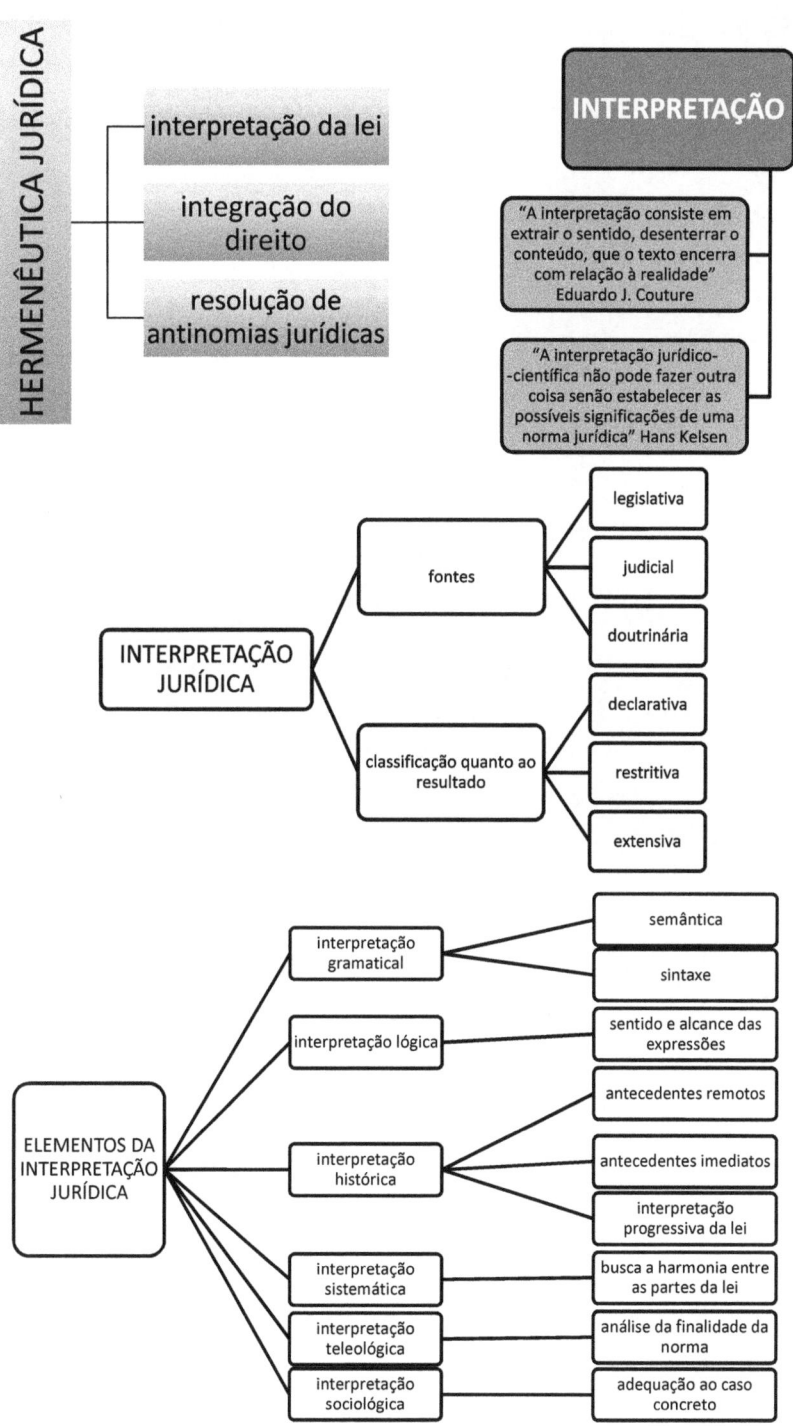

Capítulo 4
INTEGRAÇÃO DO DIREITO PROCESSUAL

4.1 PRESSUPOSTOS PARA PENSAR A INTEGRAÇÃO DO DIREITO PROCESSUAL

Para compreender a delicada questão referente à integração do direito é necessário primeiro fixar alguns pressupostos. O primeiro deles concerne à discussão sobre se as lacunas são do direito ou do ordenamento jurídico. Com relação a essa questão, a posição adotada neste texto é de que as lacunas são do ordenamento jurídico, sendo exatamente por esse fato que é possível integrar o direito por meio da utilização de outras fontes, previstas ou não no ordenamento jurídico.

O segundo pressuposto refere-se ao sistema jurídico brasileiro, que é oriundo do modelo do Direito romano, comumente denominado de sistema romanístico ou do direito continental. Esse modelo, em contraposição ao modelo da *common law*, adota a lei escrita como fonte fundamental, apenas aceitando a utilização de outras fontes nos casos de lacunas do ordenamento jurídico ou de expressa autorização normativa.

O terceiro pressuposto diz respeito à abrangência conceitual do termo fontes do Direito. A teoria jurídica comumente fala em fontes materiais e fontes formais. As primeiras são os atos, fatos e fenômenos que dão origem às normas jurídicas. As segundas são os elementos aplicados, pelo Estado, nos casos concretos, no exercício da sua atividade jurisdicional. Aqui interessa especificamente a análise das fontes formais, tendo em vista que o estudo das fontes materiais é objeto específico da Sociologia do Direito e da Política Jurídica.

Quando se fala das fontes formais, há imensas divergências sobre quais os elementos por elas abrangidos. Há elementos consensuais, como o costume e os princípios gerais de Direito. Há elementos controvertidos, como a jurisprudência e as teorias jurídicas. E há também a enumeração de métodos de integração, tais como a analogia e o direito comparado, como se fossem fontes do Direito.

Tendo em vista esse último grupo de observações, proceder-se-á a uma análise em três níveis:

a) as fontes de preenchimento de lacunas sobre as quais há consenso na Teoria do Direito;

b) as questões controvertidas em matéria de fontes do Direito; e

c) os métodos de integração do direito.

4.1.1   Autointegração e heterointegração

A integração do direito pode ocorrer utilizando-se elementos do próprio sistema a ser integrado, ou elementos externos a esse sistema. Quando se recorre a ordenamentos diversos daquele a ser integrado, ou a fontes diversas daquela que é dominante no sistema, está-se praticando a *heterointegração*. Já quando a integração é realizada por meio do mesmo ordenamento e no âmbito da fonte dominante, tem-se a *autointegração*.

Nesse sentido, são instrumentos de autointegração fundamentalmente a analogia e os princípios gerais de Direito. No entanto, uma leitura mais ampla do conceito de autointegração, para nele incluir as demais fontes e métodos de preenchimento de lacunas que recorram a elementos do próprio sistema (e não do próprio ordenamento) jurídico, pode levar a incluir o costume nessa categoria, ficando o direito comparado como método de heterointegração.

4.1.2   Lacunas normativas e lacunas axiológicas

Diz-se que há uma lacuna quando não há uma norma jurídica aplicável a um caso concreto. No entanto, essa é uma concepção insuficiente, tendo em vista que a inexistência de norma pode ocorrer por motivos diferenciados.

Há, segundo a Teoria do Direito, pelo menos duas espécies de lacunas:[1]

---

[1]   Pode-se ainda falar em uma terceira espécie de lacunas, as ontológicas, e que ocorreriam quando o descompasso ocorre entre fatos e normas. Entende-se aqui que

a) *as lacunas normativas*, que ocorrem naquelas situações em que o ordenamento jurídico positivo não possui norma legal aplicável a um caso concreto; e

b) *as lacunas axiológicas*, que ocorrem quando há norma legal aplicável ao caso concreto, mas sua aplicação levaria a uma decisão injusta ou ilegítima, por não estar de acordo com os valores sociais hegemônicos; Norberto Bobbio denomina as lacunas axiológicas de lacunas ideológicas.[2]

A aceitação da existência das denominadas lacunas axiológicas[3] coloca um novo problema no tema da integração do direito, tendo em vista que autoriza a utilização de outras fontes do Direito não apenas nos casos de inexistência de norma, mas também quando essa norma for injusta ou ilegítima.

Entende-se que o direito para ser direito necessita de legitimidade, bem como de vínculos axiológicos com a sociedade e o Estado aos quais serve. Por isso, nem toda lei é direito, o que implica a aceitação da ideia de lacuna axiológica e da possibilidade de se utilizar os instrumentos de integração do direito para supri-las. Fala-se, então, em processo de *deslegitimação* da norma injusta.[4]

A *deslegitimação* é, por conseguinte, a negativa de vigência a uma determinada norma em razão da sua inadequação ao caso concreto, ou de sua incompatibilidade com os valores fundantes do sistema jurídico que formalmente integra. Nessas situações, regra geral, a negativa de aplicação de uma

---

essas lacunas integram as lacunas axiológicas, pois a aceitação ou não da existência de um desajuste entre fatos e normas depende, em última instância, de uma leitura valorativa. Mas em situações extremas é possível pensar efetivamente no desaparecimento de uma espécie de fato para o qual ainda permaneça vigente uma norma jurídica, situação na qual realmente teríamos uma lacuna ontológica.

[2] BOBBIO, Norberto. *Teoria do ordenamento jurídico*. São Paulo: Polis; Brasília: UnB, 1989. p. 140.

[3] A aceitação da existência das lacunas axiológicas é uma realidade no direito positivo brasileiro, tendo em vista o disposto no art. 34, inc. VI, do Estatuto da Advocacia e da OAB. Sobre essa questão ver o item específico sobre a questão da equidade.

[4] Ao lado da *deslegitimação* tem-se a ideia de *deslegalização*. Essa é a negativa de vigência a uma determinada norma em razão de a mesma contrariar dispositivo legal superior, como nos casos de inconstitucionalidade de leis complementares e ordinárias – está ligada às questões de validade e vigência. Ou seja, quando se pode negar aplicabilidade a uma determinada norma utilizando-se de um dos critérios formais adotados e aceitos para a resolução de antinomias jurídicas pela dogmática jurídica, em especial o da hierarquia das leis.

determinada norma presente no ordenamento jurídico positivo se dá em razão da mesma contrariar direitos históricos, conquistas da humanidade ou em razão de sua aplicação gerar, no caso concreto, uma injustiça manifesta.

4.1.3 As fontes e métodos para o preenchimento das lacunas e a integração do Direito

Considerando existir na Teoria do Direito uma confusão entre fontes e métodos de integração do direito, buscamos neste manual diferenciar essas duas realidades.

Por fontes entenderemos os lugares onde são buscadas as normas para preencher uma determinada lacuna. Serão apresentadas aqui divididas em consensuais – aquelas pacificamente aceitas como fontes – e controvertidas – aquelas sobre as quais há divergências na Teoria do Direito sobre serem ou não fontes do Direito.

Por métodos serão entendidas aquelas estratégias utilizadas para preencher as lacunas utilizando-se, regra geral, de normas presentes no próprio ordenamento e, excepcionalmente, em outro ordenamento jurídico.

Também será dedicado um item específico para tratar da questão da equidade, que não é propriamente fonte nem método, embora possa também ser classificada como qualquer uma delas ou mesmo concomitantemente em ambas.

4.2 AS FONTES DE PREENCHIMENTO DE LACUNAS

Iniciaremos a análise pelas fontes do Direito. O que nos interessa especificamente nesse espaço são as denominadas fontes formais. Há também as denominadas fontes materiais, regra geral trabalhadas na Teoria do Direito e na Sociologia do Direito, que são os locais e relações de onde surge o próprio direito.[5]

É importante destacar que essa denominação não é propriamente adequada, tendo em vista que todas as fontes são em última instância materiais. Melhor seria denominá-las fontes de preenchimento de lacunas (em situações específicas, regra geral, pelo Poder Judiciário em suas decisões) e fontes de criação de normas gerais (direito positivo criado, regra geral, pelo Poder Legislativo).

---

[5] Nesse sentido, são fontes do direito os acontecimentos naturais (os desastres naturais, como enchentes e desmoronamentos, por exemplo) e humanos (as relações e acontecimentos políticos, econômicos, culturais e sociais).

4.2.1 Fontes de preenchimento de lacunas sobre as quais há consenso na Teoria do Direito

São fontes consensuais de preenchimento de lacunas do Direito, tanto na teoria jurídica como na própria legislação pátria, o costume e os princípios gerais de Direito.[6]

4.2.1.1 Costume

O costume é, a princípio, a mais antiga fonte do direito. Pode-se conceituá-lo como a norma de conduta utilizada de forma geral e continuada por um determinado grupo social por considerá-la obrigatória. Em determinados momentos, quando dá origem a uma norma jurídica positiva, pode ser também considerado fonte material do direito.

Exige-se para caracterizá-lo que seja:

a) geral, ou seja, de aplicação por toda a comunidade na qual existe;

b) público, ou seja, de conhecimento de todo o grupo;

c) de uso contínuo (não esporádico); em outras palavras, deve ser uma regra obedecida sempre e não apenas eventualmente; e

d) deve haver por parte da comunidade a convicção de sua obrigatoriedade jurídica.

Esse último elemento é de cunho subjetivo, enquanto os três primeiros são de cunho objetivo.

Na prática, em contraste com o direito positivo, o costume pode ser:

a) *secundum legem*, quando estiver de acordo com a lei;

b) *praeter legem*, quando normatiza casos não previstos no ordenamento jurídico; e

c) *contra legem*, quando contrário à lei.

Em matéria de Direito Processual,[7] o recurso ao costume como fonte para preenchimento de lacunas é de caráter excepcionalíssimo. Já no campo

---

[6] Estão elas previstas expressamente nos arts. 4º da LINDB e 8º da CLT. Os princípios gerais de direito constam também da redação do art. 3º do CPP de 1941.

[7] No que se refere especificamente ao Direito Processual Penal, tendo em vista que o CPP de 1941 não enumera o costume entre suas fontes supletivas das lacunas, pode parecer a princípio que ele não pode ser utilizado nessa área. Essa afirmação não

do direito material, sua aplicação é grande nas áreas do Direito internacional e do Direito Comercial.

Outro aspecto a ser destacado em matéria de Direito Processual refere-se ao costume *contra legem*. Tendo em vista o princípio constitucional do devido processo legal, previsto expressamente no inc. LIV do art. 5º da Constituição Federal, que estabelece que "ninguém será privado da liberdade ou de seus bens sem o devido processo legal", é, em princípio, impossível pensar em sua aceitação.

4.2.1.2 Princípios gerais de Direito

A análise dos denominados princípios gerais do Direito esbarra, inicialmente, no esclarecimento do que seja o próprio conteúdo dessa expressão. Entende-se aqui que os princípios gerais do Direito são aquele conjunto de princípios, positivados ou não, no ordenamento jurídico estatal que constituem seu pressuposto de sentido.

Segundo Miguel Reale, os princípios "são enunciações normativas de valor genérico, que condicionam e orientam a compreensão do ordenamento jurídico,[8] quer para a sua aplicação e integração, quer para a elaboração de novas normas".[9]

Em outras palavras, são princípios as orientações, regra geral, de cunho axiológico, que constituem o ponto de partida de construção do sistema jurídico, proporcionando-lhe consistência interna e sentido finalístico. Seu conteúdo axiológico decorre do sistema sociocultural e político-econômico no qual se situa.

é, no entanto, absoluta. Havendo lacuna no Direito Processual Penal e existindo costume jurídico capaz de supri-la, está o juiz autorizado a fazê-lo, com duas justificativas: (a) sua previsão na LINDB, que é norma de sobredireito (ou superdireito), aplicável ao ordenamento jurídico nacional como um todo; e (b) a possibilidade de utilização do costume como fonte do direito constitui-se em um princípio geral (os princípios gerais de direito estão expressamente previstos no CPP de 1941, em seu art. 3º) do direito em matéria de Hermenêutica Jurídica. Com relação ao processo penal é preciso também lembrar que a ele não se aplica o princípio da reserva legal, vigente apenas no direito material penal. Em função disso, o preenchimento de suas lacunas não é facultativo, mas constitui um ônus do juiz.

8   Com relação a esse conceito, parece apenas ser mais correto utilizar a expressão sistema jurídico em substituição a ordenamento jurídico, tendo em vista que os princípios gerais de direito também podem orientar na compreensão, por exemplo, dos costumes jurídicos.

9   REALE, Miguel. *Lições preliminares de direito*. São Paulo: Saraiva, 1985. p. 300.

No que se refere ao Direito Processual brasileiro, grande parte de seus princípios está positivada na Constituição Federal, o que implica a sua adoção por imposição hierárquica, quer como elemento de fixação de sentido interpretativo às demais normas, quer como elemento de integração nos casos de lacuna. Há, ao lado desses princípios, outros princípios gerais não positivados e também princípios específicos de cada subárea do Direito Processual (civil, penal, do trabalho etc.).

É necessário destacar, fora do âmbito do Direito Processual, que os princípios gerais do direito são também elementos de orientação durante o processo legislativo, quer para a elaboração de novas leis, quer para a revisão das existentes.

4.2.2   Questões controvertidas sobre as fontes do Direito

Há, em matéria de fontes do Direito, algumas discussões acirradas sobre a inclusão de alguns elementos, em especial a doutrina e a jurisprudência, entre as fontes do Direito. Dedicar-se-á este espaço à busca de elucidação dessas questões.

4.2.2.1   Teorias do Direito[10]

Em teoria do conhecimento, falam-se de descrição e prescrição. A descrição é o relato da realidade em si mesma. Já a prescrição é a atribuição de sentido à realidade, é emprestar a um determinado texto, ato ou fato uma compreensão interpretativa. Em matéria de Teorias do Direito, também se têm essas possibilidades. Pode-se simplesmente descrever a norma, em sua enunciação gramatical, ou buscar seu sentido contextual. No primeiro caso tem-se descrição, no segundo, prescrição.

As teorias jurídicas não estão listadas entre as fontes do Direito em nenhuma lei nacional. Se forem concebidas exclusivamente como conheci-

---

[10]   Como já destacado em nota anterior, contemporaneamente é inadequada a utilização da expressão *doutrina*, regra geral presente nos textos jurídicos; mais adequado é utilizar a expressão *Teorias do Direito* (no plural, porque não há uma Teoria do Direito, mas diversas teorias jurídicas, algumas gerais – como a Teoria Geral do Direito –, outras específicas sobre determinadas áreas – como a Teoria do Processo e a Teoria Constitucional –, e outras ainda mais específicas, sobre determinados institutos – como as teorias sobre a coisa julgada ou sobre a ação. Relembrando: a expressão *doutrina* remete a um corpo de conhecimentos fechado sobre ele mesmo, certo de sua verdade, e por consequência com dificuldade de dialogar com a crítica e com as posições divergentes.

mento descritivo do Direito, não há realmente por que incluí-las entre essas fontes, porque dirão apenas o que normas dizem e nada mais. A questão, no entanto, é que essa concepção não condiz com a realidade. Na prática as teorias jurídicas são eminentemente prescritivas, configurando-se, muitas vezes, na principal fonte do Direito.

A função de revelar e veicular os juízos axiológicos não é privativa dos juízes e dos pronunciamentos jurisdicionais. As universidades (em especial por meio de seus programas de pós-graduação), os centros e institutos de pesquisa e os pesquisadores individualmente (assim como os órgãos administrativos e a própria legislação) interpretam a Constituição e as leis. A repetição e a aceitação de algumas dessas interpretações muitas vezes acabam determinando mutações no sentido dos institutos e dos textos jurídicos.

A realidade é que as teorias jurídicas exercem um papel importante na aceitação das normas por parte dos juristas práticos, sendo, em grande parte, a base de sua formação profissional e, consequentemente, de sua interpretação do Direito. Se, de um lado, as Teorias do Direito não são juridicamente obrigatórias, de outro é forçoso reconhecer que atuam como verdadeiras fontes do Direito. É por meio delas que os operadores jurídicos são levados a aceitar determinadas leituras das normas como fundamento e base das suas práticas. Ou seja, a questão não é a lei considerar ou não as teorias jurídicas como fontes do Direito. A questão é que elas são, de fato, fontes do próprio sentido das normas jurídicas, atribuindo-lhes ou retirando-lhes conteúdos.

Nesse sentido, as teorias jurídicas são fontes indiretas, já que a fonte direta é a lei. E isso é possível devido à vagueza e à ambiguidade das palavras, à indeterminação de grande parte dos conceitos que compõem as normas jurídicas, que apenas adquirem sentido a partir do conteúdo que lhes é emprestado (prescrito) pelas diversas teorias jurídicas, além do enquadramento realizado pela operação interpretativa em cada caso. Ela é ao mesmo tempo explicação e prescrição do direito, e o principal momento de objetivação do direito.

4.2.2.2   Jurisprudência

Compreende-se a jurisprudência como o conjunto de decisões sobre uma mesma questão jurídica, encaminhadas em um mesmo sentido, do qual se induz uma norma geral aplicável às novas situações nas quais essa questão for suscitada.

Não está ela enumerada na legislação nacional, de forma direta, como fonte do direito. E a questão de configurar-se ou não fonte do direito é uma das mais controvertidas da Teoria do Direito, com pelo menos duas posições contrapostas.

A primeira nega ser a jurisprudência uma fonte do direito, fundamentada em especial nos dogmas da separação dos poderes, que atribuiria ao Judiciário apenas o papel de aplicar a lei, e da supremacia da lei, que definiria como fonte apenas as normas gerais oriundas do Legislativo. Essa posição de certa forma reduz o direito à lei. Essa posição também pode ser justificada por meio da afirmativa de que, mesmo que o juiz atribua à norma um novo sentido ou profira uma decisão inédita, essa situação somente seria possível por já estar contida originalmente na norma aplicada. Nada mais estaria ele fazendo do que reconhecer direito já existente, não criando, portanto, direito novo.

Em outro sentido é necessário reconhecer que advogados, juízes, promotores de justiça e demais operadores jurídicos recorrem à jurisprudência para encontrar respostas para os casos em que atuam. Isso demonstra que, embora ela não seja juridicamente vinculante, é fonte do direito, instância na qual buscam os usuários do sistema jurídico respostas para os problemas que lhe são colocados. Em razão disso, mesmo que a jurisprudência não possa ser considerada rigorosamente como fonte formal do direito, é necessário admitir a óbvia influência dos precedentes judiciais sobre decisões posteriores.

Considerando-se, no entanto, que uma das principais características da função jurisdicional é a independência com que o juiz a exerce, o que constitui, de um lado, fator favorável à dinâmica da Constituição e das leis, cujo conteúdo deve acompanhar a evolução que ocorre na consciência axiológica da sociedade, e, de outro, permite possíveis resistências às mudanças, principalmente por meio de juízes conservadores, é difícil não se considerar a jurisprudência como fonte do direito, mesmo que indireta.

No âmbito da Teoria do Direito a questão parece insolúvel. No entanto, no âmbito da legislação, o Estatuto da Advocacia e da OAB (Lei nº 8.906/1994) abre uma possibilidade de solução. Diz o art. 34, *caput*, inc. VI, do citado diploma legal:

> Art. 34. Constitui infração disciplinar:
>
> [...]
>
> VI – advogar contra literal disposição de lei, presumindo-se a boa-fé quando fundamentado na inconstitucionalidade, na injustiça da lei ou em pronunciamento judicial anterior.

Como se vê da leitura do dispositivo legal citado,[11] é uma excludente dessa infração disciplinar específica advogar com base em pronunciamento judicial anterior. Em outras palavras, o próprio ordenamento jurídico brasileiro prevê e autoriza a utilização dos precedentes judiciais como fonte do

---

[11] O antigo Estatuto da OAB (Lei nº 4.215/1963) em seu art. 103, inc. VII, já autorizava expressamente a Advocacia *contra legis* nas situações hoje previstas no novo texto legal.

direito, inclusive contra a literal disposição de lei. Nesse sentido, a jurisprudência, segundo esse dispositivo legal, é fonte do direito.

De qualquer forma, o crescimento da importância da jurisprudência nos sistemas jurídicos está vinculado à busca por segurança jurídica para o jurisdicionado, concebida como previsibilidade, com base nos precedentes judiciais. Isso leva à busca pela uniformização jurisprudencial, no intuito de suprir a incapacidade que os códigos possuem para regular toda a complexidade da sociedade contemporânea.

O conhecimento e a utilização diária da jurisprudência, dos tribunais locais e superiores, e mesmo de decisões dos juízos de primeiro grau mediante operações de enquadramento da causa de pedir e do pedido, tornaram-se imprescindíveis aos sistemas jurídicos. Hoje, portanto, não há mais como negar que a jurisprudência é fonte do direito.

4.3 MÉTODOS DE INTEGRAÇÃO DO DIREITO

Utiliza-se aqui a expressão métodos de integração do Direito para referir aqueles instrumentos técnicos utilizados para o preenchimento de lacunas e que não podem ser configurados como fontes do direito, tendo em vista que eles não são o direito a ser aplicado, mas apenas os meios pelos quais se chega a esse direito. A Teoria do Direito muitas vezes ignora essa realidade, incluindo-os, para fins de análise, juntamente com o costume e os princípios gerais de direito. Esse parece ser um erro, tendo em vista as diferenças existentes entre os dois objetos: fontes e métodos.

Neste espaço, serão analisados especificamente dois métodos, a analogia e o direito comparado.[12]

4.3.1 Analogia

A analogia é um método de trabalho estruturado sobre a ideia de semelhança e tem sua origem na lógica. É possível, em princípio, trabalhar com a analogia quando dois objetos possuem alguns elementos em comum, ou seja, guardam alguma semelhança.

---

[12] A analogia está prevista, no ordenamento jurídico nacional, nos art. 4º da LINDB, 8º da CLT e 3º do CPP de 1941, sendo que nesse último o termo utilizado é *aplicação analógica*. O CPP de 1941 também se refere à *interpretação extensiva*. Essa, no entanto, não é uma forma supletiva de lacuna, mas sim um resultado da interpretação da norma, como visto anteriormente. No que se refere especificamente ao direito comparado, está ele previsto expressamente no art. 8º da CLT.

Na área do Direito, a utilização da analogia pressupõe a existência de duas situações jurídicas semelhantes, uma prevista pelo ordenamento jurídico e a outra não. A utilização da analogia significa que, considerando-se a existência na situação não prevista em lei de alguns elementos da situação prevista, aplica-se a ela, por semelhança, a mesma solução aplicada à situação expressamente prevista.

Alguns autores se referem a duas espécies de analogia, tendo em vista a fonte adotada:

a)   a *analogia legis*, também denominada legal, segundo a qual se aplica a um fato não previsto em lei a norma prevista para outro fato semelhante; e

b)   a *analogia juris*, também denominada judicial, na qual a análise de semelhança tem por base decisão judicial anterior sobre fato semelhante.

Outra questão fundamental, quando se trata na analogia, é lembrar que não pode ser ela confundida com a interpretação extensiva. Nessa, dilata-se o sentido da norma para nela incluir uma situação que não estaria nela incluída se considerado apenas o seu sentido gramatical. Na analogia, diversamente, não se estende o sentido da norma para nela incluir novas situações. A norma existente para o caso semelhante serve apenas como parâmetro, em razão dos elementos comuns, para a criação de outra norma para a situação para a qual não existe previsão legal.

Na área do Direito Processual, a analogia é perfeitamente cabível, aplicando-se da mesma forma que nas demais áreas do Direito. É bom lembrar que no âmbito do direito material há pelo menos duas situações nas quais a analogia não é cabível:

a)   no Direito Penal, relativamente ao princípio da reserva legal (tipicidade); e

b)   no Direito Tributário, relativamente ao princípio da legalidade dos tributos.

4.3.2   Direito comparado

O direito comparado consiste no estudo comparativo de dois ou mais sistemas jurídicos nacionais diferentes. Como instrumento de preenchimento de lacunas pressupõe que esses sistemas contenham modelos e princípios comuns, ou seja, guardem entre si elementos comuns, semelhanças que permitam a utilização de normas previstas em um ordenamento para o preenchimento de lacunas existentes em outro, mantendo sua coerência e finalidade. Nessas situações, a fonte é o direito estrangeiro.

Nesse sentido, como técnica de preenchimento de lacunas,[13] o direito comparado aproxima-se da analogia, substituindo-se a norma nacional prevista para o caso semelhante pela norma de direito alienígena existente para aquela situação, quando esse direito estrangeiro guarda semelhança de modelo e finalidade com o direito nacional.

Em outro sentido, também se pode dizer que o direito comparado tem relação com a interpretação sistemática, adotando-se a concepção de que os vários ordenamentos jurídicos pertencentes a um mesmo sistema jurídico (no caso brasileiro, o de origem no Direito romano) e político-econômico devem possuir uma interpretação integrada de seu direito. Essa posição aparece, entre outros, em Carlos Maximiliano, para quem: "O Processo Sistemático, levado às suas últimas consequências, naturais, lógicas, induz a pôr em contribuição um elemento moderníssimo – o *Direito Comparado*".[14]

Configura-se o direito comparado num elemento importantíssimo para o preenchimento de lacunas, principalmente quando se adotam no País institutos importados de ordenamento jurídicos estrangeiros. Embora previsto expressamente apenas na CLT, aplica-se ele a todas as áreas do Direito, inclusive a processual, tendo em vista ser, no âmbito interpretativo, um elemento integrante da denominada interpretação sistemática, e no âmbito integrativo, uma forma de aplicação analógica, além de configurar-se sua utilização como um princípio geral do Direito no que concerne à Hermenêutica Jurídica.

4.4 JUSTIÇA E EQUIDADE

Como se percebe da leitura do art. 34, inc. VI, do Estatuto da Advocacia e da OAB, citado no tópico anterior, é uma excludente da infração disciplinar referida advogar contra lei injusta. Em outras palavras, é o próprio ordenamento jurídico brasileiro que prevê e autoriza a Advocacia (e, consequentemente, também a decisão) *contra legis*, desde que fundamentada na injustiça da lei. Se a lei autoriza a utilização da justiça como parâmetro para negar vigência à lei, reconhecendo as lacunas axiológicas, muito mais sentido há em aceitá-la como fundamento para preencher as lacunas normativas e para interpretar o direito positivo vigente.

Nesse sentido, o referido dispositivo legal contém uma situação genérica de autorização para negar vigência a uma norma legal: a da sua injustiça. Há a configuração da lacuna axiológica. Essa, no entanto, pode

---

13 É importante essa observação, tendo em vista que como técnica de pesquisa, buscando compreender comparativamente diferentes ordenamentos jurídicos estatais, o direito comparado adquire algumas outras características específicas.

14 MAXIMILIANO, Carlos. *Hermenêutica e aplicação do direito*. Rio de Janeiro: Forense, 1979. p. 131.

ser preenchida por qualquer das fontes e métodos de integração do direito. Deste modo, a justiça, na forma prevista nesse dispositivo, é parâmetro para a aferição da lei, para o reconhecimento da lacuna axiológica, não necessariamente para o seu preenchimento.

Em razão disso, a equidade, entendida como a justiça do caso concreto, é um instrumento efetivo, não apenas de preenchimento das lacunas, mas um instrumento essencial de interpretação do próprio ordenamento jurídico. Em outras palavras, a equidade deve ser vista como um instrumento de preenchimento de lacunas, mas também um instrumento de interpretação das normas, quando não há lacuna, mas o caso concreto exige uma leitura mais justa para o caso concreto.

Esse duplo sentido da equidade já é reconhecido na posição clássica de Carlos Maximiliano:

> Desempenha a Equidade o duplo papel de suprir as lacunas dos repositórios de normas e auxiliar a obter o sentido e alcance das disposições legais. Serve, portanto, à Hermenêutica e à Aplicação do Direito.[15]

Há também as situações em que a própria lei expressamente autoriza a utilização da equidade; é a equidade em sentido estrito, como instrumento previsto na lei, em casos específicos, para ser utilizado pelo juiz, sem necessidade de se ater às demais fontes do direito e métodos de preenchimento de lacunas.[16]

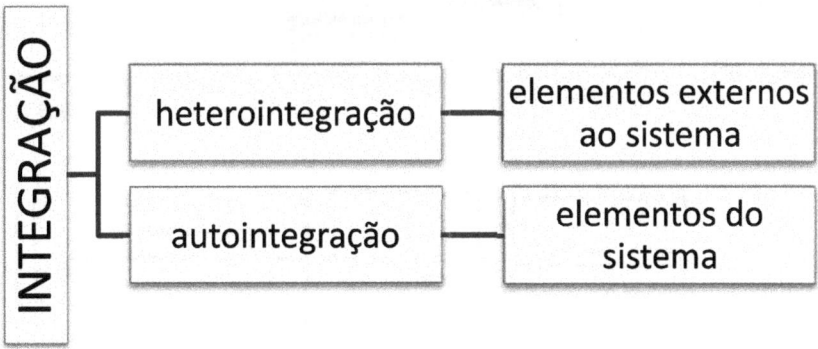

---

[15] MAXIMILIANO. *Op. cit.*, p. 172.

[16] Nesse sentido, o art. 140, parágrafo único, do CPC de 2015: "O juiz só decidirá por equidade nos casos previstos em lei". Segundo ele a equidade, no direito brasileiro, apenas pode ser utilizada quando houver autorização expressa. Faz-se necessário, entretanto, que esse artigo seja interpretado no conjunto do sistema jurídico, levando em consideração o disposto no art. 34, inc. VI, do Estatuto da OAB e os valores e direitos fundamentais consagrados pela Constituição Federal.

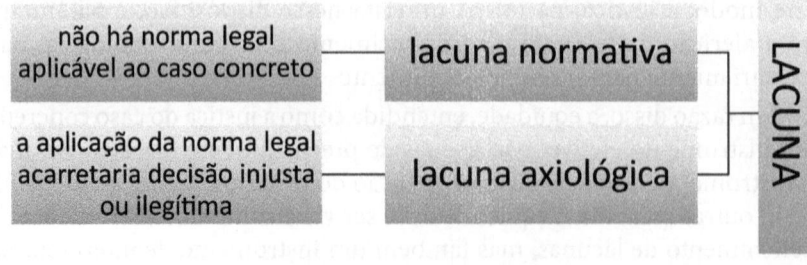

não há norma legal aplicável ao caso concreto — lacuna normativa

a aplicação da norma legal acarretaria decisão injusta ou ilegítima — lacuna axiológica

LACUNA

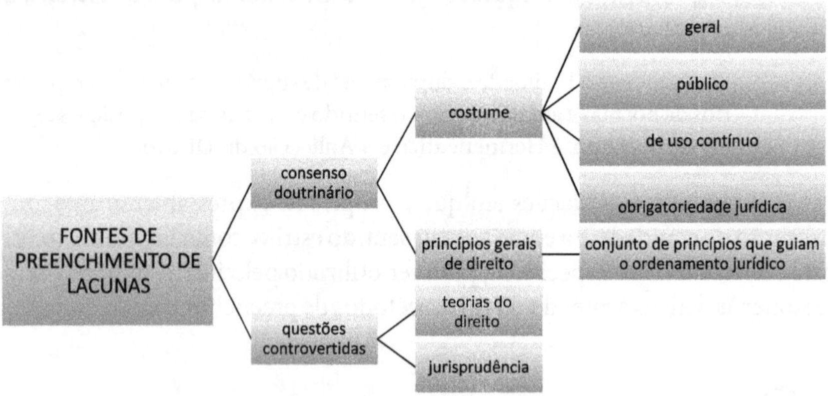

FONTES DE PREENCHIMENTO DE LACUNAS

consenso doutrinário
- costume
  - geral
  - público
  - de uso contínuo
  - obrigatoriedade jurídica
- princípios gerais de direito — conjunto de princípios que guiam o ordenamento jurídico

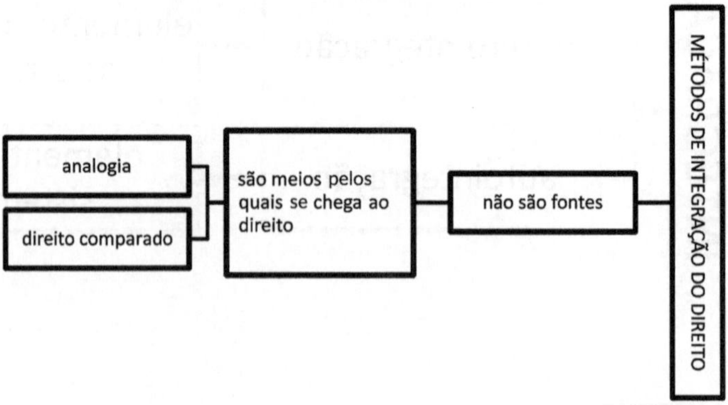

questões controvertidas
- teorias do direito
- jurisprudência

MÉTODOS DE INTEGRAÇÃO DO DIREITO

- analogia
- direito comparado

são meios pelos quais se chega ao direito — não são fontes

Capítulo 5
RESOLUÇÃO DE ANTINOMIAS
NO DIREITO PROCESSUAL

5.1 AS ANTINOMIAS NO DIREITO PROCESSUAL

A questão atinente às antinomias jurídicas, aos conflitos de normas, é uma das mais complexas da Teoria do Direito. Em tese, esses conflitos não deveriam existir. O ordenamento jurídico, como sistema, não poderia comportar contradições internas, sob pena de não se sustentar como sistema mesmo. É em razão disso que existem princípios gerais que, uma vez aplicados, elucidam os conflitos, demonstrando serem eles, na maioria das vezes, apenas aparentes.

Segundo Norberto Bobbio, há uma antinomia naquela "situação na qual são colocadas em existência duas normas, das quais uma obriga e a outra proíbe, ou uma obriga e a outra permite, ou uma proíbe e a outra permite o mesmo comportamento".[1]

Acresce que para que ocorra uma antinomia são necessárias ainda duas condições:

a)   "as duas normas devem pertencer ao mesmo ordenamento"; e
b)   "as duas normas devem ter o mesmo âmbito de validade".[2]

---

[1]   BOBBIO, Norberto. *Teoria do ordenamento jurídico*. São Paulo: Polis; Brasília: UnB, 1989. p. 86.
[2]   Uma norma possui quatro âmbitos de validade: temporal, espacial, pessoal e material.

Em outras palavras, segundo Bobbio, pode-se definir "a antinomia jurídica como aquela situação que se verifica entre duas normas incompatíveis, pertencentes ao mesmo ordenamento e tendo o mesmo âmbito de validade".[3]

Os critérios de resolução de antinomias aqui estudados, bem como os metacritérios de resolução das denominadas antinomias de segundo grau, são aplicáveis a todas as áreas do Direito, inclusive a processual. Não há regras próprias, aplicáveis especificamente ao campo do Direito Processual.

5.2 CRITÉRIOS DE RESOLUÇÃO DAS ANTINOMIAS JURÍDICAS

Faz parte da própria história do Direito a adoção de três critérios fundamentais como instrumentos para a resolução dos conflitos de normas. São eles:

a) o critério hierárquico;

b) o critério da especialidade; e

c) o critério cronológico.

5.2.1 Critério hierárquico

Esse critério estabelece que, no conflito entre duas normas incompatíveis, prevalece a hierarquicamente superior. Parte ele de um princípio fundamental, o de que a norma hierarquicamente inferior não pode revogar a hierarquicamente superior.

No direito brasileiro, essa regra é fundamental, tendo em vista que a Constituição Federal estabelece no âmbito do Legislativo quóruns diferenciados para as aprovações de emendas constitucionais, leis complementares, leis ordinárias e decretos legislativos.[4] No âmbito do Executivo há competências hierarquicamente distintas para a edição de decretos, resoluções e portarias. Da mesma forma no âmbito do Judiciário relativamente à edição de resoluções e portarias.

Por esse critério, sempre que existirem duas normas em conflito, sendo elas hierarquicamente diferenciadas, a de hierarquia superior deve preferir à de hierarquia inferior.

---

[3]   BOBBIO. *Op. cit.*, p. 86-88.

[4]   Nesse sentido, o critério da hierarquia, baseado na existência dos quóruns diferenciados, é manifestação do próprio regime democrático.

5.2.2   Critério da especialidade

O critério da especialidade estabelece que, no conflito entre duas normas, uma geral e uma especial, deve ser aplicada a especial. Segundo Bobbio, "lei especial é aquela que anula uma lei mais geral, ou que subtrai de uma norma uma parte da sua matéria para submetê-la a uma regulamentação diferente (contrária ou contraditória)".[5] Para ele, a lei especial deve prevalecer sobre a geral por representar um momento ineliminável do desenvolvimento do ordenamento jurídico.

Por esse critério, sempre que existirem duas normas em conflito, sendo uma delas especial e a outra geral, a especial deve preferir à geral.

5.2.3   Critério cronológico

Há a adoção do critério cronológico quando entre duas normas em conflito prevalece a mais nova. Esse critério tem por base o princípio de que a vontade posterior revoga a anterior. Entre dois atos de vontade do legislador, incompatíveis entre si, deve valer aquele que se situa mais próximo no tempo.

Por esse critério, sempre que existirem duas normas em conflito, sendo elas diferenciadas no aspecto cronológico, a mais nova deve preferir à mais antiga.

5.3   AS ANTINOMIAS DE SEGUNDO GRAU E OS METACRITÉRIOS DE SOLUÇÃO

O que se percebe, na prática, é que a simples aplicação desses critérios não é suficiente para resolver todas as situações de conflito normativo. Há situações em que podem ser adotados simultaneamente mais de um dos critérios de resolução de antinomias, levando, cada um deles, a resultados diferenciados.

Considerando-se a possibilidade de conflitos entre os critérios, agrupados sempre dois a dois, há pelo menos três possibilidades:

a)   o conflito entre uma norma hierarquicamente superior geral e uma hierarquicamente inferior especial;

b)   o conflito entre uma norma hierarquicamente superior mais velha e uma hierarquicamente inferior mais nova; e

c)   o conflito entre uma norma especial mais velha e uma norma geral mais nova.

---

5   *Idem, ibidem*, p. 96.

O que fazer nessas situações, em que a adoção de um dos critérios leva a uma solução, enquanto a adoção do outro critério implica solução diferenciada? A Teoria do Direito denomina esses conflitos entre critérios de antinomias de segundo grau, e os critérios para sua solução, de metacritérios de resolução de antinomias.

De forma resumida, esses metacritérios se reduzem a apenas um: a adoção de uma hierarquia entre os critérios, de forma tal que a adoção do de nível mais elevado elimine a utilização do de grau inferior. Essa hierarquia estabelece que:

a) o critério hierárquico precede sempre os critérios da especialidade[6] e cronológico;

b) o critério da especialidade precede o critério cronológico; e

c) o critério cronológico é utilizado apenas quando as normas forem de mesma hierarquia, e ambas gerais ou especiais.[7]

5.4 A INSUFICIÊNCIA DOS CRITÉRIOS E METACRITÉRIOS DE RESOLUÇÃO DE ANTINOMIAS

Mesmo adotando-se todos os critérios anteriormente descritos, bem como os metacritérios, quando ocorrerem antinomias de segundo grau, ainda assim haverá situações nas quais não há como eliminar o conflito existente. É um conflito real, em contraposição ao conflito aparente, que é aquele que pode ser sanado.

---

[6] Com relação ao conflito entre os critérios hierárquico e da especialidade, Bobbio (*op. cit.*, p. 109) tem uma posição em parte diferenciada da aqui exposta. Para ele, não é possível uma resposta segura nessa questão: "A gravidade do conflito deriva do fato de que estão em jogo dois valores fundamentais de todo o ordenamento jurídico, o do respeito da ordem, que exige o respeito da hierarquia e, portanto, do critério da superioridade, e o da justiça, que exige a adaptação gradual do Direito às necessidades sociais e, portanto, respeito do critério da especialidade".

[7] Com relação ao conflito de segundo grau entre os critérios da especialidade e o cronológico, no Brasil é fundamental levar em consideração o art. 2º da LINDB e seus parágrafos: "Art. 2º Não se destinando à vigência temporária, a lei terá vigor até que outra a modifique ou revogue. § 1º A lei posterior revoga a anterior quando expressamente o declare, quando seja com ela incompatível ou quando regule inteiramente a matéria de que tratava a lei anterior. § 2º A lei nova, que estabeleça disposições gerais ou especiais a par das já existentes, não revoga nem modifica a lei anterior. § 3º Salvo disposição em contrário, a lei revogada não se restaura por ter a lei revogadora perdido a vigência".

Segundo Bobbio, pode ocorrer uma antinomia entre duas normas contemporâneas, do mesmo nível e ambas gerais (ou especiais) sobre o mesmo objeto.[8] Nessa situação não há como aplicar nenhum dos critérios estudados. Para esse autor:

> Isso significa, em outras palavras, que, no caso de um conflito no qual não se possa aplicar nenhum dos três critérios, a solução do conflito é confiada à liberdade do intérprete; poderíamos quase falar de um autêntico poder discricionário do intérprete, ao qual cabe resolver o conflito segundo a oportunidade, valendo-se de todas as técnicas hermenêuticas usadas pelos juristas por uma longa e consolidada tradição e não se limitando a aplicar uma só regra. Digamos então de uma maneira mais geral que, no caso de conflito entre duas normas, para o qual não valha nem o critério cronológico, nem o hierárquico, nem o da especialidade, o intérprete, seja ele o juiz ou o jurista, tem à sua frente três possibilidades:
>
> 1) eliminar uma;
>
> 2) eliminar as duas;
>
> 3) conservar as duas.[9]

Na situação exposta, todas as três soluções são discricionárias. No entanto, a terceira merece algumas considerações específicas. Em primeiro lugar, não é possível manter a coexistência de duas normas incompatíveis, sob pena de inviabilização do próprio sistema jurídico. Nesse sentido, a conservação das duas normas, que é a saída mais correta, exige a adoção da interpretação corretiva, por meio da qual se busca compatibilizar a interpretação de ambas as normas, eliminando dessa forma a antinomia.

Segundo Bobbio, "a interpretação corretiva é aquela forma de interpretação que pretende conciliar duas normas aparentemente incompatíveis para conservá-las ambas no sistema, ou seja, para evitar o remédio extremo da ab-rogação".[10-11] Há a necessidade do respeito do intérprete para com

---

[8]   O que na prática só pode ocorrer entre duas normas que integram uma mesma lei, ou entre normas que integram diferentes leis aprovadas e promulgadas na mesma data.

[9]   BOBBIO. *Op. cit.*, p. 97, 100.

[10]   A *revogação* é situação em que uma lei tem sua vigência encerrada por uma nova lei que a substitui de forma *expressa* ou perde sua eficácia de forma *tácita* em razão da edição de uma lei nova, podendo ocorrer de duas formas. Chama-se de *derrogação* a revogação parcial de uma lei por outra, de forma expressa ou tácita. Já a *ab-rogação*, que também pode ser expressa ou tácita, se constitui na supressão de uma lei anterior por outra que lhe é posterior.

[11]   BOBBIO. *Op. cit.*, p. 103.

o legislador, e para isso é preciso fazer o máximo possível para não negar existência à norma.

De outro lado, tem-se o direito de cada indivíduo e da sociedade como um todo à certeza jurídica e à justiça. Segundo Bobbio:

> Onde existem duas normas antinômicas, ambas válidas, e portanto ambas aplicáveis, o ordenamento jurídico não consegue garantir nem a certeza, entendida como a possibilidade, por parte do cidadão, de prever com exatidão as consequências jurídicas da própria conduta, nem a justiça, entendida como o igual tratamento das pessoas que pertencem à mesma categoria.[12]

Tendo por base essas observações de Norberto Bobbio, pode-se chegar ao menos a duas conclusões sobre como proceder naquelas situações em que a antinomia for insolúvel por meio dos critérios gerais apontados pela Teoria do Direito e adotados, regra geral, pela prática jurídica.

São elas:

a) a antinomia não pode ser mantida, sob pena de colocar em risco os direitos à certeza jurídica e à justiça, princípios fundamentais do direito, bem como o próprio sistema jurídico; e

b) tendo em vista a vontade política do legislador, não se deve, nessa situação, negar vigência a uma ou a ambas as normas, mas sim procurar dar aos textos normativos uma interpretação corretiva que possibilite a convivência harmônica de ambos os dispositivos.

5.5   COLISÃO DE PRINCÍPIOS E PONDERAÇÃO DE BENS E VALORES

O ordenamento jurídico é constituído por regras e princípios e caracteriza-se como um sistema aberto.[13] Até aqui vimos os critérios pelos quais é possível resolver as antinomias existentes entre regras. Entretanto não é possível proceder da mesma forma quando as normas se caracterizarem como princípios.

Os princípios, conforme já visto anteriormente, expressam os valores fundamentais do sistema jurídico, informando e condicionando as demais normas, enquanto as regras são instrumentos de realização dos princípios.

---

[12]   *Idem, ibidem*, p. 113.
[13]   Cf. CANOTILHO, José Joaquim Gomes. *Direito constitucional e teoria da Constituição*. 4. ed. Coimbra: Almedina, 1997.

Possuem os princípios, por conseguinte, um grau maior de generalidade do que as regras, o que faz com que tenham um campo maior de incidência, no qual ocorrem conflitos. Segundo Canotilho:

> O facto de a constituição constituir um sistema aberto de princípios insinua já que podem existir fenômenos de tensão entre os vários princípios estruturantes ou entre os restantes princípios constitucionais gerais e especiais. Considerar a constituição como uma ordem ou sistema de ordenação totalmente fechado e harmonizante significaria esquecer, desde logo, que ela é, muitas vezes, o resultado de um compromisso entre vários actores sociais, transportadores de ideias, aspirações e interesses substancialmente diferenciados e até antagônicos ou contraditórios. O consenso fundamental quanto a princípios e normas positivo-constitucionalmente plasmados não pode apagar, como é óbvio, o pluralismo e antagonismo de ideias subjacentes ao pacto fundador.[14]

Faz-se necessário, portanto, um estudo acerca da colisão de princípios, também chamada de antinomia jurídica imprópria. Para solucionar situação de colisão entre princípios não é adequado utilizar os critérios tradicionais de solução de antinomias, já estudados anteriormente.[15] A solução do conflito entre princípios deve seguir outro caminho. Quando em choque, dever-se-á ponderá-los com o objetivo de determinar qual deles prevalecerá diante daquele caso concreto.

A pretensão de validade absoluta de certos princípios com sacrifício de outros originaria a criação de princípios reciprocamente incompatíveis, com a consequente destruição da tendencial unidade axiológico-normativa da lei fundamental. Daí o reconhecimento de momentos de tensão ou antagonismo entre os vários princípios e a necessidade, atrás exposta, de aceitar que os princípios não obedecem, em caso de conflito, a uma lógica do tudo ou nada, antes podem ser objeto de ponderação e concordância prática, consoante o seu peso e as circunstâncias do caso.[16]

Para a interpretação e aplicação dos princípios é necessário que se tenha uma visão sistemática de toda a ordem jurídica, já que diferentes princípios podem apontar soluções igualmente diversas para um mesmo problema.

---

[14] *Idem, ibidem*, p. 1.145-1.146.

[15] Na solução tradicional, diante do choque entre normas, uma delas prevalecerá, em detrimento da outra, seja porque ela é hierarquicamente superior, porque é mais específica, ou porque é mais recente.

[16] CANOTILHO. *Op. cit.*, p. 1.146.

Nessas situações é preciso realizar a adequação entre eles, tendo em vista que princípios não excluem princípios.

O método para solução de tal problema é denominado método da proporcionalidade. É ele composto por três elementos ou critérios:

a) a adequação;

b) a necessidade (ou exigibilidade); e

c) a ponderação (também denominada proporcionalidade em sentido estrito).[17]

O critério de *adequação* consiste em identificar se o meio empregado é apto a atingir o fim a que se destina; se a prevalência ou restrição de um princípio frente ao outro é capaz de possibilitar o alcance do objetivo buscado. É necessário primeiro identificar o fim a ser alcançado, para depois verificar se o caminho escolhido levará até ele.

O critério da *necessidade* ou *exigibilidade* consiste em estabelecer se a prevalência ou restrição de um princípio em face de outro é necessária para atingir o fim perseguido. Busca-se adotar a medida mais benigna, ou a menos gravosa possível.

O critério da *ponderação* significa que, frente a uma tensão de princípios, os valores e bens neles contidos devem ser balanceados. É nessa etapa que ocorre de forma mais efetiva a materialização do método. A ponderação consiste em estabelecer a preferência entre valores ou bens em conflito. É ela que soluciona a colisão determinando qual valor ou bem prevalece, e em que medida. É um processo e um juízo de valoração efetuado frente ao caso concreto, tendo em vista inexistir, *a priori*, hierarquia entre princípios.

Relativamente ao mecanismo da ponderação de bens ou valores, apontado como adequado para a solução de conflitos entre princípios e, ainda, sobre a impossibilidade de absolutização de valores predeterminados, assevera Luís Roberto Barroso:

> Trata-se de uma linha de raciocínio que procura identificar o bem jurídico tutelado por cada uma delas, associá-lo a um determinado valor, isto é, ao princípio constitucional ao qual se reconduz, para, então, traçar o âmbito de incidência de cada norma, sempre tendo como referência máxima as decisões fundamentais do constituinte. A doutrina tem rejeitado, todavia, a predeterminação rígida da ascendência de determinados valores e

---

[17] ALEXY, Robert. *Teoria dos direitos fundamentais*. São Paulo: Malheiros, 2008.

bens jurídicos, como a que resultaria, por exemplo, da absolutização da proposição *in dubio pro libertate*. Se é certo, por exemplo, que a liberdade deve, de regra, prevalecer sobre meras conveniências do Estado, poderá ela ter de ceder, em determinadas circunstâncias, diante da necessidade de segurança e de proteção da coletividade.[18]

A adoção do método da proporcionalidade e seus elementos ou critérios visa manter a unidade e efetividade do sistema como um todo e, em especial, do sistema constitucional.

Muitas críticas são dirigidas à aplicação desse método como capaz de resolver o problema da colisão de princípios em conflito. Em sua defesa argumenta-se que toda decisão deve ser fundamentada e acompanhada de sua motivação, o que reduz os riscos oriundos da subjetividade do julgador.

É, entretanto, necessário mais do que isso. Para reduzir essa subjetividade, ampliando o grau de objetividade e racionalidade na aplicação do método da proporcionalidade, devem ser definidos parâmetros claros para a ponderação de bens. Nesse contexto é comum a apresentação do princípio da razoabilidade como importante elemento para a ponderação de valores e bens. Há também os que não diferenciam razoabilidade e proporcionalidade, vendo-os como um único princípio.

Em nosso entendimento, no contexto deste século XXI emerge como critério fundamental para essa ponderação o princípio da solidariedade. Em todos os níveis é cada vez mais presente a consciência da interdependência de todos os elementos que compõem os diferentes sistemas – e interdependência exige solidariedade.

Interdependência e solidariedade são princípios estruturais da própria origem, existência e manutenção da vida.[19] Seu reconhecimento e utilização para a ponderação de valores e bens, quando da colisão de princípios, levará ao reconhecimento da precedência daquele que melhor preserve a integridade das relações. Do reconhecimento da interdependência – ou seja, de que precisamos dos demais seres humanos e de todos os outros seres e bens presentes no planeta – decorre a solidariedade como critério material para a ponderação de bens.

---

[18] BARROSO, Luís Roberto. *Interpretação e aplicação da Constituição*. 2. ed. São Paulo: Saraiva, 1998. p. 185.

[19] Ver: CAPRA, Fritjof. *O ponto de mutação*. São Paulo: Cultrix, 1995. _____. *A teia da vida*. São Paulo: Cultrix, 2000.

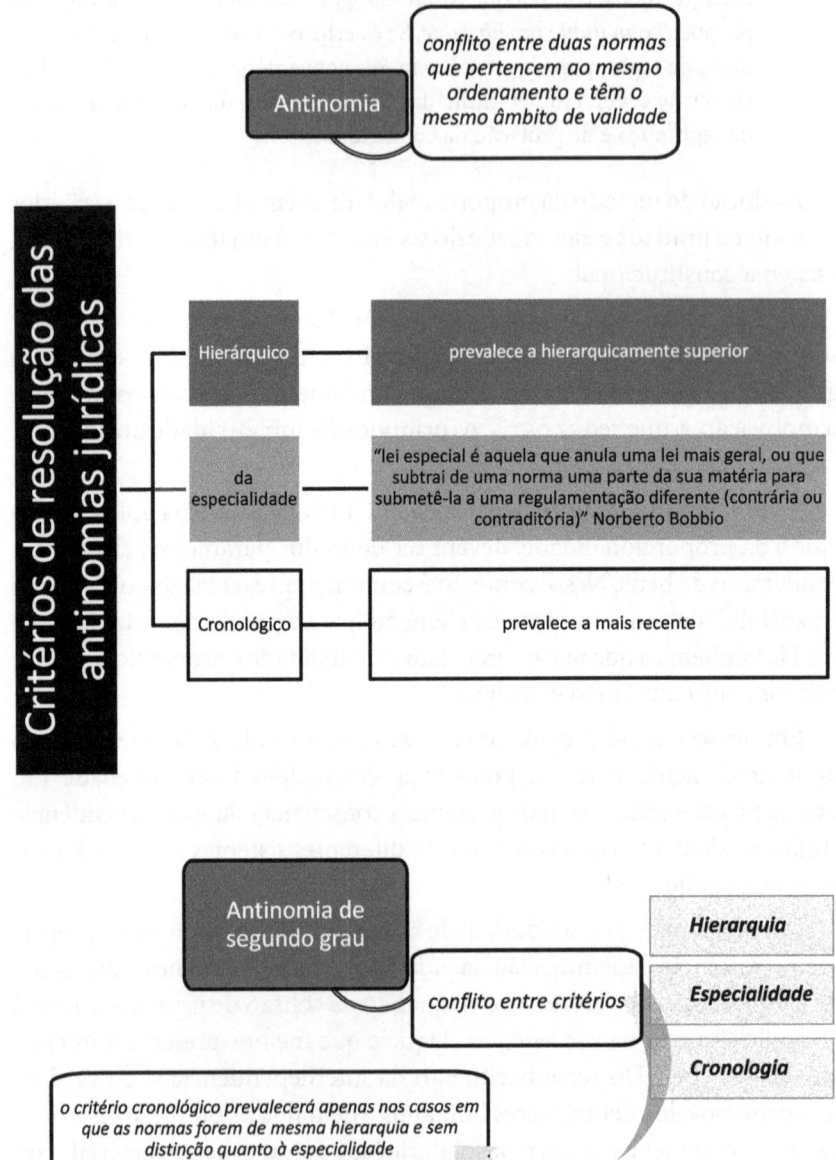

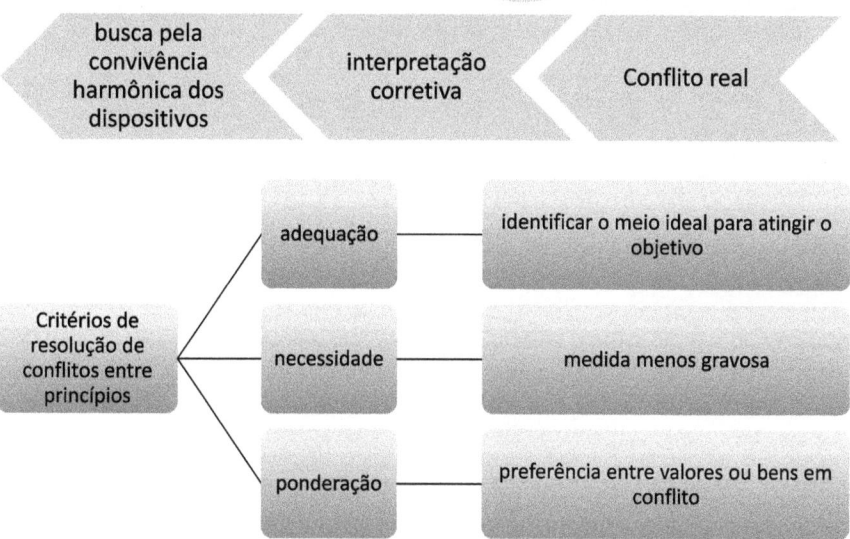

Capítulo 6

DELIMITAÇÃO DE REGRAS MEDIANTE APLICAÇÃO DE PRINCÍPIOS NO ÂMBITO DO PROCESSO

6.1   A TEORIZAÇÃO DOS DIREITOS FUNDAMENTAIS E OS CONCEITOS DE NORMA, PRINCÍPIO E REGRA

Os direitos fundamentais não se confundem com as normas por meio das quais são tutelados, pois tais direitos dizem respeito aos conteúdos daquelas. Se uma norma jurídico-positiva protege o direito à vida, por exemplo, diferencia-se do direito à vida propriamente dito, na medida em que existe para a sua proteção, para a proteção do seu objeto – que é a vida – com o qual não se confunde.

O desenvolvimento da maioria dos estudos científicos acerca dos direitos fundamentais não diz respeito apenas ao conteúdo das referidas normas, mas também à Teoria e à Filosofia do Direito, pela necessidade de cada autor em demonstrar seu modo pessoal de conceber o fenômeno jurídico, bem como de esclarecer se propõe realizar um estudo filosófico, histórico, sociológico ou eminentemente jurídico acerca desses direitos.

Nos estudos jurídicos dos direitos fundamentais – entendendo-se por jurídicos aqueles que, isolando epistemologicamente a Teoria do Direito, preocupam-se preponderantemente com o direito positivado e não com estudos essencialmente filosóficos, históricos ou sociológicos – a construção do pensamento necessita levar em consideração o conceito e o papel da dogmática jurídica junto às ideias dos respectivos estudiosos.

A criação de uma teoria acerca dos direitos fundamentais foi e tem sido realizada por estudiosos como Ralf Dreier,[1] Robert Alexy[2] e Gomes Canotilho,[3] entre vários outros, estabelecendo e descrevendo as diretrizes dessa seara do conhecimento jurídico.[4]

Uma formulação paradigmática dentro desse cenário foi aquela efetuada pelo professor alemão Ralf Dreier,[5] e que mais tarde foi retomada e utilizada para a proposta de uma teoria dos direitos fundamentais, levada a cabo por seu compatriota Robert Alexy,[6] concentrada no estudo da dogmática dos direitos fundamentais e definida como uma teoria jurídica dos direitos fundamentais contidos na lei fundamental; uma teoria ligada ao direito positivo dos ordenamentos jurídicos; uma teoria dogmática.

Para tanto, Alexy buscou construir uma teoria jurídica geral e integrativa dos direitos fundamentais orientada para contribuir na tarefa operativa cotidiana da Teoria do Direito, por meio de uma concepção por ele denominada *tridimensional*, em que se analisa a existência de uma dimensão epistemológico-analítica, uma dimensão operativo-empírica e uma dimensão

---

[1] DREIER, Ralf. *Recht – moral – ideologie*. Frankfurt: Suhrkamp, 1981.

[2] ALEXY, Robert. *Teoría de los derechos fundamentales*. 6. ed. Madrid: Fareso, 2003.

[3] CANOTILHO, José Joaquim Gomes. *Direito constitucional*. Coimbra: Almedina, 2008.

[4] Segundo Willis Santiago Guerra Filho (*Processo constitucional e direitos fundamentais*. 3. ed. São Paulo: Celso Bastos Editor, 2003. p. 33): "Da teoria dos direitos fundamentais que se entende deva ser desenvolvida cabe dizer, inicialmente, a título de definição do seu estatuto epistemológico, que se trata de uma teoria jurídica. Se falar em teoria se remete imediatamente à pretensão de se fazer estudos com caráter científico – pois senão mais correto seria falar em 'doutrina' – qualificar de *jurídica* uma teoria é sinal de que se tem a ver com uma ciência praticada pelos juristas, chamada *dogmática jurídica*, ou seja, que a teoria é direcionada para o estudo do direito tal como feito pela jurisprudência, no sentido de *ciência do direito*. Aqui, tropeçamos logo em um grande *obstáculo epistemológico*, pois é sabido que a cientificidade dessa disciplina vem sendo questionada desde que foi proposta explicitamente" (Grifos do autor).

[5] DREIER. *Op. cit.*, p. 10.

[6] Nesse sentido, Alexy (*op. cit.*, p. 29. Tradução nossa) explicita que "Uma teoria jurídica dos direitos fundamentais da lei fundamental é, portanto, uma teoria do direito positivo de um determinado ordenamento jurídico, uma teoria dogmática. Difícil é esclarecer aquilo que converte uma teoria em uma teoria dogmática, e deste modo, jurídica. Parece óbvio que se deve considerar, de qualquer modo, aquilo que realmente se pratica como ciência do direito e é designado como *dogmática jurídica* ou *jurisprudência*, a dizer, a ciência do direito em sentido estrito e propriamente dito" (grifo do autor).

crítico-normativa da dogmática jurídica, aspectos considerados necessários à racionalidade do Direito como disciplina prática.

Assim, na dimensão epistemológico-analítica, segundo aquele autor, a teoria que estuda a dogmática jurídica buscaria conceituar o Direito, construindo e aperfeiçoando um sistema epistemológico dotado de clareza e coerência. Percebe-se, nesse sentido, que especialmente por meio da Teoria Pura do Direito, de Hans Kelsen,[7] bem como em razão dos trabalhos de Herbert Hart,[8] Carlos Cossio[9] e Ronald Dworkin,[10] entre outros, foi que se deu, durante o século passado, o desenvolvimento da dimensão epistemológico-analítica da dogmática jurídica.

Por sua vez, a dimensão empírica da dogmática jurídica preocupar-se-ia tanto com o direito positivo objetivamente considerado quanto com a utilização, na argumentação jurídica, de premissas constatáveis de forma empírica junto à realidade fática. Segundo o autor, vale ressaltar, apenas no primeiro sentido, que a teoria dos direitos fundamentais leva em consideração o empirismo, reduzindo sua base empírica ao ordenamento jurídico vigente.

Por último, a dimensão normativa que a dogmática jurídica tem seria aquela em que os estudos dependem essencialmente do exercício crítico havido na análise do direito positivo em seu mais amplo sentido, incluindo-se nesta dimensão a avaliação do discurso oriundo dos operadores jurídicos, bem como aquele advindo do legislador.

Percebe-se que a dogmática jurídica assumiria, na dimensão normativa, um significado valorativo, axiológico, bastante visível quando se trata do tema referente aos direitos fundamentais, tendo o objetivo de complementar e ampliar, por meio da identificação da ideologia que os embasa, a ordem jurídica analisada.

Desta feita, o objetivo da teorização acerca dos direitos fundamentais, especialmente aquela efetuada por Ralf Dreier e Robert Alexy, e mais tarde complementada por Klaus Günther,[11] entre outros, conforme se abordará adiante, dada a sua difusão e reconhecimento, foi o de sistematizá-los genericamente, construindo uma estrutura basilar para a intermitente teorização integrativa desses direitos, no presente e no futuro.

---

[7] KELSEN, Hans. *Teoria pura do direito*. São Paulo: Martins Fontes, 2006.

[8] HART, Herbert. *O conceito de direito*. Lisboa: Fundação Calouste Gulbenkian, 2001.

[9] COSSIO, Carlos. *La teoría egológica del derecho*. Buenos Aires: Abeledo-Perrot, 1963.

[10] DWORKIN, Ronald. *Uma questão de princípio*. São Paulo: Martins Fontes, 2009.

[11] GÜNTHER, Klaus. *The sense of apropriateness*. Albany: State University of New York Press, 2003.

É nesse sentido que Alexy buscou construir, por meio de seu estudo, uma teoria estrutural,[12] para a progressiva teorização dos direitos fundamentais. Para tanto, o autor dedicou-se, após explicitar a concepção tridimensional de sua teoria,[13] a distinguir entre regras e princípios, explicitando suas respectivas características, bem como se ocupou em oferecer encaminhamento teórico aos casos de confronto entre princípios, terminando por concluir que os referidos conflitos se resolveriam por meio do método da proporcionalidade, aplicável aos casos concretos por critérios de ponderação de valores e segundo um procedimento argumentativo racional.

Dessa maneira, Alexy[14] reconheceu que a conceituação de normas, regras, princípios e direitos fundamentais constitui ponto nevrálgico para a colocação de premissas com a finalidade de conhecer e descrever concepções acerca dos direitos fundamentais. Por esse mesmo motivo, autores como Ingo Wolfgang Sarlet[15] e Pérez Luño[16] também consideram em suas investigações a referida distinção.

---

[12] Para Alexy (*op. cit.*, p. 39. Tradução nossa): "Uma teoria estrutural – portanto parte de uma teoria integrativa – é uma teoria primariamente analítica. É uma teoria primária e não puramente analítica por que investiga estruturas tais como a dos conceitos de direitos fundamentais no sistema jurídico e da fundamentação dos direitos fundamentais, levando em conta as tarefas práticas de uma teoria integrativa. Seu material mais importante é a jurisprudência do Tribunal Constitucional Federal. Nesta medida, tem caráter empírico-analítico. É, ainda, guiada pela pergunta acerca da decisão correta desde o ponto de vista dos direitos fundamentais e da fundamentação racional dos direitos fundamentais. E, nesta medida, tem um caráter normativo analítico".

[13] Segundo Alexy (*op. cit.*, p. 34. Tradução nossa): "A vinculação das três dimensões, levando em conta a orientação acerca da tarefa prática da ciência do direito, constitui o dogmático e, com ele, o jurídico em sentido estrito. Se sobre esta base se define o conceito de uma teoria jurídica, então uma teoria jurídica dos direitos fundamentais da lei fundamental é uma teoria inserida no contexto das três dimensões e orientada à tarefa prática da ciência do direito".

[14] ALEXY. *Op. cit.*, p. 47.

[15] Conforme Ingo Wolfgang Sarlet (*A eficácia dos direitos fundamentais*. Porto Alegre: Livraria do Advogado, 2003. p. 80): "Este entendimento se harmoniza, de outra parte, com a concepção, que hoje pode ser tida como dominante na doutrina, de que a própria constituição constitui, na condição de estatuto jurídico fundamental (no sentido material e formal) da comunidade, e à medida que superada a doutrina liberal-burguesa da rígida separação entre Estado e Sociedade, um sistema aberto de regras e princípios [...]".

[16] Antonio Enrique Pérez Luño (*Derechos humanos, estado de derecho y constitucion*. 5. ed. Sevilha: Tecnos, 2004. p. 53) segue o modelo de classificação das normas pela repartição entre princípios e regras. Afirma, também, que "se a luta pelo reconhecimento da dignidade da pessoa humana pode ser considerada como uma constante

Nesse sentido, vale lembrar que o conceito de norma foi ponto de partida para outros estudos consagrados, tal a sua importância para a Teoria do Direito como um todo e não apenas dos direitos fundamentais, como se deu com os trabalhos de Hans Kelsen e Niklas Luhmann, para quem as normas são, respectivamente, "um ato pelo qual se ordena, proíbe, permite e especialmente se autoriza uma conduta",[17] bem como "uma expectativa de comportamento contrafaticamente estabilizada".[18]

Segundo o conceito semântico de Robert Alexy, norma seria o significado de um enunciado normativo.[19] Desse modo, os enunciados normativos consistiriam na maneira pela qual as normas são linguisticamente expressadas, de forma que uma mesma norma poderia ser semanticamente expressada por meio de diferentes enunciados normativos, desde que estes guardassem o mesmo significado.

E, por constarem de enunciados normativos referentes a normas de direito fundamental inseridos em uma teoria positiva do direito, esses significados constituiriam dogmas jurídicos de observância obrigatória, característica de grande importância para o estudo dos princípios.

A partir do conceito de norma, muito embora os estudiosos divirjam consideravelmente a respeito dos conceitos de princípio e de regra, torna-se possível conceituar e, para alguns, diferenciar princípios e regras, tarefa inicialmente realizada por Ronald Dworkin.[20]

Assim, de acordo com a contribuição trazida por Robert Alexy à distinção de Dworkin, os princípios seriam espécies de normas que otimizam o sistema jurídico, ordenando, permitindo ou proibindo comportamentos na maior medida possível, conforme as possibilidades jurídicas e reais existentes.

---

na evolução da filosofia jurídica e política humanista, a tendência à positivação das faculdades que tal dignidade requer se pode considerar como uma inquietude estreitamente ligada às formulações doutrinárias atuais".

[17] LUHMANN, Niklas. *Sociologia do direito*. Rio de Janeiro: Tempo Brasileiro, 1983. v. I, p. 43.

[18] LUHMANN. *Op. cit.*, p. 4.

[19] Para Alexy (*op. cit.*, p. 51. Tradução nossa): "O ponto de partida desse modelo constitui a distinção entre *norma* e *enunciado normativo*. Um exemplo de enunciado normativo é o seguinte: Nenhum alemão pode ser extraditado ao estrangeiro (art. 16, § 2º, da Lei Fundamental alemã). Esse enunciado expressa a norma segundo a qual está proibida a extradição de um alemão ao estrangeiro. Uma norma é, pois, o significado de um enunciado normativo" (grifos do autor).

[20] DWORKIN. *Op. cit.*, p. 23.

Os princípios poderiam, dessa forma, ser cumpridos em diferentes graus, ao passo que as regras não. Ao contrário dos princípios, as regras seriam, na teoria de Alexy, normas que, ou são cumpridas ou não são cumpridas, sendo excepcionáveis apenas por meio de outra regra, não ensejando verdadeiros conflitos entre si e não possibilitando a graduação do seu cumprimento, uma vez que não dependeriam das possibilidades jurídicas ou reais existentes, como ocorre com os princípios.

Tal concepção semântica, pela qual se diferenciariam regras e princípios, adotada pela teoria do jurista alemão, contrariamente à opinião de estudiosos como Klaus Günther,[21] Herbert Hart,[22-23] gera, dentro do seu universo, a impossibilidade de se reconhecer como relativos os direitos fundamentais expressados por meio de regras.

E nesse sentido, muito embora Alexy admita que os princípios tendam a ser mais genéricos do que as regras, o critério da generalidade em si não se revelaria suficiente para diferenciar entre princípios e regras, pois a efetiva diferença entre os dois conceitos não seria quantitativa, mas sim qualitativa.[24-25]

Segundo o autor, enquanto as regras seriam normas que podem ser cumpridas ou não, pois possuiriam determinações no âmbito do que é juridicamente

---

[21] GÜNTHER. *Op. cit.*, p. 207-219.

[22] HART. *Op. cit.*, p. 323-325.

[23] Entre os processualistas brasileiros podem ser citados, nesse mesmo sentido, Teresa Arruda Alvim Wambier (*Controle das decisões judiciais por meio de recursos de estrito direito e de ação rescisória*. São Paulo: RT, 2001. p. 59, nota 100) e Paulo Henrique dos Santos Lucon (Garantia do tratamento paritário das partes. In: CRUZ E TUCCI, José Rogério (Coord.). *Garantias constitucionais do processo civil*. São Paulo: RT, 2004. p. 91-131).

[24] Entretanto, a observância dos princípios também é pautada pela observância das regras, pois tratam de espécies de normas que se complementam.

[25] Segundo Alexy (*op. cit.*, p. 86-87. Tradução nossa): "O ponto decisivo para a distinção entre regras e princípios é o de que os princípios são normas que ordenam que algo seja realizado na maior medida possível, dentro das possibilidades jurídicas e reais existentes. Portanto, os princípios são *mandatos de otimização* que estão caracterizados pelo fato de serem cumpridos em diferentes graus e que a medida devida de seu cumprimento não só depende das possibilidades reais, mas também das jurídicas. O âmbito das possibilidades jurídicas é determinado pelos princípios e regras opostos. Os princípios são limitados pelas regras.

Por sua vez, as regras são normas que só podem ser cumpridas ou não. Se uma regra é válida, então se deve fazer exatamente o que ela exige, nem mais nem menos. Portanto, as regras contêm determinações no âmbito fático e juridicamente possível. Isto significa que a diferença entre regras e princípios é qualitativa e não de grau. Toda norma é ou uma regra ou um princípio" (grifo do autor).

possível, os princípios seriam normas que ordenam que algo seja realizado na maior medida possível, dentro das possibilidades jurídicas e reais, constituindo mandados de otimização que poderiam ser cumpridos em diferentes graus, conforme as possibilidades jurídicas e reais. Apesar dessa diferenciação, o autor admite também a possibilidade de uma norma de direito fundamental ter caráter duplo, constituindo simultaneamente regra e princípio.

Decorreria, então, da distinção entre regras e princípios um importante reflexo prático na solução do conflito entre determinadas normas: o conflito entre regras se resolveria no âmbito da validade, havendo a preponderância de uma regra sobre a outra; já o conflito entre princípios se resolveria com a ponderação de valores, pelos quais se verificaria, no caso específico, qual dos princípios em conflito possuiria maior peso.

Os princípios estariam vinculados aos valores da sociedade, não tendo uma hierarquia em abstrato, pois isso poderia gerar uma verdadeira tirania valorativa. Assim, somente seria possível a atribuição de peso a cada um dos princípios nos casos concretos. Inclusive, seria possível que em casos diversos os mesmos princípios possuíssem valores diferenciados, de tal forma que a ponderação na aplicação dos princípios em cada caso deveria ser dinamicamente realizada, levando-se em conta três critérios simultaneamente: a adequação, a necessidade e a proporcionalidade em sentido estrito, conforme visto no capítulo anterior.

Portanto, muito embora a *nova Teoria do Processo* não se relacione apenas com os direitos fundamentais e a Filosofia do Direito, a teoria de Robert Alexy – como explicaremos detidamente adiante – complementada, no entanto, pelos estudos filosóficos de Herbert Hart e Klaus Günther, analisados a seguir, contribui significativamente para um delineamento inicial.

6.2 CRÍTICA À DISTINÇÃO OPERATIVA ENTRE PRINCÍPIOS E REGRAS COMO IMPEDIMENTO À PONDERAÇÃO NO ÂMBITO DAS REGRAS

Procuraremos, a esta altura, utilizar a teoria dos direitos fundamentais para embasar a flexibilização normativa no âmbito do processo com vistas à sua teorização hodierna, por meio da ponderação também junto às regras e não mais apenas na seara dos princípios processuais, atingindo-se as normas como um todo, a teor do que no exemplo do processo civil, dispõe o § 2º do art. 489 do CPC de 2015.[26]

---

[26] Sobre a ponderação no CPC de 2015, ver: RODRIGUES, Horácio Wanderlei; MEIRA, Danilo Christiano Antunes. Colisão e ponderação de normas na elaboração do

Os conceitos tradicionalmente utilizados levam em consideração a discordância de autores que diferenciam epistemológica e operativamente os princípios das regras entre as espécies normativas, como Robert Alexy,[27] Ingo Wolfgang Sarlet[28] e Pérez Luño,[29] em relação àqueles que não o fazem, tais como Klaus Günther[30] e Herbert Hart,[31-32] por meio de suas diferentes concepções.

O primeiro autor a classificar as normas em princípios e regras foi Ronald Dworkin,[33] ao criticar Herbert Hart e afirmar que os princípios difeririam das regras por possuírem uma dimensão de peso, valorativa, mas não de validade, como ocorreria com as regras. Por sua vez, Hart respondeu fundamentadamente às críticas de Dworkin, afirmando que a diferença entre princípios e regras é uma questão de grau e que, portanto, princípios e regras encontram-se em um mesmo plano, não sendo correta

---

novo Código de Processo Civil. *Revista de Processo*, São Paulo: RT, ano 40, n. 246, p. 59-84, ago. 2015.

[27] Explica Alexy (*op. cit.*, p. 85-86. Tradução nossa): "A distinção entre regras e princípios constitui, ademais, o marco de uma teoria normativo-material dos direitos fundamentais e um ponto de partida para responder à pergunta acerca da possibilidade e dos limites de generalidade. As normas podem dividir-se em regras e princípios e entre regras e princípios não existe apenas uma diferença gradual, mas sim qualitativa".

[28] SARLET. *Op. cit.*, p. 80.

[29] LUÑO. *Op. cit.*, p. 52.

[30] De acordo com Günther (*op. cit.*, p. 214. Tradução nossa), a proposta de diferenciação estrutural entre princípios e regras na realidade liga-se à aplicação de tais normas e não à sua estrutura. Segundo ele, para Alexy, não existe, incorretamente, conflito entre regras, como as que possibilitam a utilização de diferentes meios para um mesmo fim processual. Veja-se: "Através de diferentes reações em caso de conflito de normas, Alexy chega à conclusão de que apenas a dimensão de peso é decisiva para os princípios, dependendo das circunstâncias de cada caso. Regras, por sua vez, colidiriam entre si apenas na dimensão de validade, com a consequência de que apenas uma delas pode ser válida. Entretanto, a descrição acerca das reações em caso de conflito demonstra ser bastante possível que a distinção entre regras e princípios esteja menos ligada com a estrutura das normas do que com a aplicação das normas a situações concretas, onde a aplicação das normas requer que todos os aspectos da situação concreta sejam levados em consideração".

[31] HART. *Op. cit.*, p. 323-325.

[32] Entre os processualistas brasileiros, Teresa Arruda Alvim Wambier (*op. cit.*, p. 59, nota 100), e Paulo Henrique dos Santos Lucon (*op. cit.*, p. 92).

[33] DWORKIN. *Op. cit.*, p. 23.

a concepção de que as regras operam apenas no plano da validade e os princípios apenas no campo dos valores.[34]

---

[34] A resposta de Hart (*op. cit.*, p. 321-325) foi a seguinte: "Durante muito tempo a mais conhecida das críticas de Dworkin a este livro foi a de que ele apresenta, erradamente, o direito como consistindo apenas em regras de *tudo ou nada* e ignora uma espécie diferente de padrão jurídico, a saber os princípios jurídicos, que desempenham um papel importante e distintivo no raciocínio jurídico e no julgamento [...]. Concordo, nesse sentido, que constitui um defeito deste livro a circunstância de os princípios apenas serem abordados de passagem. Mas em que consiste precisamente aquilo de que sou acusado de ignorar? O que são os princípios jurídicos, e de que modo diferem os mesmos das regras jurídicas? [...] há diferentes modos de traçar um contraste entre regras e princípios. [...] O primeiro é uma questão de grau: os princípios são, relativamente às regras, extensos, gerais ou não específicos [...]. O segundo reside em que os princípios, porque se referem mais ou menos a um certo objectivo, finalidade, direito ou valor, são encarados como desejáveis de manter ou de ser objecto de adesão e, por isso, não apenas enquanto capazes de fornecer uma explicação ou fundamento lógico das regras que os exemplificam, mas também, pelo menos, enquanto capazes de contribuir para a justificação destas. [...] há um terceiro aspecto distintivo que eu, pessoalmente, penso ser uma questão de grau, enquanto Dworkin, que o vê como crucial, não o entende assim. Segundo ele, as regras funcionam no raciocínio dos que as aplicam, de uma maneira de *tudo ou nada*, no sentido de que se uma regra for válida e absolutamente aplicável a um caso dado, então ela *obriga*, isto é, determina de forma conclusiva o resultado jurídico ou consequência. [...] Não vejo razões nem para aceitar este contraste nítido entre princípios e regras jurídicas nem o ponto de vista de que, se uma regra válida for aplicável a um caso dado, deve, diferentemente de um princípio, determinar sempre o resultado do caso. Não há razões para que um sistema jurídico não deva reconhecer que uma regra válida determina o resultado nos casos em que é aplicável, excepto quando outra regra, julgada como sendo mais importante, seja também aplicável ao mesmo caso. Por isso, uma regra que seja superada, em concorrência com uma regra mais importante num caso dado, pode, tal como um princípio, sobreviver, para determinar o resultado em outros casos, em que seja julgada como sendo mais importante do que outra regra concorrente.

Por isso, para Dworkin, o direito abrange não só as regras de *tudo ou nada*, como também os princípios *não conclusivos* e ele não pensa que esta diferença entre eles seja uma questão de grau. Mas eu não acho que a posição de Dworkin possa considerar-se coerente. Os seus exemplos mais antigos concluem no sentido de que as regras podem entrar em conflito com os princípios e que um princípio ganhará algumas vezes em concorrência com uma regra, e perderá outras vezes. Os casos em que ele cita incluem *Riggis vs. Palmer*, no qual foi aplicado o princípio de que não pode permitir-se a uma pessoa que se aproveite do seu próprio acto ilícito, não obstante a linguagem clara das regras legisladas que regulavam o efeito de um testamento, de forma a impedir que um assassino herdasse por força do testamento da sua vítima. Isto é um exemplo de um princípio que prevalece em concorrência com uma regra, dentro do ordenamento jurídico norte-americano, mas a existência de tal concorrência mostra seguramente que as regras não têm um carácter de *tudo ou nada*,

Entretanto, a concepção de Dworkin foi adotada por Robert Alexy na sua teoria dos direitos fundamentais, que até mesmo a desenvolveu ao arquitetar um método racional e procedimental para a solução dos conflitos entre princípios pela via da argumentação jurídica, segundo a regra da proporcionalidade e seus critérios de adequação, necessidade e proporcionalidade em sentido estrito. Os princípios seriam, então, normas jurídicas que se aplicam em graus, na maior medida possível, diferenciando-se das regras pelo fato de que estas não podem ser aplicadas em graus, caracterizando-se por serem normas menos flexíveis cuja não aplicação só pode decorrer da sua invalidade ou de uma exceção, de tal maneira que o próprio conflito entre regras só poderia ser solucionado por meio de uma nova regra de exceção ou por meio da declaração da invalidade de uma das regras conflitantes.

Neste ponto, portanto, talvez a *Teoria dos Direitos Fundamentais* não mereça acolhida. Como o próprio Alexy[35] deixa claro, a norma da dignidade da pessoa humana, por exemplo, é tratada, pela Constituição Federal alemã, em seu art. 1º, como norma principal, mas também como regra, de forma

---

uma vez que são passíveis de entrar num tal conflito com princípios que as podem superar. [...] Esta incoerência, verificada na pretensão de que um sistema jurídico consiste tanto em regras de *tudo ou nada* como em princípios não conclusivos, pode ser sanada se se admitir que a distinção é uma questão de grau. Certamente que se pode fazer um contraste razoável entre regras quase conclusivas, em que a satisfação das respectivas condições de aplicação basta para determinar o resultado jurídico, salvo em poucos exemplos (em que as suas disposições podem entrar em conflito com as de outra regra reputada de maior importância), e princípios geralmente não conclusivos, que se limitam a apontar para uma decisão, mas que podem muito frequentemente não conseguir determiná-la.

Penso, de forma segura, que os argumentos retirados de tais princípios não conclusivos constituem um aspecto importante do julgamento e do raciocínio jurídico, e que isso devia ser assinalado através de uma terminologia apropriada. Dworkin é credor de grande reconhecimento por ter mostrado e ilustrado a importância desses princípios e o respectivo papel no raciocínio jurídico, e, com certeza, eu cometi um sério erro ao não ter acentuado a eficácia não conclusiva deles. Mas também é seguro que não tencionava sustentar, através do uso que fiz da palavra *regra*, que os sistemas jurídicos só contêm regras de *tudo ou nada* ou regras *quase conclusivas*" (destaque do autor).

35   Conforme Alexy (*op. cit.*, p. 106. Tradução nossa): "Poder-se-ia pensar que a Lei Fundamental estabelece ao menos um princípio absoluto e referir-se como fundamentação o art. 1º, § 1º, 1ª frase da LF: *A dignidade da pessoa é intangível*. Efetivamente o art. 1º, § 1º, 1ª frase da Lei Fundamental provoca a impressão de ser absoluto. Mas a razão desta impressão não reside no fato de que através desta disposição de direito fundamental se estabelece um princípio absoluto, mas sim de que a norma da dignidade da pessoa humana é tratada, em parte, como regra, e em parte como princípio".

que sua natureza também de regra se denotaria pela seguinte constatação: nos casos em que tal regra se faz relevante não se discute se a dignidade precede a outras regras, mas apenas se ela foi ou não violada.

Muito embora afirme que as regras situam-se apenas no campo da validade e não dos valores, Alexy acaba por admitir que tanto os princípios quanto as regras são espécies de normas cujo conteúdo pode estabelecer direito fundamental, como no exemplo das normas que determinam o respeito à dignidade da pessoa humana.

Assim, mesmo sendo a dignidade da pessoa humana objeto de princípio fundamental, Alexy admite que esta possa ser protegida por uma regra e não um princípio, conforme o simples critério linguístico; conforme a maneira de tal dignidade ser literalmente expressada, tipificada pela norma. Logo, o autor parte do pressuposto de que a distinção entre princípios e regras tem também uma justificativa semântica, linguística, justificativa essa que contradiz a diferenciação entre os planos de validade e de valor, por ele vinculados às regras e aos princípios, respectivamente.

Acredita-se, no entanto, que a contribuição mais significativa da teoria dos direitos fundamentais não foi a distinção entre princípios e regras, mas sim a de proporcionar embasamento teórico à aceitação dos valores como elementos de justificação e aplicação do direito, trazendo racionalidade às considerações axiológicas necessárias a inúmeros julgamentos em meio ao muitas vezes exacerbado tecnicismo do operador jurídico. Infelizmente, tal contribuição, ligada à ponderação de valores na aplicação do direito, ficaria, caso respeitada a teoria, limitada às normas constituídas em princípios, não se aplicando às regras.

No entanto, em diversos ramos do direito, tanto no Brasil quanto em outros sistemas jurídicos, o contínuo aumento da complexidade social e a riqueza dos elementos de fato e de direito que envolvem a caracterização dos diversos conflitos trazem a necessidade de se considerar valores na aplicação de regras, sopesando-as conforme as vicissitudes dos casos concretos, o que não seria possível dentro da estrutura arquitetada pela teoria de Alexy, dada a impossibilidade que aquele autor acredita existir quanto ao exercício da ponderação de valores na referida espécie normativa.

A maior dificuldade que se encontra, nesse sentido, é a de construir uma fundamentação teórica e operativa coerente para a racionalização do discurso jurídico argumentativo com vistas à ponderação de valores também no campo das regras, haja vista a procedimentalização defendida por Alexy – cuja efetiva aplicação os tribunais brasileiros pouco realizam – não poder, em princípio, segundo sua teoria, ser aplicada às regras, mas apenas aos princípios.

Acredita-se, desse modo, que a distinção entre princípios e regras junto ao sistema jurídico não merece ser acolhida para o fim de impedir a ponderação no campo das regras. Isso porque, especialmente na realidade operativa brasileira, tal diferenciação praticamente não é utilizada pela jurisprudência, especialmente do STF, não sendo considerado o procedimento arquitetado por Alexy por meio do método da proporcionalidade quanto à análise dos critérios necessários à racionalização de valores junto à aplicação das normas.

Como a procedimentalização argumentativa defendida pela teoria dos direitos fundamentais não tem sido efetivamente aplicada pelos tribunais brasileiros nem mesmo na seara dos princípios, deve-se admitir a ponderação de valores também no âmbito das regras, especialmente no sistema jurídico pátrio, pois tal operação já é efetuada especialmente pela jurisprudência do STF, que na realidade segue o princípio da razoabilidade e não o método da proporcionalidade.

Percebe-se que o âmbito de análise da teoria dos direitos fundamentais focado por Alexy demonstra-se limitado ao critério semântico que embasa a distinção entre princípios e regras, denotando a ampla e exclusiva utilização pelo jurista alemão daquilo que a crítica de Klaus Günther entende ser apenas o discurso de fundamentação das normas jurídicas pelo legislador.

Explica-se. A discordância do referido autor funda-se, inicialmente, na distinção por ele efetuada entre os discursos de fundamentação e de aplicação da norma jurídica, para o fim de concebê-la de maneira mais coerente à teoria da argumentação.

É necessário, entretanto, compreender que, assim como ocorre nos estudos de Robert Alexy, os trabalhos de Klaus Günther têm o objetivo de proporcionar a aplicação racional de discursos valorativos junto ao direito. Diferenciam-se dos primeiros, no entanto, ao defenderem a possibilidade de ponderação também entre regras por acreditarem que a argumentação jurídica não se dá segundo a concretização do discurso de fundamentação legislativa da norma, mas sim por meio da concretização do discurso moral de aplicação da norma jurídica.[36]

---

[36] Nas palavras de José Emílio Medauar Ommati (Breves anotações sobre o procedimento de privatização da Açominas. Disponível em: <http://www1. JusNavigandi. com.br/doutrina/texto.asp?id=445>): "Mais modernamente, os principais autores de Direito Constitucional têm-se preocupado com o problema concernente à interpretação da Constituição. Em vista disso, surgiram novas teorias sobre a Hermenêutica

Segundo Klaus Günther,[37] enquanto o discurso de fundamentação busca atingir o ideal da elaboração de normas como elementos capazes de regulamentar as mais variadas situações da vida cotidiana – de tal forma que a operação posterior de subsunção possa ser realizada com perfeição, considerando-se as diferenças entre princípios e regras – o discurso de aplicação da norma considera as vicissitudes normativas dos casos concretos aliadas aos valores envolvidos, para o fim de solucionar a insuficiência dos diplomas normativos, ainda que tal insuficiência se dê no campo das regras.

Ora, dentro do discurso de fundamentação, as normas só poderiam ser elaboradas de maneira ideal para um determinado momento, caso o legislador dispusesse de conhecimento ilimitado e de tempo infinito. Assim, a desconsideração do discurso de aplicação junto à diferenciação entre princípios e regras leva a crer que tal distinção merece ser revisada.

Desse modo, em razão da distinção entre os discursos de justificação e de aplicação, Günther utiliza uma classificação normativa diversa daquela referente aos princípios e às regras, sugerindo a bipartição entre normas *prima facie* e normas *definitivas*. Isto porque, segundo ele, enquanto as normas *prima facie* baseiam-se em uma prescrição genérica inicial, estando ligadas à lógica do discurso de justificação, as normas *definitivas* aplicam-se de forma concreta, ligando-se à operação posterior de aplicação das normas *prima facie* às situações reais.

Assim sendo, as razões *prima facie* são as elencadas pelo legislador para a elaboração da norma, enquanto as razões definitivas são aquelas encontradas após a análise dos fatos relevantes; são as razões por meio das quais se dá a ponderação de valores. Entre as razões que justificam a existência

---

Constitucional que devem ser ampliadas para a Hermenêutica Jurídica como um todo. Estes autores começam por criticar os métodos tradicionais de interpretação das leis. Envolvidos em um movimento de crítica dos métodos científicos, como instrumentos seguros para se alcançar a verdade científica, eles não aceitam o fato de que métodos objetivos possam ser capazes de, por si sós, levarem a uma interpretação correta da norma jurídica. E isto pelo simples fato de que, quando se vai interpretar uma norma jurídica, seja ela qual for, deve-se levar em consideração o caso concreto que desencadeou o processo interpretativo da norma, pois a interpretação desta serve para a solução de um conflito concreto. É o que Günther denomina de discurso de aplicação. Em linhas gerais, este autor defende que existem dois tipos de discurso: o de justificação e o de aplicação. O primeiro é característico da lei. Em outras palavras, é um discurso geral, abstrato, obrigatório para todos. No entanto, ao lado deste, existe o discurso de aplicação, que se caracteriza por ser individual, concreto e obrigatório apenas para as partes, pelo fato de ser histórico e, como tal, irrepetível por excelência".

[37] GÜNTHER. *Op. cit.*, p. 212.

das normas *prima facie* e as que motivam a aplicação das normas definitivas existe diferença, portanto, pela quantidade de informações havidas junto aos casos concretos, informações essas que não estão todas presentes quando das razões consideradas pelo discurso legislativo de justificação da norma.

Dessa forma, Klaus Günther[38] afirma que o eventual conflito de normas não se dá no campo da validade, mas sim no âmbito dos discursos de aplicação. Afirma, portanto, que as normas consideradas válidas, podem, dentro de determinadas situações, entrar em conflito, quando todas as respectivas circunstâncias forem consideradas. Logo, o conflito de normas torna-se uma questão de *adequação e adaptação aos casos reais* e não uma questão de validade.

Para Günther,[39] Alexy relaciona a distinção entre o caráter *prima facie* e o caráter *definitivo* das normas como uma diferença na estrutura destas e na sua qualidade prescritiva. No entanto, sua proposta de associar os caracteres *prima facie* e definitivo das normas à distinção entre princípios e regras não afeta o âmbito da validade normativa. Tanto os princípios quanto as regras necessitam de validade e justificação, ainda que se admita possam ser diferenciados. Assim, os princípios não operam apenas valores e as regras não condizem apenas com a seara da validade, como descreve Alexy.

Tais descrições acerca das hipóteses de conflito normativo desconsideram o fato de que a distinção entre princípios e regras está menos relacionada com a estrutura das normas do que com a sua efetiva aplicação, na qual a utilização destas requer sejam levadas em consideração todas as vicissitudes causais, pois a análise de todas as circunstâncias atuais e normativas é uma necessidade comum a toda norma e não apenas aos princípios.[40]

---

[38]   Explica Günther (*op. cit.*, p. 216. Tradução nossa): "Se a nossa hipótese sobre a separação entre justificação e aplicação no nível pós-convencional de desenvolvimento moral estiver correta, então a prescrição de que uma norma seja aplicada levando em consideração todas as circunstâncias do caso concreto é válida para toda norma, e não apenas para princípios, em virtude do princípio da aplicação imparcial. Isto significa que, por razões que requerem justificação adequada, certas normas são artificialmente mantidas em um nível convencional de modo a se tornarem regras, analisando-se-lhes todas as circunstâncias apenas em casos excepcionais ou que requeiram uma decisão sobre a sua validade. Que a adequada argumentação não necessita ser limitada à aplicação de princípios parece claro pelo exemplo que o próprio Alexy oferece a respeito da denominada redução tecnológica na aplicação de regras legais. Nesse sentido, as normas ligam-se a um certo fim conforme a vontade do legislador e, considerando-se a perspectiva da relação entre meios e fins, são restringidas ou ampliadas em seu alcance de aplicação".

[39]   GÜNTHER. *Op. cit.*, p. 208.

[40]   Nesse sentido, explicita Günther (*op. cit.*, p. 217. Tradução nossa): "Então a distinção entre princípios e regras não é uma distinção a respeito do conceito de norma, mas a

Desta feita, Alexy aglutina a concepção deontológica com a concepção pragmática das normas, operação essa que o leva à conclusão incorreta de que as regras operam apenas no âmbito da validade e, portanto, não podem ser ponderadas valorativamente, pois prescrevem exatamente aquilo que deve ser feito, nada menos e nada mais, constituindo normas que podem ou não serem observadas, como se os valores não agissem sobre estas e como se as normas constituídas por princípios não pudessem agir sobre as regras. Por aglutinar as concepções deontológica e pragmática, Alexy não aborda a colisão entre regras e princípios, muito embora seja obviamente necessário aplicar princípios junto às regras para que o sistema jurídico possa servir à riqueza do cotidiano.

Como afirma Günther, as regras realmente não atuam apenas no âmbito da validade, do mesmo modo que os princípios também não se ligam somente à moral e aos valores, pois, conforme já dizia Hart, encontram-se no mesmo plano das regras. Isso porque a observação do cotidiano forense revela a ocorrência de conflitos entre princípios e regras. E normas, sejam princípios ou regras, são normas que necessitam ser interpretadas e analisadas junto às características dos casos reais; ambas possuem tanto o âmbito da validade quanto o âmbito da valoração.[41]

Enfim, as contribuições de Hart e Günther servem, acreditamos, para demonstrar a possibilidade de solução, por meio da ponderação de valores, também de determinados conflitos entre regras, reconhecendo nessas situações aos princípios a tarefa de justificar a escolha de determinadas regras em

---

respeito dos pressupostos de ação dentro dos quais as normas são aplicadas. Isso, no entanto, não significa que toda norma, singularmente considerada, possa ser aplicada de tal forma que todas as vicissitudes atuais e normativas de uma situação sejam sempre consideradas, muito embora em sociedades complexas esse seja provavelmente um desenvolvimento inevitável, especialmente junto àquelas normas que demonstram serem *determinações definitivas* dentro do alcance de possibilidades" (grifo do autor).

[41] Nesse sentido, a opinião de autores como Teresa Arruda Alvim Wambier e Paulo Henrique dos Santos Lucon, para quem princípios também são regras e regras também são princípios. Isso porque, se as normas não forem consideradas como gênero do qual os princípios e as regras são espécies, mas sim que normas e regras são equivalentes, podendo ser diferenciadas apenas quanto ao seu caráter principiológico, poder-se-á então aceitar a ponderação entre regras. Para Paulo Henrique dos Santos Lucon (*op. cit.*, p. 92) princípios também são regras; regras essas que possuem, no entanto, caráter diferenciado das regras não principiológicas, podendo ser compreendidas como principais. Serão – normas ou regras – principais, caso possuam significativo grau de generalidade e abstração, e não principais, caso sejam normas ou regras concretas, destinadas a situações mais específicas. No mesmo sentido, Teresa Arruda Alvim Wambier (*op. cit.*, p. 59).

detrimento de outras, bem como para flexibilizar a aplicação de determinadas regras mediante a análise dos casos concretos.[42]

---

[42]   São exemplos os arts. 223, § 1º, e 332, todos do CPC de 2015.

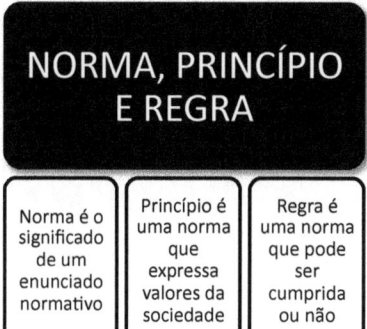

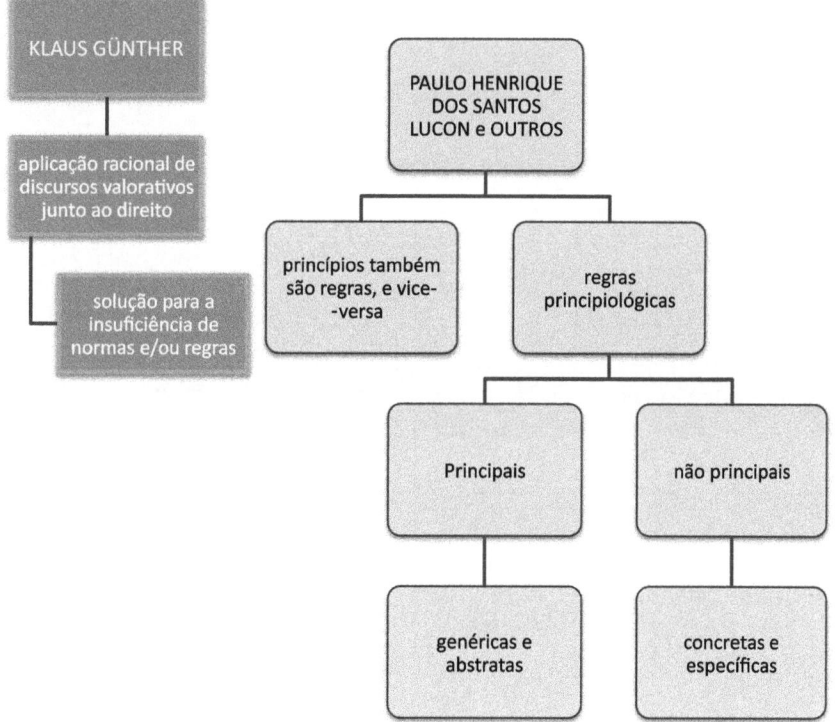

Capítulo 1
PROCESSOS ESTRUTURAIS

1.1 PROCESSOS ESTRUTURAIS E LITÍGIOS COLETIVOS

Litígios estruturais são litígios coletivos decorrentes do modo como uma estrutura burocrática, usualmente de natureza pública, opera. O funcionamento da estrutura causa, permite ou perpetua a violação, que é origem do litígio coletivo.[1] Eles são essencialmente litígios coletivos irradiados e policêntricos, demandando que a solução de um problema seja pensada também para os demais.

Processos estruturais devem ser fortalecidos. O fortalecimento dá maior efetividade às políticas públicas, cuja performance é exigida em sociedades digitais[2].

As tutelas coletivas surgiram num contexto de difusão de direitos que seriam coletivamente compartilhados[3], especialmente a partir da Declaração Universal dos Direitos Humanos de 1948, permeada por uma sociedade de

---

[1] VITORELLI, Edilson. *Processo Civil Estrutural: Teoria e Prática*. 2. ed. Salvador: Editora Juspodivm, 2021. p. 56.

[2] Por sociedades digitais compreendem-se as sociedades com maior interação e comunicação diretamente relacionadas ao uso intensivo de TICs (tecnologias de informação e comunicação).

[3] CAPPELLETTI, Mauro. O acesso à justiça e a função do jurista em nossa época. *Revista de Processo*. São Paulo, ano 16, n. 61, jan./mar. 1991.

massa. É a amplitude da conflituosidade que definiria o direito como difuso ou coletivo. Todavia, apesar dos esforços, a tutela coletiva ainda se manteve como solução atomizada do litígio a partir de um processo unitariamente pensado: pensada assim, a tutela coletiva seria contraproducente[4].

A bipolaridade (entre demandantes e demandados, autores e réus) distorce a compreensão de como a jurisdição poderia resolver os conflitos, não necessariamente por eixos vetoriais unidirecionais.[5]

No âmago, o problema da inefetividade[6] dos processos coletivos é um problema de monitoramento, acompanhamento e conformidade. A tomada de decisão[7] atomizada[8] perpassa a falta de concreção prática da

---

[4] "Acredito que a base do questionamento que circunda uma teoria do processo estrutural seria a de como efetivar decisões judiciais que aparentam impossibilidade de concretização? A pergunta é uma das grandes preocupações com que parte, ainda tímida, mas crescente, da doutrina processual tem se debruçado na atualidade, não fugindo ao debate em qualquer das áreas nas quais o processo tem ligação e, em nosso caso, especialmente, a área do litígio estrutural que anuncia ser aquela que tem encontrado dificuldade extrema para que se efetive, tendo em vista suas peculiaridades de aceitação" (JOBIM, Marco Félix. Reflexões sobre a necessidade de uma teoria dos processos estruturais: Bases de uma possível construção. *In:* ARENHART, Sérgio Cruz; JOBIM, Marco Felix. *Processos estruturais.* 3. ed. Salvador: Editora Juspodivm, 2021. p. 817-818).

[5] FISS, Owen. *To Make the Constitution a living Truth: Four Lectures on the Structural Injuction.* In: ARENHART, Sérgio Cruz; JOBIM, Marco Felix. *Processos estruturais.* 3. ed. Salvador: Editora Juspodivm, 2021. p. 31-55.

[6] A inefetividade da tutela coletiva no Brasil é essencialmente um problema de pragmatismo jurídico. A contrarreação da ampliação dos poderes jurisdicionais e da tutela de demandas por meio de instrumentos coletivos, especialmente com a incursão do Judiciário na área do controle e da construção de políticas públicas (ativismo judicial), têm gerado um efeito-rebote: o de esvaziar o protagonismo dos interessados e afetados pelos litígios estruturais, retirando-lhes a possibilidade de construção, por consenso, da solução voltada à implementação dos direitos sociais e imputando aos titulares das estruturas institucionais o dever de reparo dos seus erros.

[7] O problema da *tomada de decisão* (*decisionmaking*) não é novo. Há muito, diversas teorias buscam regular a incerteza e reduzir o espectro de indeterminação na construção das decisões por parte dos julgadores. A justificação das decisões, sejam elas judiciais ou administrativas, ocupa as mentes dos estudiosos da teoria do direito há pelo menos cem anos (LEAL, Fernando. Regulando a incerteza: a construção de modelos decisórios e os riscos do paradoxo da determinação. *Revista de Investigações Constitucionais.* Curitiba, vol. 3, n. 3, p. 215-226, set./dez. 2016).

[8] Por decisão atomizada compreende-se a decisão judicial ou administrativa adotada sem a apuração das externalidades positivas ou negativas inerentes ao conflito.

tutela jurisdicional dos litígios coletivos. Ela é especialmente identificada em processos individuais repetidos (v.g. demandas de creches, ações cominatórias buscando acesso a tratamentos e medicamentos) ou, ainda, em ações civis públicas com baixo espectro probatório.

Processos estruturais[9] são um instrumento que busca a tutela e a solução de conflitos amplos de uma sociedade. Emergem em uma instituição de natureza pública ou privada. Tratam litígios complexos porque demandam a remoção da causa que gera a violação de direitos e não propriamente a pacificação momentânea da lide ou do processo, pensado de forma singular.

Structural injunctions no direito norte americano são ordens judiciais que não impõem uma conduta individualizada, mas um conjunto de medidas que tencionam a adaptação dos comportamentos futuros, como forma de compensar erros pretéritos.

Em sociedades complexas, cuja liquidez[10] dos interesses está diretamente atrelada à voracidade do modelo econômico implementado, é comum que os conflitos se irradiem de forma inversa ao poder econômico dos afetados. Atualmente, a disseminação dos conflitos ocorre, inclusive, digitalmente. Por esse motivo é cada vez mais frequente a necessidade de utilização de *processos estruturais* para a solução de casos institucionalizados no seio social, especialmente quando há empobrecimento geral da população e desestruturação do Estado, submetido igualmente à crise financeira.[11]

Na proporção da disseminação exponencial dos conflitos, a solução técnico-processual não é capaz de impedir a perpetuação das demandas, sejam judiciais, sejam administrativas. Urge-se, portanto, adotar outro olhar sobre os processos: aplicar o direito de forma igualmente escalonada. A partir disso, quais ferramentas poderiam garantir um padrão-mínimo de comportamento que eliminasse efetivamente os problemas institucionais radicados no litígio estrutural?

---

[9] O processo estrutural é um processo coletivo no qual se pretende, pela atuação jurisdicional, a reorganização de uma estrutura, pública ou privada, que causa, fomenta ou viabiliza a ocorrência de uma violação a direitos, pelo modo como funciona, originando um litígio estrutural (VITORELLI, Edilson. *Processo Civil Estrutural: Teoria e Prática*. 2. ed. Salvador: Editora Juspodivm, 2021. p. 64).

[10] BAUMANN, Zygmunt. *Modernidade Líquida*. São Paulo: Jorge Zahar Editor, 2001.

[11] Uma das faces da crise econômico-financeira com reflexos institucionais, deflagrando inúmeros conflitos irradiados passíveis de serem tutelados pelos processos estruturais, é a crise pandêmica decorrente da Covid-19.

Como visto, o que se pretende com os processos estruturais é a segurança jurídica e social, criando-se um padrão de respeitabilidade da norma que seja culturalmente assimilado. Na estrita conceituação de *law enforcement*, o termo traduz a ideia de cumprimento da lei, no sentido de aplicação efetiva do direito.[12] Mais do que o cumprimento da lei, a aplicação da norma ou a entrega da tutela jurisdicional por meio de um processo judicial, o *law enforcement* deve ser compreendido como a solução derradeira do conflito, que corrige injustiças[13].

A conjugação da ideia de processo como *serviço* somada a de que o custo da litigância e do exercício da jurisdição retiram a margem de oportunidade de outras demandas que possam virtualmente ser mais importantes atrai a compreensão daquilo que se convencionou chamar de *pan-processualismo*.

No *pan-processualismo* há uma clara cisão entre a ideia de cognição e de execução da tutela, avançando sobre fases negociadas de diálogo, estruturação e implementação das propostas, flexibilizando o processo.[14] O desafio do processo civil contemporâneo é identificar um ponto de equilíbrio entre o custo da estrutura jurisdicional, seja extra ou endoestatal, e a necessidade de garantia de direitos fundamentais, sejam sociais ou processuais propriamente ditos (v.g. celeridade, eficiência). Um processo longo pode, em tese, até reduzir os possíveis erros, mas a que custo?[15]

Os processos estruturais querem a solução do conflito em ambientes colaborativos[16], democráticos, com debates suficientes e amplo

---

[12] MENDES, Paulo de Sousa. Law Enforcement e Compliance. *In:* PALMA, Maria Fernanda; DIAS, Augusto Silva; MENDES, Paulo de Sousa. *Estudos sobre Law Enforcement, Compliance e Direito Penal.* Coimbra: Editora Almedina, 2018.

[13] ARENHART, Sérgio Cruz. Tutela atípica de prestações pecuniárias. Por que ainda aceitar o "É ruim, mas eu gosto?". *Revista de Processo*, v. 281, ano 43, julho 2018. p. 142.

[14] RODRIGUES, Marco Antonio; GISMONID, Rodrigo. Negócios jurídicos processuais como mecanismos de auxílio à efetivação de políticas públicas. In: ARENHART, Sérgio Cruz; JOBIM, Marco Felix. *Processos estruturais.* 3ª edição. Salvador: Editora Juspodivm. 2021. p. 779-814.

[15] BONE, Robert Gehlmann. *Civil procedure: The economics of civil procedure.* New York: Foundation Press, 2003. p. 2-3.

[16] "Para a adequada resolução dos litígios estruturais, é preciso que a decisão de mérito seja construída em ambiente colaborativo e democrático, mediante a efetiva compreensão, participação e consideração dos fatos, argumentos, possibilidades e limitações do Estado em relação aos anseios da sociedade civil adequadamente representada no processo, por exemplo, pelos *amici curiae* e pela Defensoria Pú-

diálogo[17], buscando a justiça[18] e a internalização de externalidades. O processo não deve ser visto de maneira hermética, deve ser conjugado com os custos da realização do procedimento, do diálogo das partes, dos efeitos negativos e positivos da manutenção e perpetuação do conflito, bem como da solução, o quanto mais célere possível, da controvérsia.

---

blica na função de custos *vulnerabilis*, permitindo-se que processos judiciais dessa natureza, que revelam as mais profundas mazelas sociais e as mais sombrias faces dos excluídos, sejam utilizados para a construção de caminhos, pontes e soluções que tencionem a resolução definitiva do conflito estrutural em sentido amplo" (STJ, REsp 1854842/CE, Rel. Ministra Nancy Andrighi, 3ª Turma, DJe 04.06.2020). "Não se trata aqui, simplesmente, de verificar se alguém tem um direito que merece ser atendido em detrimento de outra pessoa, que não tem direito algum. Trata-se, ao contrário, de compor os vários interesses legítimos que estão em litígio, de modo a otimizar a sua convivência e a conferir a melhor proteção possível para a sociedade como um todo e para os valores públicos por ela abraçados. Por isso se exige do juiz outra postura no trato dessas questões. Impõe-se um juiz que tenha a criatividade necessária e o arrojo suficiente para sair do esquema "vencedor-perdedor". É preciso um juiz que, consciente de seu papel e prudente no exercício da jurisdição, tenha condições de oferecer à sociedade uma solução factível e razoável, no sentido de refletir da melhor maneira possível os valores públicos que devem ser o fim último da jurisdição" (ARENHARDT, Sérgio. Decisões estruturais no direito processual civil brasileiro. *Revista de Processo*, a. 38, v. 225, p. 409).

[17] Na hipótese, conquanto não haja, no Brasil, a cultura e o arcabouço jurídico adequado para lidar corretamente com as ações que demandam providências estruturantes e concertadas, não se pode negar a tutela jurisdicional minimamente adequada ao litígio de natureza estrutural, sendo inviável, em regra, que conflitos dessa magnitude social, política, jurídica e cultural, sejam resolvidos de modo liminar ou antecipado, sem exauriente instrução e sem participação coletiva, ao simples fundamento de que o Estado não reuniria as condições necessárias para a implementação de políticas públicas e ações destinadas a resolução (STJ, REsp 1854842/CE, Rel. Ministra Nancy Andrighi, 3ª Turma, DJe 04.06.2020).

[18] "Assim ocorre, por exemplo, com a legislação inglesa. As *Civil Procedure Rules*, de 1997, em sua primeira parte (Overriding Objective), no seu art. 1.1, estabelece o dever de o juiz tratar a causa segundo a justiça, o que implica, na medida do possível, entre outras coisas "b) diminuir custos; c) lidar com a causa de forma que seja proporcional; (i) ao montante de dinheiro envolvido; (ii) à importância da causa; (iii) à complexidade dos temas; e (iv) à condição econômica de cada parte; d) assegurar que a causa seja tratada de forma expedita e justa; e e) alocar à causa uma apropriada parcela dos recursos da corte, tendo em consideração a necessidade de alocação de recursos às outras causas" (item 2)" (ARENHART, Sérgio Cruz. Tutela atípica de prestações pecuniárias. Por que ainda aceitar o "É ruim, mas eu gosto?". *Revista de Processo*, v. 281, a. 43, p. 151-152, jul. 2018).

A forma de construção dos mecanismos de participação na construção das decisões também é diversa, de modo que o próprio monopólio judicial quanto à interpretação da Constituição e do sistema jurídico deixa de existir.[19]

Esses mecanismos tencionam a solução do caso de forma alargada, pensando-a prospectivamente e sob ângulos interdisciplinares. Um exemplo que pode ser identificado na legislação processual civil brasileira quanto à aplicação de decisões estruturais é o procedimento relacionado à prolação da sentença de decretação da falência e as determinações que devem nela estar contempladas (Lei nº 11.101/2005, Lei de Falências, art. 99).[20] Outro exemplo dos processos estruturais é a disposição do artigo 23[21] da Lei de Introdução às Normas do Direito Brasileiro, cujo conteúdo determina a criação de um regime de transição para implementação de medidas substanciais no âmbito da Administração Pública.

Em apertada síntese, os processos estruturais possuem um sistema cíclico, de auto-revisão, cujo escopo é a verificação da conformidade da decisão, sob uma ótica de efetividade: buscam aferir se a lide é solucionada de forma definitiva. Por isso, são desenvolvidos em seis fases distintas:

a) apreensão das características do litígio;

b) elaboração de um plano de alteração do funcionamento da estrutura;

c) implementação do plano (compulsória ou negociada);

d) avaliação dos resultados;

e) reelaboração do plano;

f) implementação do plano revisto.

---

[19] Nesse sentido, o cerne da obra de Luiz Guilherme Marinoni: Processo Constitucional e Democracia. São Paulo: RT, 2021.

[20] DIDIER JR, Fredie; ZANETTI JR, Hermes; OLIVEIRA, Raphael Alexandria. Notas sobre as decisões estruturais. *Civil Procedure Review.* v. 8., n. 1, p. 46-64, 2017.

[21] Art. 23. A decisão administrativa, controladora ou judicial que estabelecer interpretação ou orientação nova sobre norma de conteúdo indeterminado, impondo novo dever ou novo condicionamento de direito, deverá prever regime de transição quando indispensável para que o novo dever ou condicionamento de direito seja cumprido de modo proporcional, equânime e eficiente e sem prejuízo aos interesses gerais.

São duradouros: chamados, assim, de processos-programa, pensando o conflito para além da relação processual, quantificando os custos envolvidos, numa abordam econômica e sociológica.

O fato é que atualmente, os processos estruturais são um modelo absolutamente atual e possivelmente mais adequado do que o processo individual ou mesmo o processo coletivo tradicional, quando o que se busca é a adequação à tutela de direitos fundamentais[22].

1.2 PROCESSOS ESTRUTURAIS E *COMPLIANCE*

Avaliando a estrutura de execução e desenvolvimento dos processos estruturais é nítida a aproximação deles com o *Compliance*. Definido como um conjunto de regras de governança corporativa, busca em última análise o cumprimento das normas, das políticas e das diretrizes estabelecidas para as atividades da instituição ou da empresa, evitando, detectando e tratando desvios ou inconformidades legais e administrativas.[23]

Há *compliance* quando se verifica o cumprimento normativo voluntário, realizado por meio de técnicas de governança, de análise e tratamento de riscos. Significa alinhamento ao que foi determinado: um investimento em pessoas, processos e conscientização, traduzindo uma obrigação individual de cada agente, estar em conformidade com leis e regulamentos internos e externos (estar em *compliance*) e, também, internalizar um padrão mínimo ético quanto às normas adotadas, conhecendo e respeitando os regramentos (ser em *compliance*).[24]

---

[22]   SANTOS, Karen Borges dos; LEMOS, Walter Gustavo da Silva; LEMOS, Vinicius Silva. O processo estrutural como instrumento adequado para a tutela de direitos fundamentais e a necessidade de ressignificação do processo civil. 2020. Disponível em: <https://www.rkladvocacia.com/o-processo-estrutural-como-instrumento-ade-quado-para-tutela-de-direitos-fundamentais-e-necessidade-de-ressignificacao-do--processo-civil/>.

[23]   LAMY, Eduardo; LAMY, Anna Carolina Faraco. Breves considerações sobre a importância e o papel dos programas de compliance concorrencial. In: LAMY, Eduardo (Org.) *Compliance: Aspectos Polêmicos e Atuais*. Belo Horizonte: Editora Letramento, 2018.

[24]   NERON, Sabrina; PORTELLA, Luiza Cesar. Compliance em empresas públicas: é possível medir o efeito (retorno) econômico-financeiro em programas de integridade? *In*: LAMY, Eduardo (Org.) *Compliance: Aspectos Polêmicos e Atuais*. Belo Horizonte: Editora Letramento, 2018.

O *Compliance* não é um projeto. Ele não possui um termo específico. O *Compliance* é um processo duradouro de autocrítica e autoverificação. Ele é, portanto, autopoiético.

Programas de *compliance* criam linguagem institucional que será apreendida futuramente como mecanismo de apuração de controle e monitoramento, objetivando a convivência pacífica do indivíduo perante seu meio e perante a sociedade. O estabelecimento de regras busca, antes de mais nada, o respeito da alta administração (isso é, da equipe que lidera a instituição objeto da intervenção ou, ainda, da própria equipe relacionada à implementação da decisão estrutural). A doutrina intitula esse relevante compromisso da liderança como *conduct from the top.*

Consequentemente, o *Compliance* estrutural deve ser entendido como uma *metodologia de gestão* para a solução de litígios estruturais. Um programa de *compliance* reduz penalidades, impacta positivamente na reputação da instituição submetida ao processo, facilita a realização de acordos extra, inter e intrainstitucionais e, ainda, evita a imposição de sanções.[25]

Técnicas de governança corporativa são extremamente raras no âmbito processual brasileiro, motivo pelo qual a maior parte da bibliografia especializada é obtida a partir do direito comparado.

---

[25] MENDES, Francisco Schertel; CARVALHO, Vinicius Marques de. *Compliance, Concorrência e Combate à Corrupção.* São Paulo: Editora Jurídicos Trevisan, 2017.

Capítulo 2

TRANSFORMAÇÃO DIGITAL E PROCESSO

2.1 PROCESSO ELETRÔNICO E COGNIÇÃO DIGITAL

Processo eletrônico é o processo no qual todas as peças processuais (petições, certidões, despachos, etc.) são virtuais, ou seja, foram digitalizadas em arquivos para visualização por meio eletrônico. Assim, não há utilização de papel. Neste caso, diz-se que os autos do processo estão digitalizados.

O processo eletrônico permite aos advogados a visualização das peças processuais e o peticionamento pelo seu próprio escritório, por meio da internet. É possível peticionar em horário diferenciado, acompanhar o recebimento da petição eletrônica e ter a segurança de que os dados foram transmitidos sem falhas ou incorreções.

Peticionamento eletrônico é um recurso disponibilizado somente para os processos digitais (Lei nº 11.419/2006), o qual possibilita que a petição seja protocolada e enviada por meio eletrônico diretamente ao distribuidor competente ou à vara em que tramita o processo.

Ele possibilita o envio de petições iniciais e intermediárias, através da internet, para o foro desejado, dispensando o deslocamento até o fórum, facilitando assim o acesso das partes e/ou dos representantes legais às informações em seus processos e à prestação jurisdicional do Estado, além de eliminar o uso do papel desde a propositura da ação, contribuindo para o meio ambiente mais saudável e sustentável.

No processo eletrônico, as partes e o julgador não possuem o mesmo contato com a prova que possuíam no processo físico. O processo eletrônico permite que cada peça processual seja um ícone e não uma página, como no processo físico. Então a própria forma de cognição do processo eletrônico é diferente: trata-se de uma cognição digital e não de uma cognição analítica. Uma forma de pensar adequada às gerações contemporâneas.

2.2 PROCESSO E LEI GERAL DE PROTEÇÃO DE DADOS

A Lei Geral de Proteção de Dados (LGPD), Lei nº 13.709/2018, assim como a EC 115/22, ao inserir o inciso LXXVIII junto ao art. 5º da CF, versam sobre um dos mais importantes aspectos inerentes à segurança da informação no âmbito empresarial e no âmbito público, qual seja a segurança da informação que as organizações adquirem no tocante ao titular de dados pessoa natural.

Esse titular de dados pessoa física pode ser um consumidor, um colaborador, um terceiro com quem a organização contratou serviços ou mesmo um fornecedor de produtos.

A ideia é que o cidadão, enfim, possua ciência de quais são suas as informações detidas pelas organizações; onde estão armazenadas essas informações; o que está sendo feito por meio dessas informações; e por quanto tempo essas informações permanecerão armazenadas.

Essencialmente, tais dados só poderão ser armazenados e utilizados mediante autorização expressa do seu respectivo titular.

Por conseguinte, as sanções pelo eventual descumprimento das condutas protetivas previstas na LGPD são absolutamente significativas, podendo chegar a 2% (dois por cento) do faturamento da empresa a cada ato de desconformidade.

Como os eventuais atos de desconformidade poderão ser praticados em quantidade significativa, fica bastante claro que o tema será, a cada dia, mais importante para a sustentabilidade das organizações.

Ocorre que além da proteção decorrente das políticas de segurança de dados decorrente da LGPD, a legislação prevê também o desenvolvimento das políticas de proteção de dados sob o prisma de governança corporativa; dos processos internos para respeito à LGPD e dos processos que o seu desrespeito pode gerar (administrativos e judiciais).

Embora não seja obrigatório, é cediço que a as organizações poderão estruturar, em formato de governança corporativa, Comitês de Dados e Canais autônomos de comunicação, que serão responsáveis pelo recebimento de reportes sobre eventual descumprimento da LGPD na organização, bem como pela fiscalização das rotinas de proteção de dados, juntamente com o encarregado de dados da entidade.

Existe nítida e próxima relação, portanto, entre o controle possibilitado pelo Processo e a necessidade de respeito às rotinas e às normas internas criadas para a promoção da segurança das informações e para a proteção dos dados das pessoas naturais.

A tutela dos direitos de liberdade e privacidade gera a necessidade de respeito ao consentimento inequívoco para ao tratamento de dados regulado pela Lei Geral de Proteção de Dados – LGPD, Lei nº 13.709/2018.

Segundo as disposições da LGPD, tratamento de dados é toda operação realizada com dados pessoais, podendo ser efetuado por controladores de dados ou por operadores de dados (Lei nº 13.709/2018, art. 5º, inc. X).

Controladores de dados são as pessoas naturais ou jurídicas a quem compete a gestão de dados, por exemplo, uma empresa que pratica *e-commerce* em relação aos dados de seus clientes e funcionários.

Por sua vez, operadores de dados são as pessoas naturais ou jurídicas a quem compete tratar dados em nome dos controladores de dados, por exemplo, uma empresa de TI que presta serviços de armazenamento dos dados geridos por um controlador (Lei nº 13.709/2018, art. 5º, incs. VI e VII).

Perceba-se que a proteção de dados é um esforço de aperfeiçoamento legal e operacional havido tanto no âmbito público quanto no âmbito da iniciativa privada.

No âmbito público federal, inclusive, a União editou o Decreto 10.046/19, exatamente para regular a governança no compartilhamento de dados no âmbito da administração pública federal, instituindo o Cadastro Base do Cidadão e o Comitê Central de Governança de Dados.

2.2.1 Ônus da prova do consentimento na LGPD

Por conseguinte, a problemática inerente ao consentimento do titular dos dados com vistas ao tratamento destes por parte tanto de controladores quanto de operadores, depende essencialmente da forma como esse consentimento é obtido (Lei nº 13.709/2018, art. 8º, §§ 1º a 6º).

Embora não precise ser obrigatoriamente concedido por escrito, o consentimento deve ser inequívoco e necessita ser comprovado como tal. Se escrito, deve constar de cláusula destacada – preferencialmente em negrito ou sublinhada – necessitando referir-se a finalidades claramente determinadas no instrumento e podendo ser revogado a qualquer momento.

Dessa forma, a teor do § 2º do art. 8º da LGPD, é ônus do controlador de dados a prova quanto à conformidade do consentimento do titular para o seu tratamento.

E como se trata de uma legislação que protege o titular dos dados, a regra do ônus da prova do consentimento não deixa dúvidas, mas traz consigo outros importantes deveres de conduta que não podem ser ignorados.

A preocupação com o ônus da prova não deve ser exclusiva dos controladores originários de dados. Também os controladores com quem esses dados forem compartilhados precisarão se incumbir desse ônus, assim como obtê-lo de forma específica (Lei nº 13.709/2018, art. 7º, § 5º).

A interpretação sistemática do diploma legal conduz, ainda, à conclusão de que também deve haver atenção à forma de obtenção do consentimento por parte dos operadores de dados, pois, perante os titulares, a responsabilidade destes por vezes será solidária com os controladores de dados na hipótese de desrespeito aos direitos tutelados pela LGPD (Lei nº 13.709/2018, art. 42).

Veja-se, ainda, que seria nula qualquer disposição contratual ou negócio jurídico processual que contrariasse a regra do § 2º do art. 8º da LGPD, até porque a inversão desse ônus desrespeitaria a tutela de direitos fundamentais (CF, art. 5º, inc. XXXV) e consentimentos genéricos seriam nulos (LGPD, art. 8º, § 4º).

E mesmo que a regra do § 2º do art. 8º da LGPD pudesse ser flexibilizada, o juiz, no âmbito do processo civil, ainda terá à disposição uma regra geral sobre o ônus da prova.

Nesse sentido, segundo o § 2º do art. 42 da LGPD, o magistrado pode inverter o ônus da prova a favor do titular dos dados sempre que detectar verossimilhança da alegação deste ou quando identificar hipossuficiência do titular para fins de produção dessa prova. Tal inversão poderá ser efetuada, por exemplo, nos casos em que a produção de prova pelo titular dos dados se demonstrar excessivamente onerosa.

Dessa maneira, mesmo a respeito de temas diversos do consentimento para o tratamento de dados, controladores e operadores precisarão estar preparados para provar os seus esforços para com a segurança da informação.

Disso se depreende que o *compliance* de dados exerce papel essencial à segurança da informação, em primeiro lugar por conta das disposições da própria LGPD a respeito das estruturas de *compliance* que as organizações merecem adquirir (Lei nº 13.709/2018, arts. 50 e 51).

Em segundo lugar, o *compliance* de dados é inerente à segurança da informação porque o papel de suas técnicas é proporcionar a organização, a documentação e a criação de rotinas que possibilitarão o devido exercício do ônus da prova, especialmente quanto ao consentimento adequado para o tratamento de dados.

Todavia, já no primeiro semestre de 2020, dados do Serasa Experian retratam que 85% das empresas brasileiras não estão prontas para atender às exigências da LGPD.[1]

Logo, a implantação de programa de *compliance* de dados pode ser uma medida efetiva no sentido de implementar rotinas que garantam atendimento à Lei Geral de Proteção de Dados. Mais efetiva do que um mero procedimento de adequação, levado a cabo pela maioria das organizações.

O *compliance* – como ferramenta de sustentabilidade corporativa, gestão de riscos e de provocação ao cumprimento normativo voluntário (*enforcement*) – pode ter foco na adequação da operação de uma organização à Lei Geral de Proteção de Dados.

Nesse sentido, os esforços se iniciam com a coleta de informações que viabilize avaliar como se dá a operação no que tange aos parâmetros destacados pela LGPD e, uma vez obtidos tais dados, são processados e representados em uma matriz de riscos de dados.

A matriz de riscos é uma ferramenta essencial não apenas à adequação à Lei Geral de Proteção de Dados, mas também à gestão da potencialidade lesiva dos hábitos já consolidados nos processos operacionais da empresa.

Com a matriz consolidada e o compromisso da alta diretoria (*conduct from the top*), passa-se à criação de ferramentas de controle interno que perpassam pela consolidação de uma Política de Segurança da Informação – prevendo rotinas que garantam conformação com a LGPD.

Também é indispensável a consolidação de mapa de dados, que facilite a identificação do caminho percorrido pelos dados e locais de armazenamento, tornando factível as respostas à ANPD e ao titular de dados.

Veja-se que a Lei 14.460/22, na busca do aprimoramento das atividades da ANPD, transformou-a, inclusive, em uma autarquia de natureza especial, com autonomia, missão e poderes muito próximos daqueles exercidos pelo CADE – Conselho Administrativo de Defesa Econômica, também de regime autárquico.

---

[1] Fonte: https://www.serasaexperian.com.br/sala-de-imprensa/85-das-empresas-declaram-que-ainda-nao-estao-prontas-para-atender-as-exigencias-da-lei-de-protecao-de-dados-pessoais-mostra-pesquisa-da-serasa-experian.

A definição e o treinamento do encarregado de dados – pessoa responsável pela gestão do programa de *compliance* de dados internamente – é também uma etapa importante para a adequação à LGPD.

O comprometimento de todos com as rotinas estabelecidas é essencial ao sucesso do programa de *compliance* de dados, por isso treinamentos são igualmente essenciais à conformação com a norma.

É perfeitamente factível a adequação à LGPD, de modo a se estar pronto quanto a sua vigência plena, principalmente no que concerne ao evitamento das importantes sanções previstas.

Os parâmetros são simples e partem do compromisso da diretoria (*conduct from the top*) no sentido de estar disposta a provocar uma mudança de paradigma institucional que dê governança, sustentabilidade e integridade corporativa, aplicados à proteção dos dados das pessoas naturais.

O *compliance*[2], assim como a governança corporativa[3], não deve ser tratado como simples "*projeto*", mas sim mesmo como "*processo*" "dentro da organização. Merece, ainda mais, ser tratado como verdadeiro "*sistema*" em constante aprimoramento. É que, por definição, "*sistema*", além de permanente, é naturalmente transversal, tendendo à interdisciplinaridade.

Aqui, *compliance* é entendido em sentido amplo, como a busca permanente de coerência entre aquilo que se espera de uma organização – respeito a regras, propósito, valores e princípios que constituem sua identidade – e o que ela de fato pratica no dia a dia, tendo como base um procedimento preestabelecido, o qual permite transparência e controlabilidade[4].

2.3 PROCESSO E INTELIGÊNCIA ARTIFICIAL

Em 21.08.20 foi publicada a Resolução n. 332 do Conselho Nacional de Justiça (CNJ), sobre o uso da Inteligência Artificial (IA) no Poder Judiciário.

---

[2] "Conjunto de mecanismos destinados ao cumprimento de normas legais e regulamentares, políticas e diretrizes estabelecidas para o negócio e para as atividades da organização". Nota Brasileira do item 3.17. In: ABNT. *ISO 19600:2014*: Sistema de gestão de *compliance* e diretrizes. Rio de Janeiro: ABNT, 2014.

[3] "Conjunto de princípios, propósitos, processos e práticas que rege o sistema de poder e os mecanismos de gestão". ROSSETTI, José Paschoal; ANDRADE, Adriana. *Governança Corporativa*: fundamentos, desenvolvimento e tendências. São Paulo: Atlas, 2014, p. 141.

[4] Instituto Brasileiro de Governança Corporativa. *Compliance à Luz da Governança Corporativa*. Instituto Brasileiro de Governança Corporativa. São Paulo: IBGC, 2017. (Série: IBGC Orienta), p. 8.

Nesta Resolução, alguns critérios mínimos para a utilização da IA no processo judicial foram criados, tais como o respeito aos direitos fundamentais; os deveres de não discriminação e a necessidade de publicidade, transparência e segurança.

Recentemente, existe um debate relevante sobre a implementação da Inteligência Artificial ao Direito. Neste ponto, importante trazer à baila frase utilizada pelo Prof. Alexandre Moraes da Rosa, em palestra sobre o tema perante o PPGD/UFSC: "A tecnologia não solicita autorização, nem assentimento dos juristas para avançar; dá de ombros".

Os Tribunais brasileiros têm investido em inteligência artificial, como forma de reduzir o volume de ações judiciais. O intuito na adoção da IA nos processos judiciais é de que tanto o custo do Poder Judiciário reduza quanto que a tecnologia consiga diminuir o grande acervo de processos, viabilizando uma maior agilidade na tramitação das ações.[5]

Porém, ainda não fica claro de que maneira os jurisdicionados e a própria sociedade irão reagir a esta nova realidade de gerenciamento de processos e de julgamentos por IA, em fase de implementação pelos Poderes Judiciários do país.

O primeiro reflexo da aplicação da IA ao processo tende a ser o tempo de sua duração. O tempo ainda é um fardo necessário que deverá ser suportado por algum dos sujeitos para que se atinjam os resultados esperados em um processo judicial. O tempo é um custo que deve ser incorporado pelo sujeito que busca a via jurisdicional para a satisfação de um direito. Na perspectiva econômica, este tempo pode ser considerado como custo de transação a ser levado em consideração para os agentes litigantes. Dentro do processo brasileiro, temos um outro agravante a ser considerado: a possibilidade do devedor (no caso das ações de natureza civil patrimonial) e até mesmo dos acusados (em matéria penal) utilizarem do grande e moroso aparato judicial em benefício próprio.

Utilizemos um caso como exemplo. Em determinado cartório cível da Capital Mineira, o juízo responsável tem como costume realizar penhoras pelo sistema BacenJud (penhora online) nas quartas-feiras.

Logo, todos os réus atentos a essa realidade podem manter seus ativos em conta corrente até terça-feira para, então, sacar ou transferir o valor para conta de terceiro e burlar a sistemática cartorária. A justificativa do juízo

---

5   Fonte: https://www.migalhas.com.br/depeso/333446/inteligencia-artificial--proces-so-e-tomada-de-decisao.

para a realização das penhoras apenas na quarta-feira é compreensível: de que, além da sexta-feira, é o único dia da semana em que, pela organização do cartório, não são aprazadas audiências, viabilizando a agenda para o cumprimento dessas ordens. Realidades como essa geram ao jurisdicionado o devido incentivo à procrastinação da ação judicial, bem como o desincentivo necessário à quitação da dívida e, até mesmo, da realização de eventual composição.

Neste ponto, a IA pode ser crucial para uma nova realidade processual.

A IA desconstrói a maior parte das falhas operacionais do sistema. No Rio Grande do Norte, por exemplo, por meio de IA executam-se tarefas de bloqueio, desbloqueio de valores em contas e emissão de certidões relacionadas ao BacenJud.

Tais tarefas, quando realizadas por servidores do Poder Judiciário, levavam semanas. Agora, são realizadas em segundos. O robô também atualiza o valor da ação de execução fiscal e transfere o montante bloqueado para as contas oficiais indicadas no processo. Se não existir dinheiro em conta, o robô pode ser programado para buscar o montante por períodos consecutivos de 15, 30 ou 60 dias.

A maior eficiência trazida pela IA ao Poder Judiciário tende a proporcionar desincentivo ao descumprimento de decisões judiciais. Alguns tribunais investiram no aperfeiçoamento de sistemas de IA que auxiliam na tomada de decisão em si. O caso Victor (STF) e Radar (TJ/MG) são casos em que, diferentemente do Robô Poti, do RN, procurou-se maior uniformização na aplicação da jurisprudência.

No caso Victor, o objetivo é identificar quais estão vinculados a determinados temas de repercussão geral. No que tange ao caso Radar, existe uma separação de recursos que possuem pedidos idênticos, aplicando, de forma uniforme, teses fixadas pelos Tribunais Superiores e pelo próprio Tribunal de Justiça mineiro. Nestes casos, portanto, haverá um maior desincentivo à litigiosidade, tendo em vista que, havendo maior previsibilidade da decisão judicial a ser tomada, caso o pleito daquele autor seja contrário à tese, este será desincentivado ao ajuizamento (e o contrário também se verificará).

O STJ, da mesma forma, possui o seu próprio Projeto, denominado de Sócrates. A ideia é que o robô seja capaz de examinar Recursos e Acórdãos recorridos. Dessa análise, sairão informações relevantes aos relatores, como por exemplo: se o caso se enquadra nos recursos repetitivos do tribunal, a legislação aplicável, e até mesmo processos semelhantes, já com sugestões decisórias.

Portanto, a expectativa é que as formas de procrastinação anteriormente utilizadas pelos jurisdicionados agora, com o implemento da IA, sofram grande abalo, diante da grande velocidade e eficiência que serão implementadas à análise dos processos judiciais. Do ponto de vista econômico, a velocidade e a eficiência, para o devedor, resultaram em um acréscimo em seu custo de transação, aumentando os incentivos à solução do conflito.

REFERÊNCIAS

AGUIAR, Roberto A. R. de. A crise da advocacia no Brasil. In: 13.ª CONFE-RÊNCIA NACIONAL DA OAB, Belo Horizonte, 1990. *Anais...* Brasília: OAB, 1991. p. 447-455.

AGUIAR, Roberto A. R. de. *A crise da advocacia no Brasil*. São Paulo: Alfa--Ômega, 1991.

ALBUQUERQUE, Mario Pimentel. *O órgão jurisdicional e a sua função*. São Paulo: Malheiros, 2008.

ALEXY, Robert. *Teoría de los derechos fundamentales*. Madrid: Fareso, 2003.

ALEXY, Robert. *Teoria dos direitos fundamentais*. São Paulo: Malheiros, 2008.

ALMEIDA, José Maurício Pinto de. *O Poder Judiciário brasileiro e sua organiza-ção*. Curitiba: Juruá, 2005.

ALTAVILA, Jayme de. *Origem dos direitos dos povos*. São Paulo: Ícone, 1989.

AMARAL, Leopoldino Marques do. A justiça do terceiro milênio. *Revista de Processo*, São Paulo: RT, ano 16, n. 62, p. 228-42, abr.-jun. 1991.

ANDRADE, Lédio Rosa de. *Juiz alternativo e Poder Judiciário*. São Paulo: Aca-dêmica, 1992.

ÁNGELIS, Barrios de. *Teoría del proceso*. Buenos Aires: Depalma, 1979.

ANNONI, Danielle. *Direitos humanos & acesso à justiça no direito internacional*. Curitiba: Juruá, 2003.

APOSTOLOVA, Bistra Stefanova. *Poder Judiciário*: do moderno ao contemporâneo. Porto Alegre: Fabris, 1998.

ARAGÃO, Egas Dirceu Moniz de. Direito à prova. *Revista de Processo*, São Paulo: RT, ano 10, n. 39, p. 98-118, jul.-set. 1985.

ARAGÃO, Egas Dirceu Moniz de. O Código de Processo Civil e a crise processual. *Revista do Instituto dos Advogados do Paraná*, Curitiba, n. 19, p. 79-92, 1992.

ARAGÃO, Egas Dirceu Moniz de. O estado de direito e o direito de ação (a extensão do seu exercício). *Revista Brasileira de Direito Processual*, Rio de Janeiro: Forense, ano IV, n. 16, p. 69-91, 4º trim. 1978.

ARAÚJO, Luis Ivani de Amorin. *Da sentença e da coisa julgada*. Rio de Janeiro: Forense, 2004.

ARAÚJO, Maria Teresa. *Discutindo a assessoria popular – II*. Rio de Janeiro: AJUP/FASE, out. 1992 (Seminários, n. 17).

ARONNE, Ricardo. *O princípio do livre convencimento do juiz*. Porto Alegre: Fabris, 2005.

ARRUDA ALVIM, Angélica. Princípios constitucionais do processo. *Revista de Processo*, São Paulo: RT, ano 19, n. 74, abr.-jun. 1994.

ARRUDA JR., Edmundo Lima de. *Advogado e mercado de trabalho*. Campinas: Julex, 1988.

ATALIBA, Geraldo. Ação declaratória de constitucionalidade (ADC). *Revista de Informação Legislativa*, Brasília: Senado Federal, ano 31, n. 121, p. 33-34, abr.-jun. 1994.

AZAMBUJA, Carmen. *Rumo a uma nova coisa julgada*. Porto Alegre: Livraria do Advogado, 1994.

BACELLAR FILHO, Romeu Felipe. *Princípios constitucionais do processo administrativo disciplinar*. São Paulo: Max Limonad, 2008.

BACRE, Aldo. *Teoría general del proceso*. Buenos Aires: Abeledo-Perrot, 1986.

BANDEIRA DE MELLO, Celso Antônio. *Conteúdo jurídico do princípio da igualdade*. São Paulo: Malheiros, 2008.

BAPTISTA DA SILVA, Ovídio A. *Comentários ao Código de Processo Civil*. São Paulo: RT, 2000. v. I.

BAPTISTA DA SILVA, Ovídio A. *Curso de direito processual civil*. São Paulo: RT, 2006, 2008.

BAPTISTA DA SILVA, Ovídio A. *Jurisdição e execução na tradição romano-canônica*. São Paulo: RT, 1996.

BAPTISTA DA SILVA, Ovídio A. *Sentença e coisa julgada*. Porto Alegre: Fabris, 1988.

BAPTISTA DA SILVA, Ovídio A.; GOMES, Fábio Luiz. *Teoria geral do processo civil*. São Paulo: RT, 1997.

BARBOSA, Marcelo Fortes. *Garantias constitucionais de direito penal e de processo penal na Constituição de 1988*. São Paulo: Malheiros, 1993.

BARBOSA MOREIRA, José Carlos. Dimensiones sociales del proceso civil. *Revista de Processo*, São Paulo: RT, ano 12, n. 45, p. 137-144, jan.-mar. 1987.

BARBOSA MOREIRA, José Carlos. Notas sobre o problema da "efetividade" do processo. *Ajuris*, Porto Alegre: Ajuris, n. 29, p. 77 e seguintes.

BARBOSA MOREIRA, José Carlos. Novas vicissitudes dos embargos infringentes. *Gênesis – Revista de Direito Processual Civil*, Curitiba: Gênesis, n. 25, p. 13-32, 2002.

BARBOSA MOREIRA, José Carlos. O direito à assistência jurídica: evolução no ordenamento brasileiro de nosso tempo. In: TEIXEIRA, Sálvio de Figueiredo (Coord.). *As garantias do cidadão na justiça*. São Paulo: Saraiva, 1993. p. 207-218.

BARBOSA MOREIRA, José Carlos. *O novo processo civil brasileiro*. 22. ed. Rio de Janeiro: Forense, 2002.

BARBOSA MOREIRA, José Carlos. Problemas e soluções em matéria de reconhecimento e execução de sentenças e laudos arbitrais estrangeiros. In: BARBOSA MOREIRA, José Carlos. *Temas de direito processual*. 4.ª série. São Paulo: Saraiva, 1989. p. 243-290.

BARBOSA MOREIRA, José Carlos. *Temas de direito processual*. 7.ª série. São Paulo: Saraiva, 2001.

BARBOSA MOREIRA, José Carlos. Tendências contemporâneas do direito processual civil. In: BARBOSA MOREIRA, José Carlos. *Temas de direito processual*. 3.ª série. São Paulo: Saraiva, 1984.

BARRAL, Welber. *A arbitragem e seus mitos*. Florianópolis: OAB/SC, 2000.

BARROS, Benedicto. *Princípios de direito processual civil*. Rio de Janeiro: Borsoi, 1959.

BARROS, Suzana de Toledo. *O princípio da proporcionalidade e o controle de constitucionalidade das leis restritivas de direitos fundamentais*. Brasília: Brasília Jurídica, 1996.

BARROSO, Luís Roberto. *Interpretação e aplicação da Constituição*. São Paulo: Saraiva, 1996.

BASTOS, Márcio Thomas. Estrutura do Poder Judiciário e controle externo. In: 14.ª CONFERÊNCIA NACIONAL DA OAB, Vitória, 1992. *Anais...* Brasília: OAB, set. 1992. p. 107-112.

BECKER, Alfredo Augusto. *Carnaval tributário.* 2. ed. São Paulo: Lejus, 2004.

BEDAQUE, José R. S. *Direito e processo*: influência do direito material sobre o processo. São Paulo: Malheiros, 2001.

BEDAQUE, José R. S. O Ministério Público no processo civil: algumas questões polêmicas. *Revista de Processo*, São Paulo: RT, ano 16, n. 61, p. 36-55, jan.-mar. 1991.

BEDAQUE, José R. S. *Tutela cautelar e tutela antecipada*: tutelas sumárias e de urgência (tentativa de sistematização). 3. ed. São Paulo: Malheiros, 2003.

BENETI, Sidnei Agostinho. *Da conduta do juiz.* São Paulo: Saraiva, 1997.

BERGALLI, Roberto. *Estado democrático y cuestión judicial.* Buenos Aires: Depalma, 1984.

BERGER, Jefrey. *The origin of formalism in social science.* Chicago: University Press, 1981.

BERGMANN, Érico R. *Prova ilícita*: a Constituição de 1988 e o princípio da proporcionalidade. Porto Alegre: ESMP/AMP, 1992.

BERMUDES, Sérgio. *Introdução ao processo civil.* Rio de Janeiro: Forense, 1995.

BIDART, Adolfo Gelsi. Conciliación y proceso. In: GRINOVER, Ada Pellegrini *et al.* (Coord.). *Participação e processo.* São Paulo: RT, 1988. p. 253-261.

BOBBIO, Norberto. *Teoria do ordenamento jurídico.* São Paulo: Polis; Brasília: UnB, 1989.

BONAVIDES, Paulo. *Curso de direito constitucional.* São Paulo: Malheiros, 1996.

BONAVIDES, Paulo. *Do estado liberal ao estado social.* Belo Horizonte: Del Rey, 1993.

BORGES, Francielli Stadtlober *A desmistificação do instituto da coisa julgada no processo civil moderno*: hipóteses de relativização da coisa julgada inconstitucional. Florianópolis: UFSC, 2004.

BORGES, José Souto Maior. *O contraditório no processo judicial* (uma visão dialética). São Paulo: Malheiros, 1996.

BRANDÃO, Paulo de Tarso. A instrumentalidade do processo no âmbito penal. *Álter Ágora*, Florianópolis: UFSC, ano II, n. 3, p. 51-54, out. 1995.

BRUM, Nilo Bairros de. *Requisitos retóricos da sentença penal.* São Paulo: RT, 1980.

BUENO FILHO, Edgard Silveira. *O direito à defesa na Constituição*. São Paulo: Saraiva, 1994.

BÜLLOW, Oskar von. *La teoría de las excepciones procesales y los presupuestos procesales*. Buenos Aires: Europa-América, 1964.

CALAMANDREI, Piero. *Direito processual civil*. Campinas: Bookseller, 2009. v. 1.

CALAMANDREI, Piero. *Opere giuridiche*. Milano: Morano, 1950. v. 4.

CALAMANDREI, Piero. O processo como jogo. *Gênesis – Revista de Direito Processual Civil*, Curitiba: Gênesis, n. 23, p. 191-290, 2002.

CALMON DE PASSOS, J. J. Advocacia – o direito de recorrer à justiça. *Revista de Processo*, São Paulo: RT, ano 3, n. 10, p. 35-48, abr.-jun. 1978.

CALMON DE PASSOS, J. J. Democracia, participação e processo. In: GRINO-VER, Ada Pellegrini *et al*. (Coord.). *Participação e processo*. São Paulo: RT, 1988. p. 83-97.

CALMON DE PASSOS, J. J. *Função social do processo*. Disponível em: <http://www1.jus.com.br/doutrina/texto.asp?id=3198>.

CALMON DE PASSOS, J. J. O problema do acesso à justiça no Brasil. *Revista de Processo*, São Paulo: RT, ano 10, n. 39, p. 78-88, jul.-set. 1985.

CALMON DE PASSOS, J. J. Uma nova teoria geral do processo? *Informativo Incijur*, Joinville: Incijur, ano V, n. 54, p. 1-5, jan. 2004.

CAMPILONGO, Celso; PRESSBURGUER, Miguel. *Discutindo a assessoria popular*. Rio de Janeiro: AJUP, 1991. (Seminários, n. 15.)

CAMPO, Hélio Márcio. *O princípio dispositivo em direito probatório*. Porto Alegre: Livraria do Advogado, 1994.

CANABARRO, Américo. *Estrutura e dinâmica do processo judiciário*. Rio de Janeiro: Renovar, 1989.

CANOTILHO, J. J. Gomes. *Direito constitucional*. Coimbra: Almedina, 2008.

CANOTILHO, J. J. Gomes. *Direito constitucional e teoria da Constituição*. 4. ed. Coimbra: Almedina, 1997.

CAPPELLETTI, Mauro; GARTH, Bryant. *Acesso à justiça*. Porto Alegre: Fabris, 1988.

CAPPELLETTI, Mauro. *Juízes irresponsáveis?* Porto Alegre: Fabris, 1989.

CAPPELLETTI, Mauro. *Las sentencias y las normas extranjeras en el proceso civil*. Buenos Aires: Europa-América, 1968.

CAPPELLETTI, Mauro. O acesso à justiça e a função do jurista em nossa época. In: 13.ª CONFERÊNCIA NACIONAL DA OAB. Belo Horizonte, 1990. *Anais...* Brasília: OAB, 1991. p. 123-140.

CAPPELLETTI, Mauro. Os métodos alternativos de solução de conflitos no quadro do movimento universal de acesso à Justiça. *Revista Forense*, Rio de Janeiro: Forense, n. 326, p. 121-130, abr.-jun. 1994.

CAPPELLETTI, Mauro. *Proceso, ideologias, sociedad.* Buenos Aires: Europa--América, 1974.

CAPRA, Fritjov. *A teia da vida.* São Paulo: Cultrix, 2000.

CAPRA, Fritjov. *O ponto de mutação.* São Paulo: Cultrix, 1995.

CARLIN, Volnei Ivo. *Deontologia jurídica:* ética e justiça. Florianópolis: Obra Jurídica, 1996.

CARMONA, Carlos Alberto. A crise do processo e os meios alternativos para a solução de controvérsias. *Revista de Processo*, São Paulo: RT, ano 4, n. 56, p. 91-99, out.-dez. 1989.

CARMONA, Carlos Alberto. *Arbitragem e processo*: um comentário à Lei 9.307/96. São Paulo: Malheiros, 1998.

CARNEIRO, Paulo Cezar Pacheco. *O Ministério Público no processo civil e penal.* Rio de Janeiro: Forense, 2005.

CARNELUTTI, Francesco. *Diritto e processo.* Napoli: Morano, 1958.

CARNELUTTI, Francesco. *Instituições de processo civil.* São Paulo: Classic Book, 2000.

CARNELUTTI, Francesco. *Sistema del diritto processuale civile.* Pádua: Cedam, 1929.

CARVALHO, Amílton Bueno de. Direito alternativo e processo. In: RODRI-GUES, Horácio Wanderlei (Org.). *Lições alternativas de direito processual.* São Paulo: Acadêmica, 1995. p. 9-17.

CARVALHO, Amílton Bueno de. *Magistratura e direito alternativo.* São Paulo: Acadêmica, 1992.

CARVALHO, J. Andrades. *A privatização do Poder Judiciário.* São Leopoldo: Eiche, 1997.

CASELLA, Paulo Borba. *Comunidade Europeia e seu ordenamento jurídico.* São Paulo: LTr, 1994.

CASTELO, Jorge Pinheiro. *O direito processual do trabalho na moderna teoria geral do processo.* São Paulo: LTr, 1993.

CASTILLO, Niceto Alcalá-Zamora y. *Estudios de teoría general e historia del proceso*. México: UNAM, 1974. 2. v.

CASTRO, Carlos Roberto de Siqueira. *O princípio da isonomia e a igualdade da mulher no direito constitucional*. Rio de Janeiro: Forense, 1983.

CASTRO, José Roberto. *Manual de assistência judiciária*. Teoria, prática e jurisprudência. Rio de Janeiro: Aide, 1987.

CASTRO JR., Osvaldo Agripino. *A democratização do Poder Judiciário*. Porto Alegre: Fabris, 2008.

CATÃO, Yolanda. *O perfil do advogado*. Rio de Janeiro: OAB/RJ, [198-].

CHIOVENDA, Giuseppe. *A ação no sistema dos direitos*. Belo Horizonte: Líder, 2003.

CHIOVENDA, Giuseppe. *Instituições do direito processual civil*. Campinas: Bookseller, 1998. 3. v.

CHIOVENDA, Giuseppe. *La acción en el sistema de los derechos*. Bogotá: Temis, 1986. (Valparaíso: Edeval, 1992.)

CHIOVENDA, Giuseppe. *Principios de derecho procesal civil*. Madrid: Reus, 1977. 2. v.

CICHOCKI NETO, José. *Limitações ao acesso à justiça*. Curitiba: Juruá, 2001.

CINTRA, Antônio Carlos de Araújo *et al. Teoria geral do processo*. São Paulo: RT, 1994 (Malheiros, 2006, 2010).

COMPARATO, Fábio Konder. *A afirmação histórica dos direitos fundamentais*. São Paulo: Saraiva, 2002.

CORRÊA, Antonio. *Mercosul*: soluções de conflitos pelos juízes brasileiros. Porto Alegre: Fabris, 1997.

CORREIA, Marcus Orione Gonçalves. *Teoria geral do processo*. 3. ed. São Paulo: Saraiva, 2005.

COSSIO, Carlos. *La teoría egológica del derecho*. Buenos Aires: Abeledo-Perrot, 1963.

COSTA, Suzana Henriques da. *Condições da ação*. São Paulo: Quartier Latin, 2005.

COUTURE, Eduardo J. *Fundamentos del derecho procesal civil*. Buenos Aires: Depalma, 1958.

COUTURE, Eduardo J. *Interpretação das leis processuais*. Rio de Janeiro: Forense, 1993.

COUTURE, Eduardo J. *Introdução ao estudo do processo civil*. Rio de Janeiro: Forense, 1995 (Belo Horizonte: Líder, 2003).

CRESCI SOBRINHO, Elicio de. *Dever de veracidade das partes no processo civil.* Porto Alegre: Fabris, 1988.

CRETELLA NETO, José. *Fundamentos principiológicos do processo civil.* Rio de Janeiro: Forense, 2002.

CRUZ, José Raimundo Gomes da. *Estudos sobre o processo e a Constituição de 1988.* São Paulo: RT, 1993.

DALL'AGNOL, Jorge Luís. *Pressupostos processuais.* Porto Alegre: Lejur, 1988.

DALLARI, Dalmo de Abreu. *Elementos de teoria geral do estado.* São Paulo: Saraiva, 1985.

DE ÁNGELIS, Barrios. *Teoría del proceso.* Buenos Aires: Depalma, 1979.

DEGRAZIA, Osvaldo Flávio. *O Poder Judiciário através dos tempos.* Porto Alegre: Sulina, 1968.

DIDIER, Fredie. *Pressupostos processuais e condições da ação.* São Paulo: Saraiva, 2005.

DIDIER, Fredie. Um réquiem às condições da ação. Estudo analítico sobre a existência do instituto. *Revista Forense,* Rio de Janeiro: Forense, n. 351, p. 65-82.

DINAMARCO, Cândido Rangel. *A instrumentalidade do processo.* São Paulo: RT, 1987 (São Paulo: Malheiros, 2003, 2007).

DINAMARCO, Cândido Rangel. *A reforma do Código de Processo Civil.* São Paulo: Malheiros, 1995.

DINAMARCO, Cândido Rangel. *Fundamentos do processo civil moderno.* São Paulo: Malheiros, 2001. 2. v.

DINAMARCO, Cândido Rangel. *Instituições de direito processual civil.* São Paulo: Malheiros, 2001.

DINAMARCO, Cândido Rangel. Relativizar a coisa julgada material. *Revista Síntese de Direito Civil e Processual Civil,* São Paulo, n. 19, set.-out. 2002.

DINIZ, Almachio. *Theoria geral do processo.* Rio de Janeiro: Francisco Alves, 1917.

DINIZ, Maria Helena. *Compêndio de introdução à ciência do direito.* São Paulo: Saraiva, 1988.

DORFMANN, Fernando Noal. *As pequenas causas no Judiciário.* Porto Alegre: Fabris, 1989.

DREIER, Ralf. *Recht – moral – ideologie.* Frankfurt: Suhrkamp, 1981.

DWORKIN, Ronald. *Uma questão de princípio.* São Paulo: Martins Fontes, 2009.

EFETIVAÇÃO do acesso à justiça. Relatório da Comissão de Acesso a Justiça da OAB. In: 14.ª CONFERÊNCIA NACIONAL DA OAB. Vitória, 1992. *Anais...* Brasília: OAB, set. 1992. p. 185-190.

ESPÍNDOLA, Ruy Samuel. *Conceito de princípios constitucionais.* São Paulo: RT, 2008.

FABRÍCIO, Adroaldo F. *Poder Judiciário*: flagrantes institucionais. Porto Alegre: Livraria do Advogado, 2007.

FAGÚNDEZ, Paulo Roney Ávila. Processo, conflito e holismo. *OAB Revista*, Florianópolis: OAB/SC, p. 16-17, mar.-abr. 2000.

FALCÃO, Djaci. O Poder Judiciário e a nova carta constitucional. *Revista de Processo*, São Paulo: RT, ano 14, n. 53, p. 201-208, jan.-mar. 1989.

FALCÃO, Joaquim. Os advogados. A tentação monopolística. *Folha de S. Paulo*, São Paulo, 18 abr. 1988, p. A-3.

FALCÃO, Joaquim. *Os advogados*: ensino jurídico e mercado de trabalho. Recife: Fundação J. Nabuco e Massangana, 1984.

FARIA, José Eduardo. *Justiça e conflito*: os juízes em face dos novos movimentos sociais. São Paulo: RT, 1991.

FAZZALARI, Elio. *Istituzioni di diritto processuale.* 7. ed. Padova: Cedam, 1996.

FAZZALARI, Elio. Processo: teoria generale. *Novíssimo digesto italiano*, Torino, v. V, n. XIII, 2006.

FERRAZ, Anna Candida da Cunha. *Processos informais de mudança da Constituição.* São Paulo: Max Limonad, 1986.

FERRAZ, Antonio Augusto Mello de Camargo (Coord.). *Ministério Público*: instituição e processo. São Paulo: Atlas, 2007.

FERREIRA FILHO, Manoel Gonçalves. A aplicação imediata das normas definidoras de direitos e garantias fundamentais. *Revista da Procuradoria-Geral do Estado de São Paulo*, n. 29, p. 35-45, 1988.

FIGUEIRA JR., Joel Dias. Acesso à justiça e tutelas de urgência: o pleno acesso à ordem jurídica justa e a efetividade do processo. *Jurisprudência Catarinense*, Florianópolis, n. 73, p. 27-37.

FIGUEIRA JR., Joel Dias. A metodologia no exame do trinômio processual: pressupostos processuais, condições da ação e mérito da causa. *Revista Forense*, Rio de Janeiro: Forense, n. 327, p. 51-60.

FIGUEIRA JR., Joel Dias. *Comentários à novíssima reforma do CPC.* Rio de Janeiro: Forense, 2003.

FIGUEIREDO FERRAZ, Manuel Carlos de. *Apontamentos sobre a noção ontológica do processo.* São Paulo: Julex, 1984.

FIUZA, Cézar. *Teoria geral da arbitragem.* Belo Horizonte: Del Rey, 1995.

FREIRE, Rodrigo Cunha Lima. *Condições da ação:* enfoque sobre o interesse de agir. 3. ed. São Paulo: RT, 2005.

FREUD, Sigmund. Dostoyevski y el parricidio. *Obras completas.* Madrid: Tecnos, 2008. t. III.

GAMA, Ricardo Rodrigues. *Código de Processo Civil italiano.* Campinas: Aga Juris, 2000.

GARCIA, Ailton Stropa. Desburocratização do Poder Judiciário. *Revista de Processo*, São Paulo: RT, ano 15, n. 60, p. 89-107, out.-dez. 1990.

GENRO, Tarso Fernando. Profissão e história, uma reflexão sobre a advocacia. In: MEDEIROS, Antônio Paulo de (Org.). *Instituto dos Advogados do Rio Grande do Sul:* 60 anos de existência. Porto Alegre: IARGS, 1986. p. 247-52.

GESSINGER, Ruy Armando. Justiça gratuita e assistência jurídica. *Ajuris*, Porto Alegre: Ajuris, v. XIX, n. 56, p. 177-178, nov. 1992.

GILISSEN, John. *Introdução histórica ao direito.* Lisboa: Fundação Calouste Gulbenkian, 1988.

GÓES, Gisele Santos Fernandes. *Princípio da proporcionalidade no processo civil.* São Paulo: Saraiva, 2004.

GOLDSCHMIDT, James. *Principios generales del proceso.* Buenos Aires: Europa-América, 1961. 2. v.

GOMES, Luiz Flávio. *A questão do controle externo do Poder Judiciário.* São Paulo: RT, 2003.

GONÇALVES, Jéssica; RODRIGUES, Horácio Wanderlei; SANTOS, Ricardo Soares Stersi dos. Transformação da cultura da sentença para uma cultura ampla e multiportas de administração dos conflitos jurídicos. In: BARBOSA, Claudia Maria (coord.). *Limites e possibilidades da legitimidade e eficácia da prestação jurisdicional no Brasil.* Curitiba: Letra da Lei, 2017. p. 129-159.

GONZAÍNI, Osvaldo A. *Formas alternativas para la resolución de conflictos.* Buenos Aires: Depalma, 1995.

GRAU, Eros Roberto. *A ordem econômica na Constituição de 1988.* São Paulo: Malheiros, 2007.

GRECO, Leonardo. A revisão constitucional e o processo civil. *Revista de Processo*, São Paulo: RT, ano 17, n. 67, p. 103-117, jul.-set. 1992.

GRINOVER, Ada Pellegrini. *Novas tendências do direito processual*. Rio de Janeiro: Forense Universitária, 1990.

GRINOVER, Ada Pellegrini. O acesso à justiça no ano 2000. In: 14.ª CONFERÊNCIA NACIONAL DA OAB, Vitória, 1992. *Anais...* Brasília: OAB, set. 1992. p. 97-106.

GRINOVER, Ada Pellegrini. *O processo em evolução*. Rio de Janeiro: Forense Universitária, 2006.

GRINOVER, Ada Pellegrini *et al*. (Coord.). *Participação e processo*. São Paulo: RT, 2002.

GRUNSPUN, Haim. *Mediação familiar*: o mediador e a separação de casais com filhos. São Paulo: LTr, 2000.

GUASP, Jaime. *La pretensión procesal*. Madrid: Editorial Madrid, 1981.

GUERRA FILHO, Willis Santiago. *Processo constitucional e direitos fundamentais*. 3. ed. São Paulo: Celso Bastos Editor, 2003.

GUERRA FILHO, Willis Santiago. Teoria geral do processo: em que sentido? In: RODRIGUES, Horácio Wanderlei (Org.). *Lições alternativas de direito processual*. São Paulo: Acadêmica, 1995. p. 212-227.

GÜNTHER, Klaus. *Un concepto normativo de coherencia para una teoría de la argumentación jurídica*. Sevilha: Tecnos, 2007.

GÜNTHER, Klaus. *The sense of apropriateness*. Albany: State University of New York Press, 2003.

HADDOCK LOBO, Eugênio Roberto. Advocacia na Constituição de 88. *Revista do Instituto dos Advogados Catarinenses*, Florianópolis, ano IV, n. 4, p. 23-27, nov. 1992.

HAPNER, Carlos Eduardo Manfredini. Exercício na profissão de advogado no Mercosul. In: BASSO, Maristela (Org.). *Mercosul*: seus efeitos jurídicos, econômicos e políticos nos Estados-Membros. Porto Alegre: Livraria do Advogado, 1995.

HART, Herbert. *O conceito de direito*. Lisboa: Fundação Calouste Gulbenkian, 2001.

HERKENHOFF, João Baptista. *Como aplicar o direito*. Rio de Janeiro: Forense, 1986.

HERKENHOFF, João Baptista. *O direito processual e o resgate do humanismo*. Rio de Janeiro: Thex, 1997.

HESPANHA, Benedito. *Tratado de teoria do processo*. Rio de Janeiro: Forense, 1986. 2. v.

KANT DE LIMA, Roberto. Sincretismo jurídico ou mera esquizofrenia? A lógica judicial da excludência e a organização judiciária brasileira. In: RODRI-GUES, Horácio Wanderlei (Org.). *Lições alternativas de direito processual.* São Paulo: Acadêmica, 1995. p. 159-197.

KANT DE LIMA, Roberto. Verdade ou mentira? Uma perspectiva comparada do processo (Brasil/EUA). *Revista de Direito Alternativo,* São Paulo: Acadêmica, n. 2, p. 60-73, 1993.

KELSEN, Hans. *Teoria pura do direito.* São Paulo: Martins Fontes, 1996, 2006.

LACERDA, Galeno. *Despacho saneador.* Porto Alegre: Livraria Sulina, 1953.

LACERDA, Galeno. O código e o formalismo processual. *Ajuris,* Porto Alegre: Ajuris, v. X, n. 28, p. 7-14, jul. 1983.

LACERDA, Galeno. O juiz e a justiça no Brasil. *Revista de Processo,* São Paulo: RT, ano 16, n. 61, p. 161-177, jan.-mar. 1991.

LACERDA, Galeno. *O novo direito processual civil e os feitos pendentes.* Rio de Janeiro: Forense, 1974.

LAMY, Eduardo de Avelar. A distinção entre medida e tutela de urgência. In: WAMBIER, Teresa Arruda Alvim; WAMBIER, Luiz Rodrigues (Org.). *Processo civil:* doutrinas essenciais. São Paulo: RT, 2011.

LAMY, Eduardo de Avelar. *Ensaios de processo civil.* São Paulo: Conceito Editorial, 2010.

LAMY, Eduardo de Avelar *et al. Processo civil em movimento.* São Paulo: Conceito Editorial, 2011.

LAMY, Eduardo de Avelar *et al. Aspectos polêmicos da nova execução civil.* São Paulo: Conceito Editorial, 2012.

LAMY, Eduardo de Avelar. *Flexibilização da tutela de urgência.* 2. ed. Curitiba: Juruá, 2007.

LAMY, Eduardo de Avelar. *Princípio da fungibilidade no processo civil.* São Paulo: Dialética, 2007.

LAMY, Eduardo de Avelar. *Aspectos polêmicos do novo CPC.* Florianópolis: Empório do Direito, 2017.

LAMY, Eduardo de Avelar. *Tutela provisória.* São Paulo: Atlas, 2018.

LAMY, Eduardo de Avelar. A distinção entre tutela de urgência e medida de urgência. *Revista de Processo,* São Paulo: RT, n. 118, p. 139-150, 2005.

LAMY, Eduardo de Avelar. Condições da ação na perspectiva dos direitos fundamentais. *Revista de Processo,* São Paulo: RT, n. 173, p. 95-128, 2009.

LAMY, Eduardo de Avelar. Processo e direitos fundamentais. In: FIGUEIRA JUNIOR, Joel Dias (Org.). *Filosofia do direito contemporâneo*. Homenagem ao Professor Nicolau Apóstolo Pítsica. São Paulo: Conceito Editorial, 2011.

LAMY, Eduardo de Avelar. Súmula vinculante: um desafio. *Revista de Processo*, São Paulo: RT, n. 120, p. 112-137, 2005.

LAMY, Eduardo de Avelar; ABREU, Pedro Manoel; OLIVEIRA, Pedro Miranda de. *Processo civil em movimento*: diretrizes para o novo CPC. São Paulo: Conceito, 2013.

LAMY, Eduardo de Avelar; ARAÚJO, José Henrique Mouta; BORGES, Marcus Vinícius Motter. *Aspectos polêmicos da execução civil*. São Paulo: Conceito, 2012.

LAMY, Eduardo de Avelar; ARRUDA JUNIOR, Edmundo Lima; GONÇALVES, Marcus Fabiano; AGRIPINO JUNIOR, Osvaldo. *Reforma Judicial*. Florianópolis: IDA, 2009.

LAMY, Eduardo de Avelar; TEMER, Sofia Orberg. A legitimação adequada na tutela dos direitos individuais homogêneos. *Revista de Processo*, São Paulo: RT, ano 37, n. 204, p. 34-49, fev. 2012.

LASPRO, Orestes Nestor de Souza. *Duplo grau de jurisdição no direito processual civil*. São Paulo: RT, 2006.

LENZI, Carlos Alberto Silveira. Justiça social: acesso às maiorias não privilegiadas. In: 9.ª CONFERÊNCIA NACIONAL DA OAB, Florianópolis, 1982. *Anais...* Brasília: OAB, maio 1982. p. 475-490.

LIEBMAN, Enrico Tullio. *Eficácia e autoridade da sentença e outros escritos sobre a coisa julgada*. 2. ed. Rio de Janeiro: Forense, 1981.

LIEBMAN, Enrico Tullio. *Estudos sobre o processo civil brasileiro*. São Paulo: Bushatsky, 1976.

LIEBMAN, Enrico Tullio. *Manual de derecho procesal civil*. Buenos Aires: Europa-América, 1980.

LIEBMAN, Enrico Tullio. *Manual de direito processual civil*. Rio de Janeiro: Forense, 1984.

LIEBMAN, Enrico Tullio. *Manuale di diritto processuale civile*. 3. ed. Padova: Cedam, 1970.

LIEBMAN, Enrico Tullio. *Problemi di processo civile*. Milano: Morano, 1967.

LIMA, Alcides de Mendonça. *Dicionário do processo civil brasileiro*. São Paulo: RT, 2006.

LIMA, Francisco Gérson Marques de. *Fundamentos constitucionais do processo.* São Paulo: Malheiros, 2002.

LIMA, Francisco Gérson Marques de. *O Supremo Tribunal Federal na crise institucional brasileira.* Fortaleza: ABC, 2001.

LÔBO, Paulo Luiz Neto. *Comentários ao novo Estatuto da Advocacia e da OAB.* Brasília: Brasília Jurídica, 1994.

LOPES, João Batista. *Ação declaratória.* São Paulo: RT, 2002.

LOPES, José Reinaldo de Lima. Uma introdução à história social e política do processo. In: WOLKMER, Antônio Carlos (Org.). *Fundamentos de história do direito.* 2. ed. Belo Horizonte: Del Rey, 2002. p. 397-431.

LUCENA, João Paulo. *Natureza jurídica da jurisdição voluntária.* Porto Alegre: Livraria do Advogado, 1996.

LUCON, Paulo Henrique dos Santos. Garantia do tratamento paritário das partes. In: CRUZ E TUCCI, José Rogério (Coord.). *Garantias constitucionais do processo civil.* São Paulo: RT, 2004.

LUHMANN, Niklas. *Legitimação pelo procedimento.* Brasília: UnB, 1980.

LUHMANN, Niklas. *Sociologia do direito.* Rio de Janeiro: Tempo Brasileiro, 1983. 2. v.

MALACHINI, Edson Ribas. A Constituição Federal e a legislação concorrente dos estados e do Distrito Federal em matéria de procedimentos. *Revista Forense,* Rio de Janeiro: Forense, v. 324, p. 49-54.

MANCUSO, Rodolfo de Camargo. *Divergência jurisprudencial e súmula vinculante.* São Paulo: RT, 2007.

MARANHÃO, Clayton. Inconstitucionalidade da Emenda Constitucional 03/93. *Revista de Processo,* São Paulo: RT, ano 18, n. 72, p. 112-23, out.-dez. 1993.

MARINONI, Luiz Guilherme. *Novas linhas do processo civil.* São Paulo: RT, 1993 (2. ed. São Paulo: Malheiros, 2001).

MARINONI, Luiz Guilherme. *Técnica processual e tutela dos direitos.* São Paulo: RT, 2005.

MARINONI, Luiz Guilherme. *Tutela cautelar e tutela antecipatória.* São Paulo: RT, 1994.

MARINONI, Luiz Guilherme. *Tutela de urgência e efetividade do processo.* Porto Alegre: Fabris, 2003.

MARINONI, Luiz Guilherme. *Tutela inibitória.* São Paulo: RT, 2008.

MARINS, James. A desmoralizante declaratória de constitucionalidade. *Revista de Processo,* São Paulo: RT, ano 18, n. 72, p. 96-98, out.-dez. 1993.

MARQUES, José Frederico. *Instituições de direito processual civil*. São Paulo: Saraiva, 1966, v. 1.

MARQUES, José Frederico. *Instituições de direito processual penal*. São Paulo: Saraiva, 1980. v. 1.

MARQUES, José Frederico. *Manual de direito processual civil*. São Paulo: Saraiva, 1990. v. 1.

MARTINS, Ives Gandra da Silva; MENDES, Gilmar Ferreira (Coord.). *Ação declaratória de constitucionalidade*. São Paulo: Saraiva, 1994.

MARX, Karl. *O capital*. Rio de Janeiro: Zahar, 1975.

MAXIMILIANO, Carlos. *Hermenêutica e aplicação do direito*. Rio de Janeiro: Forense, 1979.

MAZZILLI, Hugo Nigro. *Introdução ao Ministério Público*. São Paulo: Saraiva, 2001.

MAZZILLI, Hugo Nigro. *Regime jurídico do Ministério Público*. São Paulo: Saraiva, 2003.

MEDAUAR, Odete. *A processualidade no direito administrativo*. São Paulo: RT, 2006.

MEIRA, Danilo Christiano Antunes; RODRIGUES, Horácio Wanderlei. Colisão e ponderação de normas na elaboração do novo Código de Processo Civil. *Revista de Processo*, São Paulo: RT, a. 40, n. 246, p. 59-84, ago. 2015.

MEIRA, Danilo Christiano Antunes; RODRIGUES, Horácio Wanderlei. Os marcos normativos da mediação entre particulares no âmbito civil: escopo e relações de complementariedade, subsidiariedade e incompatibilidade. *Revista Jurídica da Fa7*, v. 13, n. 2, p. 117-137, jul./dez. 2016. Disponível em: <http://www.uni7setembro.edu.br/periodicos/index.php/revistajuridica/article/view/61>.

MEIRA, Danilo Christiano Antunes; RODRIGUES, Horácio Wanderlei. O conteúdo normativo dos princípios orientadores da mediação. *Revista Jurídica da Fa7*, v. 14, n. 2, p. 101-123, jul.-dez. 2017. Disponível em: <http://www.uni7setembro.edu.br/periodicos/index.php/revistajuridica/article/view/497>.

MELO SOBRINHO, Noeli Correa. *O advogado e a crise na administração da justiça*. Rio de Janeiro: OAB/RJ, [198-].

MEZZOMO, Marcelo Colombelli. A fragmentação da causa de pedir, o pedido e a cumulação de demandas frente à eficácia preclusiva da coisa julgada. Disponível em: <http://jus2.uol.com.br/doutrina/texto.asp?id=6767>.

MONTEIRO, João. *Teoria do processo civil*. Rio de Janeiro: Borsoi, 1956. 2. v.

MONTESQUIEU, Charles Louis de Secondat, baron de la Brède et de. *Do espírito das leis*. São Paulo: Abril Cultural, 1979.

MORAES, Sílvio Roberto Mello. *Princípios institucionais da Defensoria Pública*. São Paulo: RT, 2000.

MUSCARI, Marco Antonio Botto. *Súmula vinculante*. São Paulo: Juarez de Oliveira, 1999.

NALINI, José Renato (Coord.). *Uma nova ética para o juiz*. São Paulo: RT, 1994.

NERY JR., Nelson. *Princípios do processo civil na Constituição Federal*. São Paulo: RT, 1992, 2003, 2009.

NEVES, Celso. *Estrutura fundamental do processo civil*. Tutela jurídica processual, ação, processo e procedimento. Rio de Janeiro: Forense, 2001.

NEVES, Celso. Legitimação processual e a nova constituição. *Revista de Processo*, São Paulo: RT, ano 14, n. 56, p. 48-55, out.-dez. 1989.

OLIVEIRA, Carlos Alberto Alvaro de. *Do formalismo no processo civil*. São Paulo: Saraiva, 2006.

OMMATI, José Emílio Medauar. Breves Anotações sobre o procedimento de privatização da Açominas. Disponível em: <http://www1. JusNavigandi. com.br/doutrina/texto.asp?id=445>.

PACHECO, José da Silva. *Evolução do processo civil brasileiro*. Rio de Janeiro: Renovar, 1999.

PASOLD, Cesar Luiz. *Função social do estado contemporâneo*. Florianópolis: LADESC, 1984.

PASOLD, Cesar Luiz. *O advogado e a advocacia*. Florianópolis: Terceiro Milênio, 2006.

PASSOS, J. J. Calmon de. Democracia, participação e processo. In: GRINOVER, Ada Pelegrini *et al.* (Coord.) *Participação e processo*. São Paulo: Revista dos Tribunais, 1988. p. 83-97.

PAULO FILHO, Pedro. *O bacharelismo brasileiro*. Campinas: Bookseller, 1997.

PÉREZ LUÑO, Antonio Enrique. *Derechos humanos, estado de derecho y constitucion*. 5. ed. Sevilha: Tecnos, 2004.

PÉREZ LUÑO, Antonio Enrique. *Los derechos fundamentales*. 6. ed. Madrid: Tecnos, 1993.

PONTES DE MIRANDA, Francisco Cavalcanti. *Comentários ao Código de Processo Civil*. Rio de Janeiro: Forense, 1947, t. I; 1958, t. I e II; 1975, t. VI; 1995, t. I.

PONTES DE MIRANDA, Francisco Cavalcanti. *Tratado das ações*. São Paulo: RT, 1972. 7. v. (Campinas: Bookseller, 2008).

POPPER, Karl. *A lógica da pesquisa científica*. São Paulo: Cultrix, [197-a].

POPPER, Karl. *A lógica das ciências sociais*. Rio de Janeiro: Tempo Brasileiro; Brasília: UnB, 1978.

POPPER, Karl. *A miséria do historicismo*. São Paulo: Cultrix, Edusp, 1980.

POPPER, Karl. *A vida é aprendizagem*. Epistemologia evolutiva e sociedade aberta. Lisboa: Edições 70, 2001.

POPPER, Karl. *Conhecimento objetivo*. Belo Horizonte: Itatiaia; São Paulo: Edusp, 1975.

POPPER, Karl. *Conjecturas e refutações*. Brasília: UnB, [197-b].

POPPER, Karl. *Em busca de um mundo melhor*. São Paulo: Martins Fontes, 2006.

POPPER, Karl. *O conhecimento e o problema corpo-mente*. Lisboa: Edições 70, 2002.

POPPER, Karl. *O mito do contexto*. Em defesa da ciência e da racionalidade. Lisboa: Edições 70, 2009.

PORTANOVA, Rui. *Princípios do processo civil*. Porto Alegre: Livraria do Advogado, 2003.

PORTO, Hermínio Alberto Marques; SILVA, Marco Antonio Marques da. *Processo penal e Constituição Federal*. São Paulo: Acadêmica, 1993.

PORTO, Sérgio Gilberto. *Coisa julgada civil*. Rio de Janeiro: Aide, 1996.

POULANTZAS, Nicos. As transformações atuais do estado, a crise política e a crise do estado. In: POULANTZAS, Nicos *et al*. *O estado em crise*. Rio de Janeiro: Graal, 1977. p. 3-41.

PRATA, Edson. *História do processo civil e sua projeção no direito moderno*. Rio de Janeiro: Forense, 1987.

RADAMÉS DE SÁ, Djanira Maria. *Súmula vinculante*. Análise crítica de sua adoção. Belo Horizonte: Del Rey, 2000.

REALE, Miguel. *Lições preliminares de direito*. São Paulo: Saraiva, 1985.

REALE, Miguel. *Teoria tridimensional do direito*. São Paulo: Saraiva, 1986.

RECHSTEINER, Beat Walter. Princípios gerais de direito processual civil internacional. In: RECHSTEINER, Beat Walter. *Direito internacional privado*. São Paulo: Saraiva, 1996. p. 163-140.

RECHSTEINER, Beat Walter. *Reforma do Poder Judiciário*. Brasília: OAB/CF, 1997.

ROCHA, José de Albuquerque. *A lei de arbitragem (Lei 9.307, de 23.9.1996)*: uma avaliação crítica. São Paulo: Malheiros, 2005.

ROCHA, José de Albuquerque. *Estudos sobre o Poder Judiciário*. São Paulo: Malheiros, 2002.

ROCHA, José de Albuquerque. Independência do juiz e estrutura do Judiciário. *Revista de Direito Alternativo*, São Paulo: Acadêmica, n. 2, p. 137-149, 1993.

ROCHA, José de Albuquerque. *Teoria geral do processo*. São Paulo: Saraiva, 1991 (Malheiros, 1999; Atlas, 2006, 2010).

RODRIGUES, Horácio Wanderlei. *Acesso à justiça no direito processual brasileiro*. São Paulo: Acadêmica, 1994.

RODRIGUES, Horácio Wanderlei. Acesso à justiça no estado contemporâneo: concepção e principais entraves. In: SALES, Lília Maia de Morais e LIMA, Martonio Mont'Alverne Barreto (orgs.). *Constituição, democracia, Poder Judiciário e desenvolvimento* – estudos em homenagem a José de Albuquerque Rocha. Florianópolis: Conceito, 2008.

RODRIGUES, Horácio Wanderlei. Advocacia: serviço público e função social. In: FUX, Luiz; NERY JR., Nelson; WAMBIER, Tereza Arruda Alvim (Coord.). *Processo e constituição*: estudos em homenagem ao Professor José Carlos Barbosa Moreira. São Paulo: RT, 2006. p. 70-77.

RODRIGUES, Horácio Wanderlei. A lei processual no tempo. In: ASSIS, Araken de (Coord.). *Direito civil e processo*: estudos em homenagem ao Professor Arruda Alvim. São Paulo: RT, 2007. p. 1516-1521.

RODRIGUES, Horácio Wanderlei. Direito com que direito? In: ARRUDA JR., Edmundo Lima de (Org.). *Lições de direito alternativo 2*. São Paulo: Acadêmica, 1992. p. 178-207.

RODRIGUES, Horácio Wanderlei. EC n. 45: acesso à justiça e prazo razoável na prestação jurisdicional. In: WAMBIER, Tereza Arruda Alvim *et al.* (Coord.). *Reforma do Judiciário*: primeiras reflexões sobre a emenda constitucional n. 45/2004. São Paulo: RT, 2005. p. 283-292.

RODRIGUES, Horácio Wanderlei. Interpretação e aplicação das normas do Mercosul. In: DANTAS, Ivo; MEDEIROS, Marcelo de A.; LIMA, Marcos C. (Org.). *Processos de integração regional*. Curitiba: Juruá, 1999. p. 41-54.

RODRIGUES, Horácio Wanderlei. Juizados especiais cíveis: inconstitucionalidades, impropriedades e outras questões pertinentes. *Gênesis – Revista de Direito Processual Civil*, Curitiba: Gênesis, n. 1, p. 22-42, jan.-abr. 1996.

RODRIGUES, Horácio Wanderlei. *O direito no III milênio*. Canoas: Ulbra, 2000.

RODRIGUES, Horácio Wanderlei. O foro universitário como instrumento efetivo de acesso à justiça e melhoria da qualidade do ensino jurídico. *Revista dos Tribunais*, São Paulo, v. 84, n. 712, p. 320-325, 1995.

RODRIGUES, Horácio Wanderlei. O processo: espaço de descoberta ou de construção de verdades? *Opinião Jurídica*, Fortaleza: Fac. Christus, v. III, n. 5, p. 97-110, 2005.

RODRIGUES, Horácio Wanderlei. (Org.). *Lições alternativas de direito processual.* São Paulo: Acadêmica, 1995.

RODRIGUES, Horácio Wanderlei. O uso do discurso de proteção aos direitos humanos como veículo da dominação exercida pelos estados centrais. In: ANNONI, Danielle (Org.). *Direitos humanos & poder econômico*: conflitos e alianças. Curitiba: Juruá, 2005. p. 15-33.

RODRIGUES, Horácio Wanderlei. *Pensando o ensino do direito no século XXI*: diretrizes curriculares, projeto pedagógico e outras questões pertinentes. Florianópolis: Fundação Boiteux, 2005.

RODRIGUES, Horácio Wanderlei. Poder Judiciário e Emenda Constitucional nº 45. In: ABREU, Pedro Manoel; MIRANDA DE OLIVEIRA, Pedro (Coord.). *Direito e processo*: estudos em homenagem ao Prof. Des. Norberto Ungaretti. Florianópolis: Conceito, 2007. p. 167-191.

RODRIGUES, Horácio Wanderlei. *Solução de controvérsias no Mercosul.* Porto Alegre: Livraria do Advogado, 1997.

RODRIGUES, Horácio Wanderlei. Solução de controvérsias no Mercosul: realidade e possibilidades. *Gênesis – Revista de Direito Processual Civil*, Curitiba: Gênesis, n. 3, p. 628-647, set.-dez. 1996.

RODRIGUES, Horácio Wanderlei; AGACCI, Francielli Stadtlober Borges. Sobre a relativização da coisa julgada, seus limites e suas possibilidades. *Revista de Processo*, São Paulo: RT, ano 37, n. 203, p. 15-38, jan. 2012.

RODRIGUES, Horácio Wanderlei; GONÇALVES, Jéssica; LAHOZ, Maria Alice Trentini. Mediação na Resolução CNJ nº 125/2010 e na Lei nº 13.105/2015 (NCPC): uma análise crítica. *Revista Direitos Sociais e Políticas Públicas (UNIFAFIBE)*, v. 6, n. 1, p. 88-114, 2018. Disponível em: <http://www.unifafibe.com.br/revista/index.php/direitos-sociais-politicas-pub/article/view/329>.

RODRIGUES, Horácio Wanderlei; GONÇALVES, Jéssica; SANTOS, Ricardo Soares Stersi dos. Transformação da cultura da sentença para uma cultura ampla e multiportas de administração dos conflitos jurídicos. In: BARBOSA, Claudia Maria (Coord.). *Limites e possibilidades da legitimidade e eficácia da prestação jurisdicional no Brasil*. 2. ed. Curitiba: Letra da Lei, 2018. p. 107-132.

RODRIGUES, Horácio Wanderlei; GRUBBA, Leilane Serratine. *Epistemologia jurídica*. Florianópolis: Fundação Boiteux, 2012. v. 1.

RODRIGUES, Horácio Wanderlei; LAMY, Eduardo. O direito processual no Brasil: evolução histórica da legislação e da teoria. In: FREIRE, Alexandre *et al.* (Org.). *Processo Civil nas tradições brasileira e ibero-americana*. Florianópolis: Conceito, 2014. p. 239-246.

ROSAS, Roberto. *Direito processual constitucional* (princípios constitucionais do processo civil). São Paulo: RT, 2006.

SANTOS, Boaventura de Sousa. *O discurso e o poder*. Porto Alegre: Fabris, 1988.

SANTOS, Ricardo Stersi. *Arbitragem internacional no Mercosul*. Belo Horizonte: Del Rey, 1997.

SANTOS, Ricardo Stersi. *Noções gerais da arbitragem*. Florianópolis: Fundação Boiteux, 2004.

SANTOS, Ricardo Stersi; RODRIGUES, Horácio Wanderlei. Conflito e cooperação: as vantagens da arbitragem. In: MAILLART, Adriana Silva; SILVA, Fernanda Tartuce. *Acesso à Justiça II*. Florianópolis: CONPEDI, Fundação Boiteux, 2013. p. 241-256. Disponível em: <http://www.publicadireito.com.br/artigos/?cod=eef6f4457ee96f8b>.

SARLET, Ingo Wolfgang. *A eficácia dos direitos fundamentais*. Porto Alegre: Livraria do Advogado, 2003.

SAVIGNY, Friedrich Carl von. *Sistema do direito romano atual*. Ijuí: Unijuí, 2004.

SCHELEDER, Adriana Fasolo Pilati; RODRIGUES, Horácio Wanderlei. O princípio da cooperação no projeto do novo Código de Processo Civil e o processo como espaço de reconstrução dos fatos. In: CAMPOS, Hélio Silvio Ourém; TEIXEIRA, Sérgio Torres (Coord.). *Processo e Jurisdição II*. João Pessoa: CONPEDI, 2014. p. 420-439. Disponível em: <http://www.publicadireito.com.br/publicacao/ufpb/livro.php?gt=198>.

SCHELEDER, Adriana Fasolo Pilati; RODRIGUES, Horácio Wanderlei. Juizados Especiais: questões de estrutura legal e de estrutura real. In: ABREU, César Augusto Mimoso Ruiz Abreu *et al*. *Direito, processo e política*: aportes hermenêuticos. Florianópolis: Academia Judicial, Centro de Estudos Jurídicos, 2013. p. 1782-1908. Disponível em: <http://acadjud.tjsc.jus.br/e-books>.

SCHELEDER, Adriana Fasolo Pilati; RODRIGUES, Horácio Wanderlei; SOUZA, Maria Carolina Rosa de. A possibilidade da concessão de ofício da tutela antecipada fundada no direito fundamental de acesso à justiça. *Revista de Processo*, São Paulo: RT, ano 38, n. 223, p. 173-195, set. 2013.

SEN, Amartya. *Desenvolvimento como liberdade*. São Paulo: Companhia das Letras, 2003.

SIDOU, J. M. Othon. *Processo civil comparado*: histórico e contemporâneo. Rio de Janeiro: Forense Universitária, 1997.

SILVA, Luiz Afonso Virgílio da. O proporcional e o razoável. *Revista dos Tribunais*, São Paulo: RT, n. 798, abr. 2002.

SILVA, Tarcísio Geroleti. *A efetividade do processo à luz do princípio da proporcionalidade*. Blumenau: UNERJ/FURB, 2003.

SOUZA JR., José Geraldo de. Movimentos sociais – emergência de novos sujeitos: o sujeito coletivo de Direito. In: ARRUDA JR., Edmundo Lima de (Org.). *Lições de direito alternativo 1*. São Paulo: Acadêmica, 1991. p. 131-142.

TEIXEIRA, Sálvio de Figueiredo. O aprimoramento do processo civil como garantia da cidadania. In: TEIXEIRA, Sálvio de Figueiredo (Coord.). *As garantias do cidadão na justiça*. São Paulo: Saraiva, 1993. p. 79-92.

THEODORO JÚNIOR, Humberto; FARIA, Juliana Cordeiro de. A coisa julgada inconstitucional e os instrumentos processuais para seu controle. *Revista dos Tribunais*, São Paulo: RT, ano 91, v. 795, jan. 2002.

TORNAGHI, Hélio. *A relação processual penal*. São Paulo: Saraiva, 1987.

TOURINHO FILHO, Fernando da Costa. *Processo penal*. São Paulo: Saraiva, 1990. v. 1.

TUCCI, José Rogério Cruz e (Coord.). *Garantias constitucionais do processo civil*. São Paulo: RT, 1999.

VIDIGAL, Luis Eulálio de Bueno. Pressupostos processuais e condições da ação. *Revista de Direito Processual Civil*, v. VI, p. 239-262, 1967.

WACH, Adolf. *La pretensión de declaración*. Buenos Aires: Europa-América, 1962.

WAMBIER, Luiz Rodrigues *et al. Curso avançado de direito processual civil*. São Paulo: RT, 2008. 3. v.

WAMBIER, Teresa Arruda Alvim; MEDINA, José Miguel Garcia. *Controle das decisões judiciais por meio de recursos de estrito direito e de ação rescisória*. São Paulo: RT, 2001.

WAMBIER, Teresa Arruda Alvim. *Embargos de declaração*. São Paulo: RT, 2007.

WAMBIER, Teresa Arruda Alvim. *O dogma da coisa julgada*: hipóteses de relativização. São Paulo: RT, 2003.

WAMBIER, Teresa Arruda Alvim. *Os agravos no CPC brasileiro.* São Paulo: RT, 2005.

WARAT, Luis Alberto. *Introdução geral ao direito.* Interpretação da lei: temas para uma reformulação. Porto Alegre: Fabris, 2004. v. I.

WARAT, Luis Alberto. *Mitos e teorias na interpretação da lei.* Porto Alegre: Síntese, 1979.

WARAT, Luis Alberto. *O direito e sua linguagem.* 2. versão. Porto Alegre: Fabris, 1984.

WARAT, Luis Alberto. *O ofício do mediador.* Florianópolis: Habitus, 2001.

WATANABE, Kazuo. Acesso à justiça e sociedade moderna. In: GRINOVER, Ada Pellegrini *et al.* (Coord.). *Participação e processo.* São Paulo: RT, 1988. p. 128-135.

WATANABE, Kazuo. Assistência judiciária e o juizado especial de pequenas causas. In: WATANABE, Kazuo (Coord.). *Juizado especial de pequenas causas.* São Paulo: RT, 1985. p. 161-167.

WATANABE, Kazuo. *Da cognição no processo civil.* São Paulo: RT, 2007.

WIEACKER, Franz. *História do direito privado moderno.* Lisboa: Fundação Calouste Gulbenkian, 1993.

WINDSCHEID, Bernhard; MUTHER, Theodor. *Polemica sobre la "actio".* Buenos Aires: Europa-América, 1974.

ZAFFARONI, Eugenio Raúl. *Poder Judiciário:* crises, acertos e desacertos. São Paulo: RT, 1995.